JÜRGEN KÖNIG

MEDALGES

EIN JAHR ALLEIN IN DEN BLEICHEN BERGEN

EDITION RASCH UND RÖHRING

FÜR MEINE MUTTER

Noch nie fand ich den Gesellschafter,
der so gesellig war wie die Einsamkeit.

Henry David Thoreau

I. KAPITEL

Endlich bin ich oben. Die Hoffnungen der letzten Tage, daß mich heute, an diesem 20. Mai, bereits der Frühling empfangen würde, haben sich nicht erfüllt. Es nieselt novembermäßig, die Almwiesen starren schmutzig-braun unter Schneeresten hervor, kaum eine Spur von frischem Grün. Ich darf mich nicht beklagen. Die Leute unten im Tal hatten mich ja gewarnt. Frühestens Ende Juni solle ich raufgehen, da sei vom Sommer zumindest schon etwas zu spüren. Der Frühling finde in dieser Höhe ohnehin nicht statt. Aber nun bin ich da, 2300 Meter über Normalnull, spüre zunächst nur Beklommenheit, und meine erste Sorge ist die: Werde ich es ein Jahr lang mit diesen schroffen, übermächtigen Nachbarn aushalten? Gegen sie bin ich nicht viel mehr als ein Zwerg. Ihre Schultern und Falten sind immer noch mit Schnee bedeckt, die Kälte, die von ihnen ausgeht, ist für einen wie mich, der aus der Kirschblüte des Voralpenlandes kommt, fast wie ein Schock. Aber vielleicht – so zerstreue ich diesen allererrsten, tiefen Argwohn – werde ich sie doch noch mögen und nicht nur ehrfürchtig anstarren, wie man eben Dinge anstarrt, die so viel größer und stärker sind als man selbst. Im Sommer, in der Wärme, werde ich sicher ihre guten Seiten entdecken. Aber wann ist Sommer? Nicht mal das weiß ich...

Noch habe ich Gesellschaft. Zehn Männer der Bergwacht aus Bruneck, ohne deren Hilfe ich schön aufgeschmissen wäre, machen sich fröstelnd und durchnäßt auf den Heimweg. Bereits am frühen Vormittag haben sie unten, auf einer kleinen Waldlichtung, Brennholz, Proviant für ein Jahr und meine persönlichen Sachen in Netze verpackt, die ein Hubschrauber der »Eli Cortina« mit 14 Flügen nach oben zur Furćia-Hütte gebracht hat. Noch liegt gut die Hälfte der insgesamt 25 Raummeter Holz von Fichte und Lärche unten. Der Hubschrauber wird es mir im Juni nach oben bringen. Heute muß er noch ein paar Hütten versorgen.

Bisher kenne ich nur einen der Männer: Ernst Klammsteiner, einen sympathischen, etwas zur Fülle neigenden Enddreißiger mit lichtem Scheitel und struppigem Schnauzbart. Er wurde mir von einem Freund als Organisationstalent empfohlen. Der Tip war Gold wert. Der »Klamme«, wie sie ihn im Pustertal nennen, hat den Hubschrauber geordert, einen guten Preis ausgehandelt und seine Freunde von der Bergrettung davon überzeugt, daß man diesem »Verrückten«, der ein Jahr lang zu den Gemsen will, doch ein bißchen helfen müsse. Bevor sie sich auf den Weg ins Tal machen, drückt mir als letzter ein baumlanger, schlaksiger Bursche mit einem dunklen Vollbart und lustigen Augen die Hand. »I bin der Roland. Mir werd'n scho' auf dich aufpass'n.« Jetzt weiß ich's: Ich bin in guten Händen. Kaum sind die bunten Anoraks und Rucksäcke der Bergwachtler mit dem Braun der unteren Almwiesen verschmolzen, kaum sind die letzten Wortfetzen und der Rest eines Lachens verweht, spüre ich die Stille wie etwas bedrohlich Fremdes. Hilfesuchend halte ich Ausschau nach meinem »Partner«, der unterwegs ist, um das Terrain zu erkunden. Als er endlich kommt, hechelnd und vor Anstrengung zitternd, ist das Fremde nicht mehr gar so fremd. Ich fühle mich wohler. Bereits jetzt ahne ich, daß dieser Hund für mich während der nächsten Monate von großer Bedeutung sein wird. Und es war auch gar keine Frage gewesen, daß er mit auf den Berg kommen würde. Mit irgend jemandem muß ich ja mal reden, wenn's mir danach ist. Er heißt »Schnaps«. Ich weiß, kein besonders origineller Name. Aber er wurde ihm zugeteilt, als ich in einer dementsprechenden Laune war.

Sein Pelz ist weiß, seine Erziehung schlecht, und die wiederum kommt seiner Größe zugute, die es ihm gestattet, nahezu jeden Tisch zu überblicken, um somit jederzeit über die Speisenfolge informiert zu sein. Er »bettelt«, was mich nicht stört. Warum sollte einem Hund das nicht gestattet sein, womit sich zahllose Menschen am Leben erhalten oder es nur tun, weil sie auch schlecht erzogen sind. Die Rasse, der er angehört, heißt »Pastore Maremmano«, das sind italienische Hirtenhunde. Aber er ist gebürtiger Münchner und nicht mehr weit weg von seinem siebten Geburtstag. Das also ist mein »Partner«, und ich bin sicher, daß über ihn während der nächsten zwölf Monate noch viel zu berichten sein wird.

Sein erster Ausflug in steilem Gelände scheint ihn nicht gerade aus dem Häuschen zu bringen. Er sitzt vor mir und sieht mich an mit zwei braunen, blanken Fragezeichen. Ich kann mir denken, was in ihm vorgeht, und wenn er reden könnte, würde er vielleicht dies sagen: »Ist nicht dein Ernst, oder? Ein ganzes Jahr? Ohne einen einzigen Baum . . .«

Es ist mein Ernst. Und daß es keinen Baum gibt, ist gut so. Ich wollte ja eine Hütte oberhalb der Baumgrenze, da, wo nur noch karge Almwiesen und Felsen sind, also weit über 2000 Meter, da, wo ich die Einsamkeit vermute und wo man weitgehend sicher ist vor den Büchsen schneidiger Nimrods und ihrer umtriebigen Jagdgäste.

Die Hütte – sie heißt Furćia; das bedeutet auf ladinisch »Gabel« – ist auf den ersten Blick recht gemütlich. Auf den zweiten ist sie es nicht mehr. Sie besteht aus vier Räumen, aus Küche, Stube, Schlaf- und Speisekammer. Bereits der erste Versuch, unbeschädigt ins Innere der Hütte zu gelangen, schlägt fehl. Am Querbalken der Eingangstüre hole ich mir eine Beule. Auch die Türen im Inneren sind so niedrig, daß es ratsam sein wird, sich vom ersten Tag an eine gebückte Körperhaltung anzugewöhnen. Aber Ungemach lauert auch auf den hölzernen Dielen. Der Küchenboden ist glitschig, wie mit Schmierseife bestrichen. Der Hund flüchtet nach den ersten, neugierigen Schnuppereien gleich wieder ins Freie. Recht hat er, ich würde es ihm am liebsten gleichtun. Auf den Bodenbrettern steht gut einen halben Zentimeter hoch das Wasser, und die Pfützen sind übersät mit Mäusekot. Vielleicht, so sage ich mir, gehört das Würgen im Hals, das ich plötzlich empfinde, einfach mit dazu. Aber die Hoffnung, die übrigen drei Räume in ansehnlicherem Zustand vorzufinden, erweist sich als voreilig. Am schlimmsten ist es in der Schlafkammer. Wasser und Mäusedreck am Boden und die Matratzen der beiden Betten – na ja . . . Zum Glück sind sie trocken, und die Chancen, sie sauberzukriegen, stehen nicht schlecht. Aber woher kommt das Wasser? Als ich im Januar die Hütte zum ersten Mal inspiziert hatte, war der Fußboden trocken, und Mäusedreck in dieser Fülle hatte ich auch nicht bemerkt, oder ich wollte ihn nicht sehen, weil ich von der Furćia fasziniert war. Vielleicht hatten mich die atemberaubende Lage, mein Plan, in diesem für eine Almhütte relativ geräumigen Refugium ein ganzes Jahr zu verbringen, für die Mängel etwas blind gemacht. Das Wasser kommt von oben, wie an der fleckigen und zum Teil noch mit Tropfen behangenen Holzdecke unschwer zu erkennen ist. Also rauf auf den Dachboden, der von außen an der Nordseite zu erreichen ist. Da liegt Schnee, den der Wind zwischen den alten Holzschindeln und unterm Dachfirst durchgejagt hat. Im Januar gab es keinen Schnee, der Winter zeigte sich, wenn auch sehr behutsam, erst Ende Februar. Ich werde noch ein gutes Stück Arbeit haben, um die Hütte bis zum nächsten Winter dicht zu kriegen.

Und es wird klug sein, mit einem harten Winter zu rechnen.

Zum Glück hat es mittlerweile aufgehört zu nieseln, aber ich muß mich beeilen, weil es bereits dämmert. Der restliche Schnee ist schnell mit einem Besen aus dem Dachboden gefegt. Die eigentliche Drecksarbeit findet unten statt. Die Matratzen sind im Freien, mit Schnee gereinigt, abgebürstet und ausgeklopft. Ich rede mir einfach ein, daß sie sauber sind. Die Fußböden sind zwar naß, aber eben nur noch naß, und bei geöffneten Fenstern und Türen werden sie in ein paar Stunden trocken sein.

Der Hund sitzt derweil auf einem Schneehaufen und beobachtet aufmerksam jeden meiner Handgriffe, und manchmal ist es mir, als entdeckte ich ein spöttisches Zucken um seine Lefzen. Nur gut, daß er nicht reden kann.

Mit der heraufziehenden Dunkelheit beginnt es zu schneien. Das kleine Thermometer, das ich zuallererst außen am westseitigen Stubenfenster festgeklebt habe, zeigt minus fünf Grad. Am 20. Mai! Ich bin zu erschlagen und auch zu genervt, um heute noch die große Blechkiste auszupacken, die wie meine anderen Sachen und die gesamte Verpflegung im Stall untergebracht ist. In der Kiste wäre die Bettwäsche, irgendwo ganz unten. Morgen . . . Heute werde ich mich in den Schlafsack verkriechen. Meine Finger sind klamm, und nun, da ich zum ersten Mal am Stubentisch sitze, merke ich, wie die Kälte von unten heraufkriecht, über die Füße bis zu den Knien. Im Küchenherd knackt zwar seit einer Stunde ein lustiges Feuer. Zum Glück liegt im Dachboden noch ein Haufen trockenes Holz aus zersägten Lärchenbalken. Aber die Wärme klebt unter der Küchendecke oder zieht durch Ritzen und Spalten nach draußen. In der Stube jedenfalls bleibt es kalt wie in einem Eisschrank. Der Ofen, der hier drinnen einmal für eine angenehme Wärme sorgen soll, steht noch im Stall. Der Kamin muß erst noch installiert werden. Fragt sich nur, wann. Der Hund hat sich bereits auf seiner Decke eingerollt, in einer Ecke der Stube, gleich neben der Schlafkammer. Die drei Kerzen, die auf dem Tisch stehen, geben zumindest etwas Wärme ab, und ganz allmählich tauen meine Finger auf. Ich möchte nur noch schlafen, den heutigen Tag vergessen. Morgen, nach dem Frühstück, werde ich die Furćia umkrempeln. Mein Kopf ist ohne Gedanken, und in meiner Gedankenlosigkeit suche ich nach dem Lichtschalter. Natürlich vergebens, denn wo kein Strom ist, braucht man auch keinen Schalter. Auch der seit Jahrzehnten geübte Blick aufs Handgelenk gibt keinen Aufschluß. Ich werde ihn mir abgewöhnen, denn ich möchte ein Jahr ohne Uhr sein. Die Nacht ist schwarz wie das Innere eines zugebundenen Sacks. Vom Fenster aus vermag ich nicht einmal die Konturen der Bergriesen gegenüber, kaum 500 Meter weit weg, auszumachen. Nur die Schneefelder an ihren Nordflanken sehen aus wie zum Trocknen aufgehängte Leintücher. Morgen, so hoffe ich, werde ich meine Nachbarn deutlicher zu sehen bekommen.

Die Schlafkammer hat die Gemütlichkeit eines Gefrierfachs. Samt Socken, Hemd und Hose krieche ich in den Schlafsack. Herrgott, ich bin zu fett. 105 Kilo! Aber das wird sich geben. Im Moment fühle ich mich jedenfalls wie ein tiefgefrorener, im Auftauen begriffener Rollbraten. Da muß ich wohl eingeschlafen sein.

Der erste Augenaufschlag am nächsten Morgen stimmt mich froh. Die Sonne tastet sich bereits entlang der Felszacken gegenüber, und vom Bett aus zerteilt das Fensterkreuz die Furchetta in vier milchige Rechtecke. Sie ist der einzige Berg, den ich bislang mit Namen kenne, mit 3050 m um einen guten Kopf größer als die Zugspitze.

Mit etwas Fantasie vermag man in den beiden Gipfeln durchaus eine »Gabel« zu erkennen. Für mich hat sie viel eher Ähnlichkeit mit einem nach oben gereckten Adlerkopf, den Schnabel wie zum Schrei geöffnet. Das Aufstehen fällt wesentlich leichter als das Zubettgehen am Vorabend. Der Hund steht bereits breitbeinig an der Hüttentüre. Ich kraule sein braunes Schlappohr (das andere ist weiß), wünsche ihm einen guten Morgen, was er mit einem eher höflichen als freudigen Schwanzwedeln quittiert, und dann ist er draußen. Er spurt den schmalen, verschneiten Weg zum Kreuzjoch hinüber, wo er gestern noch nicht war. Ich weiß schon, er hofft immer noch auf einen Baum.

Das erste Frühstück kann nicht stattfinden, wenn man sich zuvor nicht auf die Beine macht. In der Hütte gibt es kein Wasser, die Quelle, die augenblicklich etwa kleinfingerdick läuft, ist fünfzig Schritte entfernt. Der Plastikkanister, in dem 20 Liter Platz haben, braucht eine gute halbe Stunde, bis er voll ist. Im Stall sieht es schlimm aus. Wäre ich gestern doch noch vor dem Hubschrauber nach oben. Dann hätte ich gleich etwas Ordnung in den Wust von Kisten und Schachteln bringen können und stünde jetzt nicht vor einem Haufen Kraut und Rüben, wo das Wichtigste garantiert zuunterst ist. Zum Glück sind alle Stücke beschriftet, und so werde ich schnell fündig. Unter 15 Säckchen Trockenfutter für den Hund ist ein Karton mit Marmelade und Dosenbrot versteckt. Mehr brauche ich heute morgen nicht. Der Berg von Proviant müßte für ein Jahr reichen. Die Frage ist, ob auch mein »innerer Proviant« ausreicht, ob ich es mit *mir* ein Jahr lang werde aushalten können. Es gibt Kaffee, heute schwarz, da es mir nicht gelungen ist, in der Eile den Karton mit der Kondensmilch ausfindig zu machen. »In der Eile« – wie das klingt! Irgendwie bin ich mit dem Kopf immer noch unten, wo die Uhr den Tagesablauf diktiert. Ich muß mich erst daran gewöhnen, *nur* Zeit zu haben.

Während sich das Thermometer mühsam bis auf 10 Grad hochschafft, ist es drinnen auch nicht wärmer. Der Küchenherd scheint sich nur für die Küche verantwortlich zu fühlen. In die Stube jedenfalls schickt er allenfalls mal einen milden Hauch. In der Küche aber ist schlecht verweilen, es gibt keinen Tisch, die eine gemauerte Wand ist schwarz von Ruß, und es ist so düster, daß man auf der Hut sein muß, um die Gewürzbüchsen nicht zu verwechseln. Unter der Stube ist ein kleiner Kälberstall, vom Wohnraum nur durch einen dünnen Bretterboden getrennt. Dort unten macht sich die Kälte breit und zwängt sich ins Stübchen. In meinem Kalender steht: »Erstes Frühstück mit Anorak, Skistiefeln und Wollmütze. Nur der Kaffee ist warm.«

»Schnaps« hat seine Erkundung am Kreuzjoch beendet. Da er seit mehr als sechs Jahren mit mir zusammenlebt, fällt es mir nicht schwer, seinen Blick zu deuten. »Ein Kreuz gibt's. Aber das kann man ja schlecht anpinkeln.« So oder ähnlich wird er wohl denken. Um seine Enttäuschung in Grenzen zu halten, gibt's ein Stück Marmeladebrot.

Die Stille! Zum ersten Mal fühle ich, wie sie mich einhüllt. Sie ist unangenehm, ganz anders, als ich sie mir vorgestellt hatte, blutleer und fremd. Vielleicht sollte ich mir nicht so sehr Sorgen machen wegen meiner schroffen Nachbarn. Möglicherweise geht eine viel größere Gefahr aus von der Stille. Wie füllt man sie, ohne daß es laut wird? Kann man sich an sie gewöhnen, ohne dabei dumpf oder gar sprachlos zu werden? Was habe ich nicht bedacht, damals, als nur die Idee war? Damals . . .

Es wäre zu einfach und auch nicht gerecht, wollte ich meiner langjährigen Freundin Monika die Alleinschuld an meiner jetzigen Situation zuweisen. Ich habe sie zumindest in gleichem Maße (wenn nicht mehr) geärgert und enttäuscht. Doch ich hatte für den Fall einer unserer häufigen Auseinandersetzungen fast stets dieselbe Drohung parat. »Ich geh' ein Jahr in die Berge. Dann wirst schon sehn.« So oder ähnlich hatte ich ihr den Schneid abzukaufen versucht. Das ging so über Jahre. Eines Tages, vor etwa fünf Jahren, sagte sich zwar meine Freundin von mir los, die Idee aber, mich auf einer einsamen Almhütte zu prüfen, blieb. Ich begann daran zu feilen. Erst mit einer groben Raspel, die in meinem Kopf einen festen Platz für meinen Alp-Traum schuf. Und dann mit feinem Schmirgel, worauf sich mein Verleger und das Magazin GEO bereit erklärten, für ein Jahr Nahrung für Hund und Herr zu bezahlen. Mein Plan schien ihnen demnach zu gefallen.

Nicht »aussteigen«, »aufsteigen« wollte ich, in eine Bergregion, wo zwar sommers der Hirte noch sein Vieh hütet, der Winter aber Gastgeber für niemanden ist. Die Hütte mußte also einsam gelegen sein, abseits von Liften und Bergbahnen, über der Baumgrenze, unwirtlich, wo sich nur noch Gemse und Adler am rechten Platz fühlen. (Adler wäre schön, dachte ich damals, welch Glück, wenn es ihn da noch gäbe, wohin es mich verschlägt).

Ohne Uhr würde ich leben, von den 8760 Stunden eines Jahres die besten für den besten Zweck verwenden. Wie läßt man Tage verstreichen, ohne sie ungenutzt zu lassen? Ein Jahr ohne Fernsehen, Radio und Zeitung. Was wird sein, wenn diese für einen Journalisten unentbehrlichen Informationsquellen trockenliegen? Was wird dieses archaische Leben aus mir machen? Einen selbstvergessenen Eigenbrötler etwa, dem der Schreck durchs Mark fährt, wenn eine Ampel von Rot auf Grün schaltet? Oder werde ich womöglich in einer plötzlichen Philanthropie jeden umhalsen, dem es nicht gelingt, rechtzeitig auf die andere Straßenseite zu gelangen? Was wird die Natur in ihren Launen mit mir tun? Wird sie sich mir erklären oder mich erdrücken? Werde ich überhaupt in der Lage sein, dieses Jahr durchzustehen, ohne an Haupt oder Gliedern oder an beidem Schaden zu nehmen? Was wird nach Ablauf des Jahres für mich überhaupt noch von Bedeutung sein oder von Bedeutung werden? Nichts von alledem weiß ich. Aber ich bin neugierig wie noch nie.

Der erste Morgen. Es ist diesig draußen und düster in der Stube. Meine »Zivilisations-Reflexe« sind immer noch gegenwärtig und verleiten mich zum Naheliegendsten: Der Blick sucht die Uhr am Handgelenk, und die Hand tastet automatisch nach dem Lichtschalter neben der Türe. Keine Uhr, kein Schalter; ich werde mich daran gewöhnen müssen. Zuerst muß ich die Hütte putzen. Da das Tauwetter in den Anfängen ist, rinnt das Wasser noch dürftig. Es mag eine gute halbe Stunde dauern, bis der Eimer voll ist. Der Hund ist zum Glück irgendwo. Denn erfahrungsgemäß geht er bei Putzarbeiten im Haus beharrlich im Wege um, zerrt in seinem läppischen Spieltrieb an den Putzlappen und säuft aus Pfützen, ungeachtet der beigemengten Putzmittel. (Er muß ohnehin einen Magen haben wie ein Klärwerk.) Nachdem auch die Fenster sauber sind, ist es draußen nicht mehr so diesig.

Ich werde zuerst die Speisekammer einräumen. Zum Glück habe ich die meisten Pakete und Kartons beschriftet. Die Sau, die ich zu Weihnachten beim Wirt in Onach habe schlachten lassen, hängt bereits seit gestern an den Deckenbalken. Sechs geräucherte Speckseiten, auf die ich sehr stolz bin, denn sie wurden nach altem Brauch mehrere Wochen lang in der »Rauchkuchl« eines alten Bauernhofs zur Reife gebracht. Ich kann mich an ihrem Anblick gar nicht satt sehen, wie sie da hängen und duften.

Im Stall sieht es aus wie in einem Großmarkt. Lebensmittel für ein ganzes Jahr für einen Menschen und einen Hund. Dazu Werkzeug, Bergausrüstung und allerlei Nützliches und Notwendiges. Der Anblick der Nahrungsberge stimmt mich gleichermaßen optimistisch und ein wenig traurig. Reichen müßte es ja für ein Jahr, denn ich gehe davon aus, daß ich von dem leben muß, was da ist. Ich habe nicht vor, ins Dorf zu gehen, um da einzukaufen, oder darauf zu hoffen, daß mir ein guter Mensch ab und an was raufbringt – damit rechne ich lieber nicht. Aber bang wird mir beim Anblick der Dosen: Brot in Dosen, Kraut in Dosen, Wurst in Dosen, alles in Dosen. Und was nicht in Dosen ist, wie Bohnen, Erbsen und Linsen, ist in Säcken. Nichts Frisches, nichts, was zum alsbaldigen Verzehr bestimmt wäre. (Bundeswehr-Kost, und davon habe ich reichlich, hält sich angeblich 15 Jahre.)

Nun sitze ich im Stall auf meiner großen blauen Blechkiste, in der meine Klamotten sind, und weiß nicht, womit ich anfangen soll, und nur um irgend etwas zu tun, gehe ich wie ein Lagerverwalter die Liste durch, die mich an diesen schrecklichen Einkaufstag bei C & C in München erinnert. Ich war ständig dem Schreien nahe, weil ich keine Großmärkte mag, dieses Gepuffe und Gezerre und diese Lautsprecher-Ansagen, die mich von einem Zweifel in den anderen taumeln ließen, ob meine Einkaufsliste komplett und sinnfällig sei. Zum Glück war meine Freundin dabei, die mit mäßigender Geduld meine Wutausbrüche dämpfte. Dann schnappte auch noch mein Rieseneinkaufsgefährt von einem Haken des steil aufwärts führenden Förderbands (ich mußte nach oben, weil es da die »Hotel-Großpackungen mit Recycling-Klopapier« gab). Der vollbeladene Wagen bahnte sich unaufhaltsam eine Gasse durch umstürzende Gummibären-Stände, Lila Pausen, Lindtschokoladen und kam erst zum Stillstand kurz vor Kasse 4 an einem mächtigen Wühltisch mit Kinderkleidchen. Ich zog den Kopf zwischen die Schultern, weil meine Wut doch für Augenblicke einem Gefühl der Hilflosigkeit und Peinlichkeit gewichen war. Und Dutzende von Augenpaaren waren groß und empört auf mich gerichtet. Und meine Freundin war irgendwo, in einer Abteilung, wo es Seife gab. Wenn ich in diesem Moment nur einen Wunsch frei gehabt hätte: Auf den Berg hätte ich mich gewünscht. Auf der Stelle. Aber im Großmarkt hat man keinen Wunsch frei, sondern muß schauen, daß man seine anderen Einkaufswagen (ich hatte derer noch zwei irgendwo rumstehen) in dem Labyrinth der turmhohen Regalfluchten wiederfindet. Einer stand doch bei den Gurken. Ich war mir ganz sicher. Jetzt war er weg. Oder war's doch bei den Nudeln? Der Nudel-Wagen stand noch da. Und den Gurken-Wagen fand ich durch schieren Zufall drei Reihen weiter bei den Hülsenfrüchten. Ich erinnere mich noch, wie meine Hände an Kasse 6 zitterten, als ich den Scheck ausstellte. Alles klebte, mein Hemd, meine Zunge, und als ich das letzte meiner drei schwerbeladenen Gefährte zwischen den automatischen Türflügeln hindurchzwängte, schnarrte die Lautsprecher-Dame mit ihrer gottverdammten Gurkeneimer-Stimme: »Argentinisches Hüftsteak wie gewachsen. Das Kilo zu...« Dann war ich draußen. Meine Freundin hatte für den Rest des Tages an mir keine Freude mehr.

Jetzt kann ich darüber lachen, während ich auf meiner Blechkiste Inventur mache. Aber da war auch noch der Transport nach Italien, und dagegen war der Tag im Großmarkt nun wirklich ein Klacks. Ein paar Wochen vor meiner Abreise hatte ich meinen Kleinwagen, ein Leasing-Auto, zurückgegeben, weil der Vertrag abgelaufen war und ich ein Jahr lang ohnehin kein Auto brauchen würde. Für ein paar hundert Mark kaufte ich einen alten VW-Bus, der die Fahrt vom Großmarkt nach Hause nur um wenige Tage überlebte. War nicht weiter schlimm, da ich für den Transport nach Südtirol ohnehin einen Kleinlaster mieten wollte, mit verplombbarer Zollplane, damit auch alles seine Ordnung habe. Ich rief beim Hauptzollamt in Rosenheim an, um mich über die nötigen Formalitäten kundig zu machen. Der Beamte am Telefon war sehr freundlich. Ich erklärte ihm, was ich vorhatte, und er unterbrach mich nur gelegentlich mit einem anerkennenden »Soso« oder »Aha« oder »Da schau her«. Erst als ich ihm aufzählte, was ich ins EG-Partnerland zu expedieren gedachte, ging sein Atem heftiger, kein »Soso« oder »Aha« mehr. Als ich bei »150 Kilo Hundefutter« angelangt war, unterbrach er mich jäh. Sein Tonfall verschlechterte sich schlagartig. Und nun sprach ein bayerischer Zollbeamter zu mir. »Also hörn S' jetzt amoi genau zua. Mit Hundsfuada, Fleisch in Dos'n und so geht bei de

Italiena gar nix. Da kemman S' bis Sterzing mit Ihra Fuhr, und nacha is Ende.« Eigentlich wollte er mir nur sagen, daß das mit der großen, intakten EG-Familie nicht so ernst zu nehmen sei und daß auch der zu erwartende Binnenmarkt jenseits des Brenner bislang ohne jegliche Bedeutung sei. So jedenfalls hatte ich den Mann verstanden. Meiner Klage, daß ich mit meiner Dosen- und Sacknahrung im Wert von mehreren tausend Mark nun ganz schön dumm dastünde, stimmte er zu. Obwohl seine Auskunft bayerisch-eindeutig war, hoffte ich doch noch auf einen Wink, einen Fingerzeig, der mir einen Durchschlupf am Brenner wies. »Was würden Sie mir denn raten?« Was ich nun, nach einer längeren Pause hörte, war die gedämpfte Stimme eines Spießgesellen, der hinter vorgehaltener Hand einen nicht ganz astreinen Plan ausheckt. »Ja mei, an sich geht da gar nix. Vielleicht kloaweis. So Stuck um Stuck.« Kleinweise! Stück für Stück! Aufforderung zur illegalen grenzüberschreitenden Warenbeförderung! Schmuggeln! Was für ein Zöllner! Sicher kurz vor der Pensionierung. Ganz bestimmt! Ich wünschte ihm insgeheim einen angenehmen Ruhestand. Ein Beamter in der Blüte seiner Laufbahn würde so was nicht mal denken! Ein Freund mit Verbindungen beschaffte mir bei einem großen deutschen Automobilwerk einen Testwagen, der mir zwei Wochen lang zur Verfügung stand. Der Rest ist schnell erzählt. Um mein Glück auf die Probe zu stellen, unterzog ich es gleich für die erste Fahrt über Österreichs und Italiens Grenze einem Härtetest. Ich packte in den Kofferraum vier Eimer mit Karbid, insgesamt 20 Kilo. Das Karbid brauche ich zum Betrieb von zwei Grubenlampen, die ein angenehmes Licht abgeben und zudem sparsam sind. Die italienischen Grenzbeamten hätte diese Argumentation sicher wenig beeindruckt, falls sie mich gefilzt hätten. Karbid, in ein Behältnis eingeschlossen und mit Wasser angereichert, ist schierer Sprengstoff. Und wer am Eingang nach Südtirol mit 20 Kilo Karbid angetroffen wird, hat es sehr schwer, Verständnis zu finden. Es sind in den letzten drei Jahrzehnten einfach zu viele Hochspannungsmasten gesprengt worden. Ich hatte Glück, und ich behielt es auch während der restlichen elf

Fahrten. Nach zwei Wochen waren der gesamte Proviant, Werkzeug und Bergausrüstung in Südtirol, und mein Gewissen blieb rein, da mich nie ein Zöllner nach etwas Verzollbarem gefragt hatte. Im Gegenteil: Mehrfach hatten sie mir einen schönen Urlaub gewünscht, da ich stets gut sichtbar Skier, Rucksack, Anorak und Eispickel auf dem Rücksitz drapiert hatte.

Vom vielen Nachdenken ist mir kalt geworden. Aber eigentlich ist es gleich, ob es mich im Stall friert oder in der Stube. Da ist es auch nicht wärmer. Die Stille narrt meine Sinne. Immer noch sind Geräusche gegenwärtig, die es hier oben nicht gibt: menschliche Stimmen, das Brummen von Motoren, und gelegentlich vermeine ich sogar das Klingeln eines Telefons zu hören. Ich bin noch angefüllt mit Gewohntem, und es wird wohl noch Tage dauern, bis ich leer genug bin, um Platz für die Stille zu schaffen.

Bis zum Abend ist die Speisekammer weitgehend aufgefüllt. Um die Stube etwas behaglicher zu machen, habe ich durch ein Brett sieben Nägel getrieben und Kerzen daraufgesteckt. Zusammen mit den beiden Karbidlampen geben sie ein passables Licht ab und schaffen etwas Wärme. So ganz ohne technischen Komfort bin ich indessen nicht. Ich habe einen »Walkman« mit zwei kleinen Aktiv-Boxen dabei, die mit wiederaufladbaren Akkus betrieben werden. Die Energie hierfür besorgt ein AEG-Solar-Power-Pack, ein Solargerät von der Größe eines Aktenkoffers. Zudem habe ich ein Handfunkgerät dabei, eine dringende Empfehlung der Bergwachtler aus Bruneck, meine »Lebensversicherung«. Sollte mir wirklich etwas passieren, so kann mich der Hubschrauber holen – wenn's keinen Nebel hat. Der Gipfel des technischen Standards wird eine Lampe sein, zu speisen mit Solarstrom, genügsam wie ein Glühwürmchen, aber mit der Leuchtkraft einer 75-Watt-Glühbirne. Das Wunderding befindet sich allerdings noch in Deutschland beim Hersteller und ist der Erprobungsphase kaum entwachsen. Irgendwann soll sie nach Bruneck geschickt werden. Der Ernst Klammsteiner wird sie mir raufbringen.

Das Nachtmahl ist karg. Es gibt Dosenbrot und Schmalzfleisch aus Barras-Beständen, dazu Pfefferminztee. Um mich wenigstens der Illusion von etwas Behaglichkeit näherzubringen, habe ich den Kassettenrecorder zum Laufen gebracht. Bei Bachs Orchester-Suiten wird mir wenigstens warm ums Herz, obgleich die Füße kalt bleiben.

Schneeregen hat wieder eingesetzt, und tief hängende Wolken verhüllen die Berge gegenüber. Ist es schon abends? Ich habe keine Ahnung, wie spät es ist. Das Thermometer bleibt bei null Grad hängen. Die Euphorie der letzten Wochen ist eingefroren. Am Nachmittag habe ich an der Wand neben der Stubentüre einen Kalender angeheftet. Einen Riesenkalender mit großen Feldern, die ich mit Notizen füllen werde. Zwei Tage sind bereits durchkreuzt, zwei von 365! In seiner unerbittlichen Sorgfalt wird er die Tage zu einer Kette von Kugelschreiberkreuzen ordnen. Er wird mein allgegenwärtiger Feind werden, aber noch hasse ich ihn nicht genug, um ihn einfach in den Ofen zu stecken.

Etwas früh für trübe Gedanken, finde ich. Was der Hund wohl denkt? Er sieht traurig aus, ganz anders als sonst. Er liegt eingerollt auf seiner Decke, so daß sein buschiger Schweif die Nase zudeckt wie ein Bart. Sein Bittermandelblick ist reglos auf mich gerichtet, als wären die Augen aus Glas. Und nun fällt mir auch auf, daß er, entgegen seiner jahrelang gepflegten Unart, nicht am Tisch saß und die Schnauze auf die Tischkante legte, während ich zu Abend aß. Dieser Fresser vor dem Herrn hat heute noch keinen Bissen angerührt. Sei's drum. Morgen wird er schon fressen. Ich habe im Moment andere Sorgen. Mein Verdauungsapparat verlangt umgehend eine Entscheidung. Ich muß das folgende so eingehend schildern, weil es die letzte, bisher noch nicht erwähnte Räumlichkeit betrifft. Zum anderen ist es in meiner Situation die einzige Aktivität, die ein absolut korrektes Timing verlangt, auch wenn man ohne Uhr lebt. Ich denke dabei mit nicht geringem Schauder an den Winter mit Kältegraden weit unter dem Gefrierpunkt. Da kann es um Sekunden gehen.

Die »Toilette« befindet sich an der guten, windgeschützten Ostseite des Stalls und ist von der Hütte aus mit acht Schritten zu erreichen. So weit das Erfreuliche. Das Unerfreuliche: Das Örtchen ist ein hautenger und etwa einssiebzig niederer Verschlag, aus morschen, krummen Brettern zusammengezimmert – notdürftig. (Was dem dazugehörigen Substantiv zu unwiderlegbarem Sinn verhilft.) Bei Windstille und Plusgraden mag es ja noch angehen. Aber seit geraumer Zeit jagt ein häßlicher Nordwest den Schneeregen vor sich her, und Minusgrade hat es auch. Was bleibt mir anderes übrig? Ich fasse mir ein Herz. Konzentriert auf das Bevorstehende, übersehe ich wieder mal den Querbalken an der Eingangstüre. Zum dritten Male. Die acht Schritte sind behende getan, trödeln kann ich mir nicht mehr leisten. Die Türe, die schief in den Angeln hängt, knarrt wie ein häßliches Gelächter. Beim Zumachen lacht sie noch mal, als ob sie genau wüßte, daß ich mit meinen Einsfünfundachtzig nur im »Diagonalsitz« den nötigen Raum haben werde. Also Türe wieder auf, damit die Knie Platz haben. Das Sitzbrett mit dem kreisrunden Loch muß neueren Datums sein. Es ist sauber, glattgehobelt und solide. Kaum habe ich eine entspannte Position eingenommen, erfahre ich umgehend, daß nicht der Wind, der oben durch Türe und Ritzen fegte, die wahre Plage ist. Viel schlimmer ist die »Thermik«, die mich von unten her überfällt. Es ist scheußlich, als ob die »kalte Sophie« nach mir grabschte. Wieder zurück in der Stube, stelle ich mit Unbehagen fest, daß nicht nur meine Füße einer wärmenden Hand bedürften. Der erste Abend hat mich gelehrt, daß die schönste Müdigkeit keinen Schlaf bringt, wenn man mit kalten Füßen in ein kaltes Bett geht. Zum Glück habe ich noch vor meinem Aufstieg im Gemischtwarenladen des Pasquale Wieser in Campill eine freundlich-himmelblaue Plastikwanne gekauft, die künftig dem wöchentlichen Vollbad dienen soll.

Ich fülle sie knapp mit warmem Wasser, reichere es an mit drei Tropfen China-Öl, kremple die Hosen hoch, nachdem ich mich der Skistiefel und Socken entledigt habe, und fühle augenblicklich nur Wohlsein. Meine genüßlichen Seufzer bleiben auch auf den Hund nicht ohne Wirkung. Er entrollt sich, lupft seine Schnauze über den Wannenrand – es könnte ja was Freßbares drin sein – und trollt sich enttäuscht wieder zurück in seine Ecke, als ihm der Eukalyptusduft in die Nase dringt. Sobald die Füße warm sind, gilt es, keine Zeit zu verlieren. Zwei Minuten später liege ich im Bett. Es wird eine gute Nacht.

Zwei, drei schrille Pfiffe beenden abrupt die Nachtruhe. Oder habe ich sie mir nur eingebildet? Die Morgendämmerung geht bereits in den Tag über, die Furchetta ist wie mit dem Federmesser aus einem fahlblauen Himmel geschnitten. Ist Besuch da? Ein Jäger vielleicht. Das kleine Fenster in der Schlafkammer läßt sich geräuschlos öffnen. Prüfend schiebe ich den Kopf ins Freie. Es ist tatsächlich Besuch da, und mit Sicherheit schon um einige Monate länger als ich. Gleich neben meiner windschiefen »Notdurft-Zentrale« steht aufrecht, reglos, wie ausgestopft, ein Murmeltier. Der stattlichen Größe nach zu schließen, vermutlich ein »Bär«. So nennt der Jäger das männliche Tier. Zu dem Weibchen sagt er »Katze«, und die Jungen nennt er »Affen«. Jäger sind nun mal so. Zu Hause habe ich ein paar Zeilen über Murmeltiere gelesen, und mein spärliches Wissen sagt mir, daß das Murmel um diese Jahreszeit seinen Winterschlaf bereits beendet hat. Der »Bär« steht vor der Mistschütte, einem viereckigen Loch in der Grundmauer des Stalls, das zu seinem Bau unterhalb des Bretterbodens führt. Die kurzen Vorderpfoten sind wie kleine, tapsige Kinderhände über der Brust gefaltet, den Kopf hoch erhoben, blinzelt er in die aufgehende Sonne. Er muß noch sehr, sehr schläfrig sein, der Murmel-Bär, denn mich, obwohl ich kaum zehn Meter von ihm weg bin, scheint er nicht zu bemerken. Er hat für den Winterschlaf einen ungünstigen Platz erwischt, aber damit konnte er ja nicht rechnen, daß ausgerechnet in diesem Frühjahr ein lauter Mieter einziehen würde. Noch dazu mit einem Hund! »Schnaps« steht bereits schwanzwedelnd am Stubenfenster. Die Pfiffe haben auch ihn aus dem Schlaf geschreckt. Jetzt bellt er, der Hund, und wie vom Blitz gestreift, ist das Murmeltier in seinen Bau gehuscht. Es wäre schön, wenn es dabliebe, mit Gattin. Bestimmt wird der »Bär« sich jetzt mit seiner »Katze« beraten, was zu tun sei. Bald wird das Liebesspiel beginnen, und dabei hätte man ja ganz gerne seine Ruhe. Ich glaube nicht, daß sie bleiben.

Nun ist mir auch klar, wie ein Sandhaufen, an dem ein ausgewachsener Mann gut und gerne eine Stunde lang zu schaufeln hätte, in den Stall kommt. Die Murmeltiere haben dort einen Notausgang freigelegt. Zum ersten Mal, seit ich hier bin, kann ich meine Nachbarn, unverschleiert und von der aufgehenden Sonne in ein leuchtendes Orange getaucht, betrachten. Was für ein Schauspiel! Nahezu im Sekundentakt ändert sich das Licht, wechseln die Farben. Maler müßte man sein, nicht Schreiber! Das Ringen um Worte ist vertane Zeit. Man müßte eilig Farben mischen und sie auf eine Leinwand bringen. Ich renne um den Stall, hinüber zu dem schmalen Pfad, der zum Kreuzjoch führt. Von da aus kann ich einen Großteil des Campilltales überblicken, und ich sehe die Sonne, wie sie ihren Strahlenkranz ausschickt und ihr Licht nach den Gipfeln greift. Unten im Tal und in den Felswänden ist es noch düster. Aber oben auf den Spitzen und Graten ist aus dem Orange ein gleißendes Gelb geworden, das, je höher die Sonne steigt, stetig die Wände hinabfließt. Bald wird es den Wald und das Tal erreichen. Und dann ist plötzlich nur noch Licht in den Wänden, ohne Farbe, einfach Licht. Meine Nachbarn, die Berge der Puez-Geisler-Gruppe, sind mit einem Mal totenblaß. Jetzt weiß ich, weshalb die Ladiner im Gadertal ihre Dolomiten »les muntes slaurides« nennen – »die bleichen Berge«.

Die Arbeit, die in der Hütte noch ansteht, kann warten. Heute muß ich laufen, die Medalges-Alm erkunden, einfach mal schauen, wo ich überhaupt bin. Über der Nordseite der Hütte führt der Dolomiten-Höhenweg Nr. 2 die Medalges entlang bis zum Sobutsch. Im Sommer soll hier ordentlich was los sein, hat man mich in Campill gewarnt. Ein beliebter Höhenweg, der vom Peitlerkofel über die Schlüterhütte zur Puez- und Regensburger Hütte führt und weiter ins Grödnertal. Da der Weg immerhin gut 200 Meter Luftlinie oberhalb der Furćia verläuft, vermute ich, daß ich von Touristen weitgehend unbehelligt bleiben werde. Obwohl es bis zum Sobutsch nur etwa eine halbe Stunde gemächlichen Fußweges ist, muß ich schnaufen wie ein Roß. Ich setze mich schwitzend auf einen Felsblock. »Schnaps« streckt sich der Länge nach zu meinen Füßen aus. Wir sind wohl beide zu gut im Futter.

Anhand einer exakten topographischen Karte bemühe ich mich, mir die Namen meiner Nachbarn einzuprägen: Zwischenkofel, Zwölfer-Kofel, Piz Somplunt, Kapuziner, Puez-Spitzen, Piz Doledes, Wasserkofel, Torkofel, Furchetta, Sas Rigais.

Zum ersten Mal ist mir richtig zum Jubeln zumute. Die Zweifel der ersten beiden düsteren Tage scheinen von der Sonne weggeschmolzen zu sein. Alles ist golden! Mein Plan, ein Jahr lang hier zu leben, ist gut, ach was, er ist phantastisch! Im Überschwang packe ich den Hund am Hals, wo sein Balg am dichtesten ist, und knuddle ihn. Der scheint meinen Ausbruch eher als lästig zu empfinden und versucht mich mit milden Bissen in den Arm zu mäßigen. Undankbarer Hund! Du solltest mich Tag und Nacht ablecken dafür, daß du an diesem großen Erlebnis teilhaben darfst. Kein Zaun, keine Autos, keine lästigen Strom-, Wasser- und Sonstwasableser, keine Briefträger, keine keifenden Nachbarskinder, keine Hausierer, keine Böller zu Silvester! Nichts als Ruhe und Freiheit, von denen ein Hund nur träumen kann. Also reiß dich zusammen, und versuche dem Ganzen was Positives abzugewinnen. Das Jahr wird schneller um sein, als du denkst. Dann wirst du wieder auf dem Rücksitz eines Kleinwagens kauern und jammern, weil's so eng ist. Wir sind die Könige der Medalges, und die ganze Welt kann uns mal ...

Nun macht er wieder ein Gesicht wie ein Faß Essig. Er hat verstanden. Als wolle er keine weiteren Vorträge zu diesem Thema aufkommen lassen, trollt der Hund davon. Ich beachte ihn nicht weiter, sondern repetiere die Namen der Berge gegenüber. Plötzlich überkommt mich ein merkwürdiges Gefühl, so, als würde mir ein

Eiszapfen über den Rücken gezogen. Es ist ganz einfach da, ohne daß ich etwas Ungewöhnliches gehört hätte. Ich stehe auf, um das Gefühl loszuwerden. Die Kuppe des Sobutsch ist noch reichlich mit Schnee bedeckt, und auf der Nordseite, wo die Flanke steil abfällt, hat sich eine mächtige, überhängende Wächte gebildet. Auf den ersten, flüchtigen Blick kann ich den weißen Hund im weißen Schnee gar nicht erkennen. Aber dann sehe ich plötzlich seinen buschigen Schweif und sonst nichts. Mit fünf, sechs Sätzen bin ich am Ansatz der Wächte, da, wo sie (hoffentlich) noch einen festen Untergrund hat. Ich glaube, zum ersten Mal in meinem Leben spüre ich Entsetzen. Die Hinterbeine des Hundes stecken wie zwei Notanker bis zu den Flanken im Schnee. Die linke Vorderpfote hat noch Halt an der äußersten, vereisten Kante der Wächte, der Kopf und etwa ein Drittel des übrigen Körpers schweben frei über dem Abgrund. Bis zur Talsohle dürften es etwa 300 Meter sein.

Herrgott, oder wer auch immer dafür zuständig sein mag, was soll ich tun!? Auf eine Antwort kann ich nicht warten. Der Hund gerät in Panik, versucht verzweifelt, mit der linken Vorderpfote das gesamte Gewicht seines Körpers nach rückwärts zu schieben. Noch stecken seine Krallen in einem etwa zwei Zentimeter hohen vereisten Kamm, der sich an der Abbruchkante gebildet hat. »Ruhig, ›Schnaps‹, ganz ruhig«, versuche ich ihn zu besänftigen. Kalter Schweiß rinnt mir über Gesicht und Rücken. Ich lege mich bäuchlings in den Schnee und schiebe meinen Körper mit gespreizten Armen und Beinen Zentimeter für Zentimeter vorwärts. 105 Kilo. Ob sie 105 Kilo aushält? Ich muß seinen Schwanz zu fassen kriegen! Aber der ist wie eine Notflagge steil aufgestellt und tanzt wild nach allen Seiten. Nur noch eine Handbreit trennt mich von dem wild wedelnden Schweif. »Ruhig, mein Freund. Ich bin ja da. Ganz ruhig.« »Schnaps« weint, weint wie ein Kind. Der Schweiß beißt in den Augen. Jetzt hab' ich ihn. Meine Füße müßten – so hoffe ich – noch festen Untergrund haben. Vorsichtig schlage ich mit den Kappen meiner Bergstiefel zwei Gruben in den Harsch, bis ich das Gefühl habe, gut verankert zu sein. Hilf doch mit, »Schnaps«!

Mit beiden Händen ziehe ich an dem Schweif. Aber nun wirken die beiden eingegrabenen Hinterläufe wie Bremsklötze. Mit der Rechten halte ich den Hund fest, mit der Linken beginne ich den harten, gefrorenen Schnee hinter den Läufen wegzuräumen. Es dauert Ewigkeiten! Mein Blick klebt an der Vorderpfote des Hundes. Wenn sie jetzt ausgleitet oder wenn der kleine Eiskamm bricht – es wäre aus. Und zwar mit uns beiden. Es sei denn, ich ließe ihn rechtzeitig los. Nie! Nie!

Die Löcher hinter den Läufen müßten nun tief genug sein. Die Gelenke jedenfalls haben Luft. Jetzt ziehen! Hilf doch, du verdammter Hund! Du guter Hund! Du guter »Schnaps«! Er kommt! Die Krallen der Vorderpfote gleiten aus den kleinen Löchern, die sie ins Eis gebohrt haben. Jetzt langsam zurückkriechen, dazu müssen die Stiefelkappen aus den Bremslöchern. Zentimeter um Zentimeter geht es rückwärts, und der Hund hilft kräftig mit, flach auf den Schnee gedrückt, mit klugen, vorsichtigen Bewegungen. Meine Knie tauchen in den Matsch einer schmutzigen Grasnarbe. Wir haben's geschafft! »Schnaps« schüttelt sich, jault und winselt, und während ich rücklings im Dreck liege, leckt er unentwegt mein Gesicht. Ich habe die Augen geschlossen, japse nach Luft und möchte kotzen, kann aber nicht. Im Gesicht hat er mich noch nie abgeleckt, das hätte ich mir auch schön verbeten. Jetzt darf er, solange er will.

Auf dem Heimweg weicht der Hund nicht von meiner Seite. Auch das ist neu. Ich würde gerne wissen, was er denkt. Ich jedenfalls denke an meinen Kollegen Michael Holzach, der vor einigen Jahren bei dem Versuch ums Leben kam, seinen Hund aus einem Fluß zu retten. Sein Hund wurde gerettet. Holzach ertrank. Dieser erste, deftige Warnschuß, den der Berg abgefeuert hat, wird uns beiden hilfreich sein. Wir werden künftig besser aufpassen, lernen, wie man Tritte setzt, einfach versuchen, der Natur auf ihre Schliche zu kommen. Wir haben ein halbes Jahr, um das zu üben. Mit dem Einbruch des Winters, der unsere Wanderungen zwangsläufig auf die nähere Umgebung reduzieren wird, müssen wir geübt sein wie die Gemsen. Und ich hoffe, daß sich auch unser Instinkt für mögliche Gefahren bis dahin gut entwickelt. Es ist anders, als sich zu einer Bergtour aufzumachen, die man wählt, wenn das Wetter und die Verhältnisse am Berg in Ordnung sind. Wir werden ein Jahr lang hier oben sein, unsere Erfahrungen machen, und wir werden uns bewegen müssen, auch wenn das Wetter nicht gerade dazu einlädt. Nein, als beschaulichen Urlaub sehe ich das nicht, wie ein paar Freunde aus München, als wir zum letzten Mal Skat spielten. Es müsse doch schön sein, ein Jahr lang nichts zu arbeiten, dem Zwang des Geldverdienens zu entkommen. Mit letzterem haben sie zweifellos recht. Das ist schön. Aber was das Faulenzen betrifft, so mache ich mir da keine Illusionen.

Es wird eine Menge zu tun geben während der kommenden Monate. Die Hütte, die noch nie im Winter bewohnt war, muß vom Dachfirst bis zum Stubenboden winterfest gemacht werden. Ich bewohne in meiner bayerischen Heimat seit 15 Jahren einen alten Bauernhof und habe in derlei Arbeiten einige Übung. Und dann das Brennholz. Hinter dem Stall türmen sich die Meterscheite, naß bis ins Mark, wie eine permanente Aufforderung, endlich mit dem Sägen zu beginnen, etwa 12 Festmeter, und dieselbe Menge liegt noch unten auf der Waldlichtung. Ich nehme an, es wird für ein Jahr reichen, zumal ich als Erfahrungswert meinen jährlichen Holzverbrauch zu Hause zugrunde gelegt habe. Das ist etwa die Hälfte, die mein Kachelofen zwischen Oktober und Mai schluckt. Hier oben aber werde ich im August mit dem Heizen beginnen müssen, falls der Stubenofen bis dahin installiert ist. Und der Küchenherd ist ja täglich, während des ganzen Jahres, in Betrieb. Denn warmes Wasser zum Waschen und Baden werde ich immer brauchen.

Die Zeit kriecht. Vielleicht liegt es daran, daß ich sie nicht in Stunden und Minuten einteilen kann. Gestern, als zum ersten Mal die Sonne meine anfänglichen Zweifel überstrahlte, als die Wirklichkeit, von der Morgendämmerung bis zum Sonnenuntergang, meinem Traum entsprach, da war es ein Tag, der zügig verging. Heute ist es anders. Nebel seit dem ersten Augenaufschlag, Schneeregen bei Minusgraden, und der Wind wimmert und klagt und drückt gegen die Hütte, als suche er auch etwas Wärme. Wenn ich eine Uhr hätte, könnte ich mich damit trösten, daß die Zeit nachweislich vergeht. So aber scheint sie stillzustehen. Unentwegt Dämmerung. Ich hoffe nur, daß es mir eines Tages – möglichst bald – gleichgültig sein wird, daß sich mein Rhythmus dem natürlichen Ablauf eines Tages anpaßt. Ich habe keine Termine, die mich zur Pünktlichkeit zwingen, es gibt kein Flugzeug, das nicht auf mich wartet, wenn ich zu spät komme, wenn ich Hunger habe, esse ich, wenn ich müde bin, geh' ich ins Bett. So einfach könnte es sein.

Aber noch bin ich nicht von dem Leben entwöhnt, in dem alles, was man macht, nach dem Uhrzeiger bemessen wird. In der Stube ist es so lausig kalt, daß es gescheiter ist, ein Weilchen in der Küche, der finsteren, ungemütlichen, zu sitzen. Meine Füße sind schon wieder wie Eisklumpen, und um ihnen und mir Laune zu machen, lege ich sie auf den heruntergeklappten Deckel des Backrohrs. Die Füße empfinden die Wärme im Nu als Wohltat. Die Frage ist: Wie wird sie den Wollsocken bekommen? Antwort: Überhaupt nicht. Ich war vor Jahren einmal dabei, als angesengte Schafe aus einem brennenden Stall getrieben wurden. Da roch es ähnlich. Also zurück in die Stube, etwas China-Öl in die Wanne und doch wieder ein gefahrloses Fußbad. Davon werde ich müde. Der milchige Dämmer draußen ist unverändert. Vielleicht ist es schon Abend, da ich müde bin. Also ab ins Bett. Der Wind pfeift durch die Ritzen der Schlafkammer, und jetzt erst, da sich ein ausgewachsener Sturm über die Hütte macht, bemerke ich, daß der Bauer in diesem Raum gründlich gespart hat. Sowohl die Wände als auch die Decke bestehen nur aus einfachen Brettern, nicht einmal mit Nut und Feder zusammengefügt, sondern nur »auf Stoß« aneinandergereiht und die Fugen außen mit Latten überdeckt. Dagegen ist die Stube richtig komfortabel, mit doppelten Wänden und doppelter Decke. Bei jedem Windstoß rascheln die Plastikbeutel, die ich auf Ablagebrettern verstaut habe und die mit Hemden, Unterwäsche und Bettzeug vollgepackt sind. (In der Hütte gibt es keinen einzigen Schrank. Ist auch nicht nötig hier oben. Denn was ein Almhirte oder Senner während der zweimonatigen Weidezeit im Sommer braucht, paßt auch in einen Rucksack.) Gewöhnungsbedürftig, wie ich bin, friert mich erst mal. An Schlaf ist so nicht zu denken. Also wieder raus aus dem Bett und den Daunenschlafsack entrollt. Mit Schlafsack, Federbett und einer Wolldecke läßt es sich aushalten.

Als ich aufwache, in dem guten Gefühl, ausgiebig geschlafen zu haben, sitzt der Hund neben meinem Bett und sieht mich an, als ob er etwas Dringendes wolle, das keinen Aufschub duldet. Das Fenster zeichnet ein Kreuz in die dunkelgraue Nebelsuppe. Ich bin wütend auf den Hund. Er soll pinkeln, wenn es hell ist, und nicht jetzt, wo sich der Morgen erst ahnen läßt. Der Hund winselt. Es scheint doch sehr dringend zu sein. Also lasse ich ihn ins Freie, schlüpfe aber gleich wieder in den Schlafsack, wo es warm ist wie nirgendwo sonst in der Hütte. Die Arme unterm Kopf verschränkt, erwarte ich den Morgen. Gleich werde ich Kaffee aufsetzen, ordentlich frühstücken, der heutige Tag soll ein guter werden.

Es dauert nicht lange, und ich versinke in eine abgrundtiefe Melancholie. Der graue Nebel ist nicht mehr auszumachen. Nicht mal das Fenster ist zu sehen. Es ist rabenschwarze Nacht. Ich hatte den Morgen erwartet, und dabei war ich dem Abend ganz nahe. Es war also Nachmittag, als ich ins Bett bin. Nun bin ich ausgeschlafen und habe eine endlos lange Nacht vor mir. Am liebsten würde ich meine Kiste packen, meinen Auftraggebern einfach erzählen, daß ich der Sache nicht gewachsen sei. Sollen sie denken, was sie wollen. Ich habe mich einfach getäuscht – basta. Kein Mensch kann von mir verlangen, in der Klapsmühle zu landen.

Aber auch diese Nacht vergeht. Ich bringe sie mit Lesen, Dösen und Teetrinken hinter mich, und als der Morgen graut, schäme ich mich ob meines Kleinmutes. Vollmundig hatte ich doch schon Wochen vor meiner Abreise im Freundeskreis vom Zyklus eines ganzen Jahres erzählt, den ich erleben wolle. Nicht nur ein paar Wochen oder Monate, nein, nein, alle vier Jahreszeiten wolle ich bis zur Neige auskosten oder erdulden, je nachdem. Und nun, da ich noch nicht mal eine Woche hinter mich gebracht habe, gerate ich bereits ins Wanken. Ich bin sicher, daß ich noch mehrere Krisen durchmachen werde. Aber sie zu meistern, so rede ich mir ein, mache doch den eigentlichen Reiz des Unternehmens aus.

Die Sonne plagt sich redlich an diesem Morgen, um meine trüben Gedanken etwas zu erwärmen. Der Wind ist nahezu abgeflaut, und die Spitzen der Furchetta, des Wasserkofels und des Piz Doledes überragen bereits die hartnäckigen Nebelbänke. »Schnaps« ist schon draußen, als er plötzlich unmittelbar vor der Hütte wütend zu kläffen anfängt. Ich kenne den Burschen nun seit fast sieben Jahren und vermag die verschiedenen Varianten seiner Lautgebung nahezu zielsicher zu deuten. Dies klingt nach Wut. Die Ursache seines Unmuts leuchtet mir ein, als ich im Freien bin. Etwa 20 Meter oberhalb der Hütte thront wie eine Statue auf einem Felsblock ein stattlicher Gamsbock. Sein Brustkasten ist breit und dunkel wie eine viktorianische Standuhr. Sein Kopf ist gesenkt und leicht zur Seite gedreht, so daß die beiden gebogenen Enden des Gehörns aussehen wie zwei abgewinkelte Zeigefinger, die bedeuten wollen: »Komm doch rauf, du Großmaul, dann sehen wir weiter . . .« Die erste Begegnung mit der neuen Art bringt »Schnaps« völlig aus dem Häuschen. Unkundig, wie er nun mal ist, setzt er seine 60 Kilo bergan in Bewegung, keuchend, kläffend, immer wieder auf den schmierigen Grasnarben ausgleitend. Der Bock dreht seinen Kopf noch weiter zur Seite, so daß nur noch ein Auge den Hund beobachtet, und es sieht aus, als wolle er sich über den ungelenken, weißen Fremdling lustig machen. Als der Hund fast den etwa zwei Meter hohen Schrofen erreicht hat, stößt der Bock zwei heisere Pfiffe aus und stiebt davon, getragen von einem Berg aus Muskeln und Sehnen. Der Hund, zweifellos enttäuscht und wütend, aber auch einen

Schimmer von Hochachtung und Neid im Auge, kehrt schwer atmend zur Hütte zurück, schickt unwirsch noch ein paar Drohungen hinter dem Flüchtling her und beschließt, ihn keines Blickes mehr zu würdigen. Der Bock steht auf halber Höhe der Medalges-Alm und beginnt zu äsen. (Während der nächsten zwei Wochen wird der Gamsbock fast jeden Morgen auf dem Schrofen stehen. Und noch drei-, viermal wird der Hund, ungeachtet der Aussichtslosigkeit seiner Bemühungen, versuchen, seiner habhaft zu werden. Ich höre dann von der Stube aus, wenn sich die sinnlose Hatz ihrem Ende neigt. Zwei heisere Pfiffe sind das Signal zur Flucht. Ich nenne den Bock »Herrn Pfeifer«. Nach etwa zwei Wochen läßt er sich nicht mehr blicken. Vielleicht ist ihm das Spiel zu langweilig geworden?)

II. KAPITEL

Die erste Juniwoche ist bereits vorüber, und bisher war kaum ein Tag ohne Schnee oder Schneeregen. Der Südosthang der Medalges-Alm, der zu dem Platz hin abfällt, auf dem sich die Brennholzprügel türmen, ist braun und zerpflügt wie eine Moorlandschaft. Die Erosionen sind auf dieser Seite schon so weit fortgeschritten, daß das Schmelzwasser in unzähligen Bächen und Rinnsalen zu Tal fließt. Den Weg des geringsten Widerstandes findet die schmutzig-lehmige Brühe geradewegs über meinen Holzplatz. Im Augenblick ist gar nicht daran zu denken, mit dem Zersägen der Scheite zu beginnen. Der Morast ist mehr als knöcheltief, und die zuunterst liegenden Stämme sind von dem talwärts geschwemmten Erdreich bereits völlig verdeckt. Das nervt. Denn allein mit dem Holzmachen – Sägen, Hacken, Aufrichten und letztlich Im-Stall-Unterbringen – werde ich gut und gerne zwei Monate beschäftigt sein. Und das, was mich im Moment beunruhigt, ist das Holz. Es ist mit Wasser vollgesogen wie ein Schwamm, und wenn es bis zum Spätsommer nicht trocknet, werde ich mich neun Monate lang warm anziehen müssen. Noch habe ich ja einen geringen Brennholzvorrat auf dem Dachboden. Ich habe keinen Schimmer, wie lange er reichen wird. Mit etwas Glück vielleicht noch zwei Monate.

Meinen ursprünglichen Plan, der zugegebenermaßen reichlich naiv war, das gesamte Holz per Muskelkraft mittels einer mitgebrachten Bügelsäge in Stücke zu schneiden, habe ich bereits gestern aufgegeben. Umweltfreundlich, geräuschreduziert und muskelstärkend wollte ich arbeiten. Aber nach drei Stunden war ich derart fertig, daß es mir wie ein Alptraum erschien, ja geradezu unmöglich, die gesamte Holzmenge von Hand zu sägen. (Meine große Motorsäge, die ich zu Hause zum Schneiden meines Brennholzes benütze, habe ich erst gar nicht mitgenommen. Jetzt würde ich sonstwas darum geben, wenn sie da wäre.) Ich brauche eine Motorsäge.

Ein Zufall kommt mir zu Hilfe. Am Nachmittag bekomme ich Besuch, den ersten, seit ich hier oben bin. »Schnaps« hat ihn zuerst bemerkt, zumal zunächst ein Hund den Almweg vom Campilltal heraufkommt. In einigem Abstand folgt ein Mann, den ich nicht kenne. Der Hund ist ein wunderschöner junger Schäferhund, der Mann scheint aus der Gegend zu sein, da er die landesübliche blaue Schürze trägt. Die beiden Hunde beschnüffeln sich, »Schnaps«, ein durchweg freundlicher und gutartiger Geselle, gestattet dem Schäferhund sogar, die Nase in seinen Futternapf zu stecken. Daraus könnte Freundschaft werden. Nun ist auch der Mann oben. Unter einem dunkelblauen Perlonhütchen mit seitlichem Reißverschluß (für Liftkarte, Kleingeld oder Fahrausweis) sieht man gerade noch schwarzes, kurzgeschnittenes, glattes Haar. Er lacht und sagt »Bun dòmisdé!«, also »Guten Nachmittag«, auf ladinisch. Er stellt sich als Giovanni Castlunger vor und: »I bin a Bruder vom Peter.« Den Peter kenne ich bereits. Er ist der Wirt vom Hotel »Sanvi« in Campill und hat mir während meiner ersten Besuche in Campill mit ein paar Auskünften geholfen.

»Das isch der ›Niki‹, mein Lawinenhund«, stellt er seinen Prachtkerl vor. In ihn scheint er geradezu vernarrt zu sein, da er nun auf ladinisch seinem »Niki« einen ganzen Schwall von Zärtlichkeiten zuteil werden läßt, wie ich dem verliebten Tonfall entnehme. Daß sich die beiden Vierbeiner auf Anhieb verstehen, gefällt mir auch, aber Giovanni gerät nachgerade aus dem Häuschen: »Na, na! Is das scheen! Die zwei Hünden! Als wie wenn sie sich schon ewig lange kennten!«

Es ist bezaubernd und liebenswert, wie in seinem Mund die deutsche Sprache Salti schlägt! Ich weiß nicht, ob er's mit Menschen auch so gut kann, aber im Umgang mit »Hünden« ist er schon große

Klasse. (Vielleicht bin ich im Moment auch nur deshalb leicht zu begeistern, weil endlich jemand gekommen ist.) Nachdem er auch meinem »Schnaps« gesagt hat, daß er ein hinreißender Hund sei, hat er Zeit für mich. »Sind wir Nachbarn, im Sommer«, lacht er. Ich verstehe nicht.

»Ich pass' mit meiner Emma und den zwei Buben auf die Küh von de Campiller Bauern auf, von Juli bis September. Da drunten in Funtanacia.« Dabei deutet er mit dem Daumen über die Schultern hinüber zum Fuße des Piz Doledes. Richtig, da unten, wo noch Zirben und Lärchen wachsen, habe ich schon vor Tagen zwei Ställe entdeckt. Die Almhütte, erklärt mir Giovanni, liege so wunderschön und versteckt, daß man sie von hier oben aus nicht sehen könne.

»Kommen S' runter im Sommer, kriegen S' Milch von a Kuh.« Natürlich werde ich das machen, sage ich ihm, aber im Moment, da hätte ich andere Sorgen. Ich erkläre ihm mein Holzproblem und daß ich eine Motorsäge brauche, für zwei Wochen vielleicht.

»Na, na! Mit Hand sägen, geht nicht. Hab' ich a Motorsäge. Bring' ich rauf näxschte Woche.« Ich bin gerührt ob soviel nachbarschaftlicher Hilfe. Dafür kriegt Giovanni jetzt auch einen Schnaps. (Davon habe ich zehn Liter dabei, gebrannt aus eigenen Äpfeln, Zwetschgen und Birnen.) Das freut ihn, und ich hoffe, es wird für ihn ein kleiner Anreiz sein, nächste Woche tatsächlich wiederzukommen.

Es war schön, endlich wieder mal mit jemandem zu sprechen, eine andere Stimme zu hören, nicht immer die eigene. Seit ein paar Tagen habe ich mir angewöhnt, halblaut vor mich hin zu brabbeln, wenn ich nicht mit dem Hund rede. Und auch abends, wenn ich lese, fange ich manchmal an, laut zu lesen, bis mir meine Stimme langweilig wird. Da es noch hell ist und ich in der zu erwartenden Motorsäge neuen Auftrieb bekommen habe, werde ich mit dem Hund noch ein paar Schritte tun, vor zum Kreuzjoch. Es sind nur knappe fünf Minuten bis dahin, aber es ist ein begnadeter Platz, der das Campilltal vom Villnöß-Tal trennt. Einen Steinwurf weit weg ragt die Nordwand der Furchetta fast 700 Meter hoch auf, und im Südosten, wo sich das Campilltal ins Gadertal mogelt, nimmt einem das gewaltige Massiv des Heiligkreuzkofels schier den Atem. Eine mächtige Wand, von der niedergehenden Sonne in Ocker getaucht. Unmittelbar neben dem Kreuzjoch erhebt sich ein Buckel, kaum der Rede wert von der Größe her und in keiner Karte verzeichnet. Er wird »mein« Berg, und ich werde oft hier oben sein, wenn die Sonne untergeht. Und weil er »mein« Berg ist, nenne ich ihn »Königsspitze«.

Nun sitzen wir oben, ich und der Hund, auf einem erwärmten Stein, und nichts hat Eile. Die Sonne schmeichelt am Rücken und blickt in die Wand des Heiligkreuzkofels wie in einen Spiegel. Wenn jetzt die Welt unterginge, ich würde es nicht einmal merken.

Schon seit Tagen knattern in den Nordwänden der Puezspitzen und des Piz Doledes Lawinen. Wie gischtende Bäche zwängen sie sich durch Rinnen und Kare, prallen auf vorspringende Platten und Nasen und springen schäumend über zerklüftete Katarakte, um ganz plötzlich in dem flachen Auslauf der Steinschutthalden still zu liegen. Manche zucken noch, als wollten sie es bis zum Tal schaffen. Es sind kleine Lawinen, die sich nicht mit Donnern und Mordsgetöse aus den Wänden lösen. Manchmal klingt es wie der giftige Knall von Peitschen.

Unwillkürlich blicke ich zur Furćia hinüber, die von hier aus am gewaltigen Südhang der Medalges-Alm wie ein Puppenhaus aussieht, das ein Kind beim Spielen verloren hat. Und ich erinnere mich an die ersten, behutsamen Gespräche mit Pepi Graber aus St. Lorenzen, dem Bauern, dem die Furćia gehört. Es war im Oktober, als ich das erste Mal bei ihm war. Wir saßen in der Küche, es roch nach Braten, wir tranken ein Glas Rotwein, und er und seine Frau, die Vroni, bekamen immer größere Augen, als ich ihnen von meinem Vorhaben erzählte. Ja, zu mieten wäre die Hütte schon, im Sommer und Herbst, da er nicht mehr das Vieh auftreiben wolle. Unrentabel.

Schon seit zwei Jahren bringe er das Vieh nicht mehr auf die Alm. Ich weiß noch, wie ich Herzklopfen bekam, als ich zum entscheidenden Punkt meiner Verhandlungen kam. Nicht nur im Sommer, nein, ein ganzes Jahr, inklusive Winter, wolle ich da oben bleiben. Von Mai bis Mai. Die beiden sahen sich an, als wäre soeben der Braten aus dem Backrohr gehüpft. »Ganz unmöglich«, winkte der Pepi ab, »da war im Winter noch nie jemand oben. Und die Hütte gibt es schon seit der Jahrhundertwende.« Später, als wir unseren Mietvertrag für ein Jahr doch noch unter Dach und Fach hatten und wir auf die Lawinengefahr an der Medalges zu sprechen kamen, sagte mir der Pepi, daß dieser Südhang eigentlich überhaupt nicht lawinengefährdet sei. Nur einmal, im ungewöhnlich harten Winter 1950/51, da sei doch mal was runtergekommen. »Und war's schlimm?« wollte ich wissen. »Ja, eigentlich schon«, sinnierte der Pepi, »doch, 's war schon grob. Von der Hütte und vom Stall war nix mehr übrig. Mein Vater hat sie dann 1952 neu gebaut.« Genauer gesagt: Die Furćia war mit Brett und Nagel ins Tal gerissen worden und fand sich nach der Schneeschmelze als ein Haufen handlicher Scheite wieder. Ich wischte diese schlimme Nachricht weg wie etwas Lästiges und beschloß, auf das Gesetz der Serie zu vertrauen. Und demzufolge konnte mir eigentlich nichts passieren.

Daß ich diese Hütte und nur diese haben wollte, hatte seinen Grund nicht nur in der atemberaubenden Lage. Sie befindet sich inmitten eines von insgesamt sechs Südtiroler Naturparks. Es ist der Naturpark Puez-Geisler, 9400 Hektar groß, mit einer durchschnittlichen Höhe von 2500 Metern. Das gab den Ausschlag. Denn in einem Naturpark würde ich die Stille und Abgeschiedenheit finden, nach der mir doch so war. Der Umweltschutz ist straff reglementiert, es gibt keine Skipisten und Liftanlagen, und mit den paar Bergtouristen würde ich schon zu Rande kommen. Ich hielt es für einen ganz großen, kaum zu begreifenden Glücksfall, daß sich diese Hütte in einem Naturpark befindet.

Die Leute in Campill hingegen sind bis heute noch nicht bereit, meine Begeisterung zu teilen. Die meisten halten mich schlichtweg für einen »Verrückten«, der die umständlichste Art ausgesucht hat, um sich ins Unglück zu stürzen. Als ich die letzten Male in Campill war, um noch Vorbereitungen zu treffen, übernachtete ich stets im »Sanvi« und trank in der Wirtsstube am Abend gelegentlich ein Glas Roten. Da standen dann alte und junge Ladiner am Tresen, palaverten und lachten, bis irgendwann einer auf mich aufmerksam machte. Dann trafen mich der Reihe nach verstohlene Blicke, die Stimmen wurden gedämpft, und gelegentliches Kopfschütteln des einen oder andern ließ keinen Zweifel daran, was sie von mir hielten. Ihr Mitgefühl am augenfälligsten zeigte stets Theresa, die Schwester von Peter und Giovanni Castlunger, wenn sie mir das Essen brachte oder den Wein. Meistens stand sie noch eine Weile neben meinem Tisch, sah mich mitleidsvoll an, ehe sie die obligate Frage stellte: »Wirklich? Im Mai also? Und auch im Winter? Na, na.« Ehe sie sich den anderen Gästen wieder zuwandte, gönnte sie mir noch einen versonnenen Blick, als dächte sie nur noch kurz darüber nach, ob das Kranzgebinde eine schwarze oder lila Schleife bekommen soll.

Diesen Juni soll der Teufel holen! Kaum hat man aus der Illusion, daß ein Sonnentag nun doch den Sommer in die Wege leiten könnte, neue Hoffnung geschöpft, folgen wieder Tage mit Schnee oder Schneeregen. Pepi Grabers Aphorismus – »Sechs Monate ist da oben Winter, und sechs Monate ist es kalt« – gewinnt zusehends an Glaubwürdigkeit. Obwohl mir Giovanni vor ein paar Tagen die Motorsäge raufgebracht hat, ist es im Moment unmöglich, mit der Arbeit anzufangen. Das Holz ersäuft im Sumpf, und ich weiß nicht mal, wo ich den Sägebock aufstellen soll. Es gibt keinen Quadratmeter mit einigermaßen festem Untergrund.

Gestern habe ich damit begonnen, die Nordseite der Hütte zu verschalen. Am First und an den Bretterwänden klaffen breite Fugen, willkommener Durchschlupf für den Schnee. Diese Arbeiten sind unerläßlich, obwohl ich sie mir für den Herbst aufsparen wollte, wenn das Holz unterm Dach ist. Aber so vergeht wenigstens die Zeit, und im Eifer vergesse ich gelegentlich sogar das Mittagessen. Was an der Hütte instand zu setzen ist, sehe ich durchaus nicht als lästige Fleißaufgabe. Vielmehr macht es Spaß, das »Werk« wachsen zu sehen, im Vorgriff schon die Gemütlichkeit zu empfinden, die ich mir für den Winter wünsche. Zum Glück habe ich eigenes Werkzeug mitgebracht, denn was hier oben ist, wie Brecheisen, Pickel, ein Dutzend Schaufeln und Mistgabeln, reicht allenfalls aus, um die Furćia zu zerlegen. Aber genügend Bretter und Latten sind da und eine Kiste voller Nägel. Meine bislang unversehrten Schreibmaschinenhände sind von fehlgeleiteten Hammerschlägen stigmatisiert. Infolge der Kälte und Nässe werden die Finger rissig, schmerzhafte Schrunden, die ich am Abend mit Melkfett behandle. Was einem empfindlichen Kuheuter recht ist, sollte meinen Fingern billig sein. Und es hilft vorzüglich. Ein universelles Mittel, mit dem ich mein Gesicht einschmiere und die Bergstiefel fette.

Auch der Hund ist nicht untätig. Er jagt, aber nach den enttäuschenden Erfahrungen, die er mit dem Gamsbock gemacht hat, bevorzugt er nun die Hatz auf »Niederwild«, ja, auf niederstes Wild. Ein überaus ergiebiges Revier hat er auf einem Hügel entdeckt, auf halber Strecke zwischen Furćia und Kreuzjoch gelegen. Er jagt Mäuse, und ich finde, er sollte sich schämen, zumal die Technik, die er dabei anwendet, heimtückisch und ganz und gar unweidmännisch ist. Dank seines phänomenalen Geruchsinns ist es ihm ein leichtes, jene Löcher ausfindig zu machen, die erst vor kurzem als Einstieg dienten. Da es sich um Schneemäuse handelt (Microtus nivalis), die ihren Bau knapp unter der Erdoberfläche anlegen, befleißigt sich der Hund zweierlei Techniken. Die erste ist abscheulich: Er steckt seine Schnauze in das Loch und beginnt mit langen, genüßlichen Zügen die Luft aus dem meist sehr kurzen Gang zu saugen. Bevor die Maus dem Ersticken nahe ist, kommt sie, halb benommen, zum Ausgang. Dann gibt es kein Entrinnen mehr. Die zweite Methode verdient gleichfalls keinen Respekt. »Schnaps« gräbt mit seinen Mordspfoten wie ein Bagger den Gang auf, so lange, bis er auf die Beute stößt. Mit einer Brutalität ohnegleichen ergötzt er sich an den Qualen der geschundenen Kreatur, tritt mit seinen Pranken auf sie, bis sie im Erdreich versinkt, holt sie mit seinen Krallen wieder hervor, beißt sie – womöglich so, daß sie nicht gleich tot ist – und schleudert sie in die Luft. Sollte sie dabei auch noch Pfiffe von sich geben, so ist das für den Hund ein kapitales Jagderlebnis. Meistens bellt er das halbtote Tier an, bis ihn das grausame Spiel langweilt. Dann frißt er es. Obwohl ich Mäuse nicht mag, finde ich diese Marotte meines Freundes widerwärtig. Mehrfach schon habe ich das Gemetzel beendet, indem ich die Maus mit einem Schaufel- oder Stockhieb erlöste. Sollte es mir dann aber nicht umgehend gelingen, der toten Maus habhaft zu werden, so frißt er sie dennoch. Ich schelte ihn dann ein Schwein (was natürlich völlig an der Sache vorbeigeht, da ein Schwein niemals eine Maus fressen würde), haue ihm ein paar auf seinen dicken Hintern und bedrohe ihn mit Hausarrest. Und er sitzt da und sieht mich an, als verstünde er die Welt nicht mehr. In der Hütte, wo die Mäuse nun wirklich eine Plage sind, hat er noch nie eine erwischt. Da sind sie ihm haushoch überlegen. Und ich fürchte, irgendwann werden sie sich für seine Grausamkeiten rächen, zumal, einschlägiger Literatur zufolge, die Schneemaus das Überwintern in hochgelegenen Schutzhütten bevorzugt.

Inzwischen hat sich meine Bergeinsamkeit etwas anders entwickelt, als ich mir das vorgestellt habe. Es gibt nämlich Menschen im Tal, die sich um mein Wohlergehen mehr Sorgen machen, als es mir in den Sinn käme. Mir ist nicht mehr bang vor den kommenden Monaten – wenigstens nicht im Moment. Ernst Klammsteiner und Roland Pramstaller, die beiden Bergwachtler aus Bruneck, seit ihrer Kindheit in den Dolomiten unterwegs und mit den Gefahren vertraut, sind mittlerweile so etwas wie meine Schutzengel, die sich mindestens einmal die Woche über Funk nach meinem Befinden erkundigen. (Auf ihr Anraten hin haben wir vereinbart, daß ich täglich bei Einbruch der Dunkelheit für zirka eine Stunde das Gerät einschalte. Das gibt mir und ihnen eine gewisse Sicherheit.) Ich glaube, sie mögen mich ganz gern und sind fasziniert von meinem Unternehmen. Daß sich aber keiner von ihnen ein Jahr auf der Furćia zutrauen würde, macht mich fast ein bißchen stolz. (Gemach! Noch ist das Jahr nicht um.) Ganz besonders lerne ich, ihre kleinen Aufmerksamkeiten zu schätzen, die sie mir zuteil werden lassen, wenn sie gelegentlich zu mir raufkommen. Für Ernst und Roland schrumpft der Zweieinhalbstunden-Anstieg vom Parkplatz in Campill aus zu einem Eineinhalbstunden-Trainingslauf. Meistens haben sie dann in ihren Rucksäcken Dinge dabei, die für einen wie mich schon fast Delikatessen sind: knackigen Salat, Paprikaschoten, ein paar Eier und frisches Brot. Waltraud, Rolands Lebensgefährtin, hat für mich neulich gar einen Kuchen gebacken, und Christl, Ernsts Freundin, hat dem »Klamme« für den »armen Kerl da droben« ein Huhn eingepackt. Das sind kleine Segnungen, mit denen ich am Beginn meiner Bergeinsamkeit nicht gerechnet hatte, und ich bin keineswegs enttäuscht, wenn mein ursprünglicher Plan, ausschließlich vom Mitgebrachten zu leben, hin und wieder über den Haufen geworfen wird. Es wird auch so hart genug, das Jahr, und die Dosen werde ich schon noch brauchen. Im Sommer, so ist zu befürchten, werden auch Leute kommen, deren Besuch mich nicht glücklich macht: Bergtouristen, die auf dem Höhenweg vorbeikommen und in der Furćia eine gastliche Jausenstation vermuten . . . Aber wann ist Sommer? Jetzt, Mitte Juni, ist davon noch nichts zu spüren. Drüben, in der Roa-Scharte, zwischen Piz Doledes und Wasser-Kofel, die die Puez- von der Geisler-Gruppe trennt, liegt immer noch Schnee, und der Steig, der in Serpentinen steil hinaufführt, ist für Ungeübte noch unpassierbar.

Heute ist der 16. Juni. Endlich habe ich mit dem Sägen begonnen. Das Holz wird allmählich zum Alptraum, und die Zeit läuft mir davon. Vielleicht war ich doch etwas arglos, als ich es ablehnte, die Scheite gleich im Sägewerk von Ferdinando Clara in Campill in ofengerechte Stücke schneiden und hacken zu lassen. Aber ich wollte es unbedingt selbst machen, denn Zeit hätte ich genug, und außerdem ist es ein schönes Gefühl, im Winter mit dem Holz zu heizen, das man im Sommer gemacht hat. Obwohl mit der Motorsäge zügiger zu arbeiten ist als mit der Bügelsäge, ist es eine Plackerei. Giovannis Kettensäge ist ein kleines Ding, für den Hausgebrauch quasi. Mit einem großen Gerät hätte ich die Stücke mühelos vom Stoß abschneiden können. So aber muß ich jedes Scheit auf den Sägebock legen, die drei Stücke abschneiden, die Säge auf den Boden stellen, den nächsten Prügel auf den Bock legen und so weiter. Zudem ist die Standgasdüse defekt, so daß ich die Säge nach jedem Abstellen wieder starten muß.

Meistens klappt es erst nach dem dritten oder vierten Zug am Starterseil. (Jedem geübten Holzknecht würde es vermutlich die Haare aufstellen angesichts der unergonomischen und kräftezehrenden Prozedur.) Nach dem ersten Arbeitstag am Holzplatz bin ich wie gerädert. Meine Armgelenke schmerzen, und in meinem Rükken pocht es, als versuche jemand, mit einem Hammer meine Rippen geradezuklopfen. So wie heute habe ich mich noch nie aufs Bett gefreut. Eine »Notwäsche« muß für den Augenblick genügen. Badetag ist morgen.

Während ich meine Instant-Kartoffelsuppe löffle, schnarrt das Funkgerät: »Jirgen, Jirgen von Ernst – kommen!«

Der »Klamme« ist's, und wenn er sich meldet, klingt das immer besonders nett. Er hat's nicht mit dem »ü«, und drum sagt er »Jirgen«.

»Ja, Ernst. Hier ist der Jürgen. Was gibt's? – Kommen!«

»Holz gibt's. Morgen. Der Hubschrauber kommt gegen zehn. Ein paar von uns kommen zu dir rauf. Zum Ausladen. Die andern sind unten. Beim Einladen. Bis morgen. Ende.«

Etwas kurz angebunden heute, der »Klamme«. Gewöhnlich fragt er, wie's geht, wie's Wetter ist und ob ich was brauche. Am nächsten Tag hab' ich dann erfahren, weshalb ihm nicht nach Plaudern war. Unmittelbar nach unserem Gespräch fing er an, den Transport zu organisieren. Vor allem mußte er die Leute auftreiben zum Be- und

Entladen der Netze. Acht bis zehn müßten es sein. Ein paar Minuten zuvor hatte der Mann von »Eli Cortina« angerufen, daß der Hubschrauber morgen in der Gegend sei und deshalb An- und Rückflug nicht in Rechnung gestellt würden. Eigentlich konnte dem Ernst Klammsteiner egal sein, ob das Holz mit oder ohne Preisnachlaß nach oben käme. Er hätte es nicht zu bezahlen. Aber dem »Klamme« war's nun mal nicht egal, und so begann er zu telefonieren. Der Wieser Hugo und zwei andere hatten für den nächsten Tag, einen Samstag, bereits Klettertouren geplant. Die ließen sie sausen. Roland Pramstaller und Egon von Egitz, der Chef der Brunecker Bergrettung, wollten an sich nach Bozen. Bozen kann warten, sagten sie. Kurt Walde, himalayaerfahren, ein Kraftpaket im Rasta-Look, der »Wilde« aus der Brunecker Truppe, wollte ursprünglich nach Corvara, wo er als Bergführer arbeitet. Wenn die andern kommen, komme ich auch, entschied er und brachte noch seinen Bruder Gerhard mit, athletisch wie Kurt, Kletterer, Skifahrer, Vizeweltmeister im Semi-Kontakt-Boxen. Insgesamt sind es zehn, die sich am Samstagmorgen ins Campilltal aufmachen, um einem »Schreiberling«, den sie kaum kennen, der ihnen noch nie eine Wohltat hat zuteil werden lassen, die Drecksarbeit zu erledigen. Von Entlohnung ist nie die Rede, auch später nicht. Das einzige, was sie von mir bekommen, wenn ein Jahr um ist, wird das Funkgerät sein. Das ist wenig genug, aber sie können es gut gebrauchen. Viel später, Ende des Sommers, habe ich den Roland gefragt, weshalb sie so viel für mich tun. (Vielleicht wollte ich auch nur etwas Nettes hören.) Was ich zu hören bekam, tat gut. »Wir mögen dich halt. Des isch alles.« So einfach ist das.

Der Hubschrauber kommt gegen Mittag, mit fast dreistündiger Verspätung. Der Pilot zieht eine Gratis-Schleife vom Holzplatz rauf zur Furćia, um Roland, Egon, Kurt und Hans abzuladen. Insgesamt sind wir dann zu sechst, um das Holz aus den Netzen zu bringen. Denn am Morgen ist bereits Ivo Egger zu Fuß heraufgekommen. Ihn kenne ich seit fast zehn Jahren. Er ist ein guter Freund, den ich nie aus den Augen verloren habe. Der »Klamme«, der ihn auch kennt, hat ihn angerufen, ihm erzählt, daß man dem »Jirgen« wieder mal behilflich sein müsse. Da hat sich der Ivo, der auch Besseres vorhatte, ins Auto gesetzt und ist von Lana nach Campill gefahren, mehr als 100 Kilometer, um bei dem Holztransport mit Hand anzulegen.

Denjenigen, der Hans heißt, sehe ich zum ersten Mal. Als er dem Hubschrauber entsteigt, erinnert er mich an einen Puppenspieler, den ich mal kannte. Der hatte auch so einen schwarzen Koffer, in den er seine Marionetten, sorgsam wie Kinder, einzubetten pflegte. Er war auch etwas füllig, trug meistens eine schwarze Sonnenbrille, genau wie Hans. Es bleibt keine Zeit für neugierige Fragen. Denn in spätestens drei Minuten wird der Hubschrauber mit etwa 500 Kilo Holz im Netz wieder oben sein. »Schnaps« hat sich bereits nach dem ersten Anflug des Hubschraubers hinter dem Stall in Sicherheit gebracht. Der Luftwirbel, den der Rotor verursacht, hat den Hund derart durchgeschüttelt, daß seine großen Schlappohren waagerecht vom Kopf abstehen. Jetzt hockt er auf der Leeseite des Stalls und bellt, als gelte es, um jeden Preis den bereits wieder anfliegenden Helikopter an Lautstärke zu übertreffen. (Ich weiß schon: Er haßt alles, was fliegt.)

Der Holzberg wächst mit jedem Netz, das wir leeren. Mir wird ganz zweierlei. Meine Gedanken kreisen nur noch um die Plackerei der nächsten Wochen. Sägen, hacken, aufrichten, in den Stall verbringen . . .

Oh, wäre ich doch ein Taoist, dann wäre alles viel, viel leichter! Ich würde einfach einem Paradoxon des Laotse vertrauen, das da sagt: ›Tue nichts, und alles ist getan.‹ Aber würde ich damit über den Winter kommen? (Ich weiß nicht, auf welche Weise der Meister das Zeitliche gesegnet hat. Aber es sollte mich nicht wundern, wenn er in seinem Hause erfroren wäre.)

Nach der vierzehnten Fuhre kommt endlich der Funkspruch von der Lichtung: »Alles Holz ist oben!« Na also. Und nachdem schon mal Menschen bei mir sind, wollen wir auch gleich zum gemütlichen Teil übergehen. Zu diesem Zweck, das werde ich gleich sehen, hat Hans auch seinen schwarzen Koffer mitgebracht. Auf der kleinen Terrasse vor der Hütte packt er seine »Ziachorgel«, eine diatonische Ziehharmonika, aus. »Heint werd's no fein«, strahlt er und spielt sich warm. Eine knappe Stunde später sind auch Ernst Klammsteiner und die anderen oben. Sie sind durchgeschwitzt und holen aus ihren Rucksäcken trockene Sachen zum Wechseln. Wie's denn so ging da unten, möchte ich wissen, eigentlich mehr aus Höflichkeit.

»Letz war's, ganz letz. Des Holz isch naß und schwer wia Beton«, klagt der Hugo. Daß »letz« soviel wie »schlecht« heißt, weiß ich inzwischen. Das ist Pusterisch (Pustertalerisch), und wenn mir der Roland künftig des öfteren »viele Grüaße vo da Letz'n« bestellt, so meint er damit mitnichten die »Schlechte«, sondern seine Tochter Marion, die ich noch nicht kenne, die aber ab und zu ins Funkgerät piepst und mir und dem »Schnaps« eine gute Nacht wünscht. Das ist die »Letze«, die »Kleine«.

Wir können draußen sitzen, weil sich heute das Wetter schon fast wie Sommer anfühlt. Die Bergwachtler packen ihre Marende (Vesper) aus – Speck, Brot, Käse und Rotwein, auch Obst –, und was nicht aufgegessen wird, bleibt da. Abfälle und leere Weinflaschen nehmen sie wieder mit. Darum muß ich sie nicht erst bitten, für sie ist das eine Selbstverständlichkeit. Ich deponiere meinen Müll – die grundsätzlich ausgewaschenen Dosen, Plastiktüten und alle anderen Behältnisse – in stabilen Müllsäcken im Stall. Leere Flaschen nehmen meine Besucher in ihren Rucksäcken mit, ebenso die ausgedienten Batterien. Abfälle wie Salatblätter und anderer biologischer Unrat gelangen auf den Komposthaufen hinter dem Stall. Da holen es sich die Dohlen, wenn der Hund nicht gerade in der Nähe ist. Die Müllsäcke – es werden nach einem Jahr etwa 15 sein – werde ich am Ende meiner Zeit in den Bergen mit der Kraxe bis zur Forststraße bringen und von da aus mit dem Auto zur Mülldeponie in Bruneck.

Die »Zwölfsamkeit« ist mir im Augenblick lieber als die Einsamkeit. Ich bin von den Menschen doch noch nicht entwöhnt, und

»Schnaps« ist sowieso in seinem Element. Viele Menschen, das ist gut, wird er denken, viele Menschen, die essen, ist noch besser. Und daß die marendierenden Männer an ihm einen Narren gefressen haben – seine Unart, die Schnauze auf der Tischkante in Habachtstellung zu lagern, sehen sie durchaus nicht als Unart –, hat er in Kürze begriffen. Er rollt seine Bettelaugen zum Erbarmen, und um den Rachen ganz schnell für den nächsten Happen freizukriegen, schluckt er die Wurst- und Käsebrocken unzerkaut runter. Da kümmert es ihn auch nicht, daß dicht neben seinem Ohr Hans die Diatonische mit volkstümlichem Liedgut aus Tirol bearbeitet. (Der Hund mag nämlich keine Harmonikas, weder Mund- noch Zieh-. Normalerweise heult er da wie ein Wolf.) Roland, der das Tier am liebsten adoptieren würde, strahlt, je mehr der Hund die Varianten seiner Bettelnummer zeigt. Einmal steckt er seinen Kopf bis zur Halskrause in einen Rucksack, dann stößt er einem der Esser mit der Schnauze so heftig gegen den Arm, der gerade das Speck schneidende Messer führt, daß es fast zu Verletzungen kommt, und wenn gar nichts mehr hilft, dann legt er seinen großen Kopf auf Rolands Oberschenkel und macht mit rhythmischen Kaubewegungen auf seinen Notstand aufmerksam. Dem Roland ist es auch egal, ob dabei seine knallroten Hosen angesabbert werden.

»Na, isch der Hund hetzig! Na u'möglich.« So oder ähnlich freut sich der Lange dann, wobei aus seinem Mund das »u'möglich« einer höheren Weihe gleichkommt.

Der Nachmittag vergeht für meinen Geschmack viel zu schnell. Während sich die Sonne bereits hinter der Furchetta verabschiedet, packen die elf ihre Rucksäcke, Hans schnallt sich mit zwei Gurten seine Ziachorgel auf den Rücken, leere Flaschen und Abfälle werden eingesammelt, und dann zieht der bunte Haufen mit seinen bunten Rucksäcken im Gänsemarsch davon. »Schnaps« begleitet sie noch bis zu seinem Aussichtshügel, könnte ja sein, daß noch jemand eine Wurst, eine Kaminwurz'n etwa, loswerden möchte. Vom Weg, der zum Kreuzjoch führt, blicke ich ihnen noch lange nach und mit ihnen der Geselligkeit, die ich so sehr genossen habe. Immer kleiner werden sie und sehen aus wie bunte Perlen auf einer Schnur. Ja, Perlen, das sind sie für mich auch.

Heute ist auch noch Badetag. Kein Luxus, da ich verschwitzt bin und muffle wie ein alter, ungelüfteter Schrank. Es dauert eine Weile, bis meine Sinne wieder an die Stille gewöhnt sind, immer noch habe ich die Stimmen, das Lachen und die Diatonische im Ohr. Es war auch das erste Mal, seit ich hier bin, daß eine regelrechte Gesellschaft bei mir Einkehr hielt. Heute nehme ich ein besonders feines Bad. Mit drei Tropfen China-Öl. Badeschaum und derlei Firlefanz habe ich gar nicht dabei. Die erste Frage, von der das erhoffte Wohlbefinden zu einem ganz wesentlichen Teil abhängt, ist die: Wo bade ich? Je nach Witterung stehen mir drei Plätze zur Verfügung. Bei sommerlich-warmen Temperaturen (bisher einmal) auf der Terrasse. Ich freue mich jetzt schon darauf, wenn die Touristen über den Höhenweg ziehen und ich vor aller Augen mein Bad nehme. Das wird ein Geschrei geben! Bei gemäßigten Temperaturen und Wind bade ich im Stall. Da kann ich richtig planschen, und es ist egal, ob das Wasser überschwappt. An kühlen bis kalten Tagen stelle ich meine Wanne in die Küche neben den Ofen. Das mag ich am wenigsten, da Wasch- und Spülgang Behutsamkeit erfordern. Der Fußboden hat zwar Ritzen, durch die das Wasser abläuft. Aber er wird schmierig, und einmal bin ich beim Verlassen der Wanne ausgeglitten und längelang auf ein Bündel Briketts gefallen. Da mußte ich noch mal baden. Ich muß mich rasch entscheiden, ehe die Sonne ganz weg ist. Also im Stall. Das Thermometer steht noch auf fünfzehn Grad. Die Wanne ist aus Plastik und, wie schon erwähnt, in freundlichem Hellblau gehalten. Sie ist oval und mißt in der Länge achtzig und in der Breite fünfzig Zentimeter. In ihr wasche ich übrigens auch meine gesamte Wäsche. Sie wird mit etwa zehn Liter kochendem Wasser gefüllt – soviel faßt mein größter Wassertopf – und anschließend mit kaltem Wasser zu einer körperfreundlichen, schmutzlösenden Temperatur gebracht. Als Badezusatz nehme ich, wenn ich's nicht vergesse, drei Tropfen China-Öl.

Beim ersten Mal, noch in der Blüte meiner überschüssigen Pfunde, war's die reinste Zirkusnummer. Hinein kam ich wohl, und um auch noch die Beine in dem Oval unterzubringen, klemmte ich meine Hinterbacken ganz stramm ins eine Ende der Wanne. Nun saß ich, eingezwickt wie in einer Schraubzwinge, konnte nur die Arme bewegen und sonst nichts. Das Wasser lief über den Wannenrand, da ich mein Körpervolumen weit unterschätzt hatte, in der linken Wade bekam ich einen Krampf, also nahm ich die Beine wieder aus der Wanne und stützte die Füße auf den Boden. Das sah zwar nicht gut aus, kam jedoch einer entspannten Position schon sehr nahe. Nur mit dem Aufstehen gab's Probleme. Wenn ich mich auf den Wannenrand aufstützte, knickte er ein. Ich mußte die gesamte Badetechnik neu überdenken, so jedenfalls war Baden eine Plage, kein Segen. Genausogut hätte man von einem Karpfen verlangen können, sich in einem Reagenzglas heimisch zu fühlen. Irgendwie kam ich wieder in die Vertikale und entschloß mich zur Anwendung der Variante B: kniend. Seitdem bade ich nur noch so, und es geht gut.

Zum Reinigen von Haut und Haaren benütze ich eine flüssige, seifen- und alkalifreie Wasch-Emulsion, klinisch geprüft und ärztlich empfohlen, mit dem lächerlichen pH-Wert 5,5. Da mir keine Abwasserkanalisation und schon gar keine Kläranlage zur Verfügung stehen, verwende ich dieses Zeug, im guten Glauben, daß es der Natur nicht schadet, wenn ich's ins Freie kippe.

Das Bad im Stall ist schnell angerichtet. Inzwischen ist die Sonne weg, und ein frischer Wind treibt mich zur Eile; von Badefreuden keine Rede mehr. In schätzungsweise zwei Minuten ist alles vorbei, und mißlaunig infolge der plötzlichen Kühle, ist es heute nicht entscheidend, antiseptisch zu sein. Der Körper ist naß von oben bis unten, das reicht fürs Wohlbefinden. Später werde ich auch noch die Haare waschen, wenn die nächste Topffüllung warm ist.

Ein Blick auf den Kalender erinnert mich an ein Ereignis, das morgen stattfindet und an dem ich als ordentlicher Staatsbürger teilnehmen sollte. Am 18. Juni ist Europawahl. Was wohl die Republikaner ausrichten? Ob sie noch mal so ein Ding landen wie in Berlin? Wenn ja, ist es allemal gut, daß ich auf dem Berg bin. Noch mal möchte ich nicht erleben, daß ein Herr Schönhuber im Fernsehen über »Erfolge« reden darf.

Keine Wahl, kein Fernsehen, kein Schönhuber, kein Europa. Ich bin im Niemandsland, wo es nur mich gibt und einen Hund.

III. KAPITEL

Das Jahr macht Fortschritte, auch wenn es für mich immer noch in den Windeln liegt. Der erste Monat ist gerade um, und die Kugelschreiberkreuze klettern mühsam die Kalendersprossen hinab. Es gab bisher viele schlechte Tage, ich nenne sie »Lava-Tage«, die sich zäh dahinschleppen. Meine Stimmungen sind sehr vom Wetter abhängig. An Sonnentagen ist ständig ein stiller Jubel in mir, und ich weiß, daß ich es hier oben gut getroffen habe. Aber wenn tagelang der Nebel die Sicht auf meine Nachbarn versperrt, wenn es stundenlang regnet oder gar schneit (allein im Juni [!] gab es an zehn Tagen Schnee, am 5. 6. waren es gar 20 Zentimeter), dann beginnen mich Zweifel zu plagen, ob ich es ein ganzes Jahr hier oben werde aushalten können. Gelegentlich lasse ich mich dennoch von den daherstürmenden Wolkenschwaden faszinieren, die der Nordwest übers Kreuzjoch vor sich hertreibt. Es mutet an wie eine kostspielige Theaterinszenierung, in der mit Wind- und Nebelmaschinen für ein verwöhntes Publikum »Götterdämmerung« gegeben wird. Hier oben aber bin nur ich das Publikum, ich habe den besten Logenplatz, und alles findet nur für mich statt. (Leider ist das Theater nicht geheizt.)

Daß der zaghafte Sommer zumindest versucht, sich gegen die hartnäckigen letzten Rundumschläge des Winters durchzuboxen, zeigt sich am ersten zarten Grün, wie hingesprüht, das aus den braunen Wellen und Hügeln allmählich Almen macht. Im Vergleich zu meiner voralpenländischen Heimat, wo die Bauern bereits den ersten Schnitt eingebracht haben und die Kühe vom Winterstall längst wieder entwöhnt sind, braucht hier, über 2000 Meter, die Natur lange Zeit zum Überlegen. Der blaue Enzian und die Küchenschelle sind die ersten, die ihr Beine machen, und in der ersten Juliwoche sind beide Seiten des Weges, der von der Hütte zum Kreuzjoch führt, voll davon.

Ich frage mich manchmal, wie sich der Hund fühlen mag. Wenn es nicht gerade Schusterbuben regnet, hockt er auf seinem Aussichtshügel, von wo aus er das Campilltal bis zu den untersten Almhütten überblicken kann. Nur von dort sind die bunten Rucksäcke zu erwarten, die an freundlichen Menschen hängen und weithin sichtbare Signale sind für Köstlichkeiten aus Wurstküchen und Backstuben. Stundenlang harrt er auf diesem Platz aus, mit ungebrochenem Optimismus wechseln sich Ohren, Augen und Nase in der Wache ab. Nur die schreienden Dohlen schaffen es, ihn aus seiner Starrheit zu reißen. Wenn sie sich auf die Abfälle neben dem Stall stürzen, dann wird die Statue lebendig. Dann rennt »Schnaps« mit wütendem, überschnappendem Bellen auf die Hütte zu. Aber wenn er endlich, außer sich und außer Atem, am Kompost ankommt, haben sich die tollkühnen Luftakrobaten ganz schnell davongemacht. Es ärgert sie, daß sie gestört werden, und wie böse keifende Weiber beschimpfen sie den armen Kerl aus sicherer Entfernung. Ohne einen Flügelschlag schaukeln sie in der Luft, wie an Fäden aufgehängt, nur ein paar Meter über dem Hund. Wenn sie ihn genug geärgert haben, drehen sie ab. Der Hund ist dann regelrecht mit den Nerven am Ende. Und wenn ich dann begütigend auf ihn einrede, ihn streichle und besänftige, dann schaut er mich an, und seine Augen sagen: »Laß mich mal den Flugschein machen. Dann gnade ihnen Gott...«

Dieser Hund. Im Moment habe ich zuwenig Zeit, um mich mit ihm zu beschäftigen. Die Sägerei nimmt mich in Anspruch, und an jedem Tag, der ohne Regen ist, arbeite ich, als müßte ich heute noch alles unters Dach kriegen. Meine Armgelenke schmerzen von Tag zu Tag mehr, und nach einer Woche ist es so schlimm, daß ich eine zweitägige Pause einlegen muß. Gestern abend war Roland kurz da. Er hat mir ein paar Batterien für meine Taschenlampe gebracht, einen schönen Gruß von der »Letz'n«, ein paar Eier von der Waltraud und für den Hund einen kleinen Sack voller Knochen. Es sind wunderschöne Knochen vom Rind, sogar Markknochen sind dabei, davon sollten wir beide was haben. (Nicht im Traum hätte ich jemals daran gedacht, daß die Zeit kommen würde, da ich mit dem Hund um sein Futter feilsche.) Als ich die Knochen in den Wassertopf gebe, fehlt nur, daß er vor Empörung mit dem Bein auf den Boden stampft. Ich beachte ihn gar nicht, zumindest tue ich so. Er hingegen beobachtet jede meiner Bewegungen. Als der Topf auf dem Ofen steht und ich wieder ins Freie gehe, bleibt der Hund neben dem Ofen sitzen, als gäbe es nichts Schöneres, als zuzuschen, wie Wasser anfängt zu kochen. Nach einer Stunde, die Suppe ist fertig, sitzt er immer noch am Ofen. Es ist eine feine Suppe mit großen, goldgelben, strahlenden Fettaugen. Damit der gierige, mißgünstige Kerl endlich Ruhe gibt, kriegt er seine Knochen. Ich aber werde dem Süppchen – übrigens das erste, seit ich oben bin – die Krone aufsetzen. Frischen Schnittlauch! Als ich im Mai in der Furćia häuslich wurde, habe ich südseitig der Hütte auf einem kleinen Fleckchen Humus zwei Schnittlauchstöcke eingepflanzt. Der eine erlag bereits nach zwei Wochen den derben klimatischen Bedingungen, der zweite erwies sich als robuster, obzwar er auch Schaden nahm. Heute ist ein guter Tag, um zur Ernte zu schreiten, ehe die verbliebenen 13 grünen Halme auch noch der Witterung zum Opfer fallen. Erst viel später wird mir gesagt, daß Schnittlauch, im Topf belassen, durchaus in geschlossenen Räumen gedeiht. Zu Hause habe ich meinen Schnittlauch im Garten und nicht in der Stube.

Weil es in der Küche so düster ist und angesichts der kargen Ernte ein sorgsamer, wohlgesetzter Schnitt zwingend erscheint – Makulatur kann ich mir bei 13 Halmen nicht leisten, da zählt jeder Millimeter –, verrichte ich diese filigrane Arbeit im Freien, auf dem großen Tisch, der auf der Terrasse steht. Ich bin gerade mit dem Schneiden des Schnittlauchs fertig, als es in der Küche plötzlich brodelt und zischt. Die Suppe kocht über. Ich stürze ins Halbdunkel und nehme den Topf vom Ofen. Keine zwanzig Sekunden habe ich den Schnittlauch alleine gelassen. Als ich zu dem Platz, wo er lag, zurückkehre, ist der Tisch leergefegt. Von einem Windstoß nämlich, für den 13 feingeschnittene Schnittlauchhalme ein netter Spaß am Nachmittag waren.

Sie schmeckt auch so vorzüglich, die fette Brühe, und auch für den Hund scheint sich das Warten gelohnt zu haben. Aus drei Knochenröhren hat er das Mark gelutscht, und jetzt liegt er langgestreckt auf den Terrassenbrettern und schnarcht wie ein Mensch. Die blanken, bleichen Knochen liegen in der Obhut seiner beiden Vorderpfoten, damit die Dohlen erst gar nicht auf dumme Gedanken kommen. Denn Knochen, das weiß der Hund, mögen sie auch.

Was ich für wichtig genug halte, um es aufzubewahren, vertraue ich dem Kalender neben der Stubentüre an. Ich mag ihn nicht, und zusehends wird er zu einem argen Feind, der mich täglich daran erinnert, wie schleppend die Zeit vergeht. Aber ich hasse ihn immer noch nicht genug, um ihn in den Ofen zu stecken. Er ist meine »Datei«, in der ich täglich Wetter, Temperatur und nennenswerte Ereignisse des Tages notiere.

Das liest sich dann so:

1. Juli: Regen, Nebel, Holz aufgerichtet, 2 Grad.

2. Juli: Sturm, Gewitter, Hagel, Nebel, 10 Grad, Seppl Kammerer war da.

3. Juli: Schneefall (15 cm) −2 Grad.

4. Juli: Dauerregen, 8 Grad, Holzbeuge zusammengebrochen.

5. Juli: Endlich wieder mal Sonne! Ab Nachmittag Nebel und Regen.

6. Juli: Ein Sommertag! Zum ersten Mal in kurzen Hosen Holz gehackt. Natürlich Sonnenbrand eingefangen. Abends 15 Grad!

7. Juli: Nebel, Regen, 8 Grad. Zum dritten Mal den verdammten Herd gereinigt. Holz gehackt bis zur Erschöpfung.

8. Juli: Ernst: Elektrische Lampe gebracht. Roland Gasser mit 150 Broten. Regen, 10 Grad.

Daß in dieser Woche gleich dreimal Besuch kommt, ist neu. Am 2. Juli, gegen Mittag, taucht oberhalb der Hütte plötzlich eine männliche Gestalt im Nebel auf, wie ein Geist. Daß jemand die unwegsamen Almwiesen erklimmt und von oben kommt, verwundert mich. Entweder kennt er sich hier gut aus oder hat sich verlaufen. Und das bei diesem Sauwetter! Der Mann ist tropfnaß und auch sein Schäferhund, den er an der Leine führt. »Schnaps« ist zum Glück in der Hütte, man weiß ja nicht, ob sich die beiden Hunde nicht in die Haare geraten. Er ist wütend, bellt und kratzt an der Türe, weil er raus möchte. Das Alter des Mannes ist schwer zu schätzen, vermutlich ist er älter, als er aussieht. (Später werde ich erfahren, daß er 60 ist.) Sein Gesicht ist gegerbt, braungebrannt, er sieht aus wie einer, der in den Bergen lebt oder zumindest oft in den Bergen ist. Seine Augen sind von einem ungewöhnlichen hellen Blau und strahlen so freundlich und glücklich, als sei dies genau das Wetter, das er sich gewünscht hat. Er grüßt kurz und fragt mich, ob er reinkommen dürfe. Natürlich darf er das. Seinen Hund, der fast blind ist, bindet er an der Stalltüre an. Der Mann sagt, er sei es gewöhnt, im Freien zu sein. Außerdem sei er etwas zwiespältig im Umgang mit anderen Hunden. Der Mann kommt in die Stube, zieht sein nasses Hemd aus und holt aus seinem Rucksack trockene Sachen. Er ist für sein Alter gut in Schuß, Muskeln und kein Gramm Fett zuviel.

Während er die perlenden Regentropfen aus den Gesichtsfalten wischt, sagt er: »I bin der Seppl Kammerer, und du bisch der Eremit, vo dem die Leut' erzähl'n.« So bekannt bin ich schon? Donnerwetter! Und dann erzählt mir der Seppl, weshalb er so neugierig auf den »Eremiten« ist. Im Jahr 1942 war er zwei Monate als Hütebub auf der Medalges. Damals standen noch die alte Hütte und der Stall, die im Winter '50/51 von einer Lawine zu Kleinholz gemacht wurden.

Der Seppl schaut durchs Westfenster und träumt sich durch den wabernden Regen in seine Kindheit zurück.

»Mei, isch des alles komfortabel. Damals war die Hütte aus
Lärchenstämmen gemacht. Der Wind hat durchgepfiffen, und ich
hab' gemußt überm Stall schlafen, im Heu. Aber das war ja bloß im
Sommer. Und damals hat's noch richtige Sommer gegeben.«

Er packt seine Marende aus, und während wir essen, erzählt er
weiter: »Es war eine schöne Zeit, und seitdem war ich nie mehr da
oben. Aber du möchtest ja ein ganzes Jahr dableiben. Hoi! Auch im
Winter! Hoi! Ich bin viel in den Bergen. Aber ich könnt's nicht.«
Wieder einer, der mich ein bißchen stolz macht. Aber sollte ich nicht
allmählich etwas nachdenklich werden? Bisher hat mir noch keiner
gesagt: »Recht hast. Das möcht ich auch, ein ganzes Jahr da oben
sein.« Ein paar Wochen oder die Sommermonate, das schon. Aber
nicht im Winter. Sollte mich das nicht schon langsam stutzig
machen? Sie kennen doch alle die Berge viel besser als ich: der Seppl
Kammerer, die Bergwachtler und die Campiller, die angeblich im
»Sanvi« schon Wetten abschließen, wann »der von der Furćia seine
Sachen packt und wieder runterkommt«. Wie das auf ladinisch
heißt, weiß ich nicht.

Während der Regen unablässig in den Fensterkasten an der Südseite trommelt, macht sich der Seppl nach etwa zwei Stunden
wieder auf den Heimweg. Ich, wenn ich jetzt noch eineinhalb
Stunden Fußweg bei diesem Sauwetter vor mir hätte, würde wet-
tern und fluchen oder zumindest entsprechend dreinschauen. Der
Kammerer ist kein Jammerer. Er lacht, ist guter Dinge, weil er nach
einer arbeitsreichen Woche endlich wieder ordentlich durchgelüftet
ist, und verspricht mir zum Abschied, irgendwann noch mal vorbei-
zuschauen. Ich freue mich drauf, sage ich ganz ehrlich. Menschen
wie er sind mir willkommen. Dann bindet er seinen halbblinden
Hund los, und schon nach wenigen Metern hat die beiden der Nebel
verschluckt.

Die nächsten Tage – siehe Kalendereintrag – sind durchwachsen.
Die Unbilden des Wetters hindern mich schon seit geraumer Zeit
nicht mehr daran, meine Arbeit zu tun. Ich bin auch bei Regen »im

Holz«, ich kann nicht warten, bis vielleicht irgendwann eine längere Trockenperiode eintritt. Der Winter schert sich nicht um meine Probleme. Den Umgang mit der langstieligen Axt, die ich von zu Hause mitgebracht habe, bin ich seit Jahren gewöhnt. Aber daheim hacke ich mein Holz, wenn das Wetter danach ist. Jetzt, bei Regen, noch dazu mit dem ohnehin schon klitschnassen Holz, müssen die Axthiebe exakt sitzen, in der Mitte des Klotzes, wenn möglich, und die Schneide schön senkrecht.

Ein paarmal flutscht der Stahl von dem schlüpfrigen Holz ab und haarscharf an meinem Bein vorbei. Es ist wahrlich eine Drecksarbeit, und das einzige Positive, das sie zur Folge hat, ist, daß allmählich meine Hosen zu weit werden. Ich nehme rapide ab. Da ich in den nächsten Monaten mit weiteren Gewichtsverlusten rechnen darf – die ausgedehnten Bergtouren kommen ja auch noch –, werde ich mich heute abend der weitaus gefahrloseren Arbeit mit Nadel und Faden widmen. Ich werde an drei Paar Hosen Knöpfe annähen, sie mit breiten, elastischen Hosenträgern versehen und damit ein für allemal meine Verlustängste besiegen. Zwei der drei Hosen kann ich bereits mühelos an- und ausziehen, ohne den obersten Knopf zu lösen. Und Gürtel mag ich nicht, da sie mich beengen.

Die beiden anderen Besucher dieser Woche kommen am Samstag. Am Vormittag signalisiert der Hund von seinem Hügel aus, daß ein Freund im Anmarsch ist. Das erkenne ich inzwischen an seiner geradezu jubelnden Art, Laut zu geben. Der »Klamme« kommt. Und er bringt mir etwas, auf das ich seit Wochen sehnlich warte. Die elektrische Lampe, die nun endlich der Testphase entwachsen ist. Sie wird die Abende, so hoffe ich, etwas angenehmer machen. Ungefähr sechs Stunden lang wird sie der Strom aus dem Solarkoffer bei Laune halten, dann müssen die Akkus mittels einer Solarzelle wieder aufgeladen werden. Viel Sonne ist ideal, etwas Sonne geht auch noch, keine Sonne und womöglich Nebel sind ganz schlecht. Nach den Erfahrungen der letzten Wochen wird es deshalb ratsam sein, den Betrieb der Lampe so einzuschränken, daß auch für den nächsten Tag noch ein paar Reserven im Koffer sind. Der Ernst hält sich nicht lange auf. Aber ehe er sich an den Abstieg macht, läßt er mir noch eine Nachricht da, so im Gehen, beiläufig: »Ach ja, übrigens: Der Khomeini isch tot.« So, so, denke ich, mehr nicht. Bin ich wirklich schon so weit weg?

Am Nachmittag, während einer Verschnaufpause, kommt ein großer Sack den Almweg herauf, der von einem großen Mann getragen wird, dessen Gesicht ich aber nicht mal durchs Fernglas erkennen kann, weil das Ende des Sacks über den Kopf ragt und der Schatten das Gesicht verdeckt. Erst als er kurz unterhalb der Hütte ist und den Sack für einen Moment abstellt, erkenne ich den Schwerbeladenen. Es ist Roland Gasser, der junge Lehrer und Wirtssohn aus Onach, einem kleinen Bergdorf bei St. Lorenzen. Er hat mir Brot mitgebracht, 150 steinharte Fladen aus Roggen und Weizen, gewürzt mit Anis, Salz und Koreander. Im Mai, bei Neumond – das ist besonders gut für das »Gehen« des Teigs –, ist es in einem steinernen Ofen gebacken worden. Anschließend wurde es getrocknet, und nun ist es so dürr, daß es sich zwei Jahre hält, ohne zu verderben. Es ist das harte Brot der Südtiroler Bergbauern, das mittels einer Grammel, einem auf einem Brett fixierten Hackmesser, in kleine Stücke zerteilt wird. In Milch, Kaffee oder Kakao aufgeweicht, schmecken die Brocken wirklich gut, sind nahrhaft und sättigend. Die Stückchen trocken zu verzehren empfiehlt sich nur, wenn man im Besitz stabiler Zähne und eines widerstandsfähigen Zahnfleisches ist. Die meisten der Fladen stelle ich gleich in einen »Brotrahmen«, ein an der Decke der Speisekammer befestigtes Holzgestell, in dem die Brote senkrecht nebeneinander aufgereiht werden. Das garantiert, daß keine Mäuse drankommen und das Brot nicht restlos austrocknen kann. Den Rest packe ich in eine hölzerne Brotkiste, die gleichfalls sicher ist gegen die gefräßigen Nager. Roland Gasser war einer derjenigen, die als erste von meinem Unternehmen erfahren haben. In seinem Stall stand ja auch die Sau, die inzwischen als feiner Speck in meiner Speisekammer hängt. Er spricht pusterisch, und das so schnell, daß ich immer noch Mühe habe, alles zu verstehen. Meistens gewahre ich nur das Mahlen seiner Kiefer und wortähnliche Gebilde, die diesem Geräusch entspringen. Inzwischen hat er sich angewöhnt, mir zuliebe etwas langsamer zu sprechen, das macht mir und auch ihm den Dialog einfacher. Er ist um einen halben Kopf größer und auch viel schlanker als ich. Mit gesenktem Haupt und hochgezogenen Schultern beginnt er seine Hüttenbegehung. Er stößt sich nirgends den Schädel an, er ist niedere Türen von zu Hause gewöhnt. Als er wieder ins Freie kommt, liegt auf seinem Gesicht wieder jenes Lächeln, das ich kenne – eine Mischung aus Mitgefühl, Nachdenklichkeit und Unverständnis.

»Und? Gäht's guat?« Er fragt das so, als könnte er mir, wenn er wollte, auch schon die Antwort geben. Und er sieht mich dabei an, als sei in seinen Ohren jede andere Antwort als »schlecht« eine Lüge. Ich brauche nicht zu lügen.

»Es geht mir ganz gut – meistens. Manchmal weniger«, sage ich ihm, der Wahrheit entsprechend.

»Aber der Winter kommt erscht«, gibt er zu bedenken, als wüßte ich das nicht selbst. Allmählich gehen sie mir alle auf die Nerven mit ihrem Winter. Was ist er denn schon, dieser Winter? Die kalte Jahreszeit, meinetwegen mit viel Schnee und Sturm und 20 Grad minus. Aber er wird mich nicht umbringen. Ich habe zwei kräftige Arme zum Schneeschaufeln, hoffentlich bis dahin meinen Stubenofen, ich habe Skier, Steigfelle, Steigeisen, einen Eispickel, Schneeschaufeln und für alle Fälle ein 50 Meter langes Bergseil. Ich habe genügend zu essen, reichlich Holz, 30 Bücher und 20 Musikkassetten. Und eine Hütte, die schon 35 Winter schadlos überstanden hat. Und ich habe 100 Liter Rotwein in zwei Holzfässern. Der wird mir als Glühwein Herz, Magen und Sinne wärmen.

Den Roland Gasser beeindruckt das alles herzlich wenig. Er kommt aus dem Kopfschütteln kaum noch heraus, und schon jetzt weiß ich, daß es mir nach Ablauf des Jahres ein ganz besonderes Vergnügen sein wird, vor der Heimfahrt noch schnell in Onach Station zu machen. Woll'n sehen, ob der Herr Lehrer dann immer noch den Kopf schüttelt . . .

In der Nacht fällt eine Sternschnuppe wie eine leuchtende Träne vom Himmel. Ich wünsch' mir was. Aber ich sag's nicht.

Der nächste Tag, ein Sonntag, wird für Medalges-Verhältnisse siedendheiß. Zum ersten Mal suche ich den schützenden Schatten des Stalls, um mein Holz zu spalten. Die Axt schwingt schwer wie lange nicht. Ich habe pausenlos das Gefühl, dem Verdursten nahe zu sein, aber das Wasser, das ich unentwegt trinke, könnte ich mir genausogut gleich über den Kopf schütten; es sickert im Nu aus allen Poren. Der Hund, der seit geraumer Zeit schon im kühlen Stall döst, wird plötzlich munter. Mit Riesensätzen rennt er den malträtierten Westhang hinauf. Als ich zum Höhenweg hinaufblicke, kann ich seine Aufregung verstehen. Mir wird auch ganz anders.

Eine Frau! Im Moment sehe ich nur lange, nackte, braungebrannte Beine, die sich über die schwankenden, von Erosionen zerwühlten Grasbuckel tasten. Fall mir nicht hin oder, noch besser: Fall ein bißchen hin, gerade so, daß du etwas Pflege brauchst. Muß ja nichts Schlimmes sein! Bloß etwas zum Genesen, so zwei, drei Tage. So und ähnlich arbeitet es in meinem Kopf. Jetzt stehen die Beine vor mir. Die Füße stecken in derben ledernen Bergstiefeln, wie sie eigentlich schon längst aus der Mode sind. Und oben hören die Beine auf, wo giftgrüne, seidig schimmernde Shorts beginnen. Das Grün, etwas gedämpfter im Ton, setzt sich in einem Hemdchen fort, das unter den Armen so weit ausgeschnitten ist, wie es zum Glück noch nicht aus der Mode ist. Über die beiden schmalen, ebenfalls braungebrannten Schultern spannen sich breite, gepolsterte Gurte, die an einem für meinen Geschmack viel zu großen Rucksack befestigt sind. Auf dem Rucksack festgezurrt sind ein Schlafsack und eine Thermomatte. In meinem Hirn rasen die Kombinationen. Großer Rucksack bedeutet: kein Tagesausflug, also lange Tour, von Hütte zu Hütte. Schlafsack und Thermomatte könnten bedeuten: ist nicht pingelig in Sachen Komfort, nächtigt vielleicht sogar in Heustadeln, um Geld zu sparen. Heißt weiter: Dame wäre vielleicht glücklich über Angebot, kostenlos in märchenhafter Furćia-Hütte zu nächtigen. Würde heißen: Sternschnuppen-Träume gehen manchmal in Erfüllung.

Ein hübsches Gesicht mit einer etwas groß geratenen Nase und dunkelbraunen Augen, über denen kastanienbraune, kurzgeschnittene Haare an der feuchten Stirn kleben, sind der Endpunkt meiner sinnlichen Betrachtung. Ich schätze sie auf 35, kann mich aber durchaus irren, da es mir augenblicklich an Kühle und sicherem Urteilsvermögen mangelt. Ihr erster Gesichtsausdruck irritiert mich, zumal ich doch so gewinnend, wie ich nur kann, lächle. Vielleicht irritiert sie mein Lächeln. Womöglich sieht sie mir an, was ich denke.

»Grüß Gott«, sage ich, das ist unverfänglich und zwingt sie, auch etwas zu sagen.

»Guten Tag. Ist das der Weg Nummer fünf nach Campill?« Diese Stimme! Weich, Mezzosopran, wie auf Daunen gebettet. Allerdings Norddeutsch, vielleicht Pinneberg. Na ja. Während sie fragt, deutet sie mit dem rechten Zeigefinger, auch braungebrannt, ins Tal, wo Campill etwa sein muß.

Was will sie denn in Campill? Das muß verhindert werden!

»Ja, ja, das ist der Fünfer. Ein miserabler Weg. Und langweilig. O je!« Dabei befleißige ich mich eines Tonfalls, der sie doch zum Nachdenken geradezu zwingen müßte. In ihrem Gesicht regt sich nichts, absolut nichts. Sie putzt sich die Nase. Sogar ihr Taschentuch ist grün. Vielleicht verleiht mir die Axt, die ich immer noch in der Hand habe, etwas Bedrohliches, Ungeschlachtes. Ich lehne die Axt an einen der beiden hölzernen Brunnentröge.

Es ist kurz vor Mittag, am Himmel keine Wolke. Jetzt, da ein aufziehendes Gewitter ein Segen wäre, ist keines in Sicht. Dennoch hole ich noch zu einer letzten verzweifelten Umklammerung aus. Ich lasse einen kennerhaften, sorgenvollen Blick, wie ihn nur einer zuwege bringt, der mit hochalpinen Wetterstürzen von Kindheit an vertraut ist, über den Westhang der Medalges schweifen. Um das Bedrohliche der Situation noch zu unterstreichen, wiege ich sorgenvoll den Kopf: »Also, ich würde heute nicht mehr nach Campill gehen. Wahrscheinlich kommt gleich ein böses Wetter. Hier oben ist so was im Nu da.«

Unerträgliche Spannung. Ihr Gesicht scheint ohne Muskeln zu sein. Es regt sich nichts. Nur ihre Augen drücken Erstaunen aus, während sie am Himmel nach etwaigen Wolken suchen.

»So, so, ein Gewitter kommt. Von wo denn?« Da klingt noch nichts Besorgtes mit, eher schon Häme. Dennoch gebe ich nicht auf.

»Man sieht's noch nicht. Es ist noch hinter Villnöß. Aber das Barometer fällt wie verrückt.«

»Sie meinen also, es wäre besser hierzubleiben?«

Jubel! Unbeschreiblicher Jubel in mir! Aber jetzt ganz cool bleiben, umschalten auf den Gleichgültigen, aber Hilfsbereiten. »Na ja. Sie können gern hier übernachten, wenn Sie wollen. Morgen früh würde ich Sie dann bis zum Waldrand bringen. Bis dahin müßten Sie schon mal nicht Ihren Mordsrucksack schleppen.«

Ich bin auf der Lauer. Sie hat doch Muskeln im Gesicht. Und zwar um den Mund. Der zuckt, und ihre Augen werden eng.

»Ach wissen Sie. Lieber riskiere ich ein Gewitter im Freien, das nicht kommt, als ein Unwetter in Ihrer Hütte, das sicher nicht zu vermeiden wäre. Aber trotzdem vielen Dank. Vielleicht komme ich noch mal hier rauf. Mit meinem Mann, der wartet in Campill. Es ist wirklich schön hier oben. Und nicht traurig sein. Wiedersehn.«

Sie geht schnurgerade über die steilen Almwiesen hinab zum Fünfer, der nach Campill führt. Die erste Frage, die ich mir stelle: Bin ich jemals so verarscht worden? Die zweite Frage trifft den Nagel eher auf den Kopf: Habe ich schon jemals so dämlich darum gebettelt, nach allen Regeln der Kunst verarscht zu werden? Jetzt, da mein Sternschnuppen-Alptraum hinter Claras Hütte verschwindet, setze ich mich auf den Rand des Brunnentrogs und lache. Hut ab, denke ich, nachdem der Humor in beherzten Schüben wieder zu mir zurückkehrt. Hut ab, die Dame ist schlagfertig! Gewitter draußen. Unwetter in der Hütte. Gefällt mir ausgezeichnet. Müßte von mir sein. Aber trotzdem: Zu wundern braucht sie sich nicht, wenn manche Bayern manche Norddeutsche nicht mögen.

In der Nacht naht das Gewitter, das ich mir am Tag so gewünscht hatte. Ich weiß die Signale der Natur inzwischen schon besser zu deuten, und deshalb kommt es für mich nicht aus heiterem Himmel. (Ein Barometer habe ich nicht. Aber das brauchte die spröde Dame ja nicht zu wissen.) Die Furchetta hat eine umwölkte Stirn, seit Stunden schon. Die Sterne verlöschen, als würden sie ausgeblasen, einer nach dem andern. Die Nacht wird milchig, Wolkenwände schieben sich zwischen die Furćia und die Puez-Geisler-Berge. Vom Bett aus kann ich alles beobachten. Minuten später lehnen die Wolken bereits an dem Fenster der Schlafkammer. Jenseits der Scheibe ist nur noch Suppe. Ein klagendes Wimmern umkreist die Hütte, sucht nach Ritzen und Spalten. Das Wimmern wird zum Stöhnen, das Holz beginnt zu knistern. Und dann ist es da, mit einem zuckenden Blitz, dem unmittelbar ein gewaltiger Donner folgt. Ein Sturm bricht los, rennt mit mächtigen Schultern gegen die Hütte an, Regen prasselt auf die Holzschindeln, das Stöhnen wird zum wütenden Schnaufen, das Holz knackt und zittert. Der Hund liegt auf seinem Platz in der Stube und schnarcht. Gewitter, gleich welcher Qualität, lassen ihn kalt. Mich faszinieren sie, Angst und Schauder habe ich nur als Kind empfunden. Ein Gewitter in den Bergen ist ganz anders als unten im Flachland. Man ist den Blitzen so nahe, daß man glaubt, sie schlügen die Felsen gegenüber in Stücke. Der Donner ist kein Schlag, der sofort wieder in die Stille flieht, um dem nächsten Platz zu schaffen. Vielmehr schrammt, rumort und poltert er für Sekunden die Felswände entlang, bis er den Zwischenkofel erreicht und in die Leere fällt. Draußen möchte ich jetzt nicht sein, im Bett ist es ein Vergnügen. Leider nicht lange, denn mit der Exaktheit eines Metronoms platschen Wassertropfen von der Kammerdecke auf mein Bett. Das Dach hat Schrunden, durch die der Wind den Regen treibt. Barfuß, im Regenmantel, bestückt mit der großen Taschenlampe, umkreise ich die Hütte bis zur Nordseite, von wo aus der Dachboden zu erreichen ist. Das Leck ist schnell ausfindig gemacht. Ein Plastikeimer, den ich darunterstelle, wird es für diese Nacht tun. Morgen werde ich die marode

Schindel abdichten. Nach einem ordentlichen Frühstück am nächsten Morgen mit Dosenbrot, anständigem Kaffee aus Deutschland und Marmelade führt mein erster Weg zur »Notdurft-Zentrale«, weil es gerade windstill ist. Der nächtliche Sturm hat die Klopapierrolle zu einem wirren Gemenge von grauen Girlanden verwirbelt. In dem Bretterverschlag sieht es aus, als sei Fasching. Meine Stimmung ist weniger fröhlich, nachdem ich den Holzplatz besichtigt habe. Die Regengüsse haben schon wieder lockeres Erdreich vom kranken Medalgeshang geschwemmt. Nun sieht es aus, als hätten Archäologen ein frühchristliches Brennholzlager entdeckt und unlängst mit den Ausgrabungen begonnen. Ein gut Teil der gehackten Scheite ist vom Schlamm bedeckt. Wie in einem Priel an der Nordsee durchziehen Rinnsale und kleine Bäche das Schwemmgut. Und dann bringt mich auch der Hund noch zur Weißglut.

Seit Jahren versichere ich ihm – und das ganz im Ernst –, daß wir Freunde sind. Das müßte er inzwischen auch begriffen haben. Aber es gibt immer wieder Tage wie den heutigen, da er unsere Freundschaft auf eine harte Probe stellt, sich sogar dem Verdacht aussetzt, es liege ihm nichts daran. Seit Tagen schon bevorzugt er als Ruheplatz die Haufen von Sägespänen, die die Kette der Motorsäge hinterlassen hat. Da döst er, wälzt sich, liegt minutenlang auf dem Rücken, alle viere wohlig von sich gestreckt, und wenn es ihm zu warm oder langweilig wird, trottet er zur Hütte, um sich in der Stube für ein Stündchen aufs Schlappohr zu legen. Die Sägespäne, die in seinem Pelz hängen bleiben, nimmt er mit in den »Salon«. Da sieht es dann aus wie in einem Sägewerk. Heute aber treibt er es auf die Spitze. Zunächst räkelt er sich im Holzabfall, dann watet er mittenmang in den Sumpf – wenn ein Hund Knie hätte, würde ich sagen: knietief –, und da ich im Augenblick mit Ausgrabungsarbeiten beschäftigt bin, entgeht mir, daß er sich zur Hütte trollt. Der Anblick, dessen ich wenig später in unserer Bleibe teilhaftig werde, verschlägt mir den Atem, um so mehr, als ich gestern stundenlang geputzt habe. Der Küchenboden ist bedeckt mit nassen, schmutzigen Abdrücken der Pfoten, die in Schlangenlinien und kreisförmig zur Stube führen, als wäre sich der Kerl nicht ganz schlüssig gewesen, wo er den meisten Dreck hinterlassen soll. In der Stube sieht's noch schlimmer aus. Die Teppiche, gemütliche Details in der Hütten-Kahlheit, sind mit Schlamm getränkt. Das schien »Schnaps« auch der günstigste Platz zu sein, um sich mal kräftig die Sägespäne aus dem Fell zu schütteln. Ich bin dem Siedepunkt nahe. Auf seinem Platz liegt er nicht. Die Fährte führt weiter in die Schlafkammer, deren Türe meistens nur angelehnt ist. Und da liegt er, bäuchlings, den Kopf zwischen den ausgestreckten Vorderpfoten, das Hinterteil unter der Bettstatt und in Reichweite einen alten Knochen, den er versonnen betrachtet. »Raus!« brülle ich. Gemächlich zieht er sein Hinterteil unterm Bett hervor, schnappt seinen Knochen, erhebt sich bedächtig und sieht mich mit leicht gesenktem Kopf an. Und was lese ich in seinen Augen? »Ist doch der einzige Platz, wo's einigermaßen sauber ist. In der Stube kriegt man ja das Grausen.« Am liebsten würde ich ihm in den Arsch treten. Aber zum Glück scheint er das zu ahnen und wird plötzlich schnell wie selten. Den Rest des Tages liegt er auf seinem Aussichtsbuckel. Er schmollt. Ich putze.

Die Abende, bis zum Einbruch der Dunkelheit, verbringe ich meistens mit Lesen. Das Fernsehen vermisse ich überhaupt nicht, schon eher die Zeitung, denn mein Informationsbedürfnis ist noch nicht restlos versiegt. Aber was wird in diesem Jahr schon Großes passieren? Kein Radio, kein Ärger mit den bescheuerten Sendungen von »Bayern 3«, das ist die reine Wohltat. Musik von der Kassette höre ich regelmäßig, vor allem Bach, Händel, Beethoven, Vivaldi, Brahms, in erster Linie aber Bach, selten Dvořák und Mahler. Nie Wagner, dessen Tonschöpfungen mir ein Greuel sind, seit ich als 16jähriger in den »Ring, der nie gelungen« mußte. Gelegentlich dirigiere ich unter Zuhilfenahme einer mitgebrachten Partitur (Klavierauszug) die Bachsche »Johannes-Passion« mit dem englischen »Monteverdi Choir« und »The English Baroque Soloists«. Dann darf der von mir hochgeschätzte Dirigent John Eliot Gardiner zwei Stunden lang zuhören.

Im großen und ganzen bin ich im Lot. Die schwere körperliche Arbeit tagsüber, die inzwischen überschäumende Natur, die Muße-stunden am Abend treiben die Zeit voran und schaffen gute Tage. Und augenblicklich habe ich auch nicht zu befürchten, was mir mein Freund Wolfgang Limmer geweissagt hat. Daß nach Ablauf des Jahres mein Hund die Geschichten aus den Bergen erzählen wird und ich bellend durch den Englischen Garten streune. Aber noch sind nicht einmal zwei Monate vorüber.

Der Höhenweg, der bislang nur mir und »Schnaps« gehörte, wird von Tag zu Tag belebter. Seit Mitte Juni sind die bewirtschafteten Schutzhütten wieder geöffnet. An schönen Wochenenden ziehen Kind-und-Kegel-Prozessionen von Villnöß zum Kreuzjoch, wo man zum Verschnaufen lagert, um dann noch die Dreiviertelstunde bis zur Schlüterhütte zu »machen«. Da die Furćia so idyllisch unterhalb des Höhenweges liegt, verfällt mancher Wanderer dem Irrglauben, willkommen zu sein. Milch und Käse wollen sie und Speck und Bier und eine Toilette, weil die Kleine mal muß, und sind ganz außer sich, weil dieser »Almhirte« noch unfreundlicher und ungehobelter sein kann als sie selbst. Diesen Leuten, die fordernd und herrisch nach Essen und Trinken verlangen, ohne einen Gruß sich an meinen Tisch im Freien fläzen, denen bin ich nervlich nicht gewachsen. Da werd' ich grob und jage sie zum Teufel. Sollen sie denken, was sie wollen. Hauptsache, sie denken mal . . . Und so leid's mir tut: Die schlechtesten Erfahrungen mache ich mit meinen Landsleuten. Natürlich nicht mit allen. Nie, wirklich nie, habe ich Ärger mit Italienern, mit Südtirolern, Schweden und Engländern. Sie sind zufrieden, wenn ich ihnen meine Quelle anbiete. Um den Wande-rern und richtigen Alpinisten in Zukunft die Enttäuschung, die sie auf der Furćia erwartet, zu ersparen, ergreife ich Maßnahmen zum Schutze Alleinlebender in Gebirgsregionen über 2000 Meter. Mit-tels schwarzer Farbe und einem Pinsel, die ich im Dachboden finde, fertige ich zwei hölzerne »Warntafeln« an. Die eine befestige ich an einem Pfahl seitlich des Pfads, der zum Kreuzjoch führt: »Nix gibt's

– weder Milch noch Speck«; die andere an dem Steig, der vom
Höhenweg herabführt, direkt zur Hütte: »Keine Milch, Eier, kein
Speck, Kaviar, Bier, Wein etc. Nix gibt's – leider.« Schon alsbald
zeigt sich, daß die Schilder nur ein dürftiger Schutz sind. Viele
kommen dennoch zur Hütte und fragen, ob das denn ernst gemeint
sei, was da draufsteht. Und einer kommt gar im Laufschritt den
Berg herunter, völlig außer Atem, etwa 50 Jahre mag er alt sein, ein
Österreicher. Für mich klingt, was er sagt, wienerisch, und da für
mich Wienerisch keine Sprache ist, sondern allenfalls ein Stilmittel
Helmut Qualtingers war, vermag ich auch nicht in einer direkten
Rede das wiederzugeben, was den Herrn im nagelneuen roten Gore-
tex aus der Fassung zu bringen droht. Ob es denn hier schon mal
Kaviar gegeben habe, will er wissen. »Natürlich«, sage ich. »Persi-
schen, den feinsten. Aber nach dem Tode des Ayatollah Khomeini
werden im Iran augenblicklich die Ausfuhrbestimmungen für
Kaviar neu überdacht. Ich rechne mit einer neuen Lieferung im
September.« Eigentlich sollte ich mich schämen. Der Herr steht da
und hält den Mund offen, und als er sich wieder gefangen hat, ist er,
so scheint mir, knapp davor, mir nicht zu glauben. Er lacht etwas
unschlüssig und stellt mich noch mal auf die Probe. Ob es denn
womöglich auch Champagner gebe. »Steht doch nicht auf der Tafel,
oder?« entgegne ich trocken, obwohl mir innerlich fast ein Korken
hochgeht. »Champagner hat doch heutzutage fast jeder im Rucksack, der in die Berge geht. Der gehört doch schon zur Grundaus-
stattung.« Ich gebe zu, der Mann ist in seiner Einfalt ein wehrloses,
beklagenswertes Opfer. Aber lange genug haben mich die lästigen
Touristen geärgert. Jetzt will ich auch mal Spaß. Schon wieder auf
dem Weg hinauf, dreht er sich noch mal um, sieht mich an, als
erwarte er doch ein Dementi des eben Gehörten, und setzt kopfschüttelnd seinen Weg fort. »Schnaps« liegt auf den sonnenwarmen
Brettern der Terrasse und sieht mich an, als schäme er sich für mich.
Nun bin ich fast soweit, daß ich sage: Am schönsten ist's bei schlech-
tem Wetter. Da sind kaum Leute unterwegs, und ich gehe auch auf
den Sobutsch bei Regen und Nebel. Inzwischen gelingt es mir,

diesen diffusen Stimmungen ihren Reiz abzugewinnen. Es stört mich nicht mehr, wenn für ein oder zwei Tage meine großen Nachbarn hinter Nebelwänden verborgen bleiben. Aber wenn es mehr als zwei Tage dauert, wird es trist. Es ist dann jedesmal ein faszinierendes Schauspiel, wenn die Nebelwand Risse bekommt, wenn sie durchsichtig wird, wie eine schlampig geputzte Scheibe. Meine ganz private Quizfrage lautet dann: Welcher Gipfel hat als erster Sonne? Meistens ist es die Furchetta, die größte in der Gruppe, die oft binnen Sekunden den Nebel von sich schüttelt und ihren sonnenbestrahlten Schnabel in ein Stückchen blauen Himmel reckt.

Der Trost, mit dem ich mich tröste, ist, daß spätestens Mitte Oktober die Hütten wieder dichtmachen und dann kaum noch Bergtouristen unterwegs sind. Die dann kommen, sind Feinschmecker, die die Stille schätzen. Meine Stimmungen sind derzeit wechselhaft wie das Wetter. Gestern abend war es besonders schlimm. Ich hatte keine Lust zu lesen, selbst Bach ging mir auf die Nerven, ich saß den ganzen Nachmittag schon am Tisch in der Stube und starrte die meiste Zeit zum Fenster hinaus, dann nähte ich an einer Hose einen neuen Knopf an, stach mir mit der verdammten Nadel in den Finger und schleuderte aus lauter Wut die Schere gegen die Wand, daß sie im Holz steckenblieb. Ich aß Speck und hartes Brot, trank eine Pulverlimonade, aß wieder Speck und hartes Brot, dann Schokolade, und davon wurde mir schlecht. Am Spätnachmittag kotzte ich alles wieder heraus und beschloß daraufhin, mich am Abend zu besaufen. Das Leben wollte ich mir zwar nicht nehmen, aber wenigstens bis zum Morgen tot sein. Es glückte mit einer halben Flasche Obstler, und heute, am Tag danach, wünsche ich mir sehnlich, auch noch tot zu sein. Es geht mir miserabel. Mein Kopf dröhnt, mein Magen fühlt sich an wie umgestülpt, und meine Stimmung, die ich mit diesem Gewaltakt heben wollte, ist noch weiter unten als gestern. Anstatt *mich* anzubrüllen, brülle ich den Hund an. Am Abend entschuldige ich mich bei ihm mit einer Dose Rindfleisch. Ich gehe zum Holzplatz, um etwas zu tun. Aber kaum zieht die Axt an meinem Arm, wird mir schlecht. Ich lege mich in die Hängematte, die ich an der windgeschützten Seite des Stalls aufgespannt habe. Das sanfte Schwingen tut gut, um das letzte Rauschdrittel auszuschlafen. Als mich tobende Wellen von Kopfschmerzen wecken, habe ich einen hochklassigen Sonnenbrand im Gesicht. Und nun würde ich mich am liebsten an die Wand schmeißen. Um mir Kühlung zu verschaffen, stecke ich den Kopf in einen der beiden Holztröge, in die ständig eiskaltes Quellwasser läuft. Das hätte ich bereits gestern tun sollen. Es wäre mir viel Ungemach erspart geblieben.

Am Abend, vor dem Zubettgehen, versöhne ich meinen Magen mit unaufdringlicher Kost. Er bekommt eine halbe Handvoll Haferflokken mit etwas Honig, in zwei Eßlöffel Kondensmilch entstaubt. Dafür bedankt er sich mit Friedfertigkeit. Die Nacht ist randvoll mit erotischen Träumen. Daß ich mich am Morgen, nach dem Aufwachen, noch an jede Menge Details erinnere, ist neu. Die sexuelle Nulldiät, mit der ich ja ein Jahr werde leben müssen – sollte mir nicht ein glücklicher Zufall zu Hilfe kommen –, scheint erste Entzugserscheinungen anzukündigen. Gerne würde ich mich noch mal ein Stündchen zurückträumen.

Aber Pfefferminztee mit ein paar Hartkeksen aus der Bundeswehr-Combat-Ration Nr. IV vertreibt rasch die Überbleibsel der Nacht. Ich fühle mich wie neugeboren, pfeife und singe, wünsche dem Hund einen guten Morgen, der in meinem Überschwang schon wieder Verdacht schöpft, schnüre die 15 Jahre alten ledernen Bergstiefel, die sich allmählich auflösen, und fasse kurzfristig den Entschluß, hinunter nach Funtanacia zu wandern. Ich nehme mein drittes Bein in die Hand, den langen Haselnußstecken mit der Eisenspitze, die mir noch der Hengler Klaus, der Schmied bei mir zu Hause, kostenlos angefertigt hat. Er hat sie handgeschmiedet, und als ich das Prachtstück bei ihm abholte, sagte er: »Am Spitz liegt's net, wann'st obifoist (hinunterfällst).«

Es wird ein heißer Tag. Kein Lufthauch rührt sich. Schwärme

dicker schwarzer Fliegen umkreisen die Hütte und suchen nach einem Durchschlupf zur Speisekammer. Vor Wochen schon habe ich die Ritzen, soweit ich sie entdecken konnte, abgedichtet und vor das Fenster ein Fliegengitter gespannt. Der Speck braucht Luft, damit er schön trocken wird. Bereits jetzt, nach knapp zwei Monaten, hat er an Geschmack gewonnen. In einem halben Jahr wird er zur Delikatesse gereift sein.

Der Hund ist wie aus dem Häuschen. Immer wenn ich das Fernglas um den Hals hänge und den Bergstock nehme, ist er kurz davor, mich zu küssen. Da wälzt er sich auf dem Rücken, pufft mit seiner Schnauze an mein Knie, winselt und bellt, um plötzlich, wie zur Feder gespannt, innezuhalten. Er wartet auf ein Zeichen von mir, das die Richtung angibt, in die es heute geht. Der Bergstock, der ins Tal deutet, ist für ihn der Startschuß. Nun fegt er los. Wie eine kleine Lawine, weiß und nicht zu bremsen, bricht er in das Feld mit großblättrigem Frauenmantel ein und hinterläßt eine breite Furche. Am Kreuzungspunkt, wo der Fünfer-Weg auf den schmalen Pfad, der von der Furćia herunterführt, trifft, setzt sich »Schnaps« auf die Hinterbacken. Links runter geht's nach Campill, rechts rauf zum Kreuzjoch. Er wartet ab, bis ich da bin. Zum ersten Mal gehen wir einen neuen Weg, geradeaus, über die Almwiesen, auf denen die gelben Blüten von Arnika und Ferkelkraut leuchten, dazwischen das Tiefblau des Enzians. Je weiter wir den steilen Grasabhang hinuntersteigen, desto üppiger wird die Vegetation. Latschen, Zirben, Berg-Hahnenfuß, Trollblumen und Alpenrosen. Und Gräser, so vielfältig, wie ich sie noch nie gesehen habe. Hier darf die Natur noch machen, was ihr gefällt, sich schmücken und eitel sein. Da ist kein Bauer, der mit Kunstdünger und Jauche regulierend eingreift und kränkliche, fade Einheitsweiden schafft, um nur möglichst oft zum Schnitt zu kommen. Ein Teil dieser duftenden, würzigen Almwiesen wird im Spätsommer von den Campiller Bauern gemäht, mühsam mit der Sense. Den unwegsamen Rest, zwischen Schrofen und an steilen Hängen, weiden von Mitte Juli bis Mitte

September die Kühe ab. Den Hund kümmern die Wiesen wenig. Er hat nur Augen und eine Nase für die Bäume. Endlich Bäume! So viele, daß er gar nicht weiß, an welchem er zuerst sein Bein heben soll. Er pinkelt, daß es eine wahre Freude ist, und die meiste Zeit steht er auf drei Beinen. Er verausgabt sich bis zum letzten Tropfen, und um ganz schnell Nachschub zu tanken, säuft er aus einem der zahllosen kristallklaren Bäche, die Funtanacia wie ein Geäder durchziehen. Die etwa 200 Hektar Traumland sind geweihte katholische Erde, denn Funtanacia gehört dem Bistum Brixen-Bozen, und während der Schußzeit im Frühsommer und Herbst tummeln sich hier die Jagdgäste des Bischofs.

Ist es hier schöner als bei mir, fast 300 Höhenmeter weiter oben? Es ist anders, fast wie ein Stück aus einem Märchen. Gnomen-, Zwergen- und Feenland. Auf mächtigen Felsblöcken, die im Laufe der Jahrtausende dem Kapuziner, den Puez-Spitzen und dem Piz Doledes abhanden gekommen sind, wachsen knorrige Zirben, deren Wurzelwerk wie die Tentakel einer Krake den Stein umschlingen und in Ritzen und Spalten Nahrung finden. Die Lärchen bevorzugen guten Boden. Jetzt, da die Sonne noch ziemlich schräg einfällt, glänzen diese Zwitter aus Nadel- und Laubbaum wie zartgrüne Gespinste. Im Herbst werden ihre Nadeln gelb und fallen ab wie welkes Laub. Oberhalb von Funtanacia, nach Süden zu, steigen Steinschutt- und Geröllhalden steil an und verlieren sich in den fast senkrechten Wänden der Puez-Gruppe. Und am sonnigen Südhang stehen, oft versteckt zwischen Zirben und Lärchen, die Heuschober, aus mannsdicken Zirbenbalken gezimmert, gold- und kupferfarben verwittert. Daneben ein kleiner Anbau, in dem die Bauern während der Heumahd auf offenen Feuern ihr karges Mahl zubereiten. Die meisten von ihnen schlafen zwei, drei Wochen in den Schobern, auf Heuresten des Vorjahrs, und gehen nur an den Wochenenden zu ihren Familien ins Dorf.

Wo der Traumpfad zwischen hingeworfenem Gestein versickert, beginnt das Murmelland. Unter Felsblöcken haben sie ihre Höhlen und ihr weitverzweigtes unterirdisches Wegesystem gebaut. Sie warnen mit schrillen Pfiffen und stecken damit zugleich akustisch die Grenzen ihres Reviers ab. Mit dem Fernglas hole ich die Murmeltiere in meine Nähe, kann sie beobachten, wie sie hoch aufgerichtet vor ihren Höhlen stehen, die Köpfe erhoben, die Vorderpfoten über der Brust gefaltet, als wären die Augen der ganzen Welt auf sie gerichtet. Ich würde nur zu gerne verstehen, was sie sich zupfeifen. Inzwischen müßten die Jungen geboren sein, und vielleicht erzählt ein »Bär« dem andern, wie viele »Affen« die »Katze« in diesem Jahr zur Welt gebracht hat.

Die Welt von Funtanacia ist lebendiger, freundlicher, man fühlt sich zwischen Zirben und Kiefern geschützter und geborgener, jetzt, da Sommer ist. Aber was ist im Winter? Auf dem Südhang der Medalges werde ich immer Sonne haben. Funtanacia hingegen versinkt ab Oktober in einen schier endlosen Dämmer. Erst Ende Februar wird die Sonne wieder über die Nordwände der Puez-Berge lecken und behutsam die Bäume und Quellen erwärmen. Diese Quellen! Wenn ich nur eine davon auf der Medalges hätte, ich wäre alle Wassersorgen los.

Ich liege rücklings im Moos, gegenüber dem Himmel.

Mit geschlossenen Augen lausche ich dem Raunen und Rauschen, dem Rinnen und Rennen. Ab und zu gleitet ein Tropfen auf den steinigen Katarakten aus und hupft auf mein Gesicht. Ich bin im Augenblick so glücklich und zufrieden, daß es meinem Hirn nicht einfällt, an irgendwelche Dinge zu denken. Ich liege und schwebe. Hier werde ich noch oft sein, ganz gewiß. Und bald gibt es frische Milch.

Plötzlich wird die Luft stickig wie heißer Atem. Binnen Minuten schiebt ein lächerliches Lüftchen finstere, fette Wolkenberge von Westen her übers Kreuzjoch. Was sich da ankündigt, sieht nicht gut aus. »Schnaps«, der bisher am Bach lag, wird unruhig, winselt und drängt zur Eile. Ich glaube, er hat recht. An sich wollte ich ja noch auf die Roa-Scharte, aber das ist noch eine gute Stunde steiler Aufstieg über ein unangenehmes Geröllfeld. Vielleicht morgen.

Nichts wie heim, die Wolken hängen bereits ihre dicken Bäuche über die Gipfel von Furchetta und Torkofel. Der steile Anstieg über die Almwiesen schlaucht. Ich muß schnaufen für drei. Es ist schwül wie in einem Treibhaus. Der Hund läuft zügig und rasch wie selten in Serpentinen den Abhang hinauf. Er hat schnell begriffen, wie man steile Wege am kräftesparendsten meistert. Von Funtanacia bis zur Furćia geht man eine gute halbe Stunde, wenn man gut geht. Die ersten dicken Regentropfen platschen ins Gras. Die Hütte ist bereits in Sichtweite, vielleicht noch zehn Minuten. Da fällt plötzlich Eis vom Himmel. Es hagelt, die Schlossen, gut erbsengroß, schlagen mir wie Ohrfeigen ins Gesicht. Der Hund rennt, jetzt hat er das schützende Vordach der Hütte erreicht und legt den Kopf auf die hölzerne Balustrade, um zu schauen, wo ich bleibe. Ich muß zur Furćia, einen anderen Schutz gibt es in unmittelbarer Nähe nicht. Als ich die Hütte endlich erreiche, fühle ich mich wie durch den Wolf gedreht. Meine Hände, die ich schützend über dem Kopf gehalten habe, brennen, mein Gesicht brennt und mein Kopf dröhnt. Aber ich bin ohne Blessuren davongekommen.

Bis zum nächsten Morgen hat es sich eingeregnet. Die Sturzbäche der Nacht haben das Holz großteils wieder mit einer dicken Schlammschicht bedeckt. Nach dem Frühstück mache ich mich in Gummistiefeln und Regenmantel zum Holzplatz auf, um ein paar Axtschläge zu tun. Doch das bringt nichts ein. In der engen Gummihaut fühle ich mich wie eingeschnürt. Ich fürchte, es wird ein »Lava-Tag«. Die Lust, mich körperlich zu betätigen, ist gleich Null. Auf dem Höhenweg ist heute tote Hose. Die Wanderratten haben sich in die Schutzhütten verkrochen, werden trinken, Sprüche klopfen, vielleicht auch einen Skat und Ansichtskarten schreiben. Günstige Bedingungen, um mit dem Hund zum Sobutsch zu gehen.

Die Stiefel sind geschnürt, der Anorak bis zum Hals zugeknöpft, der Bergstock deutet bereits in die ausgewählte Richtung, als »Schnaps« plötzlich zu kläffen anhebt und ins Tal starrt, wo vor lauter Nebel nichts zu sehen ist. Aber dann tauchen aus der Suppe drei Gestalten auf. Endlich wieder mal Besuch, über den ich mich freuen kann. Roland, das Kraftbündel, kommt als erster, wie meistens. Sein pinkfarbener Rucksack ist prall gefüllt, und unter dem Deckel ist der Quere nach ein Fotostativ befestigt. Das gehört dem zweiten in der Gruppe, dem die Strapazen des Zweieinhalbstunden-Aufstiegs ins Gesicht geschrieben sind. Man sieht's ihm an, daß er heilfroh ist, endlich oben zu sein. Es ist Guido Mangold, einer der renommiertesten deutschen Fotografen, der in Etappen »mein« Jahr in den bleichen Bergen für das Magazin GEO und für dieses Buch im Bild festhalten wird. Er möchte noch zweimal kommen, im Herbst und im Winter, wenn ich – so hofft er – bis zum Dach eingeschneit bin. Der dritte ist ein kleiner, etwas schmächtiger Herr, dessen Name mir zwar geläufig ist, den ich aber heute zum ersten Mal sehe. Sein Name ist Paul Clara, ein Campiller, dem die Almhütte unterhalb der Furćia gehört. Guido Mangold hat Roland und Paul als »Sherpas« gedungen, um ihm beim Transport seiner gewichtigen Fotoausrüstung behilflich zu sein. Er wird vier oder fünf Tage, je nach Witterung, auf der Furćia bleiben. Für mich bedeutet das eine willkommene Abwechslung und Neuigkeiten aus der Branche.

Daß Guido Mangold die Bilder macht, hat sich fast zwangsläufig ergeben. Denn ihm habe ich es eigentlich zu verdanken, daß ich hier bin, auf der Furćia. Und das kam so: Als ich im Herbst letzten Jahres fieberhaft auf der Suche nach einer geeigneten Hütte war, die exakt meinen Vorstellungen entspräche, als ich schon nahe dran war, mein Unternehmen um ein Jahr zu verschieben, da sich nichts Adäquates fand, geriet mir eine Illustrierte in die Finger, die früher mal eine gute Illustrierte war, mittlerweile aber nur noch bunt ist. Auf mehreren Seiten wurden da Bilder aus einem Dolomiten-Buch des Münchner Fotografen vorgestellt. Zerfurchte Bauernschädel, rotbackige, frische Ladinerinnen und Landschaften wie gemalt, so schön, daß man auf der Stelle dahin möchte. Und dann legte sich mein bereits angefeuchteter Umblätterfinger an den Rand einer Doppelseite, die mir beinahe entgangen wäre, weil sie klebte. Was ich noch nicht wußte: Ich warf bereits einen Blick auf meine Zukunft. Eine Gebirgskette, wie mit dem Federmesser aus dem Himmel geschnitten, an den Talflanken, weit unten, Bergwald aus Zirben und Lärchen. Im Vordergrund: Alpenfleckvieh beim Abtrieb von einer Alm, und noch weit höher muß der Standort des Fotografen gewesen sein. Eine Hütte war nicht zu sehen, aber die Bildunterschrift ließ den Schluß zu, daß es eine Almhütte in der Nähe geben müsse. »Medalges-Alm« stand unter dem Bild. Mehr nicht.

Ich telefonierte mit Guido. Ja, es gebe da eine Almhütte. Nein, sie sei nicht bewirtschaftet, nicht mehr, seit einem Jahr schon nicht und wohl auch nicht in nächster Zukunft. Wem die Hütte gehöre, wisse er nicht, aber in Campill, da wüßten die Leute sicher mehr. Es war bereits Mitte Oktober, und ich wollte keine Zeit verlieren. Ich mußte vor Einbruch des Winters eine Hütte finden, die für mein Vorhaben geeignet war und die ich im Frühjahr beziehen könnte. Gleich am nächsten Tag machte ich mich auf den Weg, über den Brenner ins Pustertal, in St. Lorenzen rechts weg und auf einer schmalen Straße entlang an Felswänden durchs Gadertal bis St. Martin und von da aus ins Campilltal. Bereits das Ortsschild dünkte mich wie ein wind- und wetterfestes Dokument für die politische und ethnische Situation in dieser gottbegnadeten Gegend. Hier passiert man die Ortsgrenze dreisprachig: Campill (deutsch), Lungiarü (ladinisch) und Longiarù (italienisch).

Was dann kam, war schieres »Reporterglück«. Peter Castlunger, der Wirt vom »Sanvi«, freute sich über die »schönen Grüße«, die ich ihm von Guido Mangold bestellte und die außerdem seine Zunge lösten. Der Schlüssel für die Hütte sei in St. Lorenzen zu finden, und so landete ich noch am selben Tag bei Pepi Graber. Als ich ein paar Tage später Guido Mangold anrief und ihm vom Zustandekommen des Mietvertrages berichtete, war ihm, dem Dolomiten-Fan, klar, daß *er* mein Jahr fotografieren würde. Nun ist er da, um mit der Arbeit zu beginnen.

Die Tage mit Guido sind angenehm und kurzweilig. Er ist geduldig, obgleich sein Zeitmaß nicht das meine ist. Er braucht eine Hundertstel- bis eine halbe Sekunde, um das, was ihn fesselt, einzufangen. Ich brauche oft Stunden, um eine halbwegs vernünftige Seite in die Maschine zu tippen. Er benützt ein Gerät, um das Licht zu messen, und wenn es zu hell ist, freut ihn das Fotografieren nicht. Ein blauer wolkenloser Himmel ist für ihn ein Graus. Ich hingegen trage einen Belichtungsmesser in mir. Bei strahlendem Wetter steht der Zeiger auf »Gut geht's«. Er hat ein reichhaltiges Sortiment an Filmen, für innen und außen, für jedes Wetter. Ich benütze fast holzfreies 50-Gramm-Recycling-Papier zum Schreiben, und das bei jedem Wetter, innen und außen. Er möchte, daß ich jetzt aufs Hüttendach steige, um fällige Reparaturen zu erledigen, weil das Licht gerade günstig sei. Ihm zuliebe steige ich aufs Dach, obwohl ich die maroden Schindeln erst nächste Woche oder übernächste oder im Herbst auswechseln wollte.

Er ist überrascht, daß ich so willig bin. Man hat ihm über mich anderes erzählt.

Ich bin überrascht, daß er so geduldig ist. (Man hat mir über ihn auch anderes erzählt.)

Natürlich wird auch der Hund fotografiert. Mit mir, ohne mich, sitzend, liegend, laufend, und als wisse er genau, daß ein Gelingen der Geschichte zu einem nicht geringen Teil auch von seiner Bereitschaft abhängt, macht er ohne Murren alles mit. Manchmal wirft er sich derart in Positur, daß es schon fast an Eitelkeit grenzt. Guido ist mit »Schnaps« sehr zufrieden.

Am Abend, bei Wein, Speck und hartem Brot, gibt's zum Nachtisch Neuigkeiten. Riehl-Heyse ist Chefredakteur beim »stern« – ich frage mich, wie lange –, Thorer ist nicht mehr Chefredakteur bei »Esquire« (schade drum), den »Egon-Erwin-Kisch-Preis« habe ich in diesem Jahr wieder nicht bekommen (damit hatte ich auch nicht gerechnet). Und in China kam es zu einer blutigen Revolte der Studenten. Tausende sollen ums Leben gekommen sein. Karajan ist gestorben, und Kohl ist immer noch Kanzler. Meine anfängliche Neugierde bedarf keiner Befriedigung. Nichts von alledem interessiert mich wirklich. Ich bin zu weit weg von vielem, und mit jedem Monat, der vergeht, werde ich noch weiter weg sein. Das macht mir schon jetzt etwas angst. Denn was wird in einem Jahr sein, wenn ich wieder neugierig und informiert sein muß, um als Journalist Geld zu verdienen? Vielleicht bin ich ein Fatalist: Aber es interessiert mich im Augenblick überhaupt nicht, was *nachher* ist.

Das Wetter der nächsten Tage ist genauso, wie es sich Guido Mangold gewünscht hat: durchwachsen. Am letzten Tag seines Besuchs, dem 15. Juli, ist Postkartenwetter. Am frühen Vormittag gehen wir hinunter nach Funtanacia. Heute kommen die Campiller Kühe auf die Alm, heute ist Almauftrieb. Während Guido der Herde ein gutes Stück entgegengeht, um eine Fülle von Motiven zu bekommen, setze ich mich mit dem Hund auf die Bank vor der Almhütte, um das Eintreffen der Tiere zu erwarten, die von den Castlungers heraufgetrieben werden. Die 51 Kühe, steif und ungelenk vom monatenlangen Ausharren an der Kette, brauchen gute vier Stunden, bis sie über die Forststraße und den Hohlweg, der über die Lichtung Supdac nach Funtanacia führt, rund 600 Höhenmeter überwunden haben. »Niki«, der Schäferhund, macht sich gehörig wichtig, als er meinen »Schnaps« sieht, und gibt seine Erfahrung zum besten, die er bereits im letzten Jahr, kaum dem Welpenalter entwachsen, gesammelt hat. Im Übereifer treibt er die gewöhnungsbedürftigen Tiere in alle Himmelsrichtungen auseinander, so daß Giovanni und seine beiden Söhne Franzl und Albert vollauf damit beschäftigt sind, das Vieh in die gewünschte Richtung zu dirigieren.

Heute lerne ich auch Emma, Giovannis Frau, kennen. Sie dürfte etwa 40 Jahre alt sein, trägt zwei gutgefüllte Plastiktüten mit Lebensmitteln und kommt den steilen Hohlweg so behende herauf, daß man vermuten darf, sie sei es gewöhnt, sich in den Bergen zu bewegen. Sie hat eine hohe Stirn, eine kleine, vorwitzige Nase und schmale Lippen. Das kastanienbraune gelockte Haar trägt sie kurz geschnitten. Am auffälligsten sind ihre Augen. Blaugraue, kindliche Augen, wie aus hauchdünnem Porzellan. Sie stammt aus Piccolein, zwei Ortschaften weiter, also eine Ladinerin. »Ah, der Herr Eremit von der Medalges!« begrüßt sie mich, und das erste, das mir an ihrer Art, die deutsche Sprache zu handhaben, auffällt, ist, daß das »r« ihr Lieblingskonsonant zu sein scheint. Sie zerkaut es genüßlich, und es klingt, als ob sie auf Zirbenzapfen bisse. Ihr »r« gefällt mir gut. Ich mag auch die vielen Falten in ihrem Gesicht und auf ihrer Stirn. Eine makellose Glätte, um die sich die meisten Frauen ihres Alters mehr oder weniger verzweifelt bemühen, würde zu ihr nicht passen. Für mich ist sie jetzt schon der lebendigste Teil dieser Berge, vielleicht gar ein Kind der Furchetta und des Doledes. Und Wochen später, als ich die Castlungers besser kenne, werde ich sie herzlich zum Lachen bringen, indem ich ihr sage, daß ihr Gesicht schön und aufregend ist wie die Nordwand der Furchetta. Das gefällt auch Giovanni, ihrem Mann.

Der ist im Moment noch bei den Kühen, die sich erst an die neue Umgebung gewöhnen müssen. Die almerfahrenen, die schon manchen Sommer hier verbracht haben, suchen umgehend ihre Stammplätze der Vorjahre auf, meist an großen, überhängenden Felsblökken, wo sie bei Gewittern Schutz suchen. Die »Neuen« müssen sich erst auf die Suche nach einem Unterstand für den Notfall machen. Bis die Platzverteilung geregelt ist, schauen Giovanni, die beiden Buben und natürlich der eifrige »Niki« nach dem Rechten, um drohende Rangeleien erst gar nicht einreißen zu lassen.

Am frühen Nachmittage kehren die vier rechtschaffen müde zur Almhütte zurück. »Niki« befaßt sich umgehend mit »Schnaps«, schwänzelt und winselt um seinen neuen Freund herum, als erwarte er wenn schon kein Kompliment, so doch zumindest eine neidvolle Gebärde. Doch »Schnaps« kennt keinen Neid, schon gar nicht, wenn er übermäßige Laufarbeit zur Ursache hat. Vielmehr empfindet er die Aufdringlichkeit des jungen Schäfers im Moment eher als lästig und legt sich in den Schatten einer Zirbe.

Giovanni ist außer sich, weil ihm zwei Hunde noch lieber sind als einer und sein »Niki« für die nächsten zwei Monate wohl einen Partner gefunden hat. »Na, na«, jubelt er, »isch des scheen, mit die zwei Hünden.« Und dann lädt er einen ladinischen Wortschwall über seinem »Niki« ab, daß der sich vor lauter Freude gar nicht mehr einkriegt. Es muß was unheimlich Aufregendes gewesen sein, was der Giovanni seinem »Niki« erzählt hat. Guido Mangold fährt noch am Nachmittag nach München zurück. Im Oktober, wenn der Herbst in seinen Farben malt, will er wiederkommen. Ich gehe mit dem Hund wieder zurück zur Furćia. Die Perspektiven für die nächsten beiden Monate sind durchaus positiv. Ich werde frische Milch bekommen, sooft ich will. Die einzige Milchkuh unter den 51 Rindviechern, eine kleine Graue, wird pro Tag unter Franzls kundigen Händen etwa neun Liter abgeben. Die anderen 50 Tiere sind »trockengestellt«, das heißt: Mit Hilfe eines Medikaments wurde ihre Milchproduktion für zwei Monate unterbunden.

In letzter Zeit träume ich viel und gründlich. Das ist neu. Meistens sind Frauen mit im Spiel, die ich gar nicht kenne. Heute nacht ging es auch ohne. Ich habe mit Kurt, Wolfgang und Wigbert in der Schwabinger »Säge« Skat gespielt. Im Traum spiele ich sogar um Geld, sogar teuer, nämlich um Pfennige. Sonst spiele ich nur um Obstler. Ich habe wieder mal verloren, so an die 100 Mark. Als ich aufwachte, war ich richtig glücklich. Keiner war da, der mit mir Skat gespielt hätte. Und es ist auch ganz unmöglich, auf irgendeine andere Weise Geld zu verlieren. Durch den ständigen Umgang mit dem Holz werde ich selbst ganz hölzern. Ich werde vergeßlich, und meine Gedanken drehen sich manchmal so schwerfällig wie ein Mühlrad. Immer häufiger passiert es, daß ich mich vom Holzplatz auf den Weg in den Stall oder zur Hütte mache, um ein Werkzeug zu holen. Dann stehe ich da vor meinem Sortiment von Hämmern, Zangen und Sägen und weiß nicht mehr, welches Werkzeug ich holen wollte. Es hat ja nichts Eile, eine Tatsache, die meinem Körper sehr behagt, und genauso bewegt er sich auch. Ich bin ganz ohne Zweifel in einer Krise, deren Ende noch nicht abzusehen ist.

Ich selbst bin mir augenblicklich einfach zuwenig. Ich kann mich nicht ausstehen, und in der Früh, wenn ich in den Spiegel an der Stubenwand schaue, finde ich mein Gesicht zum Kotzen und meine Augen wie zerschlagene Eier. Der Hund hat es schwer mit mir. Ich rede kaum mit ihm, und wenn, dann keineswegs freundlich, als sei er daran schuld, daß es mir schlechtgeht. Den einzigen Trost in meiner derzeit miserablen Verfassung sauge ich aus Gedrucktem. Musik, egal, aus welcher Feder, geht mir auf den Geist. Zum x-ten Mal lese ich Henry David Thoreaus Meisterwerk für Aussteiger, sanfte Anarchisten und solche wie mich. »Walden – Leben in den Wäldern«, aus dem auch der Aphorismus am Anfang dieses Buches stammt, ist eine Anleitung, um Muße zum wirklichen Leben zu finden. Thoreau verweigerte sich den Konsumszwängen, zog in die Wälder, baute eine Hütte, dachte nach und schrieb darüber so gescheite Dinge, daß er mit seinem Werk so außerordentliche Männer wie Gandhi und Hermann Hesse inspirierte. Also warum nicht auch mich? Nur: Thoreau hatte es leichter als ich. Er lebte nur zwei Meilen entfernt von seinem Heimatstädtchen Concord/Massachusetts, und wenn ihm der Sinn danach stand, ging er zu den Menschen, um dann am Abend zu seiner Hütte zurückzukehren. Er hatte genügend Platz und gute Erde, um ganze Bohnenfelder anzulegen. Bei mir oben wächst ja nicht mal Schnittlauch. Er bekam oft Besuch, auch in größerer Anzahl. Die meisten mußten dann stehen. (»Ich hatte drei Stühle in meinem Hause, einen für die Einsamkeit, zwei für die Freundschaft, drei für Gesellschaft.«) Ich habe zwar nur zwei Stühle, aber zusätzlich noch eine Eckbank, auf der notfalls 15 Besucher Platz hätten. Nur sind mir zwei Willkommene aus Bruneck lieber als 17 Unwillkommene vom Höhenweg, die ich allerdings auch gar nicht erst hereinbitte. Da habe ich eine selbstsüchtige Vorstellung von Gastfreundschaft, anders als Thoreau.

Thoreau kann nichts dafür, daß ich am siebzigsten Tag meiner Bergeinsamkeit mein Gelübde gebrochen habe. (Inspiriert hat er mich schon ein bißchen, ja, ein bißchen schon.) Etwas vollmundig hatte ich ja verkündet, daß ich ein ganzes Jahr lang nicht zu den

Menschen wolle. Nun will ich, und wie! Ich sage mir ganz einfach: Lieber einmal ordentlich umfallen, gestärkt wieder aufstehen und für den Rest des Jahres eine gute Figur abgeben, als nicht umzufallen, aber unentwegt dem Umfallen nahe zu sein und dabei sich selbst immer unerträglicher zu werden.

Mein Entschluß, genährt durch die Ermunterungen des langen Roland, steht fest. Ich fahre nach Bruneck. (Da kann ich mir auch gleich neue Bergstiefel kaufen.) Ich ahne, was mir bevorsteht. Ich werde nicht mit den Freunden von der Bergrettung im Kaffeehaus sitzen, über das harte Leben in den Bergen plaudern, bei Cappuccino und Zuppa Romana die Beine unterm Tisch lang machen und mein Hinterwäldler-Dasein für ein paar Stunden vergessen. O nein! Ich werde von Tausenden umzingelt sein, ganz Bruneck wird sich an diesem Wochenende durch die Stadtgasse puffen und schubsen. Es ist Stadtfest, das nur alle zwei Jahre stattfindet.

Gegen zehn Uhr bin ich mit Roland auf dem Parkplatz in Campill verabredet. Eine halbe Stunde früher oder später darf keine Rolle spielen, da ich ja ohne Uhr bin, inzwischen aber mit Hilfe des Sonnenstandes die Zeit ganz gut zu schätzen vermag. Der Hund, so ist's ausgemacht, wird für zirka 24 Stunden bei Castlungers auf Funtanacia bleiben. Himmel! Bin ich aufgeregt! Gestern abend habe ich noch mal gebadet. Zwei Tage hintereinander. Aber man kann ja nicht wissen, was sich in der Stadt ergibt. Auf der Alm, da gibt's koa Sünd' – in Bruneck hoffentlich schon. Den Kragen meines frischgewaschenen hellblauen Hemds habe ich noch mehrmals über die Stuhllehne gezogen; jetzt sieht er fast wie frisch gebügelt aus. Die schwarze Kordhose ist um den Bund inzwischen zwar etwas flatterhaft, aber die breiten Hosenträger halten sie da, wo sie hingehört. Haar und Bart sind gebürstet, der Rucksack mit Zahnbürste, Wäsche zum Wechseln und einem Pullover gegen die Kühle des Abends gepackt. Das Taschentuch ist frisch, der Bergstock bleibt da. Und zum erstenmal, seit ich hier bin, schließe ich die Hütte ab. Dieser Vorgang symbolisiert den Beginn einer größeren Reise am augenfälligsten. Ich verreise!

Auf halbem Weg nach Funtanacia fällt mir ein, daß ich kein Geld dabeihabe. Geld! Seit zweieinhalb Monaten hatte ich kein Geld in der Hand. Also zurück, Geldbeutel holen.

Emma ist längst schon auf den Beinen, Franzl und Albert sind bei den Kühen, Giovanni ist mit seinem Omnibus vermutlich gerade unterwegs nach Corvara.

Emma blickt zur Küchenuhr. Es ist kurz nach acht erst.

»Na, in Gotts will'n«, lacht sie »bist früh dran. Möchst zu Fuß nach Bruneck?« Also habe ich noch eine Stunde Zeit. Länger als 50 Minuten brauche ich nicht bis zum Parkplatz. Es gibt noch Kaffee, frische Sahne von der Kuh und Marmorkuchen. Gestärkt und als hätte ich Ameisen in den Hosen, mache ich mich viel zu früh auf den Weg. »Schnaps« muß für eine halbe Stunde in der Küche bleiben, um sicher zu sein, daß er mir nicht nachrennt. Natürlich bin ich viel zu früh am Parkplatz, und es dauert noch schätzungsweise eine gute halbe Stunde, bis Roland kommt.

Der Lange strahlt.

»Na, Jürgen. Schon schen nerves?«

»Pha«, sage ich und täusche Gleichmut vor, »die Stadt wird nervös sein, weil ich komme.«

Roland fährt einen jener japanischen Off-Road-Zwerge, mit denen man zwar nahezu jeden Berg hinaufkommt, innen aber, so man halbwegs normal gewachsen ist, seine liebe Not hat. Roland hat Routine und bewegt das Lenkrad geschickt zwischen beiden Knien. Ich setze mich diagonal und absolviere den ersten Härtetest des Tages. Ein guter Beifahrer war ich ja noch nie, aber nun, da es hautnah an den Felswänden zwischen St. Martin und St. Lorenzen entlanggeht, werden mir Hintern und Hände feucht. So schnell also bin ich dem Autofahren entwöhnt! Nach einer guten halben Stunde sind wir in Bruneck, und jetzt ist mir ziemlich flau im Magen.

Ein Sommertag kündigt sich an. Aber noch ist vom erwarteten Trubel nichts zu spüren. Nur die üblichen Samstagvormittagseinkäufer sind unterwegs. Noch erschreckt mich nichts. Wir gehen Stiefel kaufen. Roland, erfahren in Sachen Bergausrüstung, dirigiert mich in ein Schuhgeschäft. Da ist schon eine Verkäuferin, die mir gefallen könnte. Italienerin, aber sie hat nur das Geschäft im Kopf. Roland empfiehlt mir leichtes Schuhwerk mit kräftigen Sohlen. Zur Auswahl stehen zwei Garnituren, eine in Lila und Giftgrün, die andere in Schwarz und Rot. Beide passen wie handgemacht, aber ich bin noch nicht schlüssig. Roland, Bergretter vom Scheitel bis zur Sohle und stets auf der Fährte von Eventualitäten, nimmt mir die Entscheidung ab:

»Nimmst die Rot'n. Die sieht man besser vom Hubschrauber aus. Könnt' ja sein...«

Soviel besorgtem Zynismus kann ich mich nicht versagen. Ich nehme die Roten.

Die Stadtgasse in Bruneck sieht an diesem Tag aus wie andere Stadtgassen auch, wenn irgendein Markt ist. Die Schaufensterfassaden der Geschäfte sind verstellt mit Buden und Ständen. Es gibt Wein, Bier, Wurst und Käse, Gebäck in allen Variationen, eine Kletterwand mit allen Schwierigkeitsgraden, am einen Ende spielt im Pavillon des Parks die Stadtkapelle mit großem Blech, am anderen Ende hat die Gilde der Brunecker Kaufleute so großmächtig aufgebaut, als gelte es noch im nachhinein zu zeigen, daß die Fugger nur armselige Krämer waren. Allein die riesigen schwarzen, noch stummen Lautsprecherboxen auf einer ausladenden Bühne lassen für den Nachmittag und Abend Schlimmstes befürchten. Und daneben ist im Geviert ein Mordsstand fast über die gesamte Straßenbreite hingestellt, an dem sich halb Bruneck besaufen könnte.

Unmittelbar neben dem mittelalterlichen Unterrainer Tor hat der Bergrettungsdienst Bruneck eine Taverne eingerichtet. Es ist der schönste und gemütlichste Platz in der gesamten Stadtgasse. Mittelalterliche Gemäuer, ein provisorisches Dach, damit man auch bei Regen zügig weitertrinken kann, Latschen als Dekoration, lange Tische und Bänke, die in die Gasse hineinragen. Egon und Hugo sind gerade dabei, ein großes Schild auf dem Dach anzubringen, damit man auch weiß, wessen Gast man ist. Ernst, im landesüblichen blauen Schurz, strahlt unter seinem borstigen blonden Schnauzbart hervor, als er mich sieht.

»Griaß dich, Jirgen. Schen, daß kemmen bisch. Trink, solang's noch ruhig isch. Wirscht sehn, bald isch der Teifl los.«

Und eh ich richtig zum Luftschnappen komme, steht ein gutgefüllter Bierkrug vor mir. Das erste Bier seit 70 Tagen! Meine Oberlippe taucht in den Schaum, die Augenlider schließen sich automatisch, die Zunge macht einen Buckel, drückt den ersten Schwall in das Gewölbe des Gaumens, wo der Hochgenuß beginnt. Die Kehle empfängt das kalte Gebräu mit ausgebreiteten Armen. Sie ist die Wüste, die 70 Tage lang auf einen Ozean gewartet hat. Am Abend werde ich wissen, daß dies fast die schönsten Augenblicke des gesamten Tages waren.

Ernst, Roland, Egon, Hugo und die anderen Bergwachtler, die schön langsam dahertröpfeln, sind rührend um mein Wohlergehen bemüht. Die meisten kennen mich ja nur vom »Almauftrieb«, und als ich mich nun anschicke, meine gebratene »Bergsteiger-Leber« – Spezialität des Hauses – zu verzehren, sind ein halbes Dutzend Augenpaare besorgt auf jede meiner Bewegungen gerichtet, als könne es bei der Arbeit mit Messer und Gabel jeden Moment zu Verletzungen kommen. Aber den wahren Grund ihres Interesses spüre ich: Sie freuen sich ganz einfach, daß ich da bin. Gegen Mittag füllt sich die Stadtgasse. Nicht nach und nach. Vielmehr ist es, als hätte jemand einen Startschuß abgefeuert. Ich sitze an einem der langen Bergwacht-Tische und komme mir verloren vor wie »Heidi«, als sie zum ersten Mal von ihrer Schweizer Alm zu Clara in die große Stadt Frankfurt durfte oder mußte. Das Stimmengewirr der Vorbeiziehenden ist wie ein brummender, brodelnder Brei, dem allenfalls Wortfetzen enthüpfen. Wie schnell man sich doch an die Stille gewöhnen kann. Meine Ohren möchten sich am liebsten verschließen. Die Augen hingegen sind hellwach, es gefällt ihnen sehr, was sie zu sehen bekommen: Gesichter von Frauen mit dunklen Augen und schwarzen Haaren (vielleicht Römerin?), Beine von Mädchen, nackt unter kurzen Röcken (vielleicht Bruneckerin?), eine hochgewachsene Blonde mit breiten Schultern, engen, grünschillernden Hosen und einem Yorkshire-Terrier mit rosa Schleifchen auf dem Arm (sicher Deutsche).

Inzwischen immer mehr eingeklemmt zwischen Gästen, die es an den Bergwachttischen auch am gemütlichsten finden, fühle ich mich allmählich wie ein Spitzweg-Motiv. Nein, es gefällt mir ganz und gar nicht. Das einzige, das mich noch bei Laune hält, ist die Hoffnung, ein nettes Weib kennenzulernen und mich von meiner besten Seite zu zeigen.

Aber so, wie ich im Augenblick herumsitze, griesgrämig und in Sachen Partnersuche absolut inaktiv, wird es schwer werden. Meine Augen, von dem unablässigen Defilee hinreichend gelangweilt, suchen nach Neuland. Und werden fündig. In Lücken, die die vorbeidrängenden Menschen ab und zu öffnen, wird jeweils für die Dauer eines Wimpernschlags ein Schild in einem Schaufenster auf der gegenüberliegenden Straßenseite sichtbar, keine zehn Meter von meinem Sitzplatz entfernt. Obwohl ich bestimmt schon seit zwei Stunden dasitze, ist der Laden im Café »Centrale« bislang meiner Aufmerksamkeit entgangen. Ich stehe auf, um besser sehen zu können, und meine Erregung wächst. Der kleine Laden ist eine Eisdiele, und das Schild, das in dem Schaufenster hängt, archiviert zwanzig Eissorten zu einer vertikalen Augenweide. Die Lustdrüsen in den Backentaschen beginnen bereits mit der Arbeit. Das Bier ist schal, ich lass' es stehen, zwänge mich quer durch den gegenläufigen Strom von Festgästen und erreiche unbeschädigt die Kühle, die nach Vanille, Erdbeer, Schokolade, Malaga, Ananas, Banane und Kokos duftet. Und über allem schwebt ein Hauch von Mokka. Das Mädchen hinter dem verglasten Ladentisch, in dem die frostigen Köstlichkeiten in runden Kesseln aufbewahrt werden, sieht gelangweilt an mir vorbei und greift, tausendmal vollzogen, in den verchromten Ständer, in dem die Waffeltüten stecken. Dabei fällt mir auf, daß alle Verkäuferinnen in Eisdielen diesen kühlen Blick haben, der nie trifft. Vielleicht bessert sich das, wenn sie die Stellung wechseln und heiße Würstchen verkaufen. Rasch gebiete ich ihr

Einhalt, da meine Bestellung in einem derart lächerlichen Tütchen nie und nimmer Platz finden würde. Ich möchte einen mittelgroßen Pappbecher, gut gefüllt mit Vanille und Schokolade und einem Klacks Sahne. Ich finde, am Vanille- und Schokoladeneis erkennt man am besten, ob Künstler oder Oetker. Es werden doch zehn Kugeln. Ich setze mich an einen freien kleinen runden Tisch. Im Moment sind alle frei, und ich bin der einzige Gast. Der erste, völlig lautlose Löffelstich in eine Vanillekugel, der Duft, der sich der Nase unaufhaltsam nähert, die Berührung des eisigen Löffels mit der Zunge, das Schließen der Lippen, das sanfte Gleiten der Köstlichkeit auf die Zunge und dann dabeizusein, wie das Eis auf jener zergeht – das sind so einzigartige Vorgänge, daß selbst der erste Schluck kühlen Bieres ins Hintertreffen gerät. Was hat der Berg bloß mit mir gemacht! Ein Schluck Bier und ein Löffel Vanilleeis, und meine Sinne geraten ins Torkeln. Was mag erst nach einem Jahr sein? Wenn die Evolution meiner Gelüste in dem Maße fortschreitet, wie meine Ansprüche abnehmen, dann werde ich nach Ablauf des Jahres gesalzene Erdnüsse als den Gipfel aller Köstlichkeiten empfinden. Bei der heiligen Salmonella! Das Eis ist Weltklasse, und es besteht für mich überhaupt kein Zweifel, daß dieser Eisbecher der Auftakt zu einem unvergeßlichen Nachmittag ist. Um mich gleich auf die Früchte-Kollektion einzustimmen, nehme ich noch eine Tüte mit Erdbeer-, Bananen- und Himbeereis mit auf den Weg. Ich bin sicher bald wieder da, sage ich dem Mädchen. Anstatt daß es sich freut, an diesem für sie so trüben Tag einen Stammgast gefunden zu haben, sieht sie wieder an mir vorbei. Mit einer gutgefüllten Eistüte im wogenden Gedränge bereits angeheiterter Stadtfestbesucher verlustfrei die andere Straßenseite zu erreichen, das ist Eiskunstlauf in Vollendung. Ich schaffe die Höchstnote.

Ich verspüre nicht die geringste Lust, mit der Woge vom einen Gassenende zum anderen mitzuschwappen. Ein Supermarkt, schräg gegenüber, erinnert mich daran, daß ich ja noch einkaufen will. Am besten gleich. Zwei Dosen Kakao sind alles, was ich brauche. Denn ab morgen gibt's frische Milch bei Emma. Während ich an der Kasse Schlange stehe, ist mein Kopf oben auf Funtanacia. Ob der Hund auch keinen Ärger macht? Am liebsten säße ich jetzt mit Emma und Giovanni auf der Bank vor der Hütte, würde eine große Kühlbox auf dem Tisch abstellen, die randvoll gefüllt sein müßte mit sämtlichen Eissorten, die in der Eisdiele zu haben sind. Und nur das Bimmeln der Kuhglocken wäre zu hören, der Schrei einer Dohle, und so, wie ich Giovanni inzwischen kenne, würde er seinem »Niki« und meinem »Schnaps« einen gehäuften Löffel Vanilleeis in den Napf kippen und sich freuen, weil sich die »Hünden« so gut verstehen, daß sie sogar Vanilleeis aus einem Napf fressen.

Aber hier ist nicht Funtanacia, hier ist Aldi in Bruneck, und hier bimmeln keine Kuhglocken, sondern hier klingelt die Kasse. Ich bin dran und bezahle zwei Dosen Kakao. Plastiktüte? Nein danke, ich habe einen Rucksack. Ah, Tourist? Ja, Tourist. Auf Wiedersehen.

In der Küche der Bergwacht-Taverne, wo bereits mein Rucksack mit meinen alten Bergstiefeln verwahrt ist, deponiere ich die beiden Kakaodosen, um freie Hand für weitere Unternehmungen zu haben. Ernst hat inzwischen Unterstützung von seiner Lebensgefährtin Christl bekommen, die gemeinsam mit Annemarie die Gäste bedient. Egon bummelt mit seiner jungen Frau Erika, Hugo möchte die Kletterwand meistern, und Roland, kaum ist seine Waltraud nicht da, flirtet mit einer mir Unbekannten. Also, was soll ich hier. Alle sind beschäftigt, und das ist mir auch angenehm, da ich keine Lust zum Reden habe. Schon eher auf Eis.

Zum ersten Mal trägt das Eisdielen-Fröstchen – ich würde sie gerne fragen, ob sie Sophie heißt – die Andeutung eines Lächelns im Gesicht. Ich weiß nicht, ob es mir gilt oder den vier Gästen, die inzwischen an einem Tisch sitzen. Aber als Stammgast muß sie mich inzwischen wohl akzeptieren, denn ohne daß ich einen Mucks von mir gegeben hätte, greift sie routiniert, ohne sich umzublicken, hinter sich und nimmt einen Pappbecher vom Stapel. Mittelgroß, wie immer. Dieses Mal bestelle ich nur acht Kugeln. Fruchteis nehme ich stets in etwas kleineren Portionen zu mir. Und ohne

Sahne. Aber was macht sie? Klatscht mir noch einen neunten Kloß obendrauf. Ich habe genau mitgezählt und reklamiere. Nun sieht sie wieder an mir vorbei, hält die flache Hand zum Kassieren hin und sagt: »Isch Rabatt.« Ist's Geschäftssinn oder Zuneigung? Ich werde es nie erfahren.

Da es nicht meine Absicht ist, ins Guinness-Buch der Rekorde als Weltmeister der Eisfresser einzugehen, lass' ich's für dieses Jahr gut sein. Obwohl ich noch längst nicht am Limit bin. Schon als Kind konnte ich Eis essen für drei. Auf das viele Süße gehört etwas zum Entspannen, und so kaufe ich mir zwei Bratwürste und ein Stückchen Käse. Danach fühle ich mich gut gesättigt, und wenn ich jetzt, am Spätnachmittag, eine Idee hätte, die mich nach Campill brächte, ich wäre sofort startklar.

Die Stunden zertröpfeln, als hätte der Tag ein Leck. Bei den Neu-Fuggern und Klein-Welsern ist es rammelvoll. Um das Geviert der Bar stehen sie in Fünferreihen. Einige machen sogar ganz fröhliche Gesichter. Ich nehme an, das sind die Tauben, denn was nur wenige Meter daneben aus den Lautsprecherboxen quillt, müßte für jeden Gesunden das Verweilen zu einer Tortour werden lassen. Auf dem Podium verbiegen sich fünf (oder sechs) Musiker vor ihren Mikrophonen, und einer (ich glaube der Gitarrist) ist unentwegt damit beschäftigt, dem Verstärker noch ein paar Phon herauszukitzeln. Ob die Kapelle populär ist, weiß ich nicht, und wenn ja, dann wäre es eine Schande. Meine Laune sinkt unter den Nullpunkt. Ziellos irre ich durch ruhige Seitengassen, die Lust auf Bier oder Wein ist mir längst vergangen. Wenn mir jetzt einer dumm käme – betrunken oder nicht –, wahrscheinlich würde ich ihn einfach stehenlassen.

Am liebsten würde ich mich heimlich verdrücken. Ernst hat im Gasthaus »Blitzburg« ein Zimmer für eine Nacht bestellt. Da möchte ich jetzt hin, da wäre es ruhig. Aber noch bin ich aus dem Trubel nicht entlassen. Bei der Bergwacht ist kaum ein Platz zu kriegen. Roland, mit bereits großflächigen Augenlidern und schiefer Kopfhaltung, schafft ihn für mich. Ich komme neben einer Dame zu sitzen, die Anna heißt oder Hanna. Irgend jemand muß ihr bereits von mir erzählt haben. Jetzt bitte nichts fragen, ich will ja nicht unhöflich sein, aber bitte nichts fragen. Aber Anna (oder Hanna) findet mich wohl ziemlich interessant. In meinem müden Kopf ist gerade noch Platz für eine müde Überlegung: Ach, Anna oder Hanna! Heute mittag, vor dem Eisessen, da hätten wir viel miteinander reden können. Jetzt ist es zu spät. Leider.

Aber Anna (oder Hanna) ist ohne Mitleid. Sie fragt: »Ach, Sie sind also der vom Berg?«

Ich, gereizt: »Ich bin *einer* von denen.«

Sie, hartnäckig: »Aber ein ganzes Jahr, ist das nicht langweilig?«

Ich, Ellenbogen auf dem Tisch, vor mich hin starrend: »Nicht mehr als hier.«

Sie, etwas empört: »Oho! Das Stadtfest und langweilig! Roland! Hast's gehört. Deinem Freund ist's langweilig.« Roland hat nichts gehört. Er sitzt zu weit weg. Und außerdem sieht er aus, als wär's ihm langweilig.

Anna (oder Hanna) penetrant: »Haben Sie denn keine Frau oder Freundin dabei?«

Ich, nahe am Gehen: »Ich habe einen Hund.«

Sie, fassungslos: »Das ist doch was anderes. Pah! Einen Hund!«

Ich, im Aufstehen: »Das ist etwas ganz anderes. Viel angenehmer. Der fragt nix, redet überhaupt nix. Sehr angenehm.«

Ich wäre auch gegangen, ohne daß mir jemand auf die Schulter tippt. Hinter mir steht Klaus Gasperi, den ich während meines allerersten Besuchs zusammen mit Ernst Klammsteiner kennengelernt habe. Klaus ist nicht bei der Bergwacht, kennt sie aber alle. In Bruneck kennt jeder jeden. Er ist ein »Paradiesvogel« im gutbürgerlichen, hausbackenen Bruneck, gelernter Bühnenbildner, Werbefachmann, Ex-Kommunist und Mitbegründer eines KPI-Ortsverbandes. Zudem war er einer der engsten Freunde des posthum hochgelobten Brunecker Dichters Norbert C. Kaser, der 1978, erst 31jährig, starb. Klaus hat mich auf die Fährte dieses faszinierenden, zerrissenen, anarchischen, alkoholkranken Poeten geführt, der sich in seiner Hilflosigkeit und Verzweiflung regelrecht zu Tode gesoffen hat. Aus der Armut kam er so gut wie nie heraus. Als er tot war, wurde er plötzlich interessant. Anmerkung: In Südtirol ist es wie in anderen zivilisierten Kulturkreisen auch: Wirklich begabte Dichter können gar nicht früh genug sterben – um so eher werden ihre Werke gedruckt. Ich kann ruhig alt werden. Ich bin kein Dichter. Dennoch ist es ungerecht: Obwohl ich nicht mehr ganz jung, aber dafür kein Dichter bin, werden meine Sachen schon zu Lebzeiten gedruckt. Das verstehe, wer kann. (Ende der Anmerkung.)

Zehn Jahre nach Kasers Tod wurden seine gesamten Gedichte als Buch herausgegeben, inzwischen gibt es ein zweites mit seiner gesamten Prosa. Diese beiden Bücher, die ich von Klaus bekomme, wiegen für mich auf dem Berg mehr als alle andere Literatur (außer Thoreau), die Hirn und Herz in Bewegung hält.

Daß Klaus zufällig vorbeikommt, ist ein Glücksfall. Er hat seine Wohnung unmittelbar neben der »Bitzburg«, und da er des Trubels gleichfalls überdrüssig ist, schlendern wir durch enge, ruhige Gassen heimwärts. Ernst und die anderen haben Verständnis für meinen überstürzten, aber für sie nicht ganz überraschenden Aufbruch. Sie haben mir wohl angemerkt, daß ich mich nicht besonders wohl fühle. Ich habe noch meinen Rucksack geholt und Ernsts Freundin Christl einen flüchtigen Kuß auf die Wange gedrückt. Es ist kurz vor 23 Uhr, als wir an der »Blitzburg« ankommen. Normalerweise liege ich um diese Zeit schon seit gut zwei Stunden im Bett. Klaus wird mich morgen nach dem Frühstück abholen und nach Campill fahren.

Mein Zimmer liegt im ersten Stock. Es gibt ein kurzes Bett, einen Schrank, ein Waschbecken mit einem Spiegel, ein Fenster zum Hof, aber keine Dusche. Ich will aber duschen, unbedingt. Gehört es doch zu den Dingen, die ich bislang auf der Alm am schmerzlichsten vermisse. Auf der Etage gibt es eine Dusche. Vom nahen Kirchturm schlägt es elfmal. Die verglaste Duschkabine hinter der abschließbaren Holztüre ist so geräumig, daß man bequem, und zwar sehr bequem, zu zweit brausen könnte. Ach ja . . . Schwamm drüber. Obwohl ich noch in voller Montur bin, höre ich bereits das Rauschen, spüre den kräftigen Strahl, wie er Kopf und Rücken massiert, und habe plötzlich eine Idee, die den Brausegang zum Fest machen wird.

Unten, im Biergarten, habe ich Stühle gesehen, aus Plastik, nicht schön, aber rostfrei. Ich hole mir einen Stuhl, und – segensreicher Zufall –, er paßt in die Duschwanne, wie nach Maß gemacht. Flink bin ich aus den Kleidern, Eile ist geboten, könnte ja sein, daß noch jemand duschen will. Die Mischbatterie, also der Hebel, mit dessen Hilfe man heißes und kaltes Wasser zu einer angenehmen Temperatur vermengt, ist für meine Begriffe sehr modern, und ich brauche schon ein Weilchen, bis mir ihre Handhabung einleuchtet. Auch die Brause ist vom neuesten und in vielerlei Härtegrade verstellbar. Zum Eingewöhnen nehme ich den Strahl mit extremer Streuung. Der Stuhl trieft und müßte inzwischen nicht nur sauber, sondern rein sein. Ich setze mich und schiebe die Glastüre vor. Wie beschreibt man ein Gefühl, das unbeschreiblich ist? Der erste Zug aus einem Bierkrug – dafür findet man Worte, auch für die Gaumenfreuden, die Schokoladen- und Vanilleeis bereiten. Aber nun wird das alles an Genuß und Wohlbefinden um ein Vielfaches übertroffen. Und wie ein Gedankensplitter, kaum des Erinnerns wert, taucht plötzlich die hellblaue Plastikwanne in der Furćia auf, das wöchentliche Kniebad im Stall oder in der Küche. Schon ist sie wieder weg. Ich beginne zu singen. »In diesen heil'gen Hallen kennt man die Rache nicht . . .« Ich bin Sarastro, ich finde, meine Stimme klingt gut im Rauschen der Brause, ich bin der König der Berge. Von außen klopft jemand energisch an die hölzerne Türe. Dazu poltert eine männliche Stimme. Worte kann ich nicht verstehen. Die Dusche. Vielleicht einer, der Mozart nicht mag. Er kann mich kreuzweise. Ich singe weiter, ein paar Oktaven tiefer, als es die Partitur vorschreibt: »Der Hölle Rache kocht in meinem Herzen . . .« Ich bin die Königin (der König) der Nacht. Es ist wunderschön, wie mit dem Wasser die Zeit verrinnt, keine lärmenden Menschen (außer mir), kein Gedränge, nur ich mit meiner totalen Zufriedenheit. Ich wasche Kopfhaar und Bart, auch das übrige, und setze mich noch ein Weilchen schweigend unter den harten, jetzt eiskalten Strahl. Als ich das Wasser abdrehe, ist es genauso still wie auf der Medalges-Alm bei Nacht. Meinem inzwischen gut entwikkelten Zeitgefühl nach dürfte ich fast eine Stunde lang unter der Dusche gesessen haben. Stimmt. Kaum liege ich, abgetrocknet und gebürstet, im Bett, schlägt es vom Kirchturm zwölfmal. Ich bin so sauber, daß ich nicht schlafen kann, so, als hätte ich das meiste von mir weggeduscht.

Das Bett ist kurz, kürzer noch als das in der Furćia. Und bei jedem Schlagen einer Autotüre, oder wenn ein Angetrunkener unten vorbeigrölt, bin ich hellwach. Als es endlich Morgen wird, bin ich schon auf. Ich liege, bereits angezogen, noch ein Weilchen auf dem Bett, habe einen klaren Kopf und höre den Vögeln zu, die in den Kastanien pfeifen. Vom Kirchturm schlägt es sechs, als ich mich gemütlich zum Frühstück aufmache. Es geht mir gut, weil ich in ein paar Stunden wieder auf meinem Berg sein werde. Ich kann es kaum erwarten.

Draußen auf dem Flur kreuzt sich mein Weg mit dem eines mächtigen, großen und runden Herrn im gestreiften Pyjama, der soeben das Etagen-Klo verläßt. Ich wünsche ihm einen »guten Morgen«, ein Wunsch, der in seinen Ohren wie eine Provokation klingen muß. Er geht nämlich in das Zimmer unmittelbar neben der Dusche, ohne meinen Gruß zu erwidern. Morgenmuffel und Mozart nicht mögen – ein beklagenswerter Mensch.

Auf dem Weg nach unten breitet sich vor meinem geistigen Auge der Frühstückstisch mit gebratenen Eiern und Speck, Orangensaft, Kaffee und frischen Semmeln. O je, heute ist Sonntag, da gibt's Brot von gestern. An der Fensterfront im Garten putzt ein Mädchen die Scheiben. Auch ihr wünsche ich einen guten Morgen und füge hinzu, daß es doch sicher schon Frühstückszeit sei. Sie sieht mich an, als wäre ich gerade von einer der Kastanien gefallen, blickt auf die Uhr und sagt etwas unwirsch: »Friehschtick gibt's um Viertel nach sieben. Jetzt isch es kurz nach sechs.« Ohne mich weiter zu beachten, wischt sie weiter am Glas.

Ich bin überhaupt nicht enttäuscht. Im Gegenteil. Ich weiß schon, wie ich mir die Zeit auf eine sinnvolle Weise vertreibe. Der Stuhl müßte noch in der Duschkabine stehen. Also setze ich mich noch mal unter den Strahl und lasse die Zeit vergehen. Dieses Mal singe ich nicht, könnte ja sein, daß ich mit dem Muffel von nebenan beim Frühstück an einem Tisch sitzen muß.

Um zwanzig nach sieben bin ich unten, der Stuhl ist wieder an seinem Tisch im Biergarten. Das Frühstück ist fast identisch mit dem auf der Furćia, nur daß mein Kaffee besser schmeckt. Kurz vor acht ist Klaus Gaspari da, ich bezahle die Rechnung und telefoniere noch kurz mit meinem Bruder Wolfgang. Die Nachricht, die er mir in wenigen schlaftrunkenen Sätzen zukommen läßt, klingt nicht gut. Unsere Mutter ist seit einer Woche in der Trissl-Klinik bei Oberaudorf. Man wisse noch nichts Genaues. Die Trissl-Klinik ist das Krebs-Zentrum der Münchner Ludwig-Maximilian-Universität.

Während der Fahrt nach Campill spreche ich kaum ein Wort. Unsere Mutter ist doch erst 68.

Klaus fährt mich bis zum Parkplatz, wo der Naturpark Puez-Geisler beginnt. Es ist wie gestern ein Sommertag. Am Seresbach lasse ich noch eine Handvoll eisiges, klares Wasser über den Kopf rinnen, dann beginnt der etwas eintönige Anstieg auf der Forststraße, die sich in Kehren und sanften Bogen zu den Almwiesen schlängelt. Vor genau 71 Tagen bin ich das letzte Mal das Sträßchen hinaufgeschnauft. Es war der 20. Mai, als mein Bergabenteuer begann. Die Kurven und Biegungen wollten kein Ende nehmen, der Boden schien wie mit Klebstoff bestrichen, und auch der Hund schnaufte zum Gotterbarmen. Wir waren einfach beide zu gut im Futter und vom vielen Autofahren dem Laufen entwöhnt. Heute tue ich mich leichter, und die gut eine Stunde Fußweg bis Funtanacia ist wie ein Spaziergang unter verschärften Bedingungen. Allerdings bin ich mittlerweile um fast zehn Kilo leichter. Das hat mir eine Waage in Bruneck verraten. Die Arbeit mit der Axt, mäßiges Essen und kaum

Alkohol erweisen sich bereits jetzt als erfolgversprechende Abmagerungskur. Und die ausgedehnten Bergtouren stehen uns ja noch bevor, sobald das Holz im Stall ist. Wenn ich jetzt noch das Rauchen aufgeben würde... Weil ich schon mal dabei bin: Ich rauche gut und gerne seit 25 Jahren Zigaretten. Als ich auf den Berg ging, war ich eisern, ja geradezu wild entschlossen, diesem Übel ein für allemal zu entsagen. Eine derart günstige Gelegenheit würde sich mir nie mehr bieten. Am letzten Tag zu Hause rauchte ich noch bis an die Schmerzgrenze. Ich zog rein, was das Zeug hielt, einmal noch, sagte ich mir, denn ab morgen ist Schluß. Ohne eine Zigarette ging ich auf den Berg. Um den Entzug aber mählich vonstatten gehen zu lassen, hatte ich zwei Pfeifen und eine Dose groben, für Zigaretten ungeeigneten Tabak dabei. Kaum oben, zog ich schon die Backen ein, der Entzug trat in seine erste Phase. Ich stopfte ein Pfeifchen und redete mir ein, daß dies auch viel gemütlicher sei, weltoffener, Rauchen mit langer Historie (z. B. indianische Friedenspfeife, J. S. Bachs »Tabakspfeifen-Kantate«, Sherlock Holmes, Wilhelm Buschs Lehrer Lempl etc.). Zudem war ich mir ganz sicher – wie mehrere Versuche in der Vergangenheit gezeigt haben –, daß ich dem Pfeifenrauchen alsbald entsagen würde, da es mir schlichtweg auf die Nerven ging. Das ewige Stopfen, Wiederanzünden, Nachstopfen, Putzen – und scharfer Saft, der die Zungennerven lähmt. Nach der dritten Pfeife war ich entwöhnt – vom Pfeifenrauchen. Eine Woche rauchte ich nichts, weil nichts Adäquates da war. Ich fand einen armseligen Ersatz in Schokolade und Kaugummi. Bis ich so genervt war, daß ich eines Abends über Funk einen Notruf absetzte: »Roland von Medalges. Kommen!« – »Hier Roland. Jürgen, was gibt's? Kommen.« – »Ein Unglück gibt's. Du kannst es verhindern. Wenn du wieder raufkommst oder der Ernst oder ein anderer. Bitte: eine Stange Alfa. Ihr würdet einen verzweifelten Menschen auf der Alm sehr glücklich machen. Kommen.« – »Geht in Ordnung. Wir retten dich. Ende.« Da es mir gestattet wurde, die für den Bergrettungsdienst reservierte Frequenz zu benützen, hören an diesem Abend Hunderte in Südtirol meinen Hilferuf. Und prompt kommen einige Anfragen an den armen Roland, wer denn da zu retten sei. Am folgenden Wochenende kam Roland, und mein Leben geriet wieder in geordnete Bahnen. Da ich mir gegenüber nicht nachtragend bin, mache ich mir keinen Vorwurf und rechtfertige meine Inkonsequenz rein ökonomisch. Eine Schachtel Alfa kostet lächerliche 1 100 Lire (etwa 1,50 DM), da wäre es doch viel sinnvoller, in der BRD mit dem Rauchen aufzuhören, wo die Zigaretten so teuer sind. Übrigens: Ich kann den Namen Alfa ruhig nennen, ohne mich der Schleichwerbung verdächtig zu machen. Alfa ist das gemeinste, naturreinste und billigste Kraut, das in italienischen Tabakläden zu bekommen ist, wenn überhaupt. Und man ist hierzulande im Kreise von Rauchern durchaus nicht hoch angesehen, wenn man Alfa qualmt. Für viele ist man halt ein armer Hund, der zwar gerne raucht, es sich aber eigentlich gar nicht leisten kann. Also rauche ich wieder, und es ist schön.

Auf den letzten paar hundert Metern bis zur Funtanacia-Hütte, vorbei an den Felsblöcken, an denen sich Zirben festkrallen, hinweg über kristallklare Bäche, über Moospolster, begleitet vom Geschrei aufgeschreckter Zirbengratsch'n (Tannenhäher), da habe ich zum allerersten Mal das Gefühl, nicht mehr weit weg von »daheim« zu sein. Bruneck ist nur noch ein Schatten, kein Erlebnis, das nachhallt. Ich lasse einen lauten Pfiff los. Und dann kommt er auch schon, mit flatternden Schlappohren, eines weiß, das andere braun, frontal fliegt er auf mich zu, mit mächtigen Sätzen, bellend, hechelnd. Ein bißchen erinnert er mich an »Fuchur«, den Glücksdrachen aus der »Unendlichen Geschichte«. Ich erwarte den Aufprall, weiche, um ihn zu dämpfen, um einen Schritt zurück und stolpere über einen Stein. Jetzt liege ich längs da und der große weiße Hund über mir. »Schnaps« ist glücklich. Bei ihm darf ich mir sicher sein, daß er sich wirklich freut. Und ich mich auch. Die Familie Castlunger sitzt am Tisch vor der Hütte und trinkt Kaffee. Sie gehören zu den Menschen, bei denen ich mich wohl fühle, obgleich ich sie kaum kenne. Und ich spüre auch, daß ich ihnen willkommen bin. Giovanni schwärmt natürlich gleich von den »Hünden« und daß mein »Schnaps« ein ganz braver sei, der allerdings – anders als sein »Niki« – nicht dazu zu bewegen war, in der Diele zu schlafen. In der Küche, unterm Tisch, da hat er sich für die Nacht eingerichtet. Das hätte ich ihm gleich sagen können, daß dieser Hund da schläft, wo es nach Menschen riecht und nicht nach ungeputzten Schuhen.

Emma ist richtig neugierig: »Und, war's schen? Viele schene Frauen, gell?«

Ich wiegle ab: »Ein paar schon, aber leider zu alt.«

Albert, mit 17 Jahren der ältere der beiden Buben, Internatszögling im traditionsreichen Vinzentinum zu Brixen, wohlerzogen und zurückhaltend, ist in seinen Sympathiebekundungen für mich sparsamer als seine Eltern. Er lächelt still vor sich hin, mustert mich mit verstecktem Interesse, als warte er auf eine passende Gelegenheit, um über mich mehr zu erfahren. Franzl, der Elfjährige, ist wie eine Sphinx. Er ist ganz einfach schüchtern, und ich scheine ihm (noch) absolut suspekt zu sein. Er fixiert mich aus den Augenwinkeln, und wenn er merkt, daß ich ihn ansehe, schaut er schnell wieder vor sich hin. Und gerade mit ihm muß ich mich gutstellen. Er ist derjenige, der täglich die Kuh melkt, von der ich ja künftig Milch haben möchte.

Kurz bevor ich mich auf den Weg zur Furćia mache, weiß ich, daß ich auch mit dem Franzl gut auskommen werde.

»Kommen Sie«, sagt er und bedeutet mir, ihm in die Küche zu folgen. Drinnen reicht er mir eine Plastiktüte mit einer bis zum Rand gefüllten Milchflasche.

»Für Sie. Milch von der Kuh.« Wie ein flüchtiger Luftzug streifen seine blaugrauen Augen meinen dankbaren Blick, und bevor ich mich endgültig auf den Weg mache, fordert er mich – ganz Chef der hiesigen Milchproduktion – auf wiederzukommen.

»Morgen«, drängt der Franzl, »morgen. Ja? Haben wir genug Milch. Acht, neun Liter jeden Tag.«

Ich kann es kaum erwarten, wieder auf der Furćia zu sein. So flott wie heute bin ich die Almwiesen noch nie hinauf. Der Hund hat's weniger eilig. Gemächlich folgt er mir in Serpentinen, setzt sich ab und zu hin und blickt zurück nach Funtanacia. Der Tag bei den Castlungers muß ihn mächtig beeindruckt haben. Etwa die halbe Wegstrecke liegt bereits hinter mir, als »Schnaps« wie vom Erdboden verschluckt ist. Ich pfeife, schreie, fluche – es hilft nichts, der Hund ist weg. Mein Verdacht bestätigt sich, als ich wohl oder übel zur Funtanacia-Hütte zurückkehre. Da liegt der Kerl brettlbreit auf dem Fußabstreifer vor der Türe, den Kopf zwischen den ausgestreckten Vorderbeinen eingeklemmt, und riskiert so gerade noch ein Auge, als ich komme. Die Castlunger-Sippe platzt schier vor Vergnügen, zumal der Hund überhaupt keine Anstalten macht, Reue zu zeigen. Emma meint, daß er sich auf der Furćia vielleicht sehr einsam fühle. Ich meine, das sei mir Wurscht. Ich fühle mich auch hin und wieder einsam und lege mich dennoch nicht auf wildfremde Fußabstreifer. Giovanni meint, ich solle den »Schnaps« doch einfach dalassen und ihn morgen holen. Ich meine, das wäre ja noch schöner. Und ich meine weiter, daß die Erziehung, die der Hund nie bekommen hat, nicht auch noch durch Langmut oder gar Resignation unterstützt werden müsse. »Schnaps« hat inzwischen auch das zweite Auge wieder geschlossen, und ich glaube, er hält sogar den Atem an, weil sich absolut nichts an ihm bewegt.

»Komm, Schnaps! Wir gehen!« Nichts. Nicht einmal ein Augenaufschlag. Kein Seufzer. Nichts. Nun werde ich zornig, die Castlungers immer heiterer. Ich packe ihn da, wo sein Balg am dichtesten ist, nämlich am Genick. Das Kichern von Franzl und Albert klingt in seinen Ohren wie Applaus. Ich glaube, im Moment wiegt er zwei Zentner. Ich schwör's dir, du Hund, in Zukunft kriegst du wieder dein Halsband um, und zum Üben gehen wir die nächsten Tage an der Leine. Jawohl, »wir«, denn wir hängen ja beide dran. Ein heftiger Ruck an seinem Pelzkragen bringt ihn endlich in Bewegung. Und nun kann es ihm gar nicht schnell genug gehen. Vermutlich befürchtet er noch ein Nachspiel, und ohne Verschnaufpause spurt er hinauf zur Hütte. Als ich an der Furćia ankomme, sitzt er vor der Türe, den Kopf in Schiefhalte, und strahlt mich an mit zwei großen, klaren Leuchtfeuern, als wollte er sagen: »Du bist doch nicht sauer, oder?« Natürlich bin ich's nicht, und ein Halsband wird er auch nicht umbekommen, und ich muß nicht an der Leine gehen.

Da es heute ziemlich heiß ist, stelle ich die Milchflasche gleich in einen der beiden Holztröge, durch die eiskaltes Quellwasser fließt. Mein Kühlschrank, umweltfreundlich und immer in Betrieb, wartungsfrei und energiesparend. Als ich meine beiden Dosen Kakao in der Speisekammer unterbringen will, trifft mich fast der Schlag. Die Mäuse haben unsere Abwesenheit benutzt, um endlich ungestört mal aus dem vollen zu schöpfen. Fünf harte Brotfladen, die weder im Brotrahmen noch in der Kiste Platz hatten, rundum angenagt, drei Pfirsiche und zwei Äpfel, Mitbringsel von Ernst und Roland, sind bis zum Kern angefressen, ein Stück Speck, das ich in der Küche auf dem Regal versehentlich habe liegenlassen, hängt in Fransen an der Schwarte. Den Biestern muß nach dieser Freßorgie sehr nach einem Mittagsschläfchen gewesen sein, und dazu gingen sie in mein frischbezogenes Bett, in dem sie gleich noch reichlich Unverdautes zurückließen. Der Ekel, der mich überkommt, ist fast identisch mit dem vom ersten Tag. Bett frisch überziehen, Obst, Brot und Speck auf den Komposthaufen und auf Rache sinnen. Ich habe vier Mausefallen in weiser Voraussicht mitgebracht, die ich bislang allerdings nie »scharf« gemacht habe, weil es nicht nötig war. Aber nun gibt es kein Pardon. Wenn sich das rumspricht, dann habe ich die Bude bald voll mit Mäusen. Ich werde ein Exempel statuieren. Noch heute.

Den Rest des Nachmittags verbringe ich auf der Terrasse. Ich sitze auf dem großen, massiven Tisch, die Füße auf der Bank – hier oben ist eben alles ein bißchen anders als anderswo – und denke darüber nach, ob ich mir dieses Brunecker Stadtfest nicht hätte sparen sollen.

Als das Ergebnis meiner Überlegungen gelange ich zu dem Schluß, daß es ganz gut war, nach Bruneck zu fahren. Erstens: Jetzt kann ich ganz sicher sein, daß ich nichts versäumt hätte, wenn ich nicht hingefahren wäre. Wäre ich nicht hingefahren, bliebe immer ein Rest von Zweifeln. Zweitens: Nun wird mir H. D. Thoreaus Aphorismus nachvollziehbar: »Nie fand ich den Gesellschafter, der so gesellig war wie die Einsamkeit.« Im Augenblick wenigstens. Drittens: Trotz meiner bereits zweieinhalb Monate andauernden, selbstauferlegten sexuellen Enthaltsamkeit befinde ich mich – noch – keineswegs in einer alarmierenden Notlage. Wen die Exotik in Eiskübeln mehr verzaubert als Erotik, bei dem kann's noch nicht arg sein. Und viertens: Ich habe so ausgiebig geduscht wie noch nie in meinem Leben. Persönliche Bestleistung.

Am Abend, vor dem Zubettgehen, lade ich die Mausefallen mit Speck und mache sie scharf. Es sind jene Schnappfallen, die bei Berührung des Köders einen mit einer Feder gehaltenen Bügel auslösen und im Idealfall der Maus das Genick brechen. Zwei Fallen placiere ich am Boden in der Küche, zwei in der Speisekammer. Die Stubentüre wird verriegelt, falls der Hund in der Nacht Gelüste auf Speck bekommen sollte. Eine zuschnappende Falle könnte seine empfindliche Nase böse zurichten.

Schon in der ersten Morgendämmerung mache ich mich wie ein richtiger Fallensteller auf zu den Fangplätzen. In der Küche bereits überkommt mich das Grauen. Eine Falle ist unberührt und noch geladen. Ein Tritt mit dem Fuß, und sie schnappt zu. Die zweite Falle ist nicht mehr nebem dem Ofen, wo ich sie hingelegt hatte. Nach kurzer Suche finde ich sie unter dem Regal, in dem Kochtöpfe sind. Eine Maus ist drin, aber wie! Sie ist mit dem Hinterteil unter den zuschnappenden Bügel geraten. In ihrer Verzweiflung, nur noch des Gebrauchs der beiden Vorderbeinchen mächtig, muß sie, rasend vor Qualen, durch die Küche gekrochen sein, immer die Falle hinter sich herziehend, von dem Bügel unentrinnbar festgenagelt. Ich will gar nicht wissen, wie lange es gedauert hat, bis sie endlich tot war. In der Speisekammer ist das Ergebnis des nächtlichen Massakers ähnlich schrecklich. Beide Fallen sind zugeschnappt. In der einen befindet sich eine für meine Begriffe eher große Maus. (Ich habe sie mit dem Lineal gemessen: Von der Schnauze bis zum Schwanzansatz 10,5 Zentimeter.) Sie liegt platt auf dem Fallenbrett und wurde mittels eines blitzsauberen Schlags ins Genick bestraft. Sie hat nicht gelitten, das sieht man, denn die Falle steht noch exakt da, wo ich sie am Abend hingelegt habe. Die andere Todeskandidatin sieht fürchterlich aus. Der herabschnellende Bügel hat ihren Schädel in zwei Teile gespalten.

»Schnaps« ist zum Glück weit weg auf seinem Ausguck. So kann ich die drei Kadaver am Hang hinter der Hütte vergraben. Um ganz sicherzugehen, daß sie der Hund nicht doch noch »exhumiert«, lege ich einen schweren Felsbrocken obendrauf. Und ich schwöre, bei meinem Haß, den ich auf Mäuse habe, daß ich nie wieder eine Falle aufstellen werde. Was nicht heißt, daß ich künftig dem Treiben der lästigen Nager tatenlos werde zusehen. Sollten sie ihre Aktivitäten nach dieser blutigen Warnung nicht in andere Hütten des Naturparks verlagern, werde ich ihnen anders – zwar unblutig, aber heimtückisch – beikommen müssen: mit Gift.

IV. KAPITEL

Morgen ist der 1. August. Für diesen Tag habe ich mir vorgenommen, eine längst vergessene Tradition wieder zum Leben zu erwecken. Ich möchte meinen Geburtstag feiern, ich werde 46. (Offenbar mußte ich erst auf den Berg gehen, um sogenannten Festtagen wieder ein wenig Bedeutung abzugewinnen. Für gewöhnlich ist bei mir Fest- und Feiertag, wenn es mir gutgeht.) Ich werde ein paar Kuchen backen – Pfannkuchen. Also muß ich heute zu Emma, Milch holen. Und wenn ich Glück habe, gibt's auch noch ein paar Eier. Denn die Castlungers haben nicht nur eine Kuh, die täglich acht bis neun Liter Milch gibt, sie haben auch sechs Hühner dabei, die täglich sechs bis zehn Eier legen. Da wir uns inzwischen auch das knöcherne »Sie« abgewöhnt haben, ist es für mich leichter, auf den Punkt zu kommen. Aber so schnurgerade will ich auch wieder nicht, da habe ich doch noch Hemmungen. Also schleiche ich mich an.

»Du, Emma. Morgen möchte ich gerne Pfannkuchen machen. Du hast doch sicher ein gutes Rezept.«

Ihre Porzellanaugen sind groß und staunen. »Was isch das?«

»Na ja, so flache runde Dinger, die in der Pfanne gebraten werden, bis sie schön goldgelb sind.«

»Ah, du meinsch' Omeletten. Pfannkuchen! Das isch hetzig! Hab' ich noch nie gehört. Na ja. Nimm'sch Mehl, Milch und Eier und brat'sch in Butter. Hasch Eier und Butter? Hasch Mehl?«

Ach, Emma, so, wie deine Augen können die meinen schon lange schauen. So groß wie deine werden sie zwar nicht, aber staunen können sie.

»Mehl? Natürlich habe ich Mehl. 30 Kilo! Butter habe ich zwar nicht, aber einen ganzen Haufen Margarine. Mit den Eiern sieht's allerdings ganz schlecht aus. Die Schneehühner bei mir oben legen erst wieder im Winter.«

Emma gluckst vor Vergnügen.

»Na! Schneehiehner! Isch des hetzig. Kriegsch Eier von mir, musch nicht bis zum Winter wart'n.«

Sechs frische Eier wickelt sie in Zeitungspapier ein und verstaut sie, zusammen mit zwei Liter Milch, in einer Plastiktüte. Ich möchte bezahlen, aber Emma nimmt kein Geld. Ich trinke noch eine Tasse Kaffee mit frischer Sahne, und da es noch früh am Tag ist, gehe ich nicht den direkten Weg zur Furćia zurück, sondern mache einen Umweg über die Nordflanke des Wasserkofel, bis hinauf zum Höhenweg. »Schnaps« ist heute ein folgsamer Hund, neue, unbekannte Wege sind für ihn momentan von größerem Reiz als eine Balgerei mit seinem Freund »Niki«. Die Nase tief in Bodennähe, trabt er den »Traumpfad« hinauf, bis sich die Zirben und Lärchen in steinigen Almwiesen auflösen. Es geht nun steil bergan, und da jetzt kein Weg mehr die Richtung weist, wartet er auf mich. Wir betreten »Murmelland«. Bereits unten, an der Hütte, waren die Pfiffe zu hören, aber nun, als Eindringlinge in ihrem Revier, sind wir von den Pfeifern geradezu umzingelt. Ich brauche nicht mal das Fernglas, um sie zu sehen. Ihre Wohnungen sind gut verteilt über die mit Felsblöcken übersäten Almwiesen. Hoch aufgerichtet stehen sie vor ihren Eingängen und pfeifen auf Teufel komm raus. Für den Hund ist das die schiere Provokation. Er rennt los, kaum, daß er einen der Radaubrüder geortet hat. Er läßt den weißen, bellenden und keuchenden Fremdling bis auf etwa zwanzig Meter herankommen, dann ist er, wie weggezaubert, in seinem Bau unter dem Felsblock verschwunden. Während »Schnaps« zu einer Hausdurchsuchung ansetzt, seinen dicken Kopf aber allenfalls bis zu den Ohren in den engen Eingang zwängen kann, beginnt kaum 30 Meter oberhalb ein anderes Murmeltier den Hund zu nerven. Drei, vier schrille Pfiffe, und »Schnaps« nimmt sich des neuen Gegners an. Er tut mir leid, der Hund. Aber wenn er nicht total blöde ist – und das ist er nicht, das weiß ich –, dann wird er das Sinnlose seiner Jagd bald einsehen.

Nach drei weiteren, natürlich gleichfalls erfolglosen Versuchen kehrt er total erledigt zu mir zurück. Er ist so geschafft, daß er sich der Länge nach neben den Felsblock fallen läßt, von dem aus ich das traurige Schauspiel beobachtet habe. Sein Atem pfeift, und bei jedem Atemzug flattern die Lefzen wie Wäsche im Wind. Sein Herz pocht so wild, daß es durch den dicken Pelz schlägt. Wieder halbwegs bei Atem, sieht er mich an mit seinem beredten Blick, der wohl sagen will: »Bist du jemals in deinem Leben so verarscht worden?« Bin ich, mein Freund. Denk' nur an die Dame mit den langen, braunen Beinen. Ist noch gar nicht so lange her. Allerdings war ich hinterher nicht so außer Atem wie du. Marmota marmota, das Alpenmurmeltier aus der Familie der Hörnchen, hat die Bergerfahrung meines Partners um eine weitere Lektion bereichert. Ich bin gespannt, was ihm noch alles bevorsteht. Es soll hier ja auch reichlich Schlangen geben.

Über den Höhenweg geht's zurück zum Kreuzjoch. Auf halber Strecke muß ich mich schmal machen, um zwei schwerbepackte ältere Herren vorbeizulassen. Ich grüße, wie sich das gehört, sie bedanken sich, dem Vernehmen nach sind sie Bayern. Die beiden haben mich bereits passiert, als sie plötzlich wie festgenagelt stehenbleiben. Ich stehe immer noch am Rand des Weges auf einer Grasnarbe und wollte soeben darüber nachdenken, ob ich in ihrem Alter – sie sind schätzungsweise um die 60 – auch noch so in Form sein werde, um mit großem Gepäck, mit Schlafsack und Thermomatte, Bergtouren zu unternehmen.

Der eine der beiden, mit gesunder Gesichtsfarbe und fast weißem Haar, nähert sich mir um einen Schritt.

»Sie, entschuldig'n S'. San Sie vo da?«

Um ihm eine Freude zu machen, rede ich auch bayrisch.

»Net grad. Aba i wohn' da.«

»Sie san ja a Boar. Ja mi' leck'st. Und Sie wohna da. Ja wo nacha?«

Ich erklär's ihm, und da freuen sich beide, weil sie ja auf dem Weg von der Schlüterhütte an der Furćia vorbeigekommen sind. Sie lassen mich auch wissen, daß mein etwas sonderbarer Aufzug – in der einen Hand eine Plastiktüte, in der anderen einen Bergstock – vor allem ihr Interesse an mir geweckt habe.

Und nun schaltet sich auch der zweite, der nicht so weiße Haare hat, in das Gespräch ein.

»Ich hob' scho zu mei'm Spezl g'sagt: Schaug' da den an. Wia der daherkimmt, mitt'n in de Dolomit'n. Koan Rucksack, an Mordsstecka und a Plastiktüt'n. Aba jetzt is ja ois klar.«

Wir lachen herzlich, verabschieden uns und gehen wieder unserer Wege. Die beiden Schwerbepackten nach Süden, zur Puez-Hütte. Da werden sie noch gute drei Stunden unterwegs sein. Ich nach Norden zur Furćia. Da bin ich in einer knappen Viertelstunde. Aber noch sind wir nicht daheim. Am Kreuzjoch, wo man diesen wundervollen Ausblick ins Villnöß- und ins Campilltal genießen kann, hat sich eine Familie mit vier Kindern auf ausgebreiteten Decken im Gras gelagert. Als er die Menschen sieht, legt der Hund einen Zahn zu. Er mag Menschen, gleich, welcher Sprache und Hautfarbe, Hauptsache, sie sind freundlich zu ihm. Und wenn sie dann auch noch, wie in diesem Fall, gerade dabei sind, Brotzeit zu machen, dann ist es ihm auch völlig Wurscht, ob diese Leute womöglich von der Polizei gesucht werden, nach Katzen riechen oder einen schlechten Atem haben. Menschen, die Wurst, Speck und Brot auf ausgebreiteten Decken kreisen lassen, sind in seinen Augen auf jeden Fall gute Menschen. Da wird er zum herzigen, allerbesten, allerliebsten Hund; und da ich die Nummer, die er gleich abziehen wird, kenne, grüße ich die Leute und gehe einfach meines Weges. Was nun unter Garantie folgt, hat für mich großen Unterhaltungswert und dürfte außerdem zu einer Lehrstunde für alt und jung werden. Ich gehe vor bis zur Biegung des kleinen Pfads, der zur Furćia führt. Da setze ich mich ins Gras und benütze das Fernglas, da es in dem folgenden Schauspiel auf winzige Details in Taktik und Logistik ankommen wird. Darin ist der Hund ein Meister.

Zunächst schreien die Kinder erschreckt, weil der Hund doch sehr groß ist. Der Vater springt auf, mutig stellt er sich vor den weißen Riesen und versucht ihn mit schlenkernden Armbewegungen zu vertreiben. »Schnaps« setzt sich in etwa einem Meter Entfernung neben die Decke. Ich weiß, was er jetzt denkt: »Ich muß die Kinder für mich gewinnen, dann geht alles von selbst.« Er legt sich lang, dreht sich auf den Rücken und streckt alle viere von sich. Vater setzt sich wieder auf die Decke zur Mutter, und ich kann ihr Lachen hören. Die vier Kinder nähern sich vorsichtig, zuerst ein Bub, dann noch einer, dann die zwei Mädchen. Die Eltern finden es zum Schreien, wie der Hund daliegt, und gestatten ihren Kindern, ihn zu streicheln. Den Erfahrungswerten aus ähnlichen Situationen zufolge wird Phase II nach etwa fünf Minuten eintreten. Es ist so. Der Hund dreht sich auf den Bauch, steht auf, schüttelt das Gras aus dem Fell, und weil er so lieb ist, kriegt er etwas zum Naschen. Ich kann's nicht genau erkennen. Aber ich vermute, ein Stück Speck oder Käse. Phase II ist abgeschlossen. Der Hund gehört zur Familie, liegt inzwischen bei Vater und Mutter auf der Decke. Die Kinder kullern die Almwiesen hinunter, die Eltern schauen ihnen zu, unterhalten sich dabei und leiten damit ganz automatisch Phase III ein. Hinter ihrem Rücken, etwas abseits der Decke, liegen zwei geöffnete Rucksäcke im Gras. »Schnaps« kann sich – wie immer – auf seine feine Nase verlassen. Gleich im ersten Rucksack wird er fündig. Ich sehe, wie seine Schnauze bis zu den Ohren in die Tiefe des Rucksacks taucht. Ich bin ganz aufgeregt und drücke dem Hund die Daumen. Nun schreit ein Kind, hat den Hund auf frischer Tat ertappt. Vater und Mutter fahren erschreckt herum, werden aber nur noch Zeugen von Phase IV, der Flucht-Phase. »Schnaps« rennt den Westhang der Medalges hinauf und zieht eine Kette von Würsten hinter sich her, vermutlich Kaminwurz'n. Vater und die vier Kinder folgen dem Dieb, aber obwohl »Schnaps« in alpinem Gelände nicht eben zu den Schnellsten gehört, sind die fünf Verfolger gegen ihn doch ohne Chance. Das leuchtet ihnen auch alsbald ein, und sie treten resigniert den Rückweg an. Der Hund ver-

schlingt die Wurstkette in Null Komma nix und macht sich anschließend über die Gegenseite des Hangs auf den Heimweg. Wenigstens
braucht er heute nicht mehr zu fressen. Ich gehe zur Hütte, um für
Schadenersatz zu sorgen. Ein Stück Speck müßte die ausgeräuberte
Familie versöhnen. Vater und Mutter freuen sich über diese Geste
und versichern mir, daß das ja nun wirklich keine Tragödie sei,
eigentlich sei das ja sehr komisch, wie der Hund das gemacht hat,
und überhaupt... Es waren tatsächlich sechs Kaminwurzen, die
sich der Dieb geschnappt hat. Ehe ich mich wieder auf den Heimweg mache, gebe ich den Leuten noch den guten Rat, Würste in
Zukunft nur einzeln im Rucksack zu verstauen. Im Wiederholungs-
falle – es wird sicher noch ähnlich raffinierte Hunde geben – würden
allenfalls eine, höchstens zwei Würste abhanden kommen. Der
Vater nickt zustimmend und meint, man müsse Taschendiebstahl ja
nicht auch noch durch Leichtfertigkeit unterstützen. Endlich mal
nette Touristen.

Bereits am frühen Abend jagen plötzlich milchige Nebelschwaden
übers Kreuzjoch und verhüllen die Furchetta, den Piz Doledes und
die anderen Nachbarn hinter einem undurchdringlichen Schleier.
Das Thermometer fällt fast auf den Gefrierpunkt, heftiger Wind
jagt den Dunst in Fetzen am Stubenfenster vorbei. In der Hütte ist
es wieder kalt wie einst im Mai. Obwohl der Küchenherd schon dem
Glühen nahe ist, bleibt die Stube eisig. Ich ziehe meine dicken
Schafwollstrümpfe an, nachdem ich ein heißes Fußbad genommen
habe, und schlüpfe in meine neuen Hausschuhe, die mir Emma
besorgt hat, aus kräftigem schafwollenem Stoff, mit dicken Filzsoh-
len. Es sind sogenannte »Patsch'n«, und im Gadertal gibt es noch ein
paar Ladinerinnen, die diese wärmenden Prachtstücke in Handar-
beit fertigen. Für 25 Mark, maßgeschneidert, Größe 45. Ich habe
mich in eine alte Decke gewickelt, sitze am Stubentisch, trinke
Pfefferminztee, höre Chöre von Palestrina und rede mir ein, daß es
doch eigentlich recht gemütlich sei. Das Solarlicht funktioniert, und
so lese ich noch ein paar Seiten William Faulkner. Inzwischen

beginnt der Wind an der Hütte zu rütteln, Graupel schlägt in die Fensterkästen. Jenseits der Fenster ist es dunkel wie in einem Sack. Der letzte Tag im Juli. Irgendwo müßte doch der Sommer sein. Vielleicht bei mir zu Hause, im bayerischen Voralpenland. Hier oben jedenfalls scheinen Sonnentage im Juli ein reines Mißverständnis der Natur zu sein. Neun waren es in diesem Monat, die übrigen Tage waren gut gefüllt mit Schnee, Graupel und Regen. Mit etwas Glück werden mich August und September entschädigen, vielleicht auch noch der Oktober, obwohl sich da bereits, über 2000 Meter Höhe, der Winter anzukündigen pflegt. Aber die Kapriolen des Wetters bringen mich nicht mehr so schnell aus der Fassung wie in den ersten beiden Monaten. Mein Hauptziel, das Holz in den Stall zu bekommen, rückt immer näher, ein Teil ist bereits zum Trocknen an den Außenwänden aufgerichtet, und in einer Woche müßte ich mit dem Hacken fertig sein.

Der 1. August: Geburtstag, Pfannkuchentag, ein Scheißtag. Der erste Blickkontakt mit der Furchetta, noch vom Bett aus, drängt zum Weiterschlafen. Sie hat in der Nacht hauchzarten weißen Tüll angelegt. Ich stehe trotzdem auf, schlüpfe in die klammen Kleider und muß erst mal Schnee räumen. Zehn Zentimeter hat es in der Nacht geschneit. Mein 46. kann mir gestohlen bleiben, ebenso die Pfannkuchen, dafür gibt es zum Frühstück drei Spiegeleier mit Speck und für »Schnaps« ein rohes Ei ohne Speck. Wir sind beide mißlaunig, vertrödeln den Tag, der sich grau und verhangen über die Stunden schleppt, und in der folgenden Nacht schneit es wieder. Am anderen Morgen scharrt der Hund in seiner Wasserschüssel, um das Eis aufzukratzen. Mein Trinkwasserkanister ist gleichfalls eingefroren. Zwei typische »Lava-Tage«.

Am dritten Tag läßt sich endlich wieder die Sonne blicken, aber mehr als acht Grad schafft sie nicht. Dennoch entschließe ich mich zu einem Waschtag. Dieses Unterfangen erfordert Zeit und Geduld, zumal mir jeweils nur zehn Liter heißes Wasser zur Verfügung stehen. Eine Topffüllung reicht dann gerade für die Hemden.

Bis das Wasser für die Unterwäsche heiß ist, vergeht, grob geschätzt, eine Stunde. Anschließend folgen zwei Spülgänge in eiskaltem Wasser, weil es mir zu blöde ist, noch mal Wasser warm zu machen. Diese Unduldsamkeit hat allerdings ihren Preis. Nach dem letzten Spülgang sind meine Finger so kalt und klamm, daß ich mit dem Aufhängen erst beginnen kann, wenn meine Hände wieder funktionsfähig sind. Sollte es der Wäsche nicht gelingen, bis zum Abend trocken zu sein, so hänge ich sie in der Stube zum Nachtrocknen über die Leine, die ich, bereits im Vorgriff auf den zu erwartenden Ofen, über zwei Seiten gespannt habe.

Kaum hängt die Wäsche auf der Leine, setze ich mich auf den Tisch im Freien und giere nach ein paar Strahlen, die die Sonne durch die Wolken mogelt. An einem Hemd fehlt ein Knopf, den werde ich heute abend annähen. Meine Hände sind in den Hosentaschen vergraben, wo es derzeit am wärmsten ist. In meinem Kopf ist es augenblicklich so leer, daß es schon fast wieder guttut, und ich habe so unendlich viel Zeit, daß ich sogar den Hemden beim Trocknen zuschauen kann. Das ist zwar unproduktiv, bildet auch nicht, aber es macht die Augen wach für Bewegungen, die in ihrem Erfassungsbereich stattfinden. Und wo sich nichts tut, außer ein paar müde wedelnden Hemden an einer Leine, ist ein aufgeregt wippender Hausrotschwanz nachgerade ein Unruheherd. Ich habe ihn nicht anfliegen sehen. Jetzt sitzt er auf der äußersten Kante des Stallvordachs und wippt und pfeift, krallt sich an den Schindeln fest und schickt im Kopfstand seine Signale unter das Stalldach. Und nun fällt mir wieder ein, daß ich ja vor einigen Wochen schon im Heuboden des Stalls in der Falte einer alten Plastikplane unter dem Dach ein Nest entdeckt habe. Es hing aber so hoch, daß ich einen Klimmzug hätte vollführen müssen, um einen Einblick zu bekommen. Das wollte ich nicht, um die jungen Vögel, die ein dünnes Fiepsen von sich gaben, nicht zu erschrecken. Nun drängt also Mutter zur ersten Flugstunde. Zuerst mache ich mir ein bißchen Sorgen, denn die anderen Rotschwänzchen, die ihr Nest unter dem Hüttenvordach an der Ostseite, unmittelbar neben meinem Bett, hatten, waren bereits Anfang Juli flügge, und inzwischen sind sie längst weg. (Endlich mal etwas, um das ich mir Sorgen machen kann.) Ich möchte den jungen Flugschülern den ersten Start etwas erleichtern und öffne die Türe, die zum Heuboden führt. Dann gehe ich wieder zurück zum Tisch und bleibe ruhig sitzen. Die Mutter hat die komfortable Einflugschneise sofort entdeckt, umrundet den Stall und setzt sich auf einen Stein, genau gegenüber der offenen Türe. Es ist sehr spannend, ja, aufregend. Die Mutter wippt, zirpt und pfeift. »Na, komm schon. Trau dich!« soll das wohl heißen. Und da kommt der erste. Zunächst bringt ihn ein flügelschlagender Hopser bis an die Holztreppe, die vom Heuboden herunterführt. Die Mutter, etwa zehn Meter entfernt, applaudiert, macht Mut zu noch größerer Anstrengung. Der Winzling möchte wohl lieber Hubschrauber fliegen. Er sitzt da, das Köpfchen weit vorgereckt, und flattert wild mit den Flügeln, ohne sich von der Stelle zu bewegen. Was für eine Mutter! Sie fliegt zu ihm, piepst und wippt, macht ihm Mut und kehrt zurück zu ihrem Stein. Und nun, endlich, faßt sich der kleine Kerl ein großes Herz und startet zum ersten Flug seines Lebens. Es sieht noch nicht besonders elegant aus, eher wie ein Vorwärtsstrudeln, und den Landeplatz neben seiner Mutter verfehlt er prompt um ein paar Zentimeter. Er plumpst in einen Grasbüschel, aber er plumpst weich. Die Mutter ist dennoch stolz auf ihn, das sieht man. Die restlichen Zentimeter krabbelt er hinauf wie eine kleine Ente, nicht wie ein Flieger. Nun kommt der Bruder oder die Schwester, was weiß ich? Da steckt schon wesentlich mehr Talent dahinter, oder er hat heimlich geübt. Formvollendet sind seine Flugkünste zwar auch noch nicht, aber er schafft es doch, ohne Zwischenlandung am Türloch, bis zur Mutter zu gelangen, und rennt dabei gleich noch sein Geschwisterchen über den Haufen, das schon wieder im Gras liegt. Die Mutter schaukelt und wippt und zetert. Und nun das Ganze zurück. Mutter fliegt voraus, setzt sich auf den obersten Treppenabsatz des Heubodens und gibt das Signal zum Start. Nun fliegen sie gemeinsam los, zwar immer noch nicht wie Richthofen, aber die Richtung stimmt, das

Timing auch, Höhe und Geschwindigkeit sind in Ordnung. Mir fällt ein Stein vom Herzen. Die Mutter scheint's zufrieden und – Wartung und Auftanken nach der nächsten Runde – vergrößert die Distanz um gut das Doppelte, mit eingebauter Schikane.

Ziel des nächsten Anflugs ist der hölzerne Handlauf, der den steilen Steig zum Höhenweg säumt. Auf die Landung bin ich gespannt. Der Begabtere der beiden startet als erster, in seinen Adern fließt das Blut des Kunstfliegers, das sieht man gleich. Er pfeift auf die einfache, gerade Flugbahn, er nimmt die Parabolika für Fortgeschrittene, läßt sich nach dem Start fast bis zur Grasnarbe absacken und nimmt kurz vor Grundberührung wieder Höhe auf, landet auf dem Holzbalken neben seiner Mutter und sitzt sicher, ohne nachzufassen. Das müßte dem zweiten doch Auftrieb geben. Die Mutter zappelt und wippt auf ihrem Platz. In meinen Hosentaschen drücke ich ihm die Daumen. Und es hilft. Er fliegt Linie, (fast) geradeaus, ohne Faxen, ohne Risiko, nicht der Weg ist das Ziel, sondern der Platz neben Muttern. Er kommt an, sitzt, wenngleich mit Nachfassen. Und nun erzählen sich die drei was, daß es eine Freude ist. Wenn ich in diesem Augenblick nur einen einzigen Wunsch frei hätte, ich würde mir wünschen, ihre Sprache zu sprechen.

Nach zwei, drei Tagen absolvieren die zwei jungen Rotschwänzchen ihre Flüge ohne Komplikationen. Sie bewohnen während dieser Zeit noch ihr Nest im Heuboden, die Türe indes brauchen sie längst nicht mehr als »Start- und Landebahn«. Sie schlüpfen am Dachfirst unter die Schindeln, genauso, wie's Mutter macht. Am vierten Tag nehmen sie Abschied. Und als wollten sie sich für meine Gastfreundschaft bedanken, reihen sie sich nebeneinander auf dem Dachfirst der Furćia auf, pfeifen und wippen aufgeregt, bestimmt eine Viertelstunde lang. Ich sitze auf meinem Tisch und schaue zu ihnen hinauf. »Guten Flug, ihr drei. Und denkt dran: Reisen bildet.« Dann flattern sie davon, als hätten sie mich verstanden. Ich schaue ihnen mit dem Fernglas noch ein paar Sekunden nach, bis ihre zarten Konturen mit den groben Wänden des Piz Doledes verschmelzen.

Ist es das, was ich gesucht habe? Allein zu sein und doch nicht Sorge haben zu müssen, daß um einen herum nichts geschieht? Ich meine nicht die Menschen, die ab und zu kommen und – bis auf einige Ausnahmen – auch nicht anders sind als jene, von denen ich mittlerweile weiß, daß ich sie nicht vermisse. Ich meine diese kleinen Dinge, deren Wahrnehmung erst erlernt sein will, die Muße brauchen, damit Augen und Ohren Zeit finden, um zu begreifen, was sie an Außergewöhnlichem sehen und hören. Ein Städter bin ich ja schon längst nicht mehr; seit 14 Jahren lebe ich bei Bauern auf dem Lande, und ihnen habe ich viel zu verdanken. Sie haben mich eine Menge Dinge gelehrt, die im Umgang mit der Natur wichtig sind; auch wenn sie selbst oft, durch Überdüngung ihrer Felder zum Beispiel oder durch den profitablen Verkauf ihrer Äcker und Wiesen als Baugrund, der Natur arge Wunden zufügen. Und mit der Natur, die ihnen seit Generationen anvertraut war, haben sie oft ihr Herz und zuvor schon ihr Hirn verkauft und sitzen auf ihrem Haufen Geld wie die Glucke auf den Eiern, und ich bezweifle, ob sie diese Stellung auf Dauer glücklich macht.

Wo ich bin, werden keine Wiesen gedüngt, und sie als Baugrund zu verschachern ist zum Glück ausgeschlossen, da das Reglement des Naturparks Puez-Geisler solches nicht zuläßt. Und selbst ein Heuschober mit einer angebauten Kochhütte wird immer noch ein Heuschober bleiben, selbst wenn er ein dutzendmal den Besitzer wechseln sollte. »Die Zweckbestimmung muß unverändert bleiben«, heißt es in Artikel 4 des Naturpark-Dekrets.

Bevor ich sicher sein konnte, ein Jahr lang die Furcia als Refugium benützen zu dürfen, mußte deshalb auch das Amt für Naturparks, Naturschutz und Landschaftspflege der Autonomen Provinz Bozen befragt werden. Daß es mir gestattet wurde, war ein Entgegenkommen, keine Selbstverständlichkeit. Und auch der Hubschrauber als Transportmittel mußte erst in Bozen genehmigt werden. Der Luftweg war ursprünglich nicht eingeplant. Mit Mulis oder geländegängigen Haflingern wollte ich meine Ausrüstung auf die Medalges-Alm bringen. Nur: In Campill gibt es ein halbes Dutzend Pferde, ohne Packsattel, und Mulis in ausreichender Zahl besitzt nur das Militär, und diese Tiere sind wiederum »zweckgebunden«, also nicht für zivile Einsätze. Als ich Pepi Graber den Vorschlag machte, per Traktor und einachsigem Hänger den Transport zu bewerkstelligen, winkte er ab. Der Fahrweg führe zwar bis zur Furćia, sei aber dermaßen erodiert und unpassierbar, daß diese Möglichkeit ausscheide. Also Hubschrauber, vor allem für den Transport der 25 Meter Holz. Das behagte mir nicht, weil Hubschrauberflüge teuer sind und in meinem begrenzten Etat nicht eingeplant waren. So mußte ich an anderer Stelle einsparen, bei der Verpflegung. Ich verzichtete weitgehend auf »Extras«, die an tristen Tagen das Leben etwas einfacher machen würden, und kaufte ein, was ich zum Über-die-Runden-Kommen brauchte. (Daß meine Brunecker »Schutzengel«, daß Emma und Giovanni und noch ein paar andere nie mit leeren Händen zu Besuch kommen würden, wußte ich damals ja noch nicht.)

Andere Besucher, Fremde vom Höhenweg, die in der Furćia eine Jausenstation und in mir einen Senner vermuten, können zur Plage werden. Es stört mich ja nicht, wenn sie mit leeren Händen kommen, aber wenn sie den Mund so voll nehmen, daß darin kaum noch Platz für ein vernünftiges Wort ist, das stört mich. Und ich gebe zu, dann haben's die Leute mit mir auch nicht leicht. Vielleicht wird Hannes, wenn er diese Zeilen zufällig lesen sollte, schmunzeln oder sich ärgern. (Mir wäre beides recht.) Daß ich ihn etwas leutselig nur »Hannes« nenne, hat nichts damit zu tun, daß wir uns bereits gekannt hätten oder gar eine dicke Freundschaft zustande gekommen wäre, als wir uns kennenlernten. Weder – noch.

Es ist einer jener Augusttage, die morgens so dick in Watte verpackt sind, daß man nicht weiß, ob Regen zu erwarten ist oder ein plötzliches, unvermutetes Aufklaren. Letzteres tritt ein, und vom späten Vormittag an ragen die Puez-Berge wie Scherenschnitte in den makellos blauen Himmel. Seit zwei Tagen schmerzt wieder mein Gelenk am rechten Ellenbogen, die Pausen, die ich beim

Holzhacken einlegen muß, werden immer länger. Soeben habe ich mich auf den Hackstock gesetzt, um ein wenig auszuruhen, als vom Steig herunter ein Mann und eine Frau zur Hütte kommen. »Schnaps« rennt ihnen heftig kläffend und in größter Eile entgegen, wie er das normalerweise nur macht, wenn ein Hund dabei ist. Ich sehe aber keinen Hund. Die Frau preßt beide Hände ängstlich über Kreuz auf die Brust, als habe sie Sorge, etwas aus dem Anorak zu verlieren. Ihr Begleiter stellt sich meinem Hund mutig in den Weg und zischt pausenlos: »Gehst du wohl. Gehst du wohl.« Doch »Schnaps« ist hier zu Hause und denkt nicht daran zu gehen. Jetzt hat der Mann mich entdeckt. »Können Sie Ihren Hund zurückrufen! Meine Frau ängstigt sich so. Das sehen Sie doch.« Der Ton gefällt mir überhaupt nicht. Daß er keimfreies Hochdeutsch spricht, ist ja in Ordnung, aber der Ton... Ich, weiterhin auf meinem Hackstock sitzend, entgegne:

»Der Hund tut Ihnen nichts. Außerdem kann ich ihn nicht rufen. Der versteht nur ladinisch!« Daß mein Hund pausenlos an der Frau herumschnüffelt, ist mir schon ein bißchen peinlich, aber irgendwas muß an der Dame ja dran sein. Mein Hund hat sich beruhigt, der Herr auch, nur die Dame hat immer noch die Hände über Kreuz, als sie an der Terrasse ankommen. Ich bin inzwischen aufgestanden, zur Hütte gegangen und tue so, als wäre ich sehr beschäftigt. Das stört die beiden aber nicht im geringsten. Ohne einen Gruß setzen sie sich auf die Bank am großen Tisch. Und nun höre ich zum ersten Mal seinen Namen, aus ihrem Munde nämlich.

»Ach, Hannes. Ist es nicht himmlisch hier? Wie vor drei Jahren, erinnerst du dich? Nur ein anderer Senner ist inzwischen da.«

Hannes, schlank, Goldrandbrille, leicht angegraute Haare, blasses, schmales Gesicht, mit Lippen, so schmal wie Rasierklingen, feingliedrigen Händen, vielleicht Chefarzt (zumindest Oberarzt), Ende Fünfzig, geruht nun, mich zu beachten.

»Also Ihr Hund hat meiner Frau ja einen schönen Schrecken eingejagt. Und unserer ›Putzi‹ vor allem. Aber er ist ja wirklich brav.«

»Schnaps« sieht die Dame unverwandt an, wie hypnotisiert. Also ich kann an ihr nichts Aufregendes finden, denke ich. Sie ist zwar wesentlich jünger als Hannes, so um die Dreißig, etwas pummelig, mit frischer Dauerwelle. Nun öffnet sie den Reißverschluß ihres lila Anoraks und hält ein Tier in ihren Händen, genauer gesagt, ein Hündchen, gegen das meine alte Thermoskanne so groß ist wie eine Litfaßsäule.

»O Gott«, entfährt es mir, »was ist das denn?«

Ich glaube, noch nie mußte ich einen derart mitleidvollen Blick ertragen wie den, mit dem mich Hannes von oben bis unten und wieder zurück umspinnt.

»Dies ist ein Chihuahua. Sie sind die kleinsten Hunde der Welt und sehr, sehr teuer.« Er sagt es so gelangweilt, als wäre es reine Zeitverschwendung, mir, einem holzigen »Senner«, auch nur noch ein weiteres Wort über sein Rassetier zu schenken. Das »sehr, sehr teuer« ist allerdings dick unterstrichen.

Genug geredet, Hannes möchte jausen.

»Maus, möchtest du Buttermilch oder normale Milch?« (Ich glaube, Hannes ist doch Chefarzt. Ich höre ihn förmlich, wie er während einer Operation hinter seinem grünen Mundschutz die Operationsschwester anraunzt: »Schwester! Wollen wir operieren oder vor uns hin träumen?«)

Ich finde, es reicht. Es reicht in jeder Hinsicht. Denn nun steht auch noch diese sehr, sehr teure Andeutung von einem Hund mit zittrigen Spinnenbeinchen auf dem Tisch. Ich weiß nicht, ob das bei dieser Rasse normal ist, aber ich finde, die Augen sind viel zu groß, ja, so groß, als müßten sie jeden Augenblick auf den Tisch kullern.

Nein, es reicht noch nicht! Den Unterhaltungswert der sich anbahnenden Posse will ich auskosten.

»Maus« ziert sich etwas, entscheidet sich aber dann für Buttermilch und ein Stück Käse, »wie ihn der Senner damals immer gemacht hat«. (Ich weiß schon, die Furćia war bis vor drei Jahren auch eine sogenannte »Jausenstation«. Der damalige Senner Otto Hofer betreute Pepi Grabers Kühe und verdiente nebenbei noch ganz gut, indem er Milch, Butter und Käse an die Touristen verkaufte. Aber das war einmal.)»Und ich nehme normale Milch, auch etwas Käse und Brot«, befiehlt Hannes. Gerade hole ich Luft, um der Posse in die Bahn zu helfen, als »Maus« sich umdreht und die Berge hinter ihrem Rücken mustert.

Nun meint sie mich.

»Sagen Sie mal. Wie heißt gleich dieser schöne Berg mit dem Schnabel?«

Hannes weiß alles, er nimmt mir die Antwort aus dem Mund.

»Maus«, quengelt Hannes wie einer, dem es lästig wird, alles mehrfach erklären zu müssen.»Maus, das ist die Furchetta. Das weißt du doch. Wir sind doch hier schon fast zu Hause.« Dabei sieht er mich an wie der Landvogt, der mit seinem Besuch einem Leibeigenen eine unverdiente Ehre erweist.

»Furchetta ist ein schöner Name. Ein schöner Mädchenname«, flötet »Maus« und betastet beidhändig die Stelle, an der unter dem weiten Anorak der Bauch sein müßte.

Hannes, bestimmt ein Mann mit Großem Latinum, erklärt, daß Furchetta von »furca« komme und »Gabel« bedeute, also einem Mädchen als Name nicht zumutbar sei.

Jetzt bin ich aber dran. Egal, ob die »Maus« schwanger ist oder nicht, ob ich ihre zärtliche Streichelbewegung richtig oder falsch gedeutet habe, ich schalte mich ein.

»Aber wenn's ein Bub wird, können Sie ja den Namen des Berges nehmen, der oben so wunderschön gezackt ist.«

Maus ist neugierig.

»Ja, wie heißt der denn?«

»Wasserkofel«, sage ich. Sie tun das nicht, was ich auch gar nicht beabsichtigt oder von ihnen erwartet hatte: lachen. Nicht einmal ein Kichern oder ein Gelächterchen. Zwei starre Gesichter (eigentlich drei, denn das zitternde Etwas auf dem Tisch glubscht mit seinen beiden Glasschussern gleichfalls reglos vor sich hin). Nach Sekunden peinlichen Schweigens befiehlt Hannes:

»Also, einmal Buttermilch, einmal normale Milch und zweimal

Käse. Wir haben nicht viel Zeit. Wir müssen noch nach Villnöß.«

Ich setze mich auf die Tischkante, so daß ich den beiden ziemlich nahe bin. Nicht bedrohlich, aber nahe. Das sehr teure und sehr kleine Hündchen wird schon fast von dem Luftzug, den ich verursache, vom Tisch geweht.

»Also, verehrte Herrschaften. Erstens: So klein kann ein Hund gar nicht sein, daß ich es nicht als unappetitlich empfinden würde, wenn er auf meinem Tisch herumsteht. Zweitens: Für jemand, der ›hier fast zu Hause ist‹, haben Sie einen Ton drauf, der mir nicht behagt.

Drittens: Obwohl Sie hier nicht zu Hause sind, dürfte Ihnen dennoch nicht entgangen sein, daß hier weit und breit keine Kühe sind. Anders als vor drei Jahren, als der Otto Hofer noch als Senner hier oben war. Fazit: Obwohl ich kein Senner und kein Hüttenwirt bin, gibt es Leute, die mir willkommen sind. Sie gehören nicht dazu. Ich wünsche Ihnen und Ihrem Dobermann einen gefahrlosen Abstieg nach Villnöß.«

Nein, eine verbale Empörung oder gar den Versuch, mir zu sagen, was ich für einer bin, gibt es nicht. Der Abschied erfolgt brüsk und stumm. »Maus« packt »Putzi« unter die schützende Windjacke, Hannes schultert das Rucksäckchen, das kaum größer ist als das Hündchen, läßt mir noch einen stechenden Goldrandbrillenblick zurück und folgt seiner »Maus«, die forschen Schritts um die Stallecke biegt. Wenn sie so weiterlaufen, werden sie in einer guten Stunde an der Zanser Alm sein, wo sicher das Auto steht.

Nach Holzhacken ist mir heute nicht mehr zumute. Ich setze mich in die Stube und schreibe das soeben Durchlebte auf einen Zettel. Die Schreibmaschine liegt immer noch unberührt und leicht angestaubt unter der Eckbank. Mit dem Schreiben möchte ich erst beginnen, wenn ich die Holzqual los bin, wenn meine Finger wieder in der Lage sind, sich auf den Tasten zu bewegen. Heute, am 17. August, ist Vollmond. Ich habe mich darauf eingerichtet, in der Nacht mit dem Hund auf den Sobutsch zu gehen. Aber bereits am späten Nachmittag wird die Welt um mich herum wieder wattig. Mit einem Mal scheint dem Himmel das Licht auszugehen, dafür wird sein Atem schwer und heftig. Ich finde gerade noch genügend Zeit, die Stalltüren zu verrammeln, da bricht der Hagel los. Blitze zerschneiden die Watte, der Donner schrammt grollend die Nordwände der Puez-Gruppe ab, wer jetzt zwischen Roa-Scharte und Schlüter-Hütte unterwegs sein sollte, in dessen Haut möchte ich wahrlich nicht stecken. Der Solar-Koffer hat tagsüber genügend Sonne getankt, um die Lampe für fünf bis sechs Stunden in Schwung zu halten. Also lese ich.

Irgendwann gegen Abend schalte ich das Funkgerät ein, könnte ja sein, daß Roland oder Ernst mir etwas sagen möchte. Ernst meldet sich. Die frohe Botschaft, die er für mich hat, löst zunächst in meinen Füßen ein euphorisches Kribbeln aus. Morgen werde der Ofen in der Stube eingebaut und der Kamin gesetzt. Ich sollte am Vormittag mit zwei Krax'n zum Ende der Forststraße kommen, da es einiges zu schleppen gebe. Er, Ernst, werde mich kurz anfunken, wenn sie in Bruneck starten. Sie werden etwa vierzig Minuten brauchen, ich etwa zwanzig Minuten, bis ich unten bin. Endlich! Ich höre schon das behagliche Knacken und Knistern, ich spüre bereits, wie sich die Stube mit Wärme füllt, ich sehe den Tanz der Schneeflocken, der zum Genuß werden wird, ich beobachte das Thermometer außen am Fenster, wie der kleine schwarze Zeiger immer tiefer fallen wird, und ich werde hemdsärmlig dasitzen und jauchzen, weil ich einen Ofen habe. Meine Zehen werden mit Überschwang einen Spitzentanz vollführen, kein Fußbad mehr zum Auftauen, nur noch zum Spaß, keine frostige Laune am Abend. Und meine Wäsche kann künftig trocknen, unabhängig von der Witterung. Soll die ganze Stube mit Socken, Unterhosen und Hemden vollhängen, Hauptsache, das Zeug hat es warm. Der Ofen, dieser kleine braune Allesbrenner, wird mein Leben verändern.

Die ganze Nacht hindurch gewittert es ordentlich, bis zum Morgen hat es sich leergeregnet. Das Aufwachen macht Vergnügen wie selten. Der Himmel ist kobaltblau, fast ohne Wolken. Auf dem Stalldach hockt ein aufgeplusterter Steinschmätzer und pfeift und plappert vor sich hin. Als ich zum Stall gehe, um die beiden Krax'n zu holen, fliegt er davon.

Zwei Schmetterlinge, ein Tagpfauenauge und ein Kleiner Fuchs, naschen auf einem Blatt des Frauenmantels von den Regentropfen, die wie Edelsteine in der Sonne blitzen. Und gegenüber, unterhalb der Roa-Scharte, pfeifen sich die Murmeltiere bereits die Frühnachrichten zu. »Schnaps« scheint zu ahnen, daß heute ein besonderer Tag ist. Wie von Katzen gehetzt, rast er den Weg zum Kreuzjoch entlang, macht eine Vollbremsung und rennt mit unverminderter Geschwindigkeit wieder zurück, als wolle er mir zeigen, daß er für sein Alter doch noch ganz gut auf den Beinen sei. Die neueste Variante, um seinen Übermut zu kühlen, stammt vom Kinderspielplatz. Wo der Hang nicht gar zu steil ist, legt er sich auf den Rücken und rutscht Kopf voraus bergab, wie eine Eidechse mit Schlägelbewegungen das Tempo beschleunigend. (Hoffentlich hat er bis zum Winter auch eine Methode entdeckt, wie er notfalls bremsen kann.)

Als endlich am späten Vormittag der »Klamme« per Funk meldet: »Jirgen! Mir fahren jetzt in Bruneck los«, lade ich mir die beiden Krax'n auf den Rücken und gehe am Südhang des Medalges entlang hinunter zu den untersten Almhütten, wo die Forststraße endet. Ich bin diesen Weg schon lange nicht mehr gegangen. Je weiter ich hinabsteige, desto üppiger wird die Pracht der Blumen und Gräser. Ich kann mich gar nicht satt sehen und satt riechen. Dagegen ist es bei mir oben fast karg. Brunellen, tiefrot wie schwerer Wein und unvergleichlich duftend nach Schokolade und Amber, sind in ausladenden Polstern verschwenderisch gebündelt. An Felsbrocken kleben wie Miniaturen die Winzlinge unter den Alpenblumen: Steinbrech und Mannsschild, von Rot über Rosa bis Weiß. Die leuchtenden Sonnen von Arnika und Ferkelkraut überstrahlen das seidige Violett der Glockenblumen, und damit es an kräftigem Blau nicht fehle, hat die Natur satt Enzian gestreut. Und über allem ist ein sanfter Wind, der die Gräser zu silbrigen Wellen biegt.

Das sich stetig nähernde Brummen eines Motors, das aufgeregte Bellen des Hundes signalisieren: Die »Handwerker« kommen! Rolands kleiner Allrad-Japaner ist vollgepackt bis übers Dach. Obenauf ein drei Meter langes Eternitrohr, zur Isolierung des Ofenrohrs, damit die Hütte nicht in Flammen aufgeht, wenn der Allesbrenner sein Bestes gibt. Roland hat Egon und Hans Klammsteiner, Ernsts Vater dabei, Spenglermeister und »Einsatzleiter« während der anstehenden Arbeiten. In aller Herrgottsfrühe hat er noch das Kaminblech und die Blechverkleidung für das Ofenrohr zurechtgemacht. Eine Kaminhutze, die sich mit dem Wind dreht und für guten Zug sorgen soll, ist bereits seit ein paar Tagen oben im Dachboden der Furćia deponiert. Im hinteren Teil des Wagens sind etwa 50 Isolierplatten geschichtet, gut 20 Kilo schwer. Die werde ich mit der Kraxe nach oben bringen. Ernst kommt mit seinem Auto unmittelbar hinterher. Er hat Christl und Annemarie dabei, die »Marketenderinnen«, die dafür sorgen werden, daß es nach ordentlicher Arbeit auch ordentlich zu essen gibt. Und Klaus Gasperi ist dabei, der sich gleichfalls nützlich machen will. Da der Umgang mit Hammer und Nagel seine Sache nicht ist, darf er später die Krautköpfe salatgerecht schneiden. Ivo Egger, die treue Seele aus Lana, ist von Villnöß aus übers Kreuzjoch aufgestiegen. Ich glaube, er käme notfalls vom Mond, wenn seine Hilfe gebraucht würde. Egon und Roland tragen auf den Schultern das Eternitrohr hinauf, Ernst hat die zweite Kraxe gebuckelt, mit den Blechen für den Kamin, und sein Vater schleppt in seinem Rucksack die halbe Werkstatt, mit Hammer, Zangen, Blechschere und einem kleinen Amboß, um die Kaminverkleidung rund zu klopfen. Und Christl und Annemarie tragen in ihren Rucksäcken Salat, eine Schüssel mit frischen Pfifferlingen und den bereits vorbereiteten Teig für die Speckknödel. »Schnaps« bleibt in ihrer Nähe, da der Duft aus ihren Rucksäcken am vielversprechendsten zu sein scheint.

Auf der Baustelle wird nicht lange getrödelt. Der Himmel ist nicht mehr makellos wie in der Frühe, von Westen her schleichen sich graue Schleier an, und der Wind wird heftiger. Jetzt nur keinen

Regen! Um das Kaminrohr zu setzen, müssen Löcher in Dach, Speicherboden und Stubendecke gesägt werden. Ein tüchtiger Regenguß zur falschen Zeit könnte die Hütte unter Wasser setzen. Die Aufgaben sind schnell verteilt. Ivo und Ernst sägen die Löcher, Egon und Roland nageln ein paar Trittlatten aufs Dach, um festen Halt zu bekommen, wenn sie nachher das Eternitrohr vom First bis zur Stubendecke durchschieben, Ernsts Vater klopft und biegt die Kaminbleche maßgerecht und hat zudem die »Bauleitung«. Ich beginne mit der Isolierung des Dachbodens, indem ich Dachpappe und Nylonplanen aufnagle und über der Stube zudem noch sechs alte Matratzen nebeneinander lege, damit die Wärme nicht allzusehr durch Fugen und Ritzen enteilt. Klaus und die beiden Damen kümmern sich ums Essen.

Im Nu läuft mir in der muffigen, schwülen Enge des Dachbodens der Schweiß über Stirn und Nacken, das Hemd klebt, und ich weiß nicht, wie oft ich mir an den lärchenen Dachbalken schon wieder den Schädel angeschrammt habe. Ich verschnaufe auf einer der alten Matratzen, höre das Hämmern des Spenglermeisters Klammsteiner, das an den Schrofen und Felsen der Medalges-Alm abprallt und immer dünner wird. Auf dem Dach stößt einer einen Jauchzer aus, es ist sicher Egon, der macht das gern. In der Küche maßregelt die resolute Annemarie ihren Assistenten Klaus, der wohl gerade dabei ist, einen Krautkopf klein zu machen. »Na! Klaus! Des isch letz! Dünner! Viel dünner!« Und über allem klirrt der Hammer auf dem kleinen Amboß und windet das Blech zu einem Kreis. Schön ist es, denke ich wieder einmal, schön, daß es diese Menschen gibt. Wieviel schwieriger wäre doch alles ohne sie! Und unvermittelt kommt mir ein Gedicht von Rilke in den Sinn, in dessen Schlußvers es heißt:

». . . dann ist ein Hallen von dem vielen Hämmern,
und durch die Berge geht es Stoß um Stoß;
erst wenn es dunkelt, lassen wir dich los.
Und deine kommenden Konturen dämmern.
Gott! Du bist groß.«

Zum Glück müssen wir nicht warten, bis es dunkel wird, denn

Eile tut not, vom Blau des Himmels ist kaum noch etwas übrig. Nach etwa zwei Stunden ist der Ofen in der Stube, der Kamin mit dem Eternitrohr aufgerichtet, die Bleche auf dem Dach festgenagelt und die Hutze obendrauf, die sich willig nach dem Wind dreht. Der große Tisch auf der Terrasse ist mit neun Tellern angerichtet. (Zum Glück habe ich zehn Teller.) In meinem großen Wassertopf dümpeln fünfzig Speckknödel. Die Pfifferlinge sind ein Traum, Klaus' Krautsalat ist gleichfalls vorzüglich gelungen. Ein Festmahl, und wenn sich der Regen noch zurückhält, bis wir mit dem Essen fertig sind, dann soll er willkommen sein. Er hat es nicht eilig.

Als wir satt sind, erhebe ich mich, feierlich, als gelte es, eine Tischrede zu halten. Aber ich sage nur: »Und jetzt möchte ich Rauch sehen.« Das Lachen der anderen folgt mir in die Küche, wo in einer Kiste das Feuerholz ist. Schnell sind Papier und Spreißel ins Schürloch gestopft. Ob er sauber ziehen wird? Das Feuerzeug blitzt auf, die Flamme frißt sich entlang der Kanten des Papiers, ich schließe die Ofentüre, und im Nu knackt und knistert es, und fauchend fährt Rauch durchs Rohr. Er zieht! Und wie! Draußen wird gejubelt. Alle starren zum Dachfirst, wo eine milchige Rauchfahne mit dem Wind davonzieht. Sie jubeln, als wäre soeben ein neuer Papst gewählt worden. Ein paar Minuten später wird es in der Stube eng. Ein Gewitter bricht los, es wird empfindlich kühl draußen, aber der Ofen arbeitet, und in Null Komma nix ist es warm in den vier Wänden.

(Irgendwann werde ich die Rechnung bekommen, und ich werde mich wundern, weil sie wesentlich geringer ist, als ich erwartet hatte. Und dann wird mir der »Klamme« sagen, daß das so schon in Ordnung sei, mehr Material sei nicht nötig gewesen. Und Arbeitszeit hätten sie nicht berechnet, »weil für di' ham mir das gern getun«.)

Ich wußte es doch! Der Ofen würde mein Leben verändern. Bereits am ersten Abend neuer Zeitrechnung nimmt der Genuß kein Ende, und ins Bett zieht's mich – zum erstenmal seit ich da bin – überhaupt nicht. Ich lese, höre Musik, brauche zum erstenmal keinen Pullover, kein wärmendes Fußbad und würde dem kleinen, braunen, bullernden Allesbrenner am liebsten einen Kuß auf die heiße Platte drücken. Es ist ja immer noch kein Sommer, aber heute stört mich das nicht. In meiner Stube ist Sommer, das genügt. »Schnaps« genießt den plötzlichen Komfort gleichfalls. Lang ausgestreckt liegt er vor dem Ofen, so daß seine Schnauze fast die glänzende Emaillierung berührt. Er träumt, und seine Beine laufen, seine Lefzen zucken, seine Augenlider auch, der ganze Hund ist in Bewegung, und zwischendurch gibt er glucksende, stöhnende Laute von sich, als wäre es schon ein rechtes Kreuz, sich im Traum auch noch so plagen zu müssen. Vielleicht läuft er gerade zu seinem Freund »Niki«, um ihm zu erzählen, daß wir jetzt auch einen Ofen haben.

Mit einem Schlag sind auch alle Zweifel weggewischt, ob ich dieses Jahr durchstehen werde. Jetzt schon! Selbst wenn morgen der Winter begänne. Aber meine Überlegung geht noch eine Spur weiter. Wie muß es den Vögeln, den Gemsen, den Murmeltieren, den Schmetterlingen, den Bienen zumute sein, die nur auf die wärmenden Strahlen der Sonne hoffen? Wie viele werden auf der Strecke bleiben, da es jetzt, im August, immer noch gelegentlich schneit und Minusgrade an der Ordnung sind?

Im Bayerischen, wo ich zu Hause bin, werden sie jetzt (vielleicht) in Biergärten sitzen, sich der Mücken erwehren müssen, wenn ein Bach vorbeifließt oder ein Weiher in der Nähe ist. In der »Säge«, meiner Schwabinger Stammkneipe, wird die Türe weit offenstehen, an einer Kette angehängt, damit sie offenbleibt, damit der Mief raus- und etwas abendliche Schwüle reinkann. Und Kurt, der Wirt, sitzt bestimmt an dem kleinen Tisch, der gerade groß genug ist, um vier Skatspielern das Gefühl der Zusammengehörigkeit zu geben, und wenn heute in München ein warmer Sommerabend ist, wird die »Säge« um diese Zeit noch leer sein, weil sie wieder alle in den Biergärten hocken. Und da möchte ich nicht in Kurts Haut stecken, der sicher gerade die »Süddeutsche« von morgen liest, halbherzig, flüchtig, immer wieder über seine Halbbrille zum Eingang blickend, weil doch nun wirklich allmählich zwei Typen zum Skatspielen kommen könnten. Und ehrlich gesagt: Ich möchte auch in keines anderen Haut stecken, der jetzt in München sein muß oder in einer anderen Großstadt. Selbst wenn sie Sommer haben und ich nicht – schön warm hab' ich's seit heute auch. Aber die Stille haben sie nicht, nicht die Berge, nicht die Muße, in Ruhe am Morgen aufzuwachen, ohne Uhr und Zwänge. Mißmutig sind sie, weil der Kopf vom Vorabend noch dick ist, weil jeder Bürotag wie der andere ist, außer den Wochenenden, und da ist auch eines wie's andere. Und ich glaube ferner, daß die Langeweile, die mir oft wie ein Tier im Genick sitzt, letztendlich kurzweiliger ist als die Eintönigkeit, in der viele meiner Freunde und Bekannten die Tage und Nächte hinter sich bringen, seit Jahren und wohl auch in Zukunft. Meine Langeweile ist nie von Dauer, weil sie mich anspornt, die Sinne zu gebrauchen, Neues zu entdecken, das ich noch nicht kenne und das des Staunens wert ist. Und davon gibt es hier oben unendlich viel. Würde ich mich gleichgültig und gottverloren auf einer Woge von Langeweile treiben lassen, ohne dagegen anzugehen, ich würde es hier oben keinen Moment länger aushalten. Und wenn ich mich dennoch zwänge, ich würde verrückt werden. Aber noch ist nicht Winter, da alles anders sein wird.

Dennoch werde ich ihn nicht um Milde bitten; er wird mir recht sein, so oder so.

Der August, der keiner ist, zieht sich hin wie Schweröl. Noch nie brauchte ich soviel Geduld, um 31 Tage hinter mich zu bringen. Die Launen des Wetters wetteifern mit den meinen. Am Morgen, wenn ich aufstehe, zeigt das Thermometer meistens kaum mehr als null Grad, in der Plastikschüssel mit dem Trinkwasser für den Hund liegt eine dünne Eisschicht wie ein Deckel. Wütende Fußtritte an den Schüsselrand sind derzeit meine gängigste Reaktion. Den Wanderern, die ungeachtet der schlechten Witterung auf dem Höhenweg touren, wünsche ich in ihrem und meinem Interesse, mich nicht zu besuchen. Das hilft; fast zwei Wochen lang kommt niemand. Ich wünsche mir einen Menschen, bei dem ich mich auskotzen kann. Nicht irgendeinen vom Höhenweg, selbst Roland oder Ernst wäre in meinem Zustand nicht ausreichend.

Eine Frau.

Eine ganz besondere Frau, weil unsere Beziehung ohne Zukunft, ohne Aussicht auf eine Zusammengehörigkeit ist. Eine Frau, die gelitten hat wie ein Tier, als sie erfuhr, daß ich ein Jahr lang in die Berge gehe. Eine Frau, derentwegen ich nicht auf den Berg ging, um derentwillen ich aber auch nicht dageblieben wäre. Eine Frau, die mich am letzten Tag wütend und unter Tränen angeschrien hat: »Herrgott Sakrament! Dann geh schon auf deinen Scheißberg!« Am nächsten Tag bin ich gegangen, das heißt gefahren, und mir war nicht wohl dabei. Und nun, fast dreieinhalb Monate später, hängt ihr Bild immer noch an der Stubenwand, und gelegentlich erzähle ich der Frau auf dem Bild, daß ich sie vermisse und daß es vielleicht doch nicht so gut war, auf den Berg zu gehen. Sie hört es zwar nicht, aber sie kann es sich denken.

Die letzte Augustwoche ist geradezu prädestiniert für derlei krause Gedanken. Am Wochenende ist fast den ganzen Tag über mein Funkgerät eingeschaltet. Ich höre die Stimmen von Menschen, die ich nicht kenne und die über Dinge reden, die mich nicht interessieren. Aber es sind wenigstens menschliche Stimmen, die in einem Vokabular wühlen, das mich anfänglich belustigt, auf Dauer aber ziemlich nervt. (Was nervt mich im Moment nicht?) Fast alle, mit Ausnahme der Ladiner, die auf dem Kanal 164 Wichtiges (Rettungseinsatz) und Unwichtiges (Verabredung zum gemeinsamen Sonntagsspaziergang) bereden, bedienen sich der deutschen Sprache. Dann ruft der Karl den Sepp (die sich gern und oft rufen), und dann fragt der Karl den Sepp: »Funkprobe. Wie isch meine Hörbarkeit?« Und wenn der Sepp den Karl hört, je nach Güte der »Hörbarkeit«, sagt der Sepp zum Karl: »Deine Hörbarkeit isch berfekt«, oder wenn die »Hörbarkeit« nicht »berfekt isch«, dann sagt er zum Beispiel: »Deine Hörbarkeit isch zwei Fünftel.« Nun habe ich, zugegeben, viel Zeit für Spitzfindigkeiten. Aber wenn sich ein Wort, das ich noch nie im deutschen Sprachschatz habe auftauchen hören (vielleicht war die »Hörbarkeit« auch nur ein Fünftel), sich wie eine Milbe im Ohr festsetzt, dann möchte ich mich auch geräuschvoll kratzen dürfen. Zumal sich diese unsägliche Wortschöpfung im Südtiroler Funkverkehr allgemein größter Beliebtheit erfreut. Wäre es nicht viel naheliegender, die schlichte, geradlinige Frage zu stellen: »Sepp! Wia hersch du mi?« Dann könnte der Sepp ebenso schlicht und geradlinig antworten: »I her' di guat« oder aber: »I her' di letz.« Und auch noch »zwei Fünftel«...

Der Samstag ist ein »Lava-Tag«. Früh schon zu Emma runter nach Funtanacia, um Milch zu holen. Emma ist nicht da, vielleicht ist sie nach St. Martin gefahren. Ich gehe zurück zur Furćia, sehe unterm Schutz des Vordachs dem Regen zu, wie er meinen Holzplatz wieder zu Matsch macht. Da ich aber heute noch unbedingt frische Milch will, gehe ich am Nachmittag noch mal zu Emma. (Zwei Stunden Fußmarsch für zwei Liter Milch! Das sollte zu Hause mal jemand von mir verlangen.) Dieses Mal ist Emma da. Weil ich aber nicht zum Plaudern aufgelegt bin, kehre ich umgehend mit zwei Flaschen Milch zur Hütte zurück. Am Abend gibt es Kakao. Dazu hartes Brot, das ich mit der Grammel in kleine Stückchen hacke. In der heißen Schokolade aufgeweicht, schmecken sie wirklich gut. Der Rest des Abends läuft im Stenogrammstil ab: Kalte Dusche im Regen, Zähneputzen, Schlafanzug überziehen, den Mäusen Rache schwören, weil sie den Mehlsack angefressen haben, ins Bett legen, seufzen, weil kurz ein krauser Gedanke da war, schlafen, vielleicht auch träumen.

Der Sonntag übernimmt ohne Korrekturen das Wetter vom Vorabend. Es graupelt, schneit ab und zu, dann regnet es wieder, und milchiger Nebel blockiert die Sicht nach ein paar Metern. Was tun an einem solchen Tag? Während des Frühstücks rauscht plötzlich das Funkgerät. Ich habe gestern abend vergessen, es auszuschalten, und es ist ein Wunder, daß die Batterien noch nicht leer sind. Derzeit benütze ich sechs wiederaufladbare Akkus, die ihren Saft aus dem Licht der Sonne beziehen. Der Orginal-Akku ist leer und müßte irgendwann an einer Steckdose wieder zu Kräften kommen. Was ich im Funkgerät zu hören bekomme, verschlägt mir schier den Atem. Kaum 500 Meter von der Furćia entfernt, liegt seit gestern am Fuße der Furchetta-Nordwand ein Mensch. Seit den frühen Morgenstunden sind Männer des Villnößer Bergrettungsdienstes im Einsatz. Eine Rettungsaktion ist nicht mehr nötig; es geht nur noch darum, einen Toten zu bergen. Konrad, der Einsatzleiter der Villnößer, hält Funkkontakt mit Raffael Kostner, der von seinem Refugium auf der Seiser Alm aus seit fast dreißig Jahren alle Bergrettungseinsätze in den Dolomiten leitet. Er ist Bergführer, hat einen eigenen Hubschrauber, ein Team von bewährten Bergrettern und wird von den BRD-Leuten geschätzt und bewundert ob seiner Umsicht, seiner Erfahrung und seines Organisationstalents. Es gibt Probleme mit der Bergung der Leiche. Hunderte von Kubikmetern Felsschutt sind bereits am Vortag abgegangen, und jetzt, da die Villnößer versuchen, den Toten zu bergen, ist der Berg immer noch nicht zur Ruhe gekommen. Konrad sagt Raffael, daß es unmöglich sei, an die Leiche heranzukommen, da noch eine permanente Steinschlaggefahr bestehe. Raffael zieht eine Bergung mittels Hubschrauber in Erwägung; von der Seiser Alm aus wäre er in ein paar Minuten am Einsatzort. Konrad stimmt zu, da derzeit die Sicht an der Furchetta gelegentlich aufklare, aber im Westen sei dichter Nebel, und er wisse nicht, wie die Verhältnisse jenseits des Kreuzjochs seien. Wenn sie einigermaßen durchsichtig wären, könnte der Hubschrauber über den Zwischenkofel oder die Roa-Scharte anfliegen.

Das ist meine Ecke! Ich sehe ja, wie die Verhältnisse sind. Vom Zwischenkofel bis zum Kreuzjoch ist alles dicht. Und ich muß kein Hubschrauberpilot sein, um zu wissen, daß man bei dieser Sicht nicht fliegen kann. Wozu habe ich ein Funkgerät! Ich rufe Raffael und sage ihm, daß es sinnlos sei, über die Puez-Gruppe anzufliegen. Null Sicht. Raffael bedankt sich. Konrad hat mitgehört und sagt

Raffael, daß sie vorerst am Fuß der Nordwand bleiben würden, könnte ja sein, daß sich die Verhältnisse noch bessern. Es gießt in Strömen. Die Männer müssen inzwischen naß sein bis auf die Haut. Sie harren aus bis zum Nachmittag, dann steigen sie unverrichteterdinge ab nach Villnöß. Erst am nächsten Tag, bei besserem Wetter, wird es den Männern gelingen, den Toten zu bergen. Die Chronik dieses Bergunfalls, der praktisch vor meiner Haustür passiert ist, werde ich ein paar Tage später von Ernst Klammsteiner erfahren. Außerdem bringt er mir einen Zeitungsbericht der »Dolomiten«, der den Hergang des Unglücks beschreibt.

Demnach war am Samstagmorgen der 54jährige Deutsche Willi Cesan in Gröden gestartet, um den 3025 Meter hohen Sas Rigais in der Geislergruppe zu besteigen. In Tennisschuhen (!) mit glatten Sohlen war er zwischen Furchetta und Valdussa vom Stein abgekommen und 500 Meter tief abgestürzt. Als Willi Cesan am Abend nicht nach Gröden zurückkam, alarmierte seine Frau die Bergrettung. Noch am selben Abend startete ein Suchtrupp der Villnößer Bergrettung. Da der Mann den Sas Rigais als Ziel angegeben hatte, suchten die Retter vergebens. Er hatte sich unterwegs für eine andere Route entschieden, die ihm zum Verhängnis wurde. Erst am nächsten Morgen (Sonntag), als die Sichtverhältnisse noch einigermaßen in Ordnung waren, entdeckte der Pilot eines Militärhubschraubers am Fuße der Furchetta-Nordwand einen roten Anorak. Wenige Meter daneben lag die Leiche. Nach der Bergung hielten die Rettungsmänner mit Kritik am Verhalten des Verunglückten nicht zurück. Einerseits habe er durch eine falsche Zielangabe die Bergung verzögert. Daß sie dabei selbst Kopf und Kragen riskierten, sagten sie nicht. Zum andern habe die Ausrüstung nicht annähernd den Erfordernissen entsprochen.

Tags darauf habe ich meine eigenen Probleme. Ich weiß nicht, ob es die fette Milch ist, die meinen Innereien nicht behagt, oder das Dörrobst, das sich in Gesellschaft von Kaffee nicht wohl fühlt.

Jedenfalls verbringe ich einen gut Teil des Tages in dem Bretterverschlag, der an anderer Stelle ja schon hinreichend beschrieben wurde. Eigentlich wollte ich heute zur Roa-Scharte, verzichte aber lieber, da meine Verdauung völlig außer Kontrolle geraten ist. Ob ausgerechnet geistlicher Beistand in dieser Situation von Nutzen ist, wage ich zu bezweifeln, ärztlicher wäre mir lieber. Dennoch, der rundliche Herr, der sich, auf einen Spazierstock gestützt, um nicht allzusehr in Fahrt zu geraten, über das steilste Stück des Medalges der Furćia nähert, ist ein gerngesehener Gast.

Jakob Kohler ist katholischer Pfarrer in Feldkirch im österreichischen Vorarlberg, ein witziger, schlitzohriger Diener seines Herrn, ein Don Camillo im Querformat. Seit sieben Jahren bewohnt er jeweils für drei Wochen eine schlichte Hütte auf Supdaè, einer weitläufigen Lichtung, eben wie ein Teller, am Fuße der Kapuziner-Nordwand. Unmittelbar neben Supdaè beginnt das bischöfliche Alm- und Jagdgebiet von Funtanacia. Da er, anders als ich, auf Gesellschaft in den Bergen nicht verzichten will, hat er, im Wochenturnus wechselnd, stets Gäste aus seiner Kirchengemeinde, die in den beiden anderen Hütten auf Supdaè nächtigen. Meine Sympathie hat er bereits einen Tag nach seiner Ankunft vor etwa drei Wochen erworben. Ich war gerade bei Emma, um Milch zu holen, als ihre Porzellanaugen plötzlich groß und strahlend wurden, wie man sie vielleicht noch in Lourdes sieht, aber sonst kaum noch. Und ihre Stimme erbebte geradezu vor Ehrfurcht und Freude: »Der Herr Pfarrer kommt.« (Dazu muß angemerkt werden, daß fast 100 Prozent aller Ladiner katholisch sind und daß Emma zu den Katholiken gehört, in deren Hierarchie-Verständnis der Pfarrer gleich nach dem lieben Gott kommt. Nicht der Papst, denn der *ist* der liebe Gott.) Er kam gemächlichen Schritts in Begleitung einer älteren Dame, die sich kurze Zeit später als Agatha, seine Haushälterin, entpuppte.

Ich hatte Emma versprochen, mich gut zu benehmen, zumal ich ihr vor geraumer Zeit anvertraut hatte, daß ich für die Kirche schon seit dem Jahre 1974 verloren war. Da hatte ich nämlich meinen

Austritt aus dieser Organisation vollzogen. Der Herr Pfarrer begrüßte Emma und ihre beiden Buben, die er bereits vom letzten Jahr kannte, dann reichte er mir seine fleischige Rechte, die in Konsistenz und Größe gut zu dem übrigen paßte. »Grüß Gott, Herr Pfarrer«, sagte ich artig. Worauf er mich umgehend korrigierte: »Ich heiß' Jakob. Über 2000 Meter gibt's nur den Vornamen.« In Ordnung, dachte ich, bist ein netter Pfarrer, und verriet ihm meinen Vornamen. (Ich weiß nicht mehr genau, ob er einen Hut oder eine Mütze trug.) Jedenfalls legte er seine Kopfbedeckung auf den Tisch vor der Hütte, so daß sein schütteres Haupthaar, kurz geschnitten und aufrecht gebürstet wie die Borsten einer Zahnbürste, sichtbar wurde. Sein breites Gesicht verströmte ein zufriedenes Strahlen, er ließ seinen Blick mit einem genüßlichen Seufzer über die Zirben und weiter bis zu den Gipfeln der Puez-Gruppe schweifen, hielt einen Moment traumverloren inne, als dächte er: »Schaut euch das an. Hat alles mein Chef gemacht.« Er war mit sich und der Welt zufrieden, trank ein Glas Milch, tätschelte seinen Bauch, auf dem die beiden Rohre des Fernglases standen wie Schnapsgläser auf einem Tablett. »Der wird in den nächsten Wochen schon weniger werden«, murmelte er, als beklage er jetzt bereits den zu erwartenden Verlust. Daß ich ein Jahr auf der Furćia leben wolle, interessierte ihn sehr. Ob er mich denn besuchen dürfe. Da mir sein Blick gefiel und nicht die Spur jenes lauernden, missionarischen Glitzerns an sich hatte, wie ich es von anderen aus seiner Berufsgruppe kenne, sagte ich ja und fügte der Wahrheit entsprechend hinzu, daß ich mich über seinen Besuch freue. Irgendwie kamen wir dann aufs Essen zu sprechen und daß ich, als gebürtiger Allgäuer, am meisten einen guten Käse vermisse, das heißt Käse überhaupt. Woraufhin Jakob umgehend seine »Perle« Agatha aktivierte und sie beauftragte, mir ein anständiges Stück Vorarlberger Bergkäse einzupakken, vorausgesetzt, ich sei bereit, mit Agatha nach Supdač zu gehen. (Ca. 20 Minuten.) Und ob ich wollte! Ich machte mich mit Agatha gleich auf den Weg, Jakob zog es weiter bergan, wo er seinem »Chef« noch ein Stückchen näher sein würde. So lernte ich Pfarrer

Jakob Kohler aus Feldkirch in Vorarlberg kennen, und zwischenzeitlich war er zweimal auf der Furćia. Wir plauderten über Gott und die Welt, tranken ein paar Obstler, und daß ich für seine Kirche längst verloren war, schien ihm meine Gesellschaft nicht zu verdrießen. Habe er doch, wie er sagte, an seinem »Verein« auch ein paar Dinge zu bemängeln.

Heute ist Jakobs letzter Urlaubstag. Er hat nicht viel Zeit, wollte bloß noch schnell auf Wiedersehen sagen, und darüber freue ich mich. Nächstes Jahr solle ich mal bei ihm in Feldkirch vorbeikommen, auf ein Fläschchen Wein oder zwei. Ein kurzer Händedruck, schon stapft er um die Ecke. (Ich finde nicht, daß er in den drei Wochen abgenommen hat.) »Und bete für mich«, rufe ich ihm hinterher.

»Das ist mein Beruf«, erwidert er und bleibt dabei ganz ernst. Ich glaube, Jakob ist ein guter Pfarrer. Leider hat er den falschen Beruf.

Es dauert fast zwei Tage, bis ich inwendig wieder halbwegs in Schuß bin. Pfefferminztee, kannenweise, dazu Hartkekse von der Bundeswehr haben aus mir wieder einen Menschen gemacht, der sich auch außer Sichtweite der »Notdurft-Zentrale« bewegen darf. »Schnaps« ist ungeduldig und nervös wie ein Rennpferd vor dem Start. Obwohl noch keine meiner morgendlichen Aktivitäten auf ein besonderes Unternehmen hindeutet, sagt ihm sein Instinkt, daß »Wandertag« auf dem Programm steht. Es ist noch früh am Tag, die Sonne ist gerade dabei, sich ihrer Wärme zu besinnen, und wiegt sich in den Gabelspitzen der Furchetta. Da es bei dem zu erwartenden sommerlichen Wetter auf dem Höhenweg im Verlauf des Vormittags bestimmt eng werden wird, möchte ich gleich los. Kaum nehme ich den Rucksack vom Haken, um ein Frühstück einzupacken, ist der Hund nicht mehr zu bremsen. Als ginge es um Sekunden, rennt er wie verrückt um den Stall, bellt, daß die Dohlen auf dem Kompost irre lachend die Flucht ergreifen, wälzt sich in dem abschüssigen Feld mit Frauenmantel und sitzt plötzlich, wie von einem Katapult getragen, in der Küche. Regungslos hockt er da und schaut mir zu, was als Marende zu erwarten sein dürfte. Damit er auch vollständig informiert ist, zeige ich ihm, was für seinen Verzehr bestimmt ist. Zwei Kaminwurz'n, ein hartes Brot und die Thermosflasche, gefüllt mit kaltem Wasser. Seine Neugierde ist aber erst befriedigt, nachdem er auch weiß, was ich für mich mitnehme. Ein Stück Speck, etwas Käse von Jakob, zwei harte Brote (bereits zu Stückchen gegrammelt), einen halben Liter Rotwein vom Faß, abgefüllt in eine Flasche. Er schaut mich an, als ob ich nicht ganz bei Trost wäre. »Zwei Tage Dünnpfiff und dann Rotwein zum Frühstück. Wenn das mal gutgeht.« An der Ostseite des Stalls hänge ich die Solarzellen auf, damit der Koffer wieder mit Strom gefüllt wird.

Der Bergstock zeigt zum Kreuzjoch. »Schnaps« hat begriffen und spurt voraus. Im Wanderführer steht: Kreuzjoch-Roa-Scharte eineinhalb Stunden. Ich habe zwar keinen Grund, mich zu sputen, aber ich denke doch, daß es in einer guten Stunde zu schaffen sein müßte. Ich fühle mich so gut in Schuß wie seit Jahren nicht, das Fett ist, bis auf ein paar eiserne Reserven, weg, die Beine sind längst dem Kuppeln, Bremsen und Gasgeben entwöhnt und absolvieren ihre Arbeit schmerzlos, also ohne Muskelkater. Hoch über Funtanacia zieht sich westseitig der Höhenweg an der Nordflanke des Wasserkofel hinauf zur Roa-Scharte. Begleitet vom Bimmeln der Kuhglokken, queren wir Murmelland. Rundum wird gepfiffen. Die Murmeltiere, die uns von den Eingängen ihrer Höhlen aus längst entdeckt haben, aufrecht oder geduckt unseren Aufstieg verfolgen, scheinen sich zu signalisieren: »He, Freunde! Der weiße Riese ist wieder da! Wollen wir ihn noch mal ein bißchen leerlaufen lassen?« Doch »Schnaps« geht unbeirrt seines Weges, mir immer ein paar Schritte voraus, nicht mal den Hals verdreht er, wenn die Pfiffe zu beiden Seiten des Steigs überhandnehmen. »Pah. Ich bin doch nicht von gestern«, wird er denken. »Spielverderber«, pfeifen die anderen. Das letzte Stück bis zum Sattel der Roa-Scharte zieht sich in langen Serpentinen mit Spitzkehren über ein unangehm zu gehendes Schotter-Kar. Der Hund hält sich wohl für besonders schlau und nimmt eine Abkürzung. Fast hat er die über uns liegende Serpentine erreicht, als er in einem Haufen Geröll talwärts rutscht, und je mehr seine Pfoten im Schotter wühlen und nach Halt suchen, desto eiliger wird die Talfahrt. Vor meinen Füßen kommt er zum Stillstand. Ich ärgere mich über sein eigenmächtiges Verhalten, zumal ein faustgroßer Brocken meinen linken Fußknöchel trifft. Aber auch »Schnaps« kommt nicht ohne Blessuren davon. Eine Kralle an der rechten Pfote ist eingerissen und blutet. Jetzt steht er dreibeinig auf dem schmalen Steig und winselt, als hänge sein Leben an einem seidenen Faden. »Geschieht dir ganz recht«, schelte ich ihn, und erst ein Klaps auf seinen Hintern setzt ihn wieder in Bewegung. Ohne weitere Zwischenfälle schaffen wir den Sattel der Roa-Scharte, und ehe wir sie überschreiten, um uns südseitig einen geeigneten Felsblock fürs Frühstück zu suchen, betrachte ich noch einen Augenblick die Furćia, die lächerlich klein, wie aus dem Baukasten, am Medalges-Hang klebt. Ein paar Meter weiter, windgeschützt in einer flachen Mulde, entdecke ich eine Felsplatte, eben wie ein Tisch, ideal zum Servieren des Frühstücks. Wären da nicht diese schreienden, lachenden, manchmal wie an Fäden aufgehängten Luftakrobaten, die Dohlen, dann wäre die Stille vollkommen. »Schnaps« stört sich im Moment nicht an den schwarzglänzenden Schreihälsen, er hält die Ohren verschlossen, aber Augen und Nase sind voll konzentriert auf die beiden Kaminwurz'n, die ihm versprochen sind. Im Osten, wo der Weg steil die Nives-Scharte zur Puez-Hütte aufsteigt, gleiten sechzehn Gemsen wie auf einer Rutschbahn übers Geröll. Sie können das besser als der Hund. Im Süden, zu meinen Füßen, streckt sich das Val dal Roa, das Roa-Tal, gefüllt mit Felsblöcken und Platten. Hinter dem nächsten Gebirgsstock, ein paar Luftlinienkilometer weiter, beginnt das Grödnertal, wo es vor einigen Jahrzehnten auch so schön ruhig war wie hier oben. Aber mit dem Tourismus kam auch die Unruhe ins Val Gardena. St. Ulrich, St. Christina, Wolkenstein und Gröden sind Synonyme für Profit, Wohlstand und Neid. Die Berge sind gefesselt mit einem

Netz aus Bergbahnen und Liftanlagen. Die bodenständigste Tradition der Grödner, die Handschnitzkunst, hat sich willig Tempo und Dimension des Geldverdienens angepaßt. Der »Handschnitzer« ist fast schon ein Stück fürs Museum; der »Maschinenschnitzer« ist der Beruf von Gegenwart und Zukunft, der Markt liegt in den USA, die wollen Heiligenfiguren »made in Gröden« zu Tausenden. Das schafft nur noch die Maschine. Sei's drum. Wo ich bin, gibt es keine Maschinen, nicht mal einen Lift. Und ob der Herrgott, der in einer Stubenecke am Kreuz leidet, von Hand oder von einer Maschine geschnitzt wurde, ist für mich keine Frage, die dringend der Klärung bedürfte. Er war schon vor mir in der Hütte, deshalb bleibt er hängen.

Ich hätte große Lust, nach dem Frühstück auf den Piz Doledes zu steigen. Von der Roa-Scharte wäre der Gipfel in einer knappen Stunde zu erreichen. Aber was soll der Hund so lange machen? Mit rauf kann er nicht, da ein mit Drahtseilen gesicherter Klettersteig seine Trittsicherheit überfordern würde. Ein andermal vielleicht, wenn »Schnaps« bei seinem Freund »Niki« auf Funtanacia bleibt.

Am frühen Vormittag ist es vorbei mit der Ruhe. Von der Puez-Hütte und der Schlüter-Hütte nähern sich im Schneckentempo bunte Kleckse. Die Menschen kommen! Zeit für uns beide, den Heimweg anzutreten. »Schnaps« trabt voraus, wir passieren das Kreuzjoch und biegen auf den schmalen, kaum sichtbaren Almpfad, der sich um den erodierten Westhang der Medalges bis zur Hütte windet. Der Hund hat einen Vorsprung von etwa 50 Metern, als er plötzlich wild zu kläffen beginnt, den Hals weit nach vorne gereckt, den Kopf gesenkt. Irgend etwas muß im Gras sein, das seinen Zorn erregt. Zunächst mache ich mir keine Gedanken. Aber als er plötzlich zurückzuckt, um gleich wieder eine für ihn ungewöhnliche Angriffsstellung einzunehmen, begleitet von noch wütenderem, fast überschnappendem Kläffen, da lege ich einen Zahn zu. Irgendwie ist mir nicht wohl. Ich rufe ihn, pfeife, ich glaube, er hört mich nicht einmal. Nun bin ich bei ihm. Der Schreck, der mir in die

Glieder fährt, ist vergleichbar mit dem der ersten Tage, als der Hund um ein Haar am Sobutsch abgestürzt wäre. Kaum einen Meter vor ihm, eingerollt wie ein Stück Kupferkabel, hat eine rotbraune Kreuzotter, eine seltene Kupferotter, den Hund im Visier. Im Moment allerdings weiß ich das Glück, eines dieser raren Exemplare ansichtig zu werden, nicht so recht zu schätzen. Ihr Körper ist fast zu einem Kreis geschlungen, und der Kopf befindet sich jetzt im Zentrum, jeden Augenblick bereit, nach vorne zu schnellen. Wenn sie den Hund erwischt und ihm eine Dosis aus ihrem Giftzahn verpaßt, ist es aus mit ihm. Ich habe kein Serum, und es wäre auch ganz unmöglich, längstens innerhalb einer halben Stunde eines zu besorgen. Wenn ich jetzt seinen Namen rufe, egal, in welcher Tonart, würde er es möglicherweise als Ansporn empfinden, den Kampf mit der Schlange aufzunehmen. Ich kann die senkrechten Pupillen und das kaum sichtbare gezackte Band wahrnehmen, das sich vom Kopf bis zur Schwanzspitze zieht. Es gibt keinen Zweifel. »Schnaps« ist in höchster Gefahr. Wenn ich ihr mit dem Bergstock eins überziehe, wird das der Hund mit Sicherheit mißverstehen und glauben, ich wolle ihm sein »Spielzeug« wegnehmen. Und wenn der erste Schlag nicht sitzt, wird die Schlange zum Angriff übergehen. Diese Gedanken toben wie Splitter in meinem Hirn. Der Hund scheint kurz davor zu sein, die Endphase einzuleiten. Zentimeterweise bringt er seine Vorderpfoten der Schlange näher, seine buschige Rute ist nach oben gebogen und wippt vor Aufregung. Der Schwanz! Wozu hat der liebe Gott diesem eigensinnigen, manchmal bis an die Grenzen des Erträglichen starrsinnigen und borniertem Tier einen stabilen Schwanz gegeben, der ihn ja schon einmal vor dem Allerschlimmsten bewahrt hat. So schnell ich kann, packe ich zu und lasse mich im selben Augenblick mit meinem gesamten Gewicht nach hinten kippen. Ich stürze den Abhang hinab, der Hund ist einmal über mir, dann seitlich, aber er ist da. Bloß nicht loslassen! Der dumme Kerl würde sofort wieder zum Kampfplatz zurückkehren. Nicht loslassen! Der Hund jault. Er schlägt mit den Beinen um sich, versucht mich sogar zu beißen.

Meine Faust hält seinen Schweif umklammert, als ginge es mir ans Leben. Das tut ihm natürlich weh. Er ist wie von Sinnen und entwickelt Kräfte wie ein kleiner Bär. Endlich habe ich mit der Linken seine Mähne erwischt. Kein Halsband, keine Leine. Ich schreie ihn an: »Aus! Aus!« Jetzt gibt er klein bei, aber ich traue dem Frieden nicht. Das Jagdfieber ist immer noch in ihm drin, ich spüre es am leichten Beben seines Körpers. Irgendwie gelingt es mir, mich meines Rucksackes zu entledigen, ohne den Hund freizulassen. Hastig streife ich einen der beiden gepolsterten Schulterriemen über den Kopf bis zum Hals und halte ihn eng. Das hilft. Wir schnaufen beide, als hätten wir mit einer Anakonda gekämpft. Vorsichtshalber gehe ich noch mal zu dem Platz zurück, wo die Kupferotter von dem Hund gestellt worden war. Ein hauchzarter Abdruck im Gras ist alles. Die Schlange hat sich davongemacht. Dennoch halte ich »Schnaps« am Riemen, bis wir an der Furćia sind. Nun weiß ich, daß es auch in 2300 Metern Höhe noch Kreuzottern gibt. Und ich wäre beruhigter, wenn ich es nicht wüßte. Die nächste Begegnung des Hundes mit einer Giftschlange würde mit Sicherheit nicht so glimpflich ausgehen.

Während meiner Abwesenheit haben es die Mäuse in der Speisekammer toll getrieben. Das letzte Stück von Jakobs Käse ist zur Hälfte angefressen, ebenso der zweite Mehlsack und ein Fünf-Kilo-Plastikbeutel mit Linsen, die auf dem Boden verstreut liegen. Ich komme mir vor wie Aschenputtel, rutsche auf den Knien herum und sammle die runden, glatten Dinger in einen Topf. Eine Katze hätte ich mitnehmen sollen, keinen Hund. Beides mitzunehmen hätte unweigerlich Krieg bedeutet, da »Schnaps« Katzen haßt. (Ein Kindheitssyndrom. Als Welpe wurde er von einer Katze übel zugerichtet.) Die Abendstunden in der Stube bestärken mich in meinem Entschluß, morgen eine Großoffensive zu starten. Denn was die Mäuse derzeit treiben, kann ja nur Geplänkel, ein gelegentliches Naschen sein. Wenn ich einschlägiger Literatur Glauben schenken darf – und warum sollte ich das nicht –, dann beginnen die massiven

Raubzüge der grauen Nager ja erst im Frühherbst, wenn sie sich für den langen Winter in der Hütte mit Vorrat versorgen.

Ich lese noch etwas aus dem Gedichtband von Norbert C. Kaser. Das heißt: Ich würde gerne noch etwas aus dem Gedichtband von Norbert C. Kaser lesen, wenn ich Ruhe hätte oder zumindest gelassen genug wäre, um mich über die nichtvorhandene Ruhe nicht pausenlos zu ärgern. Denn was sich heute abend zwischen Stubendecke und Dachboden tut, ist grobe Ruhestörung, Hausfriedensbruch und Beschädigung fremden Eigentums. Die Mäuse sind los! Als ob sie kleine genagelte Schuhe anhätten, klappern und kratzen sie im Eilschritt von einer Ecke zur anderen, nagen an den Isolierplatten, die ich in der Schlafkammer angebracht habe, um den lästigen Viechern den Zugang zum Schlafgemach via Stubendecke zu verbauen. Das mißfällt ihnen wohl, und nun beginnen sie unverdrossen an dem Kunststoff zu nagen und verursachen dabei ein Geräusch, wie es Fingernägel zuwege bringen, die über Glas kratzen. Es muß ein ganzer Arbeitstrupp sein, der sich über meinem Kopf zu schaffen macht. Wenn das Getrappel, Nagen und Kratzen überhandnimmt, trommle ich mit der Faust an die Stubendecke, dann ist für ein paar Sekunden Stille, aber auf Dauer bleiben sie unbeeindruckt. »Schnaps« liegt auf seiner Decke, schaut zu mir auf mit mattem Blick, fast gelangweilt, als möchte er eher mich und meine Faustschläge maßregeln als die Radaubande über uns. Am Anfang noch hat er sich fürchterlich aufgeregt, wenn nur ein Mäuschen hinter den Brettern geraschelt hat. Da hätte er am liebsten die ganze Hütte zerlegt, um seiner habhaft zu werden. Inzwischen hat er resigniert, bevorzugt das offene Feld, wo er seinem Gegner ebenbürtig ist. Vielleicht hilft Musik als Lärmschutz. Ich schiebe Bachs Weihnachtsoratorium in den Recorder, wo es im Eingangschor mit großer Instrumentierung gleich richtig zur Sache geht. »Jauchzet, frohlocket ...« Aber so sehr sich das kleine Gerätchen auch plagt, die Beschallung reicht nicht aus, um das Treiben der Mäuse zu übertönen. Im Gegenteil: Mir ist's, als hätten sich, angelockt von der Frohbotschaft, noch mehr aus der Sippe durch

134

Schlupfe und Spalten über die Stubendecke gemogelt. Denn nun ist über mir astreiner Stepptanz angesagt. Musik aus! Buch zu! Verdammte Brut, morgen gibt es Gift! Eine nahezu schlaflose Nacht schürt zusätzlich meinen Haß. Pausenlos nagen sie an dem Schaumstoff, und eine Maus hat es gar geschafft, in die Schlafkammer zu gelangen. Sie nervt mich am meisten. Sie trippelt und raschelt auf den Ablagebrettern, die über meinem Bett an die Wand genagelt sind. Sobald ich die Taschenlampe anknipse, ist es still. Ich vermag nicht einmal genau zu lokalisieren, wo das Luder steckt. Auf den Brettern liegt etwa ein halbes Dutzend Plastiktüten und -säcke mit Hemden, Bettwäsche, Socken, Tischdecken und Textilien, die Pepi Graber deponiert hat. Ich liege rücklings im Bett, die ausgeschaltete Taschenlampe in der Hand, und verfolge ihren Marsch durch die Plastiklandschaft. Dem Rascheln nach zu schließen, müßte sie jetzt ganz rechts, fast an der Wand sein. Ich schalte die Lampe ein und nehme gerade noch eine hauchdünne Bewegung in einer der Plastiktüten wahr, in der meines Wissens ein paar alte Kerzenstummel sind. Ich springe aus dem Bett, bekomme die Tüte zu fassen, ehe es der Maus gelingt, aus der Falle zu fliehen. Meiner wilden Entschlossenheit hat sie nichts Gleichwertiges entgegenzusetzen. Die Tüte ist mit Luft aufgebläht, die muß ich erst ablassen, indem ich sie mit einer Hand sanft gegen meine Brust drücke. Jetzt ist sie flach, bis auf die zappelnde Ausbuchtung unten. Mit Schwung klatscht die Tüte drei-, viermal gegen die Bretterwand. Das war's. Zwischen zerbröselten Kerzenstummeln liegt die tote Maus. Ich werfe sie ins Freie; das Wiesel wird sie in der Nacht gewiß noch holen.

Ich bin todmüde; für meine Verhältnisse muß es schon unheimlich spät sein. Befriedigt durch den Jagderfolg, schlafe ich schnell ein. Anderntags wird »Rodamon FF« gleichmäßig und gerecht in der gesamten Hütte verteilt. Insgesamt biete ich den Mäusen sieben Freßstellen an. Zwei auf dem Dachboden, zwei zwischen Stubendecke und Dachboden, eine in der Küche hinter dem Herd und zwei in der Speisekammer, obwohl auf der Packung steht: »Das Produkt darf nicht in Magazinen und Räumen, die Nahrungsmittel enthalten, aufgebracht werden.« Aber gerade in der Speisekammer treiben die Mäuse ihr Unwesen am schlimmsten, und so schlage ich die Warnung in den Wind. Das vergiftete Futter besteht aus Weizen und Haferflocken in schreiendem Pink und besitzt eine Eigenschaft, von der Mäuse und Ratten träumen. »Die Nagetiere verenden schmerzlos und völlig unauffällig für die Sippe« (Herstellertext). Daß der Hund dem tödlichen Naschwerk nicht zu nahe kommt, dafür ist gesorgt. Auf den Dachboden kann er nicht, da die Türe stets geschlossen ist, es sei denn, ich bin oben, dann darf er nicht rein. Genauso ist es mit der Speisekammer. Die Schlüssel hinter dem Küchenherd würde er nicht erwischen, und um zwischen Stubendecke und Dachboden zu gelangen, müßten ihm Flügel wachsen.

Ich weiß auch nicht, weshalb mir ausgerechnet jetzt Hannes und seine »Maus« in den Sinn kommen. (Das waren die mit dem sehr teuren Hündchen.) Wie kann man jemanden, den man gern hat, »Maus« nennen? (Oder hat er sie etwa gar nicht so gern?)

Heute ist Finale am Holzplatz. Die Hälfte Holz etwa ist bereits trocken und im Stall die andere Hälfte auf drei Seiten an die Wände geschichtet. Nur noch ein paar widerspenstige, astige Klötze sind übrig. Mit einem Spaltkeil müßte ich ihnen zu Leibe rücken. Da ich keinen habe, versuche ich's mit der Axt. Ich hätte es besser sein lassen sollen. Ein Stück splittert ab und saust gegen mein linkes Knie. Es ist ein gemeiner, stechender Schmerz, der mir die Tränen in die Augen treibt. Aber noch heftiger als der Schmerz ist die Wut, die ich auf mich habe. Warum mußte ich mich mit diesem verdammten Wurzelstock abquälen. Mir ist ganz schlecht. Während ich mich bücke, um die Axt vom Boden aufzuheben, kräht hinter mir, aber noch ein gutes Stück entfernt, eine unangenehme männlich-unmännliche Stimme:
»He! Sepp! Haste was zu futtern?«

Meint er mich? Im Augenblick wäre es für ihn (und für mich) besser, wenn er mich nicht meinte. Noch stehe ich mit dem Rücken zu dem Schreihals. Ich verharre in meiner gebückten Haltung und sehe durch das Dreieck zwischen Körper und ausgestrecktem Arm vier Männer, die hintereinander am Ende des Steigs stehen. Alle vier in beigen Bundhosen, rotkarierten Hemden und roten Kniestrümpfen. Nur einer trägt einen Rucksack. Mein angeschlagenes Knie klopft wie wild, und nun dröhnt mir auch noch das Ohr von dem »He! Sepp!« Jetzt ganz ruhig bleiben, obwohl ich innerlich dem Überkochen schon arg nahe bin. Ich richte mich auf, die Axt in der Hand, und wende mich den vieren zu, schaue einfach zu ihnen hinüber, ohne einen Ton zu sagen.

Der Schreier, erster in der Reihe und auch der Größte, stützt sich auf den Handlauf und setzt seiner Frechheit noch eins drauf:

»Ja, Sepp' Ich mein' schon dich! Ob de was zu futtern hast, hab' ich dich gefragt. Vastehste: Hier, manschare!« Dabei führt er drei Finger zum Mund, weil er mich wohl für total blöde hält. Seine drei Freunde wiehern vor Vergnügen. Da ich mit den italienischen Gesetzen nicht vertraut bin, weiß ich nicht, was ich von einem ordentlichen Gericht an Strafe zu erwarten hätte, falls ich diesem Widerling ans Hemd ginge. Oh, bin ich wütend! Die Axt in der Hand, gehe ich langsam auf die vier zu. Gehumpelt wird jetzt nicht, ein Invalide würde sie kaum beeindrucken. Von der Stallecke aus, die ich mittlerweile erreicht habe, sind es noch etwa fünf Meter steilen Anstiegs über Gras und Felsbrocken bis zu dem Kotzbrokken. Unten bleibe ich stehen, auf den Axtstiel gestützt. Die vier glotzen mich erwartungsvoll an. Meine Stimme klingt ganz von selbst unhöflich, aber ohne erregtes Vibrato:

»Ich zähl' jetzt, soweit ich kann, nämlich bis drei. Wenn ihr bis dahin nicht auf dem Rückmarsch seid, fliegen die Fetzen.«

Das ist was für den Schreihals.

»Der Sepp ist ja 'n Deutscher und macht sich auch noch mausig.«

Von nun an geht alles sehr zügig. Ich renne, so schnell ich kann, die Axt beidhändig vor mir, zum Steig. Ob drei, vier oder fünf

Sekunden vergehen, ist ohne Bedeutung. Die zwei letzten in der Reihe, offensichtlich nur des Wieherns, nicht aber des Redens mächtig, geben stumm, aber behende Fersengeld. Der zweite, bislang auch stumm, packt seinen Kumpel, das Großmaul, am Arm und schreit ihn an:

»Hugo! Komm! Des is 'n Wilder!«

Doch Hugo braucht nicht am Arm gezogen zu werden. Er macht sich ganz von selbst flugs auf Richtung Höhenweg. Erst als sie merken, daß ich Besseres zu tun habe, als ihnen hinterherzulaufen, verlangsamt sich die Flucht. Ihr Schnaufen ist bis zur Hütte zu hören, was sie sich erzählen, hingegen nicht.

Natürlich hätte ich die Axt nicht benutzt, falls sie es auf eine Konfrontation angelegt hätten. Vielleicht hätte es dann eine anständige Prügelei gegeben – womöglich. Aber da ich kein Psychologe bin, sondern meinen gesunden Menschenverstand benutze, gepaart mit dem Instinkt des »Wilden«, war ziemlich klar, wie die Sache ausgehen würde. Und jetzt geht es mir auch gleich wieder viel besser.

Wo ist eigentlich der Hund? Jetzt, da das Gröbste vorbei ist, trabt er vom Kreuzjoch herüber. An einer Lefze klebt etwas Schokolade. Ob geklaut oder rechtmäßig erbettelt, weiß ich nicht.

Ob sich in der Mäuse-Sippe bereits Unruhe breitmacht, weil ein paar fehlen? Den beigemengten Duft- und Reizstoffen können sie nicht widerstehen, meint der Hersteller. Meine Neugierde treibt mich auf den Dachboden. Ein paar Körnchen liegen bereits neben der Schüssel, und in dem widerlich pinkfarbenen, vormals glatten Haufen sind jetzt kleine Mulden, Abdrücke von Mäuseschnauzen. In der Speisekammer und hinter dem Küchenherd hat noch keine genascht, wie es über der Stubendecke aussieht, weiß ich nicht, da ich die einst unverschlossene Seite in der Schlafkammer mit Dämmplatten abgedichtet habe. Dahinter, im Dunkel zwischen Stube und Dachboden, stehen die zwei Schüsseln mit dem Köder.

Mit Einbruch der Dunkelheit den heutigen Tag durchkreuzen, ein paar Teller abspülen, zwei Knöpfe an einem Hemd annähen, eine Tasse Bouillon ohne Ei mit Brocken vom harten Brot, noch mal den Brief meiner Mutter lesen, den mir Ernst vor ein paar Tagen gebracht hat. Ich weiß, daß sie sich Sorgen um mich macht, obwohl sie es nicht schreibt. Sie sorgt sich zwischen den Zeilen. Ihre Krankheit, die bevorstehende Chemotherapie erwähnt sie fast beiläufig, ohne ihr Schicksal zu beklagen. Seit eineinhalb Monaten ist sie bereits in der Trissl-Klinik, und von Entlassung ist noch keine Rede. Ich weiß so gut wie nichts über ihre Krankheit, und Details schreibt sie mir auch nicht. Ich weiß nur, daß sie seit acht Jahren Probleme mit Blut und Knochenmark hat und daß sie an Asthma leidet.

Zwei Wochen bevor ich auf den Berg ging, war sie noch bei mir zu Besuch. Und obwohl es ihr augenscheinlich gutging – sie war selbst mit dem Auto gefahren und hatte ein paar Tage auf »Schnaps« aufgepaßt, weil ich in Hamburg gewesen war –, lenkte sie unsere Unterhaltung in eine Ecke, in der ich mich nicht sehr wohl fühlte. Sie sei von mir ja nun wirklich einiges gewöhnt an »verrückten Sachen«; aber ein Jahr lang in die Berge zu gehen, vor allem *ein Jahr*, das beunruhige sie doch sehr. Wenn ich nun krank würde . . . Dann werde ich auch wieder gesund, scherzte ich, und bevor mich der Teufel holt, kann mich ja der Hubschrauber holen. Kein Problem, dank des Funkgeräts. Und dann brach es aus ihr heraus: »Und was, wenn mir was passiert?« Ich sah sie groß an: »Was soll dir schon passieren?« Und nun sah sie mich groß an, als wäre diese Frage das allerletzte, das sie von mir erwartet hätte. »Ich könnte ja sterben«, sagte sie, aber so, als wolle sie scherzhaft diese Möglichkeit in Erwägung ziehen, um mich zum Bleiben zu bewegen. (Meine Mutter und ich haben übers Sterben nie besonders respektvoll geredet.)

Ich weiß noch, daß ich gerade Zwiebeln für den Kartoffelsalat schnitt und meine Augen überschwappten.

»Dann könnte ich's auch nicht ändern«, schniefte ich, während mir die Tränen in den Bart sickerten. Da mußte meine Mutter lachen, und als es nur noch ein Lächeln war, fragte sie:

»Du kämst doch zu meiner Beerdigung?« Und nun war ihr Gesicht ganz ernst, und ich war mir nicht sicher, ob ich nun zornig oder beschwichtigend reagieren sollte, und reagierte so: »Wenn du nicht ausgerechnet im Winter stirbst, wo es bei mir oben einen Haufen Schnee gibt und ich nicht runterkann, dann komme ich schon. Aber stirb mir nicht im Winter, sonst müssen s' dich ohne mich eingraben.«

Meine Mutter, mit gespielter Entrüstung: »Also das wär' ja noch schöner. Mordsmäßig auf Alpinist machen, und dann nicht zur Beerdigung der eigenen Mutter kommen, bloß weil's Schnee hat."

Ich war jetzt mit dem Zwiebelschneiden fertig und ging in die Küche. Wir aßen Schweinebraten, ich einen ganzen Haufen, meine Mutter kaum etwas, und redeten nicht mehr übers Sterben. Am nächsten Tag fuhr sie wieder heim, und ich hatte das Gefühl, daß es ihr gutgehe. Jetzt, da ich wieder ihren Brief lese, der mit einem lieben Gruß an »Schnaps« endet, frage ich mich, ob ihr mein Abschied für ein Jahr nicht doch nähergegangen ist, als ich dachte. Heute wird mir wieder bewußt, wie unendlich viel Zeit ich doch habe. Nichts stört beim Grübeln, nichts lenkt ab, um einen Gedanken zu Ende zu denken. Während ich in Zeit schwimme wie in einem Ozean, müssen meine beiden Brüder Fritz und Wolfi Stunden von ihrer Freizeit abknapsen, um zweimal die Woche nach Oberaudorf zu fahren und so unserer Mutter das Gefühl zu geben, daß sie wenigstens zwei Söhne hat, die sich um sie kümmern. Aber so, wie ich sie kenne, genügen ihr die zwei, ihren dritten denkt sie sich einfach dazu.

V. KAPITEL

Nun ist es bereits September, und bald werden auch in Bayern, als letztem deutschem Bundesland, die Sommerferien zu Ende sein. Dann wird es auf dem Höhenweg sicher ruhiger werden, und darauf freue ich mich. Dann kann ich endlich auch mal zur Schlüter-Hütte, auf den Peitlerkofel, zur Puez-Hütte und überall dahin, wo ich bislang nicht war, weil ich nicht den lauthalsen Karawanen folgen wollte. Mein Zeitgefühl hat sich gut entwickelt, obwohl es zu entbehren wäre. Auch ohne Uhr vermag ich anhand des Sonnenstandes fast auf die Viertelstunde genau zu sagen, wie spät es ist. Deviationen in meinen Schätzungen reguliere ich, wenn jemand da ist, der eine Uhr hat. Es ist schon komisch: Obwohl ich keinen Chronometer habe, ihn auch nicht vermisse, obwohl die Zeiteinteilung in Stunden für mein derzeitiges Leben überflüssig ist wie ein Kropf, ist mein Rhythmus immer noch irgendwie der Uhr angepaßt. Und ich bezweifle, ob ich dieses Festkleben an einer jahrzehntelang gepflegten Gewohnheit innerhalb eines Jahres werde abschütteln können. Der September fängt genauso miserabel an wie der August, mit Schnee, Regen und Temperaturen um den Gefrierpunkt. Zeitweise bin ich wieder umgeben von dieser undurchsichtigen, wattigen Stille, kein Murmeltier pfeift, keine Dohle lacht, es ist, als verschlösse der Nebel alle Schnäbel und Mäuler – ausgenommen die der Touristen. Auch wenn ich sie nicht sehe, wie sie auf dem Höhenweg den Markierungen folgen, hören kann ich sie allemal, vor allem bei Westwind, da trägt selbst ein leiser Luftzug nahezu Gemurmeltes bis zu mir, wie in einem Amphitheater, dessen Akustik nur ein Genie zuwege brächte. Es ist noch früher Morgen, im Anorak sitze ich auf einem der beiden Holztröge und warte, bis der Plastikkanister mit Trinkwasser gefüllt ist. Das Hirn ist augenblicklich ohne Arbeit, ich sitze einfach da, starre auf die Mündung des schwarzen Schlauchs, der in unregelmäßigen Intervallen das klare Quellwasser in das Loch des Kanisters spuckt. Vom Höhenweg herab knistern Stiefel, die über Steine gehen, vermischen sich mit männlichen Stimmen, die schwäbisch reden. Viel mehr als ihre Umrisse vermag ich in der wabernden Suppe nicht zu erkennen. Es sind sieben. Da ich einfach davon ausgehe, daß alle sieben schwäbisch reden, drängt sich die Assoziation von den »Sieben Schwaben« geradezu auf. Jetzt bleiben sie stehen, weil sie mich entdeckt haben – oder auch nur meinen leuchtend blauen Anorak. Sie vermuten wohl nicht, daß der Wind auch das in normaler Unterhaltungslautstärke vorgetragene Wort bis zu mir hinunterwehen könnte. Und so erfahre ich, daß sie meine Anwesenheit doch sehr beschäftigt.

Erster: »Was duat denn der da hoba?«

Zweiter: »Küa hüata, was sonscht?«

Erster: »Wo sen nacha die Küa?«

Zweiter: »Woiß i doch nit. Irgedwo.«

Erster: »Da müßt' ma doch die Schella höre.«

Zweiter: »Vielleicht hat er Schof. Die hent koine Schella. Muascht 'n halt froga.«

Erster: »Froga! Froga! Der schwätzt doch bloß ladinisch!«

Die Ungewißheit über den Verbleib der Tiere – ob »Küa« oder »Schof« – nehmen sie mit auf den Weg, der sie entweder zur Regensburger oder zur Puez-Hütte führt. Geraume Zeit später, als der Nebel endlich aufhört, sehe ich die sieben Schwaben als kleine bunte Punkte auf dem Sattel der Roa-Scharte.

Der Dialog auf dem Höhenweg hat mich heiter gestimmt. Es war nicht das erste Mal, daß Wanderer meinetwegen ins Grübeln geraten. Die Palette der für sie in Frage kommenden Möglichkeiten reicht vom Senner über den Eremiten bis zum Dichter, vom Wissenschaftler bis zum Terroristen. Für die meisten scheidet meine Berufung zum Senner aus, da weit und breit keine Kühe zu sehen sind. Die Unmengen an Brennholz beschäftigen sie indes nachhaltig und vor allem die Frage: Wie bringt man soviel Holz in eine Region, wo kein Baum wächst? Manchmal bitten sie mich um eine Erklärung, und wenn es nette Leute sind und ich zum Plaudern aufgelegt bin, dann erzähle ich ihnen den Sachverhalt. Wenn ich griesgrämig und muffig bin – was häufiger vorkommt, als manchen meiner Besucher lieb ist – und wenn mir obendrein die Besucher nicht behagen, dann erzähle ich Märchen. Daß das gesamte Holz von Bergwachtmännern aus ganz Südtirol im Rahmen einer Übung mit Krax'n raufgeschleppt wurde, daß Mulis der Alpini, der italinienischen Gebirgsjäger, mit den Scheiten bepackt worden seien oder ähnlichen Flachs. Einer hielt mich gar für einen Schnitzer und glaubte, ich würde Holzscheite zu Krippenfiguren verarbeiten, und lachte hellauf, als ich ihm, der Wahrheit entsprechend, sagte, daß dies nichts anderes sei als Brennholz für ein Jahr.

Gelegentlich kommen sie bis aus Gröden, Corvara oder gar Bozen, um mich »anzuschauen«. Von Freunden oder Verwandten haben sie erfahren, daß da einer ein ganzes Jahr – auch im Winter – auf der Medalges-Alm leben wolle. Und manchmal ist beim Abschied ihr Händedruck so fest und lang anhaltend, und ihre Ratschläge sind so innig und zu Herzen gehend, als sollte mir das den Schritt ins Jenseits etwas leichter machen. Zu den Multiplikatoren, denen ich es mit zu »verdanken« habe, als »Attraktion« gehandelt zu werden, gehört ein Teil jener, die wie ich ein Funkgerät haben und aus der Frequenz 164 allabendlich Neuigkeiten saugen. Die Reichweite dieser kleinen Geräte deckt fast ganz Südtirol ab.

Daß ich alleine, zwar mit Hund, aber ohne Frau, hier lebe, lassen die meisten gelten. Der Verzicht von Uhr und Radio hingegen nötigt ihnen ein verständnisloses Kopfschütteln ab. Weil es mir gerade einfällt: Es ist durchaus nicht so – bisher wenigstens nicht –, daß ich an Gesprächen, Plaudereien oder einfach verbaler Kurzweil mit Fremden oder Bekannten nur widerwillig Anteil nähme. Manchmal habe ich ein geradezu ungehemmtes Bedürfnis zu reden oder andere reden zu hören. Und wenn mein Mitteilungsbedürfnis überhandnimmt und meine »Opfer« passable Zuhörer sind, dann stelle ich auch mal die Schnapsflasche auf den Tisch und schere mich den Teufel darum, ob ich mit dem Obstler über die Runden komme oder nicht. Ich bin von den Menschen noch nicht entwöhnt, und das beruhigt mich. Nur selten frage ich Leute nach ihrem Namen, wie es normalerweise Reporterpflicht ist. Ich sitze auch nicht mit dem Schreibblock da, wie es Reporterbrauch ist, um alles, was von Wert ist, ganz schnell zu notieren. Was von Wert ist, bleibt eh in meinem Kopf, und Details, die würzig sind und in Vergessenheit geraten könnten, die schreibe ich auf einen Zettel oder vertraue sie dem Kalender in der Stube an. Namen interessieren mich nur, wenn mich der Träger des Namens interessiert. Das geschieht selten genug, aber gerade deshalb bleibt der Name im Gedächtnis und wird abends auf dem Kalender dingfest gemacht.

Die Bewunderung, die man hin und wieder mir und meinem Unternehmen entgegenbringt, betört mich nicht. Im Gegenteil: Sie ist dazu imstande, mich zu verunsichern. Grenzt es denn im (Un-)Verständnis der meisten schon an Tollkühnheit, wenn man ein Jahr lang nichts anderes will, als einmal richtig neugierig zu sein, auf sich und die Natur und was sie mit einem anstellt? Nach diesem Jahr – einem Sechsundvierzigstel meines bisherigen Lebens – wird bestimmt vieles nicht mehr so sein wie ehedem. Aber was wird anders sein? Das ist das Spannende. Was die Gefahren betrifft, denen ich mich aussetze, so sind sie wesentlich kalkulierbarer als in der »Zivilisation«, wo mir permanent, auch ohne mein Dazutun, Unheil droht, nämlich in dem Moment, da ich mich auf die Straße wage. Hier oben droht mir allenfalls Zahnweh, eine Blinddarmentzündung (was ich nicht glaube, da mein Blinddarm 46 Jahre lang nicht entzündet war) oder eine Lawine (was ich auch nicht glaube, da die letzte Lawine im Winter '50/51 der Furćia Schaden zugefügt

ZWEISAMKEIT

»Schnaps«, der Hirtenhund, ist Partner und ständiger Begleiter.
Ohne ihn wäre das Alleinsein kaum zu ertragen.
Der Lieblingsplatz der beiden ist ein bislang namenloser Hügel.
Der Autor nennt ihn »Königsspitze« (links).
Die Almwiesen sind für lange Wanderungen gemacht.
Der Winter wird dies gewiß ändern . . .

SPECK UND HARTES BROT

Das wird die Hauptnahrung während der Wintermonate sein.
Das Schwein wird in der Höhenluft zur Delikatesse reifen, das
harte Brot ist nahrhaft und verdirbt nicht. Die maroden
Dachschindeln am First bedürfen dringend der Reparatur
(rechts oben). Die größte Sorge ist die: Wird das Brennholz
für den Winter reichen? Wenn er beizeiten kommt,
wird er möglicherweise sieben Monate dauern.

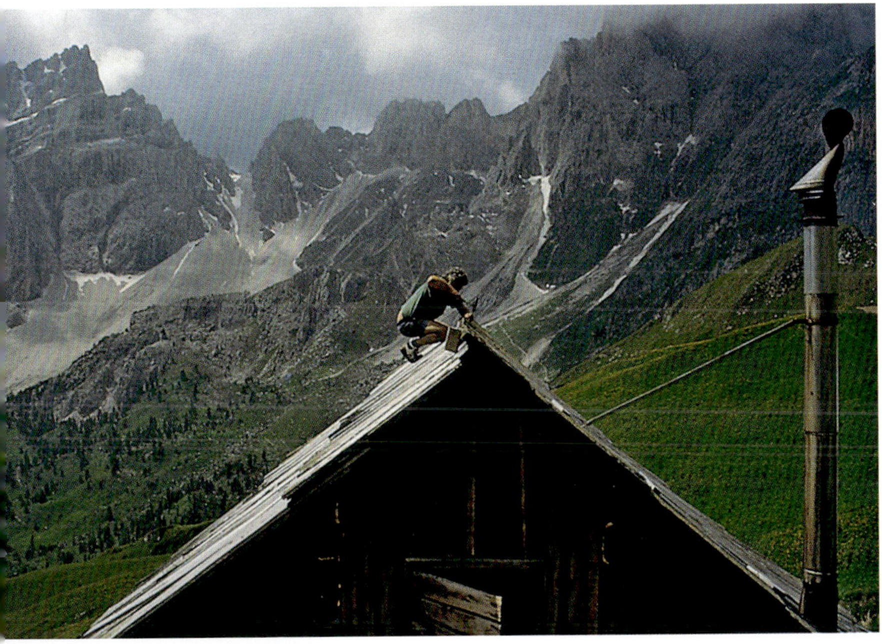

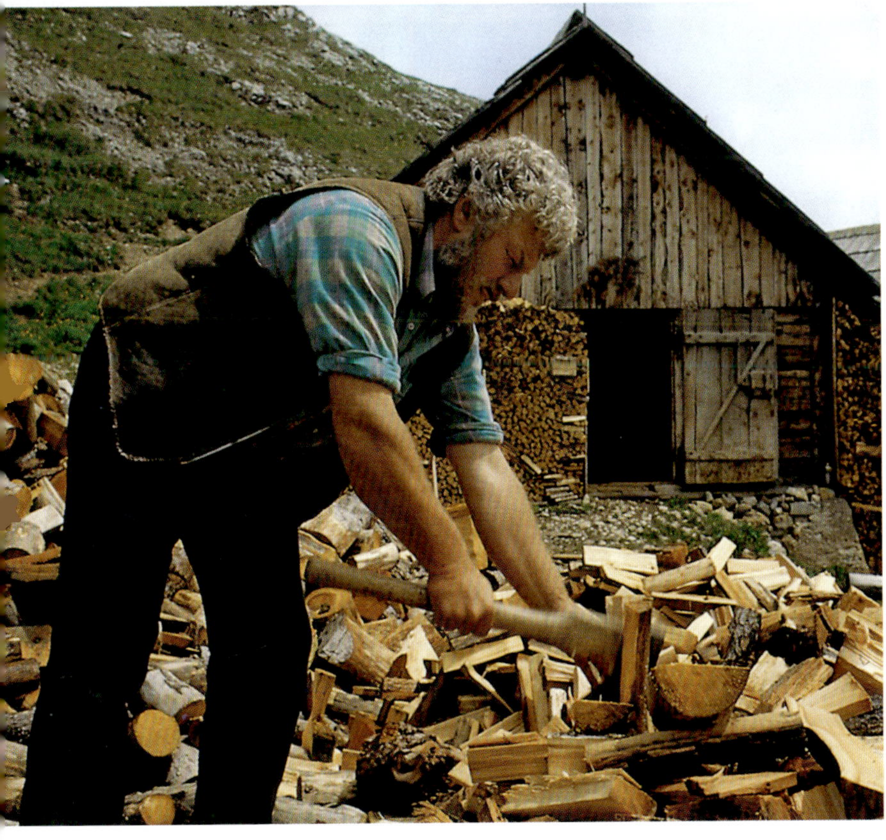

EREMITEN-ALLTAG

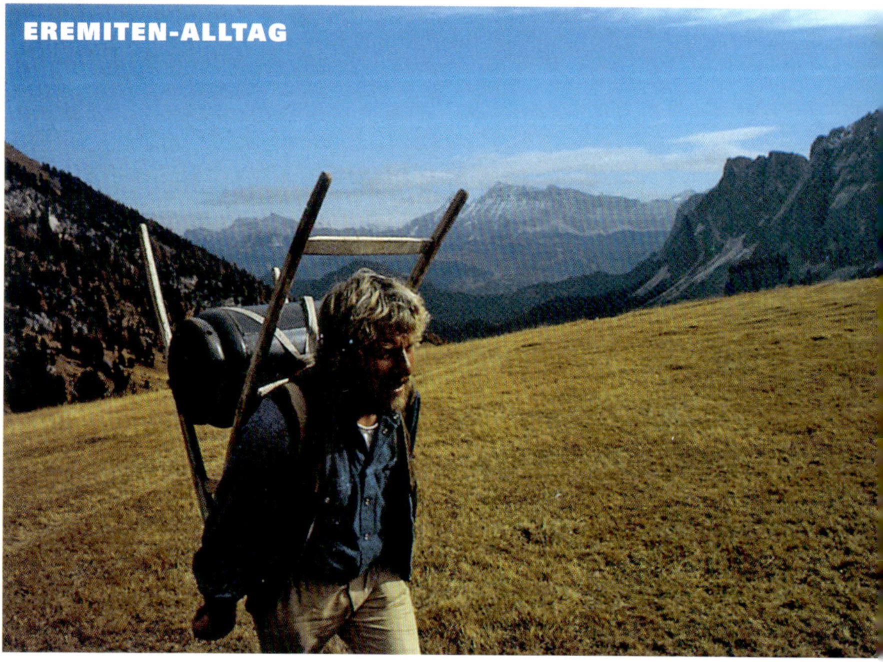

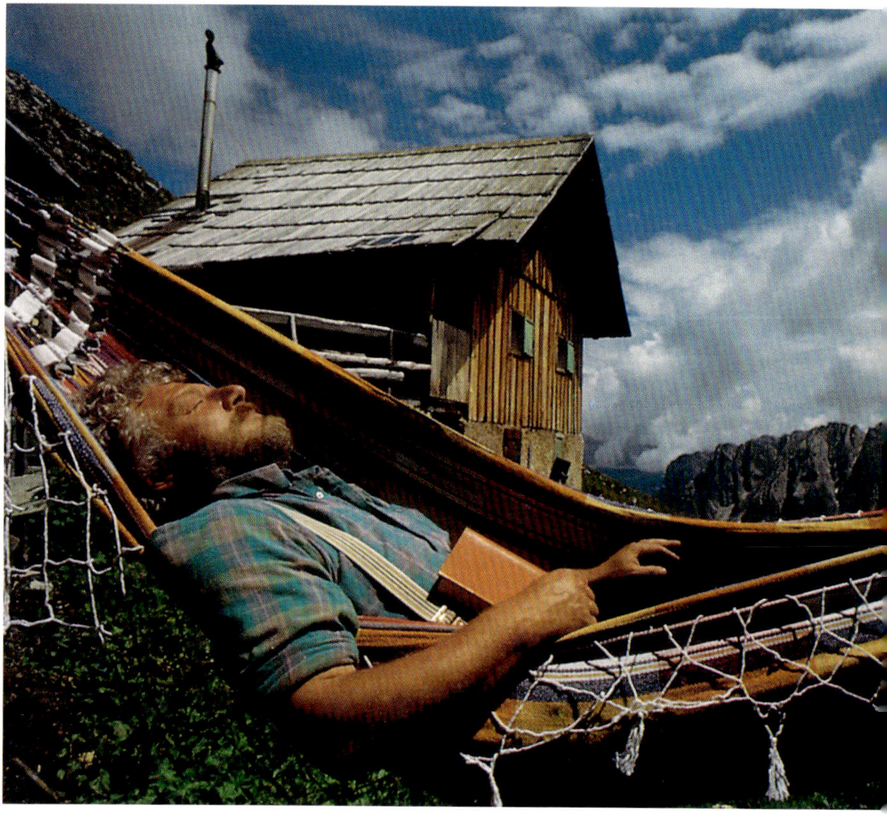

DER WINTER VERZAUBERT - UND SCHAFFT PROBLEME

Die Quelle an der Furćia-Hütte ist seit Tagen eingefroren. Weiter
unten gibt es Trinkwasser, das in einem Kanister auf der Kraxe
nach oben gebuckelt werden muß. Schneewasser taugt nur
zum Waschen, zuviel Dreck kommt vom Himmel.
Der Winter bedeckt Tal und Berge mit einem eisigen Laken.
Der alte, verdorbene Knoblauchzopf neben dem
Küchenfenster hängt nur noch da zur Zierde. Der Schnee klebt
an der Hüttenwand wie kalter Schimmel.

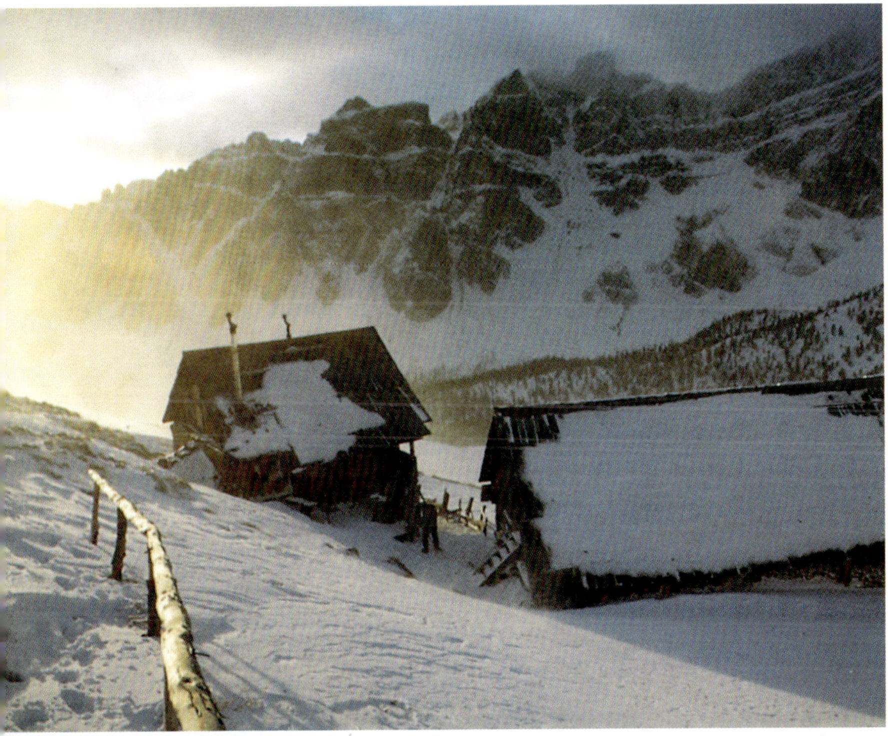

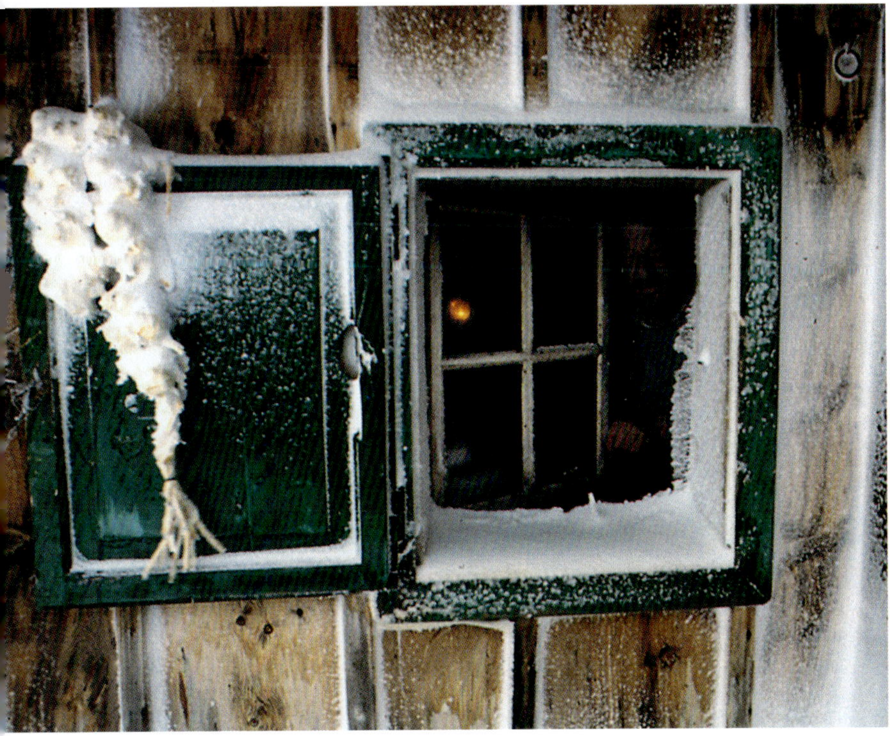

LADINISCHES WINTERMÄRCHEN

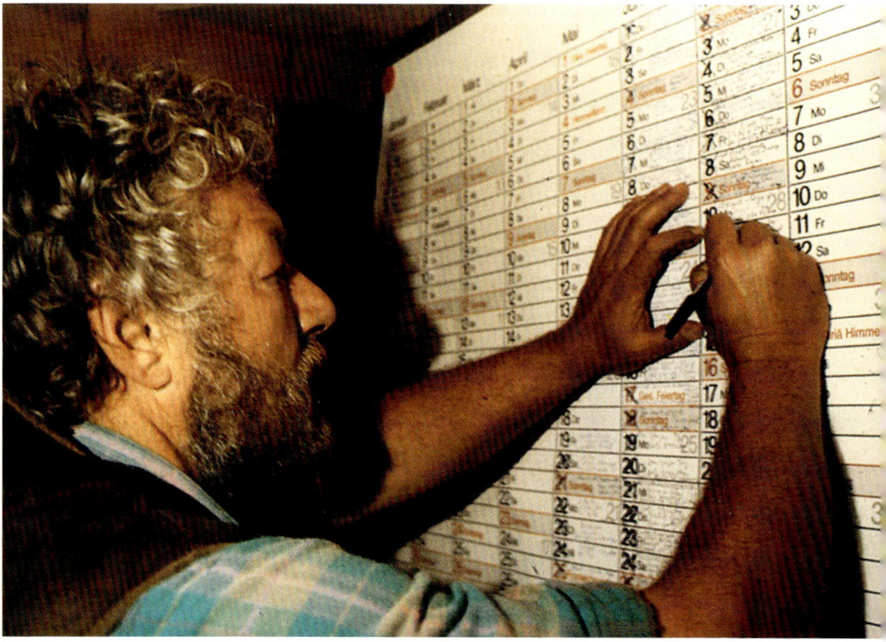

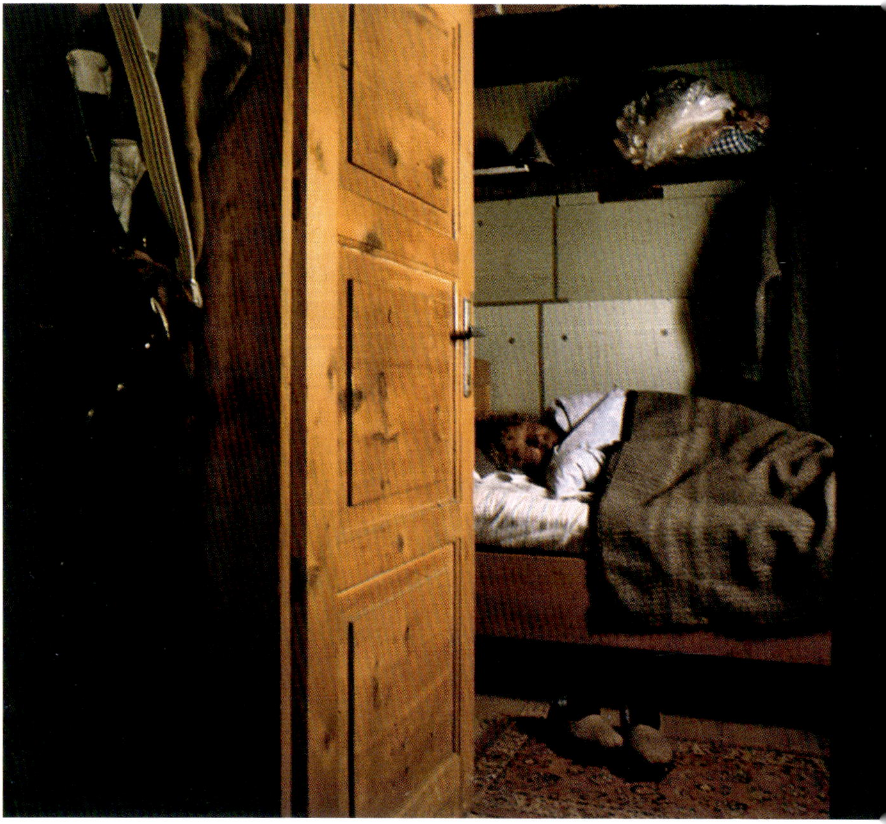

INNENLEBEN

*Der Kalender an der Stubenwand ordnet die Tage zu einer Kette
von Kugelschreiberkreuzen. Er speichert das Erlebte in
Stichworten, auch das Wetter und die Temperaturen (links oben).
Isolierplatten an der Wand der Schlafkammer sind nur ein
dürftiger Schutz gegen den Ostwind, der gelegentlich den Schnee
durch Ritzen ins Bett treibt (links unten). Der beste Platz ist in
der Stube mit dem »Herrgottswinkel« und dem Blick durchs
Fenster, das die schroffen Nachbarn in vier Rechtecke zerteilt.*

hat). Was mir sonst noch zustoßen könnte, wäre selbst verschuldet, in eigener Verantwortung, selbst wenn ich einen Arm bräche oder die Axt ins Bein führe. Und weil ich weiß, daß es auch per Hubschrauber ein gutes Stück ist bis zur nächsten Klinik, bin ich in meinen Handhabungen, im Umgang mit Werkzeug und Messern und beim Wandern vorsichtiger als früher und ohne Eile. Und eben weil ich niemandem die Schuld an einem möglichen Unglück geben kann, außer mir selbst (es sei denn, einer schmeißt mich vom Felsen), muß ich auf mich besonders achtgeben. Wie ich mit der Einsamkeit, dem ständigen Mit-sich-alleine-Sein auf die Dauer klarkommen werde, weiß ich noch nicht. Untrainiert bin ich in dieser Hinsicht nicht. Ich lebe seit 25 Jahren alleine, seit fast 15 Jahren auf dem Lande, wo man als »Single« noch mehr allein ist als in der Stadt. Ich war nie verheiratet und arbeite als freier Journalist. Und vor allem: Fünf Jahre lang nährte ich die Idee. Ich wollte da rauf, unbedingt. Diese Voraussetzungen und eine gesicherte Finanzierung hielt ich für ausreichend, um ein Jahr lang in etwas dünnerer Luft neugierig zu sein. (Ich schreibe das so ausführlich, weil mich immer wieder Besucher fragen nach dem »Warum« und »wie das denn geht mit Familie und Beruf und überhaupt«.)

Und immer wieder die Frage, ob ich denn nicht Angst habe. Angst wovor? Vor Bären, die es längst nicht mehr gibt, vor Wölfen, die ausgerottet sind, oder vor Spina de Mùl, dem bösen Zauberer aus den ladinischen Sagen, der die Leute als halbverwestes Eselsgerippe zu erschrecken pflegte. Oder sollte ich Angst haben vor den Hexen, die in der Furchetta hausen und vor denen mich der alte Paul Misci, ein Bauer aus dem gleichnamigen Weiler hoch über Campill, gewarnt hat. Nach Sonnenuntergang solle ich auf keinen Fall pfeifen und in der Nacht unbedingt die Fenster geschlossen halten. Meine heimliche Hoffnung, daß nächtens doch einmal eine der Anguànes zu mir ins Bett schlüpfen würde, hat sich bisher nicht erfüllt, obwohl das Fenster meiner Schlafkammer fast jede Nacht offensteht. Ich glaube, wenn in dieser Hinsicht etwas zu erwarten wäre, dann höchstens vom Höhenweg und am Tag.

Nein, Angst habe ich nicht. Auch nicht vor den Gewittern, die im Gebirge viel heftiger, atemberaubender sind als auf dem flachen Land. Solange ich in meiner Hütte bin, droht mir von den Blitzen keine Gefahr, und das zornige Grollen des Donners verursacht allenfalls einen wohligen Schauder. Ich kenne keinen Platz auf der Welt, wo ich mich sicherer und geborgener gefühlt hätte als auf der Furćia. Die einzige »Gefahr«, die mir drohen könnte, ginge von mir selbst aus. Nur ich könnte mich so weit bringen, mein Unternehmen unter Umständen abzubrechen, die nicht wägbar sind, nicht vorhersehbar, weil ich nicht weiß, ob ich das Alleinsein mit mir werde ein Jahr lang ertragen können. (Daß der Hund als mein »Seilgefährte« von großer Bedeutung ist, weiß ich inzwischen.) Vielleicht wird es in ein paar Monaten so sein, daß ich Angst bekomme vor dem Rückweg ins Gewohnt-Ungewohnte. Vielleicht . . .

Nun ist es bald Herbst, ohne daß der Sommer da war. Dementsprechend spät sind auch die Campiller Bauern mit der Heumahd in diesem Jahr dran. Erst Anfang September, fast drei Wochen später als in guten Jahren, bringen sie ihr Heu in die verwitterten Schober, die wie Bauklötze am Südhang von Funtanacia verstreut sind. Ich nütze die letzten Tage vor dem Almabtrieb und bin fast jeden zweiten Tag bei Emma, um frische Milch zu holen. Auf dem Weg dorthin begegne ich oft dem Konstantin, einem Bauern aus Frëina, dem Weiler über Campill. Sein Sohn Dolerico (= der »Schmerzensreiche«) kauert, wenn ich um die Mittagszeit komme, vor dem offenen Feuer in der Kochhütte neben dem Stadel und kocht Spaghetti. Sooft ich auch vorbeikomme, es gibt Spaghetti. Dolerico ist ein stiller, scheuer Bursche, etwa 14 Jahre alt, und wenn er mich sieht, schlägt er die Augen nieder oder schenkt seine ganze Aufmerksamkeit dem sprudelnden Kochtopf. Franzl, Emmas Jüngster, sagt, Dolerico habe Angst vor mir. Vor einigen Wochen hatte ich ihn getadelt, weil er eine Kreuzotter gesteinigt hatte, ohne daß er in Gefahr gewesen wäre. Es war an dem kleinen Weg nahe der Furćia. Franzl war mit Dolerico von der Schlüter-Hütte gekommen. Der

Tadel kümmerte ihn weniger, zumal in fast freundschaftlichem Ton vorgetragen. Aber als ich ihm zu bedenken gab, daß die anderen Kreuzottern den Mord an ihrer Artgenossin vielleicht nicht einfach so hinnehmen würden und möglicherweise gar auf Rache sännen, da wurde dem armen Dolerico ganz zweierlei, und seinem Freund, dem Franzl, vertraute er daraufhin an, daß er vor mir Angst habe und nie mehr hinauf zur Furćia wolle, weil er sich auch vor den Schlangen fürchte. Da tat er mir leid, weil ich ihm nun wahrhaftig keine Angst einjagen wollte, und ich beschloß, ihn bei nächster Gelegenheit zu besänftigen. Sie bietet sich heute.

Er kniet vor seinem rußigen Kochtopf. Seine blaugrauen Augen streifen mich nur einen Lidschlag lang, schon widmen sie sich wieder dem quirlenden Nudelgebräu.

»Bun dè, Dolerico«, grüße ich freundlich; viel weiter reichen meine Ladinisch-Kenntnisse noch nicht.

»Bun dè«, murmelt er, und da ich weiß, daß er ganz passabel deutsch spricht, versuche ich ein reinigendes Gespräch in Gang zu bringen. Es geht nicht. Stumm rührt er in seinem Topf, ohne mich anzusehen, und nimmt meine Versöhnungsversuche scheinbar gleichmütig hin. Es tue mir leid, diese Geschichte mit den Schlangen, und ich würde mich freuen, wenn er wieder mal, allein oder mit dem Franzl, mich besuchen käme. Jetzt sieht er mich an, und ich meine, in seinem Gesicht Erleichterung zu entdecken.

»Vielleicht«, sagte er und kümmert sich wieder ums Essen.

Konstantin, sein Vater, scheut sich nicht, mit mir mehr als nur ein paar Worte zu wechseln, obwohl der mißtrauische Blick ein Familienerbstück zu sein scheint. Ihm bin ich etwas unheimlich, weil in seinem Verständnis ein Überwintern auf der Furćia (er nennt sie Furkel-Alm) einem geplanten Suizid gleichkommt. Was nicht sein darf, kann einfach nicht sein. Noch nie hat jemand im Winter da oben gehaust, also kann es nur schiefgehen.

Als er mich kommen sieht, stützt er sich auf den Stiel seines Heurechens und empfängt mich, wie die Male zuvor auch, kopfschüttelnd.

»Auch im Winter?« Das fragt er auch jedesmal.

»Klar, Konstantin. Warum nicht im Winter?« Auch diese Gegenfrage ist inzwischen Standard.

Er sieht zum Himmel, als wären bereits jetzt, im September, die ersten Schneestürme zu erwarten, und fährt fort:

»Madonna! Na, na. O je! Viel Schnee des Jahr. Vier, fimf Mettr. Und kalt. Madonna! Brrrr.«

Warum er sich denn so sicher sei, möchte ich von ihm wissen.

»Viel Wespen, viel Fliegen, viel Mäuse im Sommer. Gibt einen bösen Winter.«

»Wenn's zu arg wird, fahre ich halt mit den Skiern runter«, beruhige ich ihn und mich.

»Ist's besser, gar nicht oben bleiben, im Winter. Mußt nicht mit den Ski runter.«

Was soll ich dieser Logik entgegensetzen? Jedenfalls ist es gut zu wissen, daß er sich um mich Sorgen macht. In Ordnung, denke ich, wenn die Signale der Natur so unmißverständlich und deutlich sind, dann kann ich mich ja darauf einrichten. Und da auch der »Hundertjährige Kalender« einen strengen Winter weissagt, werde ich mich warm anziehen müssen, wenn's dumm geht, sieben Monate lang.

»Schnaps« ist längst bei »Niki«, während ich mich von Konstantin verabschiede. Er hat alles Heu im Schober, und im November oder Dezember, wenn's genügend Schnee hat, wird er mit dem Hörnerschlitten in mehreren Touren das würzige Heu von der Alm nach Campill expedieren. Bei Emma ist heute letzter »Milchtag«. Die einzige Milchkuh wird morgen von ihrem Herrn abgeholt, weil sie wieder in den Stall soll. In einer Woche, am 16. September, ist Almabtrieb, dann kommen auch die anderen 50 Kühe wieder ins Winterquartier.

Emma hat für mich ein paar Tutres vom Mittagstisch gerettet. Tutres sind in Öl ausgebackene Teigtaschen, wahlweise gefüllt mit Sauerkraut, Quark und Spinat oder Mohn. Dazu gibt es ein Bier, für mich ein Festessen. Als ich das letzte Mal auf Funtanacia war, hatte ich Emma gebeten, mir noch ein Paar »Patsch'n«, warme Hausschuhe, zu besorgen, eine Nummer größer als die ersten. Heute hat sie sie bekommen, und lachend präsentiert sie die guten Stücke.

»Na, in Gott's Will'n! Da hat ja der ›Schnaps‹ noch Platz.« In der Tat: Die Dimensionen sind beeindruckend, und eine Anprobe bestätigt den Verdacht, daß sie doch etwas groß geraten sind. Aber ich nehme sie. Für die Zeit der dicken Socken. Und eine rostrote Wärmflasche aus Gummi, die mir Emma warm ans Herz gelegt hat. Dann gibt es ein Extra, über das ich mich riesig freue. Eine wunderschöne graue, unauffällig gemusterte, handgemachte Schafwolldecke aus Emmas Beständen. Ich möchte sie gerne bezahlen. »Nix da«, wehrt sie ab, »isch nicht mehr neu. Isch ein Andenken.« Du gute Emma, denke ich, du wirst mir fehlen, du und deine Buben und dein Giovanni und die Kühe, an deren Bimmeln ich mich so gewöhnt habe. Von der nächsten Woche an wird Funtanacia ohne Leben sein, nur noch still und märchenhaft, und bald schon werden die Lärchen gelb werden, die Herbstzeitlosen werden einen kurzen Herbst und einen um so längeren Winter ankündigen, und in meiner Erinnerung werden zwei Monate bleiben, die wie ein Geschenk waren.

Zwei Tage vor dem Almabtrieb bekomme ich unverhofften Auftrieb. Die folgende Zufälligkeit wird eine Woche abrunden, die voll ist mit Wohltaten. Als ob es sich auf den Schutzhütten herumgesprochen hätte, daß ich nicht nur warme Patsch'n, sondern auch neuerdings eine Schafwolldecke und eine Wärmflasche mein eigen nenne, bleibt eine Frau (ein Mädchen?) für eine Nacht bei mir hängen. Sie kommt zu einem Zeitpunkt, da eigentlich gar keine Not am Mann ist, denn enthaltsam zu leben betrachte ich mittlerweile als Fügung. Da mich die bereits erwähnte Nacht nicht nachhaltig beeindruckt, gebe ich die Begleitumstände auch nur der journalistischen Sorgfaltspflicht halber wieder.

Sie heißt Sabine und lebt in der Nähe von Bochum. Als sie sich über den schmalen Steig, eine Hand sichernd auf dem schrundigen Handlauf, der Hütte nähert, denke ich unwillkürlich an Maja, die Biene, die Kinder so lieben. Etwas pummelig, längsgestreifte, hautenge Hosen in Schwarz-Gelb, dazu eine jaulend gelbe Bluse mit Puffärmelchen (!) und das strähnige, halblange blonde Haar von einem kornblumenblauen Samtband zusammengehalten. Alter: etwa 25. Anders als damals, als ich mir ein Gewitter sehnlichst gewünscht hatte, um seinerzeitige Dame zum Bleiben zu bewegen, kommt heute ein Gewitter. Die ersten dicken Regentropfen platschen bereits hernieder, und Sabine bittet um Unterstand, bis das Gröbste vorbei ist. Noch ahne ich nicht, daß das Gröbste erst nach dem Gewitter kommt. Sie befleißigt sich einer flott-flapsigen Twen-Terminologie, hält mich für einen »heißen Typen« und findet es »irre geil, in so 'ner Bude zu leben, ohne Maloche und den ganzen Scheiß«. Es regnet sich ein, und wir gehen in die Hütte. Sabine zieht sich ungeniert ein T-Shirt an, und da merke ich, daß ich doch noch nicht gänzlich entwöhnt bin. Sabine erzählt aus ihrem Leben. Sie sei Kunststudentin, habe sich in Florenz und Venedig zwecks Studien aufgehalten, tüftle bereits an einer Doktorarbeit über die Medici (Donnerwetter, denke ich. Eine Doktorarbeit zu diesem Thema ist sicher längst überfällig), nun wolle sie noch »'n Happen Ozon schlucken in dieser irre coolen Ecke«, und morgen treffe sie sich mit ihrem Onkel in Bruneck, der »irgend so 'n hohes Tier im Verteidigungsministerium ist«.

Es gibt Menschen, denen glaubt man einfach nichts, auch auf die Gefahr hin, ihnen vielleicht unrecht zu tun. Es dämmert bereits, und der Regen platscht wie aus Eimern aufs Hüttendach.

Die Sache geht so aus: Sabine fährt heute nicht mehr zu ihrem Onkel nach Bruneck, sie bleibt auf der Furćia. Obwohl ich zwei Betten in der Schlafkammer habe, bevorzuge ich heute nacht die Enge in einem Bett. Noch lange bevor der Morgen graut, werde ich klaustrophobisch und habe zudem noch kein Auge zugetan. Ich stehle mich ins leere Bett, das unbezogen ist, und schütze mich mit Emmas grauer, fein gemusterter Schafwolldecke. Das Frühstück verläuft in gewohnter Kargheit mit Dosenbrot, Honig und Kaffee, und wortkarg bringen wir die letzten Minuten bis zum Abschied hinter uns. Zum Glück regnet es nicht mehr, und Sabine macht sich puffärmelig auf den Weg nach Campill.

Ich gehe gleich wieder ins Bett, um auszuschlafen, und sage mir, kurz bevor ich wegtauche, daß es das alles eigentlich nicht gebraucht hätte. Der letzte verfügbare Gedanke vor dem Einschlafen gilt ihr: Das einzige, das zu glauben ich bereit bin, ist, daß sie in der Nähe von Bochum lebt.

Am Samstagnachmittag ist für die 50 Kühe auf Funtanacia der Almsommer zu Ende. Giovanni, Albert und Franzl und ein paar Bauern, die vom Dorf heraufgekommen sind, treiben die Tiere über die Forststraße nach Campill. Bereits am Abend wird mir schmerzlich bewußt, daß für mich damit ein Stück Vertrautheit verlorengegangen ist. Funtanacia wird von nun an ganz leise sein, dem Herbst entgegendösen, ohne Glockengebimmel und ohne die Menschen, die mir ans Herz gewachsen sind. Aber mir bleibt der Trost, daß Emma und Giovanni auch in den kommenden Monaten ab und zu die Furćia aufsuchen werden. Denn soviel weiß ich inzwischen: Gänzlich ohne Menschen, völlig abgeschnitten von freundlichen Worten und Gesten, könnte ich nicht leben. Und selbst Begegnungen der unerfreulichen Art haben etwas für sich, und sei's nur deshalb, damit ich meinen bayerischen Grant und meine Aggressionen unter die Leute bringe. Die Intensionen der Planungsphase, nämlich ohne menschliche Kontakte, schweigend, Konversation allenfalls auf Selbstgespräche reduziert, zu pflegen hat sich schon längst als Hirngespinst erwiesen. Das macht mich nicht traurig, denn meine Neugierde wird auch so befriedigt werden. Zudem wage ich zu bezweifeln, ob es auf dem gesamten Globus auch nur einen Platz von der Größe der Medalges-Alm gibt, da man einen Eid auf sich nehmen möchte, daß einem während eines Jahres kein menschliches Wesen in die Quere kommt. Ich lebe mit einem Hund 2300 Meter über Normalnull, das ist eine andere Welt als meine gewohnte, und der Zyklus eines ganzen Jahres wird mich sicher noch ein paar Dinge lehren, die in die Rubrik »bittere Erfahrungen« gehören. Meine Hände haben schnell und logisch auf die veränderte Situation reagiert: Sie haben sich eine Hornhaut wachsen lassen. Welchen Schutz aber wird sich mein Innenleben zulegen? Ich hoffe nicht, am Ende dieses Jahres mit einer Hornhaut ums Gemüt heimzukommen. Ehe ich zu spinnen anfange, habe ich zu Hause versprochen, kehre ich um. Ich brauche nicht die orgiastischen Todeszonen-Euphorien eines Reinhold Messner, und ich will auch nicht wissen, wie Schlangen und Eidechsen schmecken, wie der Hamburger Konditor und Survival-Freak Rüdiger Nehberg. Ich hab's gerne gemütlich, auch hier oben, und es wird noch viel von meinem Geschick und meiner Fantasie abhängen, um aus einer windumtosten, zugigen Bretterhütte ein passables Heim zu machen, das auch im Winter gemütlich ist.

Derlei Gedanken kommen mir meistens im Bett, in Nächten, die zu schade sind, um einfach einzuschlafen. Die Hände unterm Kopf verschränkt, das Fenster ganz offen, kann ich mich gar nicht satt sehen. Gestern war Vollmond, und auch heute nacht hängt er noch wie ein dickbauchiger Lampion am Himmel, als wäre ein besonderes Fest zu feiern und als verschwendete er sein ganzes Licht nur für meine Nachbarn. Er ist der perfekte Beleuchter, und selbst die kleinste Schrunde und Falte an der 700 Meter senkrecht aufragenden Furchetta-Nordwand kann ich erkennen. Kein Luftzug rührt sich, und ab und zu unterstreicht ein seidiges Knistern im Gras die Stille. Ein Fuchs, eine Maus oder ein Marder verbiegen kaum hörbar die Halme. Ich muß hinaus! Ich will mehr sehen als nur den 70 mal 60 Zentimeter kleinen Ausschnitt, den das Fenster gestattet. Ich will alles sehen. Rasch bin ich angezogen. »Schnaps« blinzelt schlaftrunken in seiner Ecke, noch ist er sich nicht ganz schlüssig, ob er mit will. Aber als die Haustüre knarrt, hält ihn auch nichts mehr. Die Luft ist seidig, die Stille wie Flaum. Das Mahlen der Stiefelsohlen und unser zunehmend heftiger Atem, je steiler es bergan geht, sind die einzigen Geräusche, die dieser Nacht fremd sind. Wir gehen zum Sobutsch, bewegen uns unter einer endlosen Kuppel, die mit unzähligen Sternen bemalt ist. Noch nie habe ich in europäischen Breiten den Himmel in solcher Klarheit gesehen, einen Himmel, wie ich ihn nur von Reisen in die Sahara kenne. Nach etwa einer halben Stunde sind wir auf dem Sobutsch. Ich setze mich auf einen Felsblock, der immer noch etwas Sonnenwärme in sich hat. Der Hund legt sich zu meinen Füßen ins Gras, und manchmal hält er den Atem an, um zu lauschen; aber es ist nichts zu hören, absolut nichts. Vom Zwischenkofel bis zum Sas Rigais gleichen die Wände einer gigantischen Theaterkulisse, und die gezahnten Gipfel und Grate sind wie mit der Laubsäge aus dem Blauschwarz des Himmels geschnitten. Les muntes slaurides, die bleichen Berge, oder: lis palyès montes, wie sie im Grödner-Ladinisch heißen. Im Osten, auch zum Greifen nahe, fällt die mächtige Westwand des Heiligkreuzkofels in Schotterkare, die sich in Bergwald und Almwiesen verlieren. Es ist so hell, daß sogar die hoch gelegenen Bauernhöfe zu sehen sind. Und im Südosten blitzen die schneebedeckten Kappen der Sella-Gruppe. Hinter mir der Peitlerkofel, der wie ein schlafender Wächter mit einem Mordsbuckel der letzte in der Kette der Aferer Geiseln ist. Auf seiner mir abgewandten Seite ist nichts mehr übrig von der Behäbigkeit der grasbewachsenen Südflanke. Die »Direkte Nordwand«, 1968 erstmals von Reinhold und Günther Messner durchstiegen, ist eine der Perlen für Dolomiten-Alpinisten. Für den Mond sind wir beide wohl kaum größer als zwei Bakterien, und dennoch findet das berauschende Szenario dieser Nacht nur für uns statt. Niemand außer uns ist den Puez-Wänden so nahe, wir sitzen auf dem Logenplatz, keiner stört. Der Eintritt ist frei, wogender Applaus regt sich nur im Innern.

Es ist kühl geworden, und ein leichtes Frösteln ist die Uhr, die zur Heimkehr mahnt. »Schnaps« liegt zusammengerollt wie ein dicker weißer Kringel und schläft. Aber als ich aufstehe, ist er schnell auf den Beinen. Der Höhenweg ist wie mit Peitschenlampen beleuchtet, das Gehen fällt leicht und ist sicher wie am Tage. Der Mond ist inzwischen ein gutes Stück weitergezogen, und in die Nordwände

fallen Schatten. Morgen muß ich nach Campill. Vor zwei Tagen hat
Ernst über Funk meine beiden Brüder angekündigt, die sich mit mir
im »Sanvi« treffen wollen, gegen Mittag. Da nicht abgemacht war,
daß sie mich besuchen werden, liegt die Vermutung nahe, daß sie
mir Neuigkeiten aus der Klinik mitzuteilen haben. Und ich fürchte,
es sind schlechte Nachrichten.

Obwohl es für meine Verhältnisse eine kurze Nacht wird, bin ich
schon früh auf den Beinen. Ich bin nervös, weil ich zum ersten Mal
seit eineinhalb Monaten ins Dorf gehe und mich freue, Fritz und
Wolfi wiederzusehen. Ich benütze die Forststraße und nicht den
Alten Weg, der an sich idyllischer und nicht so langweilig ist. Aber
ich hoffe, Emma und Giovanni zu begegnen, die, obwohl die Kühe
seit gestern nicht mehr auf der Alm sind, den Sonntag noch auf
Funtanacia verbringen wollen. Vor allem Emma fällt es schwer, sich
von der Hütte zu trennen; das Leben im Dorf will erst wieder erlernt
sein. Auf halbem Weg etwa kommen sie mir mit ihrem Geländewa-
gen entgegen. Das ist mir angenehm, denn so muß ich »Schnaps«
nicht mit ins Wirtshaus nehmen, wo seine Schnauze vermutlich
unentwegt auf fremden Tischplatten läge. Der Hund fährt mit nach
Funtanacia. Am späten Nachmittag werde ich ihn abholen.

Ich setze mich auf die Bank vor dem »Sanvi«, trinke einen Cappuccino, schaue den Kindern zu, die auf dem Parkplatz vor dem
Gasthaus Fangen spielen, und finde, daß Autos laut sind und stin-
ken. Es dauert lange, bis meine Brüder kommen. Am Brenner war
wieder mal Stau, und so haben sie sich kurzfristig zu einem Umweg
über den Stallersattel entschlossen. Fritz ist dicker geworden, Wolfi
ist so füllig geblieben, wie ich ihn in Erinnerung habe. Daß ich
hingegen fast fünfzehn Kilo abgespeckt habe, entgeht ihnen natürlich nicht, und dafür loben sie mich. Wie ich vermutet habe, gibt es
schlechte Nachrichten über den Krankheitsverlauf unserer Mutter.
Sie leide an einem Plasmazytom. Soweit ich es verstanden habe,
handelt es sich dabei um eine überhöhte Bildung von Eiweißzellen
im Blut. Zudem sei die Nierenfunktion erheblich vermindert und

der Magen in Mitleidenschaft gezogen. Ihr Zustand sei kritisch, die Ärzte sprächen bereits von »irreversibel«.

Was soll ich tun? Mein Unternehmen abbrechen und meiner Mutter wenigstens die Sorgen ersparen, die sie sich um mich macht? Fritz und Wolfi sind einhellig der Meinung, daß ich auf meinem Berg bleiben solle. Es werde unsere Mutter sicher beruhigen, wenn sie ihr erzählen, daß ich in guter Verfassung und zufrieden sei. Ich könne nichts für sie tun, außer sie anzurufen, das würde sie bestimmt sehr freuen. Es ist mir fast peinlich, daß der Anstoß von meinen Brüdern kommen muß, aber ein Telefon ist inzwischen ebenso wie Fernseher und Radio außerhalb der Peripherie meiner täglichen Bedürfnisse. Wie man ein Telefon handhabt, weiß ich noch, und im »Sanvi« gibt es eine Telefonzelle.

Als sich in der Hörmuschel ein schwaches, brüchiges Stimmchen mit »König« meldet, ist mir nur der Name vertraut. Die Stimme dünkt mich wie die eines fremden Menschen, und sie bleibt unverändert monoton, ohne den leisesten Hauch von Überraschung oder gar Freude. Sie fühle sich im Moment recht schwach wegen der vielen Medikamente, sagt sie, und das Sprechen strenge sie sehr an. Herrgott, ich weiß auch nicht, was ich sagen soll, meine Kehle ist wie zugeklebt. In meiner Sprachlosigkeit bringe ich gerade noch dieses hervor: »Die kriegen dich schon wieder hin.« Und wie ein Seufzer kommt es zurück. »Ja, ja, ich weiß schon.« Oder: »Das sagen sie alle . . .« soll das wohl heißen.

Ich bin niedergeschlagen, als ich mich wieder zu meinen Brüdern an den Tisch im Freien setze. Ich muß sie besuchen, bald. Fritz und Wolfi finden die Idee auch in Ordnung.

Noch keine zwei Stunden sind die beiden da und schon wieder in Eile. Vor allem Wolfi, unser Hobby-Rennfahrer, hat Ameisen in den Hosen und drängt zum Aufbruch. Bevor wir uns verabschieden, holt er eine Tüte aus dem Kofferraum. Sie enthält ein Geschenk von ihm, damit mir im Winter nichts Wesentliches einfriert: einen sogenannten Faserpelz, einen Wärmeanzug. Die beiden wollen noch auf der Rückfahrt nach München in der Klinik Station machen, um unserer Mutter von dem Treffen ihrer drei Söhne zu berichten. Da ich weiß, daß sie Edelweiß sehr gerne mag und immer ganz verzweifelt war, weil sie in ihrem Garten nicht gediehen, habe ich ihr am Medalges-Hang einen kleinen Strauß gepflückt. (Mir ist bekannt, daß sie unter Naturschutz stehen, aber da oben blühen sie zu Hunderten, und in »meinem« großen Medalges-Garten habe ich mir die Ernte von zehn Edelweiß einfach gestattet.) Zurück gehe ich den Alten Weg, der sich zwischen Lärchen und Zirben zu den Almwiesen hinaufschlängelt. Emma und Giovanni haben dafür Verständnis, daß ich heute nicht mehr groß zu Plaudereien aufgelegt bin. Mit ihnen habe ich wahrhaftig zwei Perlen entdeckt: Sie bieten mir an, mich nach Oberaudorf zu fahren, wann immer ich wolle.

Die folgenden Tage vergehen nicht von selbst, ich muß sie bezwingen. Mühsam bringe ich sie hinter mich, verfrachte das inzwischen trockene Holz in den Stall, isoliere die Schlafkammer mit Dämmplatten in Hellgrün. (Auf die Farbgebung hatte ich keinen Einfluß, das scheint die handelsübliche Farbe zu sein. Nun sieht die Kammer aus wie ein schlampig gefliester Duschraum.) Im Dachboden gibt es noch eine Menge zu tun, um ihn gegen mögliche Schneestürme abzudichten. Wäsche muß wieder mal gewaschen werden. Meine eigene Monotonie, meine derzeitige Unfähigkeit, mich zu motivieren, Dinge zu entdecken, auf etwas gespannt zu sein (auf was?), mich zu freuen, diese Unfähigkeit macht mich leichtsinnig und unkonzentriert. Und in einem solchen Zustand sollte man nicht aufs Hüttendach steigen, um ein paar lose Schindeln zu reparieren. Ich habe trotzdem Glück, als ich, auf dem Dachfirst balancierend, ausgleite und über die Westseite schlittere. Der lange Kamin des Küchenherds bremst meine Fahrt, und im letzten Moment bekomme ich eine Strebe zu fassen, mit der das Rohr am Dach befestigt ist. An einem hervorstehenden Nagel ist meine rechte Hand etwas zu Schaden gekommen, sonst ist nichts. Stundenlang sitze ich in der Sonne und döse vor mich hin wie ein Dachs, denke nichts, zumindest nichts, das es wert wäre, schriftlich niedergelegt zu werden. Da ich überhaupt nicht mehr weiß, was ich mit mir anfangen soll, entschließe ich mich – zum ersten Mal –, zur Schlüter-Hütte zu gehen. Über den Höhenweg zum Sobutsch und weiter über das Bronsoi-Joch, einen schmalen Steig, ist diese stattliche Schutzhütte von der Furćia aus in einer knappen Dreiviertelstunde zu erreichen. An langen Tischen sitzen, lachend und hemdsärmelig, etwa ein Dutzend Gäste. »Schnaps« fegt los, obwohl wir noch gut 200 Meter von der Hütte entfernt sind. Aus dem Schatten des Vordachs trottet ein großes Tier, braun-weiß gefleckt, fast wie ein Kalb. Ein Bernhardiner hat meinen Hund entdeckt und macht gleich mit baßkehligem Bellen klar, wer hier das Sagen hat. »Schnaps« ist außer sich. Wie ich gleich erfahren werde, handelt es sich bei dem Bernhardiner um eine Dame, und sie hört auf den blumigen Namen »Flora«. Ich kann mir so gut vorstellen, was in »Schnaps« vorgeht, als steckte ich in seiner Haut. »Flora« ist noch um eine Nummer größer als mein Hund. »Endlich mal ein Weib, zu dem man aufschauen kann, langbeinig, breitschultrig, geradezu ein Vollweib. Und diese Stimme! Ist doch was anderes als das Gefiepse der Pinscher und Terrier oben am Höhenweg.« So oder ähnlich mag er fühlen, und nun beschnuppern sich die beiden, um die schwachen Stellen des anderen ausfindig zu machen. Mit gütigen, aber aufmerksamen Triefaugen verfolgt »Flora« den Weg des weißen Fremdlings, der sich stracks zur Küche begibt. Da riecht es nach Spaghetti, nach feiner Soße, und das Knistern in großen Pfannen auf dem Herd verrät zudem Gebratenes. »Schnaps« begeht einen Fehler und betritt die Küche. Mit einer Behendigkeit, die der stattlichen Bernhardinerin gar nicht zuzutrauen wäre, jagt sie gleichfalls ins »Allerheiligste«. Tumult in der Küche! Knurrende, jaulende, bellende Hunde, das Poltern einer Schüssel, schrille Frauenstimmen, eine befehlende Männerstimme: »Raus, ihr zwei. Aber schnell!«

»Schnaps« kommt als erster wieder ins Freie, mit hängendem Kopf, weil der Empfang doch etwas anders war, als er ihn sich vorgestellt hatte. »Flora« folgt mit mürrischem Triefblick, und um dem vorwitzigen Weißen einen Rückfall in schlechte Manieren von vornherein zu verbauen, legt sie sich unter Nutzung ihres gesamten stattlichen Körpers der Quere nach vor die Küchentüre. Da ist kein Vorbeikommen mehr, und »Schnaps« widmet sich nun den Gästen, wo es erfahrungsgemäß einfach ist, zu einem Happen zu kommen.

Nun tritt aus der Küche ein gutaussehender Mittfünfziger ins Freie, ein Clark-Gable-Typ, wenn man von der blauen Schürze einmal absieht. Ich vermute, daß es der Wirt ist. Er scheint wegen der Küchenvisite meines Hundes keineswegs ärgerlich zu sein, setzt sich neben mich auf die Hausbank und gibt mir gleich zu verstehen, daß mir mein Ruf bereits vorausgeeilt ist.

»Ah, grüß Gott! Unser Nachbar von der Furćia. Isch ja Zeit, daß Sie sich bei uns auch mal sehen lassen.«

Ich bin erstaunt.

»Na, na, Sie kenn' ich nicht. Aber die Leut', die übers Kreuzjoch an der Furćia vorbeigehen, die erzähl'n immer von am groß'n weiß'n Hund, der soviel bellt. Und große, weiße Hund' gibt's bei uns sonscht keine.« Also doch: An ihren Hunden sollt ihr sie erkennen. Und unwillkürlich denke ich an eine Begebenheit bei mir zu Hause. Ab und zu fahre ich nach Miesbach, donnerstags, wenn in der Oberlandhalle Viehmarkt ist. Dann sitz' ich nach der Versteigerung mit den Bauern in der Kantine und höre mir ihre Geschichten an. Zwei Jahre mag's vielleicht her sein, da schnappe ich vom Nebentisch ein paar Gesprächsfetzen auf, die offenbar mir gelten. »Des is da Kini (König) vo Reinthal, der Schreiberling, woaßt scho«, sagt der eine. »Kenn' i net«, sagt der andere. »A geh! Woaßt scho, der vo dem groß'n weiß'n Hund«, sagt der erste. »A der«, sagt der zweite. Jetzt weiß er's.

Auch einige Gäste an den langen Tischen scheinen sich mit mir zu beschäftigen. Sie schauen zu mir herüber, tuscheln, einige lachen, andere nicht; wahrscheinlich sind auch sie unlängst an meiner Hütte vorbeigekommen. Richtig. Einer der Herren, ein Deutscher, faßt sich ein Herz und sucht mich auf.

»Verzeihung. Sie sind doch der Senner von der Hütte, an der man vorbeikommt, wenn man vom Kreuzjoch kommt. Wir sprechen gerade über Ihren wunderschönen Hund. Ich sage: Der ist ein Albino, ein Bernhardiner. Ist er doch, oder?« Ein Albino! Das ist mal was Neues. Das muß ich nachher gleich meinem »Schnaps« erzählen.

»Sie irren in zweifacher Hinsicht«, entgegne ich freundlich, nachdem ein erster tiefer Schluck aus dem Bierglas meiner Redseligkeit auf die Sprünge hilft.

»Ich bin kein Senner, was aufgrund meines Äußeren vielleicht nicht gleich zuerkennen ist. Der Hund ist kein Bernhardiner, sondern ein italienischer Hirtenhund, ein Pastore Maremmano. Die sind naturgemäß weiß. Und sagen Sie ihm bitte nicht, daß er ein Albino sei. Ich fürchte, er bräche in Tränen aus.«

Der Herr lacht herzlich und ist überhaupt nicht enttäuscht, obwohl er falsch geraten hat. Er wendet sich dem Tisch zu, an dem seine Freunde oder Bekannten sitzen, und informiert:

»Der Herr ist kein Senner, und der Hund ist kein Albino. Aber, he, Inge! Ein ungarischer Hirtenhund ist er auch nicht. Ein Italiener ist er! Ein Einheimischer! Ääätsch!«

Am langen Tisch wird diskutiert, der Herr vor mir mustert mich, meine leicht angeschmutzten beigen Kordhosen, meinen alten Parka, und so, wie er mich prüft, entgeht ihm sicher auch nicht, daß an meinem Hemd zwei Knöpfe fehlen und daß ein Frisör kein Luxus wäre. Besonders interessiert betrachtet er meinen Bergstock mit der Eisenspitze. »Schöner Stock«, befindet der Herr, »Haselnuß. Mit Dorn. Sehr gut.« Dieses Mal hat er richtig geraten. Haselnuß stimmt, aber sein Quiz ist noch nicht zu Ende.

»Sie sind kein Senner. Sind Sie Dichter, Philosoph, Aussteiger?«

Meine Langmut verdaut heute Prüfungen jedweder Art. Es geht mir gut, zumal mir Anton Messner, der Wirt, soeben einen Teller mit einem goldgelben Omelett, gefüllt mit Preiselbeeren, auf die Bank stellt. Ich brauche keinen Tisch. Auf der Hausbank ist es recht gemütlich. Der erste Bissen schlüpft unter den Gaumen.

»Ich bin Journalist«, erkläre ich in einem mundleeren Moment. »Ich lebe seit Mitte Mai auf der Furćia und bleibe bis zum nächsten Mai, um über meine Erfahrungen zu schreiben. Das ist alles.« Der nächste Omelett-Bissen, ein großes Stück, verbietet im Augenblick weitere Erklärungen.

Das haut den Herrn schier um.

»Is ja toll! Und auch im Winter! Ach darum das viele Holz. Ein ganzes Jahr. Respekt, Respekt.«

Eine Preiselbeere gleitet aus dem Mundwinkel und fällt auf die Hose. Noch ein Fleck. Morgen werde ich wieder Hosen waschen müssen.

Der Herr kehrt zu seinem Tisch zurück und verbreitet die Neuigkeiten. Den Gesichtern nach zu urteilen, scheinen die Kommentare irgendwo zwischen besorgt, ungläubig und verständnislos angesiedelt zu sein. »Schnaps«, der unermüdliche Bettler, hat längst mitbekommen, daß auf meinen Oberschenkeln ein Teller steht, dem der seltene Duft von Mehlspeise anhaftet. Klar, daß er auch Omeletts mit Preiselbeeren mag. Er mag eigentlichs fast alles. Der letzte Bissen ist für den Hund. Mittlerweile sind alle Tische besetzt. Und ehe sich die Prozessionen zum Peitlerkofel (was mich nicht stört) und zum Bronsoi-Joch (was mich schon stört, weil das mein Heimweg ist) in Bewegung setzen, bezahle ich bei Günter, dem Junior, die Zeche. »Flora«, die den Kücheneingang wieder freigegeben hat, stakst auf langen Bernhardinerbeinen ein Stück weit neben uns her und flüstert »Schnaps« noch schnell was ins Ohr. Muß was Feines sein, da mein Hund kaum noch zum Mitgehen zu bewegen ist. Da braucht es schon ein paar scharfe Töne, um ihn zum Gehorsam zu ermahnen. Es geht trotzdem ans Herz, wenn sich zwei Hunde mögen. »Flora« schickt »Schnaps« glühende Triefaugen hinterher, ihr Sehnen klingt in maskulinen Tiefen. Auch für »Schnaps« ist die Trennung nicht leicht. Alle paar Meter bleibt er stehen, wendet den Kopf und winselt. Hätte er ein Taschentuch, würde er vermutlich jetzt winken und sich dann verschämt die Nase putzen. Ob »Flora« wohl gemerkt hat, daß »Schnaps« kastriert ist? Wenn nein, dann wird sie irgendwann sehr enttäuscht sein, wenn ja, dann kann ihre gespielte Zuneigung nichts anderes als Mitleid sein.

Auf dem Bronsoi-Joch ist meine gute Laune plötzlich gefährdet. Etwa auf halber Strecke wird das schmale Band schroff und unwegsam. Trittsicherheit ist angeraten, absolut Bergunerfahrene sollten besser eine andere Route wählen. Zwar sind die Markierungen ausreichend, es sei denn, man ist blind. »Schnaps« hat viel gelernt und läuft grundsätzlich ganz dicht am Berg. Wie immer, ist er mir ein gutes Stück voraus, bleibt plötzlich stehen und bellt in die felsige Ostflanke der Medalges, wo kein Weg mehr ist. Als ich bei ihm bin, traue ich meinen Augen nicht. Oberhalb der deutlich sichtbaren Rot-Weiß-Markierung, wo der Pfad im Fels einen scharfen Linksbogen schlägt und sich über eine hohe Stufe zwängt, stehen regungslos zwei Menschen in einer steil abfallenden Felsrinne. Sie befinden sich gut zehn Meter abseits des markierten Weges. Ein Mann, weißhaarig, und eine Frau, viel jünger als er. Rheinländer Dialekt unterstreicht ihre Notlage. Sie möchte von ihm wissen, wie sie da wieder runterkommt. Er fragt sie, wieso sie ihn das frage. Sie weint bereits, bei ihm wird's nicht mehr lange dauern. Ich frage beide, was sie da oben zu suchen hätten. Er, ungeachtet seiner mißlichen Lage (wenn sie ausgleiten, kann's sein, daß sie sich ein paar Blessuren einfangen), markiert den starken Max und pflaumt mich an:

»Reden Sie nicht so dumm daher. Haben Sie sich noch nie verstiegen?«

Ich würde gerne etwas Häßliches sagen, aber ich verkneife es mir, weil die beiden in einer schwierigen Situation sind. Inzwischen beginnen sie zentimeterweise mit dem Rückzug. An ihren Armgelenken baumeln insgesamt vier Skistöcke, die sie zusätzlich behindern.

»Die Markierungen sind so groß wie Verkehrsschilder. Die sind vor allem für Leute wie Sie gemacht.« Grob kann ich auch sein.

»Seien Sie still. Sie sind von hier. Sie kennen sich aus«, keucht er.

177

Ich glaube, sie weint nicht mehr, weil sie es gleich geschafft haben. »Ich bin zwar nicht von hier, aber ein bißchen kenne ich mich aus. Und verzeihen Sie, wenn ich Sie in ihrer Erstbesteigung gestört habe.« Wahrscheinlich wollten sie ein bißchen in den Felsen herumkraxeln. Die Markierungen sind so deutlich, daß sie pausenlos »hier« schreien. Nun sind sie wieder auf sicherem Boden und beruhigen sich gegenseitig. Ich will mit ihnen nichts mehr zu schaffen haben und gehe zurück zur Furćia. Schätzungsweise vergeht fast eine Stunde, als die in Bergnot Geratenen den Höhenweg über der Hütte passieren. Ich bezweifle, ob sie mich, der ich auf einem der Brunnentröge sitze, auf die Entfernung erkennen können. Aber der Hund kommt ihnen sicher bekannt vor, und so gelingt es ihm auch, eine Verbindung zu dem dazugehörenden Herrn herzustellen. Obwohl ich gar nicht zum Höhenweg hinaufschaue, fühlt sich der weißhaarige Herr bemüßigt, mir noch eins mitzugeben.

»Lügner!« keift er. »Sie sind ja doch von hier!« Ich lasse einen eiskalten Strahl aus dem Wasserschlauch über mein Genick rinnen. Am Abend, beim Resümieren des abgelaufenen Tages, bin ich selbstkritisch genug, um mein Verhalten den beiden gegenüber nicht in Ordnung zu finden. Und ich glaube, daß ich doch noch ein paar Dinge zu lernen habe. Meine Freunde von der Brunecker Bergwacht wären mit mir sicher gleichfalls unzufrieden. Gescheiter und hilfreicher wäre es gewesen, den offenbar total Unerfahrenen die Hilfe eines nicht ganz Unerfahrenen anzubieten, obwohl ich nicht mal genau gewußt hätte, wie ich ihnen helfen könnte. Beruhigen hätte ich sie sollen, ihre Tritte dirigieren, um sie dann, wenn sie wieder sicheren Stand gefunden haben, auf gut bayrisch mit der Bedeutung von Markierungen vertraut zu machen. Vielleicht würden wir jetzt am großen Tisch vor der Furćia sitzen und gemeinsam einen Schnaps trinken. Die beiden behielten mich in guter Erinnerung und würden mein Buch kaufen, und ich könnte auf meinen Kalender schreiben: »Guter Tag. Erstmals auf Schlüter-Hütte. Omelett mit Preiselbeeren gegessen. Zwei Rheinländer aus Bergnot gerettet.«

Es ist schon fast ein Witz: Ein Vierteljahr lang habe ich mich mit dem Holz herumgeplagt, es verflucht, mich einen Narren gescholten, weil ich es nicht ofenfertig gekauft habe. Jetzt, da alles im Stall ist – bis auf zwei lange Reihen, die unter dem westseitigen Vordach gut geschützt sind –, ist mir, als wäre ich von einem Tag auf den anderen in Rente geschickt worden. Die Hütte ist, soweit dies mit den begrenzten Materialien möglich war, isoliert und reif für den Winter. Das einzige, das noch fehlt, ist ein solider Windfang auf der Westseite, um die Eingangstüre vom Schnee freizuhalten. Die letzten Bretter, die im Dachboden aufzutreiben sind, reichen gerade aus, um einen windgeschützten Vorraum zu schaffen. Dazu brauche ich zwei Tage, und dann ist wirklich alles gerichtet. Getrieben von Langeweile, suche ich nach losen Nägeln, Leisten und Brettern, die mich wenigstens hin und wieder beschäftigen. Wenn ich die Materialien hätte, würde ich in der Küche eine Kochstelle aus Stein bauen, damit der Ärger mit dem qualmenden, stinkenden, ständig verrußten, kaum Wärme spendenden Herd endlich ein Ende hätte. Ab und zu spiele ich auf der Flöte oder versuche mich auf einer Mundharmonika. Des Gebrauchs beider Instrumente bin ich nahezu unkundig, obwohl Fortschritte während der vergangenen vier Monate nicht zu überhören sind. Mein einziger Zuhörer, der mich in meinen Bemühungen beflügeln könnte, ist der Hund. Aber anstatt duldsam zu sein, mich auf dem steinigen Weg zur Konzertreife wenigstens durch Langmut zu unterstützen, beginnt er schon zu heulen, wenn ich nur Atem hole. Die Flöte, eine sogenannte Panflöte, akzeptiert er ja noch halbwegs. Die Mundharmonika allerdings versaut ihm den ganzen Tag. Zu bellen beginnt er bereits, wenn ich das schöne, alte Instrument aus dem Futteral nehme. Sobald aber die ersten Töne seinem feinen Gehör schmeicheln wollen, reckt er den Kopf senkrecht nach oben und heult wie ein Wolf, ach was, wie ein ganzes Rudel. Dabei spielt es auch keine Rolle, ob wir uns während meiner konzertanten Darbietung gemeinsam in der Hütte befinden oder ob er – »Schnaps« – 200 Meter weit weg auf seinem Aussichtshügel sitzt. Er heult und übertreibt maßlos und benimmt sich in seiner Ablehnung geradezu verletzend. Mit seiner Musikalität beziehungsweise seiner Toleranz, bestimmte musikalische Epochen schweigend zu akzeptieren, ist es ohnehin nicht weit her. Eine Kassette, die ich gerne und oft höre, enthält Gitarrenkonzerte von Vivaldi. Zwar ist die Klangwiedergabe der beiden winzigen Aktiv-Boxen nicht optimal, aber so schlecht ist sie auch wieder nicht, daß er dabei fiepsen und winseln müßte wie Waldi. (Inzwischen ist es etwas besser geworden, und bis das Jahr um ist, hat er vielleicht auch an der Mundharmonika Gefallen gefunden.)

Der September ist golden und entschädigt für den mißratenen Sommer. Auf dem Höhenweg ist es ruhiger geworden; die jetzt in die Berge gehen, sind Feinschmecker. Für geübte Alpinisten beginnt die gute Zeit mit beständigem Wetter. Der Höhenweg ist für sie nur die kürzeste Verbindung, um rasch von den Kletterwänden des Peitlerkofel zu ihren Zielen in den südlicheren Dolomiten zu gelangen, zur Sella-Gruppe etwa, zu den Drei Zinnen oder zum Langkofel. Ihre Rucksäcke sind mit Kletterseilen, Steinschlaghelmen und Eispickeln bepackt, und ob sie bei guter Kondition sind, sehe ich mit dem Fernglas, wenn sie die steilen Serpentinen der Roa-Scharte hinter sich bringen. Das motiviert auch mich, zwar nicht zu einer Kletterpartie, aber eine Tagestour wäre sicher gut für Haupt und Glieder. Als wären meine Gedanken über Nacht bis nach St. Martin geflogen, kündigt »Schnaps« am anderen Morgen mit hektischem Bellen Besuch an. Sein Freund »Niki« erscheint. Wo er ist, kann Emma oder Giovanni, oder beide, nicht weit sein. Sie kommen beide. Zur Puez-Hütte wollen sie und fragen mich, ob ich Lust hätte mitzukommen. Und ob ich Lust habe! Der Rucksack ist schnell gepackt, ein leichter Anorak, ein Pullover und ein Hemd zum Wechseln genügen für einen Tag. Essen und Trinken haben Castlungers für drei dabei. Heute möchte ich mal prüfen, ob ich gut in Schuß bin. Vom Kreuzjoch bis zum Sattel der Roa-Scharte dürfte man bei normaler Gangart laut Führer eineinhalb Stunden benötigen. Von der Furćia bis zum Kreuzjoch sind es noch mal fünf Minuten. Giovanni schaut auf die Uhr, ich gehe mit »Schnaps« voraus. Oberhalb von Funtanacia pfeifen die Murmeltiere, dem Hund ist's gleich. Ohne Halt bringen wir die Serpentinen bis zum Sattel hinter uns. Giovanni und Emma kommen eine knappe Viertelstunde später. Ich habe 65 Minuten gebraucht, bin nicht besonders außer Atem, schwitze, wie es sein soll, und bin mit meiner Verfassung zufrieden. Ohne Pause gehen wir weiter bis zur Nives-Scharte, einem schmalen Band, das am Fels entlangführt und mit Drahtseilen gesichert ist. Daß ich mir um »Schnaps« Sorgen mache, erweist sich als ungerechtfertigt. Wie ein geübter Geher erklimmt er die bis zu einem Meter hohen Steinstufen, ohne Zögern, ohne Furcht vor der Tiefe. Unbeirrt schnürt er am Fels entlang, daß es linker Hand, einen knappen halben Meter daneben, ein paar hundert Meter tief runtergeht, bringt ihn nicht aus der Fassung. Nach etwa vier Stunden, eine halbstündige Rast einbezogen, sind wir an der Puez-Hütte. Sie liegt 2475 Meter hoch am Südwestrand der Gadenazza-Hochfläche, am Ende des Langentals, und befindet sich noch im Naturpark Puez-Geisler. Die Puez-Hütte ist ein moderner Flachbau mit 90 Schlafplätzen, und an guten Tagen drängen sich an den langen Tischen im Freien und in der Wirtsstube, über den Tag verteilt, bis zu eintausend Gäste. Heute ist es ziemlich »ruhig«, knapp hundert mögen es sein, die sich von der Sonne bräunen lassen. So viele Menschen auf einem Fleck habe ich seit dem denkwürdigen Stadtfest in Bruneck nicht mehr erlebt, und ich empfinde es auch durchaus nicht als »Erlebnis«. Aber den Wirt will ich kennenlernen, ein Dolomiten-Faktotum, Hansdampf in allen Gassen, furchteinflößend in seiner Trinkfestigkeit, »Onkel Herbert« genannt, schlichtweg: ein Original. Ernst und Roland haben mir von ihm erzählt, seine Geselligkeit und seinen Witz gepriesen und mich vor seiner Freigebigkeit gewarnt. Er steht hinterm Tresen und zapft Bier. Geschätztes Alter: Ende Dreißig, Anfang Vierzig, schlank, besser: mager, etwa einsachtzig groß, hageres Gesicht, von Bräune nicht die Spur, eher schon von Kneipenblässe mit leichtem

Grauschleier. Ich stehe mit drei anderen in einer Reihe und warte, bis ich dran bin.

»Zwei Bier und einen Kaffee«, bestelle ich, »und einen Gruß vom Ernst Klammsteiner.«

»Onkel Herbert« mustert mich einen Moment lang, wirft einen kurzen Blick auf meinen Hund, der soeben seinen Kontrollgang in der Wirtsstube beendet hat, und dann freut er sich.

»Aaah! Du bisch der Schriftschteller von der Medalges. Stimmt's? Weiß ich vom Klamme.«

»Stimmt«, sage ich, »und du bist der Onkel Herbert.«

»Ja, ja, der bin i'«, lacht er, »und da drauf trink'n mir oan.« Und eh ich mich versehe, stehen vier gutgefüllte Gläser mit Enzianschnaps auf einem Tablett. Zwei für ihn, zwei für mich; »Onkel Herbert« wurde mir korrekt beschrieben.

Er wolle nachher noch auf einen Sprung zu uns an den Tisch kommen, und davor wird mit jetzt schon bange. Nicht unberechtigt, wie sich alsbald zeigt. »Onkel Herbert« kommt, strahlend, ein Tablett auf dem hoch erhobenen Handteller balancierend. Zwölf Gläser mit Enzian sind im Kreis aufgestellt.

Allein der Anblick eines Dutzend gefüllter Schnapsgläser scheint Emma Qualen zu bereiten. Für die Dauer eines Lidschlags werden ihre Augen zu schmalen Schlitzen, um gleich darauf groß, starr und blaugrau an dem Tablett förmlich zu kleben. Ihr Abscheu vor dem Unausweichlichen entlädt sich in einem Seufzer: »Na. In Gott's Will'n.«

Emma trinkt einen, Giovanni und ich sind »Onkel Herbert« beim Leeren der übrigen Gläser behilflich. Bevor er Zeit findet, ein neues Tablett zu bringen, sind wir wieder auf dem Weg. Zurück gehen wir übers Puezjoch, so daß unsere Tagestour einen großen Bogen beschreibt. Der Enzian haut mir mächtig in die Knochen. Zeitweise sind meine Knie wie Mull, mein Blick ist etwas getrübt, keine optimalen Voraussetzungen für den Heimweg, der noch gut und gerne vier Stunden dauert. Auf dem steilen, schmalen, von Geröll und Schutt überdeckten Steig komme ich mir vor wie auf Kugellagern, und die meiste Zeit fahre ich auf dem Hosenboden ab. Auf dem Almweg nach Antersasc wird es besser, und mein Bergstock ist für mich heute eine besonders wichtige Stütze. Zwei Stunden später sind wir am Ortsrand von Campill, und ich bin so gerädert, daß ich am liebsten bei Emma und Giovanni übernachten würde, um ausgeruht und alkoholfrei morgen früh zur Furćia zu gehen. Aber nein, mein Stolz treibt mich weiter. Auf der Forststraße verabschiede ich mich von Emma und Giovanni, und »Schnaps« gibt »Niki« noch einen freundschaftlichen Stubs mit auf den Weg. Es ist bereits später Nachmittag, und so weit wie heute war der Weg zur Medalges noch nie. Ich befasse mich ernsthaft mit dem Gedanken, an den unteren Almwiesen, eine halbe Stunde von der Furćia entfernt, in einem Heuschober zu übernachten, schäme mich aber schon allein dieses Gedankens und schleppe mich weiter. »Schnaps«, immer noch besser auf den Beinen als ich, ist ein verständnisvoller Weggefährte. Immer wieder bleibt er stehen und wartet, bis ich zu ihm aufgerückt bin. Endlich bei Claras Hütte. Unter normalen Bedingungen noch eine Viertelstunde bis zur Furćia. Aber die Bedingungen haben sich weiter verschlechtert. Mir ist übel, es ist inzwischen dunkel, ein Umstand, der meiner Müdigkeit zusätzlich Vorschub leistet. Ich bin zu schlapp, um auf mich wütend zu sein, wütend, weil ich diesen verfluchten Enzian in mich hineingegossen habe, als wäre ich »Onkel Herbert«. Jetzt bloß nicht an Claras Hütte wieder eine Pause einlegen. Weiter muß ich, auch wenn's kaum noch weitergeht. Den Weg kenne ich auswendig wie die Flüche, die mir auf der Zunge liegen und die ich lieber runterschlucke, um Luft zu sparen.

Wir schaffen es doch, ohne Übernachtung in einem Heuschober. Erst jetzt merke ich, daß auch »Schnaps« ganz schön fertig ist. Nach einem schier endlosen Geschlabber aus dem Wassernapf rollt er sich auf seiner Decke ein, und es dauert nicht lange, da schnarcht er wie ein Mensch. Obwohl durchgeschwitzt bis zum Anorak, bin ich heute ein Schwein. Ungewaschen, die Zähne ungeputzt, haue ich mich in die Falle. Kein Essen brauche ich, nicht mal was zu trinken, nur noch schlafen will ich. Gedankenfetzen flattern im Kopf: acht Stunden auf den Beinen oder noch länger... Der Gelbe Enzian ist eine schöne Blume. Aber seine Wurzeln, aus denen man Schnaps macht, soll der Teufel holen... Morgen gibt es schon wieder Bohnen mit Speck...

Der letzte Gedanke der Nacht ist auch der erste beim Aufwachen. Den dritten Tag bereits gibt es Bohnen mit Speck. Vorgestern habe ich mich zum ersten Mal der Unmengen an Hülsenfrüchten erinnert, die in der Speisekammer lagern. Linsen, Bohnen, Erbsen, getrocknet in Plastiksäcken. Ich habe vier Hände voll über Nacht in einer Schüssel mit Wasser quellen lassen. Sie heißen Red Kidney und sehen mit ihrer dunkelroten Färbung sehr appetitlich aus, viel freundlicher als beispielsweise die faden, graugrünen Linsen. Also mache ich einen Topf voll Red Kidney mit Zwiebeln, scharfem Paprika, Speck und reichlich Knoblauch, gleichsam als Generalprobe für den Winter, wo Bohneneintopf auch in Wirtshäusern gerne feilgeboten wird. Ein typisches Winteressen. Sie schmecken wirklich gut, aber der Genuß hat auch seinen Preis. Bereits am ersten Abend (mittags Bohnen, nachmittags ein bißchen, abends wieder Bohnen) ist die Stimmung in der Stube gedrückt. In meinem Bauch toben Unwetter, der Hosenboden glüht, die beiden Stubenfenster stehen sperrangelweit offen. (So was kann man eigentlich nur essen, wenn man alleine lebt.) Am nächsten Tag wälze ich bereits den Gedanken, den Rest auf den Kompost zu schütten, verwerfe ihn aber wieder, da das Zeug ja gut schmeckt. Also wieder Bohnen mit Speck, mittags, nachmittags nicht, dafür abends um so mehr. Ich hätte es wissen müssen. Die Ereignisse gleichen denen vom Vortag aufs Haar. In der Nacht wird es sogar noch schlimmer, ich kann nicht schlafen, ich habe eine Geröllhalde im Bauch. Heute wäre der dritte Tag mit Bohnen und Speck. Nein, nicht noch mal. Der Topf ist zwar immer noch halbvoll, aber die Dohlen werden mit dem tückischen Gemüse sicher besser zurechtkommen als ich. Also ab damit auf den Komposthaufen hinterm Stall. Ich koche ein leichtes Instant-Süppchen vom Rind, reichere es an mit ein paar harten Brotstücken und registriere mit Wohlbehagen, daß sich meine Innereien dafür mit Sanftmut bedanken. Der Abend naht, ich lese und fühle mich richtig wohl. Der Hund liegt auf seiner Decke und ist etwas unruhig. Er wälzt sich von einer Seite auf die andere, streckt sich, bekommt einen Schluckauf, und ab und zu rülpst er sogar. Dann rappelt er sich wieder unter Stöhnen auf, tapst zu seiner Wasserschüssel und säuft, als wäre er »Onkel Herbert« in die Hände gefallen. Ächzend fläzt er sich auf seinen Schlafplatz, dreht sich auf den Rücken und streckt alle viere von sich, die Vorderpfoten eingeknickt wie ein Osterhase. Die Lefzen sind in Kehrtrichtung geklappt und sehen aus wie rosarote Marzipanstücke. Zuerst riecht man es nur. Ich bin mir ganz sicher, es ist der Hund. Dann hört man es auch: Flatulenzen in solchen Ausmaßen, wie sie ein normaler Hund unter normalen Umständen gar nicht zuwege bringt. Ein Verdacht keimt in mir auf. Mit der Taschenlampe umrunde ich den Stall bis zum Komposthaufen. Der Lichtkegel sucht vergebens. Keine Bohnen, kein Speck, keine Zwiebeln, nur die Abdrücke von Hundepfoten. Der Wahnsinnige hat einen halben Topf voll feurig gewürzter Red Kidneys in seinem Wanst. In die Hütte zurückgekehrt, muß vor allem für frische Luftzufuhr gesorgt werden. Die Bohnen haben eine verheerende Wirkung. Erstens: Fenster auf. Zweitens: Hund ins Freie. Ich heiße ihn einen »Freßsack«, einen »Saubären« und was weiß ich noch alles. Schwer atmend schleppt er sich nach draußen, tappt zu den Brunnentrögen, und ich höre bis zur Hütte, wie seine Zunge das Wasser in den Rachen schaufelt. Irgendwann kratzt er an der Hüttentüre, ich lasse ihn rein, vielleicht ist ihm jetzt wohler. Im Vorbeigehen sieht er mich an mit seinem selten gewordenen Bittermandelblick, und der will wohl sagen: »*Du* mußt reden...« Und recht hat er. Trotz gelegentlicher Dissonanzen sind wir ein gutes Team, und ich wäre arm dran ohne den weißen Bären. Hin und wieder frage ich mich, was aus mir hier oben wohl werden würde, wenn ihm etwas zustoßen sollte. Ich mag gar nicht dran denken; sehr wahrscheinlich

würde mich die Einsamkeit erdrücken. Ich weiß auch, daß er »nur«
ein Hund ist, aber in meiner Situation hat er nahezu die Bedeutung
eines Menschen. Ich erzähle ihm Geschichten, und wenn er sie auch
nicht versteht, so tut er doch oft so, als interessiere ihn das alles
brennend. Vor allem, wenn in diesen Geschichten Reizworte vor-
kommen wie »Wurst« oder »gehn wir spazieren« oder wenn der
Name »Niki« fällt. Früher, als ich noch keinen Hund hatte, hielt ich
Menschen, die ihrem toten Dackel oder Pudel nachtrauerten und
wochenlang mit umflortem Gesicht einhergingen, für übertrieben
sentimental. Inzwischen kann ich sie gut verstehen. »Schnaps« ist
nicht nur ein Teil der Geschichte, die ich in den Bergen erlebe und
niederschreibe, er ist ein Teil meines Lebens, und wenn ich dieses
Jahr gut über die Runden bringen sollte, so wird er daran einen sehr,
sehr großen Anteil haben. Die Frau, deren Bild an der Stubenwand
hängt, sagte immer »Herr Hund«. Damit wollte sie mir zu verstehen geben, daß ich den Hund in seiner Bedeutung und mit meinen
Zuwendungen überbewerte. Ich finde dagegen, daß ich ihn wertge-
recht behandle, und ich kenne keinen, aber auch wirklich keinen
einzigen Menschen, mit dem ich ein Jahr lang auf der Furćia leben
möchte. Mit »Schnaps« habe ich zweifellos die beste Wahl getroffen.

Jetzt, da die gröbsten Arbeiten getan sind, ist Zeit in Massen zum
Nachdenken und Grübeln. Die Leiden meiner Mutter beschäftigen
mich sehr. Ich muß nach Oberaudorf, ich muß in die Klinik. Sollte
mich irgendwann die bitterste und endgültigste aller Nachrichten
erreichen, ohne daß ich sie noch mal lebend gesehen hätte, so könnte
ich mir mein Zaudern nie verzeihen. Am Abend bitte ich Roland
über Funk, Pepi Graber anzurufen und ihn zu fragen, ob er mich
übermorgen zum Bahnhof nach Brixen bringen könne. Eine knappe
halbe Stunde später meldet sich Roland wieder. Pepi wolle mich
übermorgen gegen neun Uhr in Campill am Parkplatz abholen und
nach Oberaudorf chauffieren. Das finde ich rührend von ihm, für
mich einen ganzen Tag zu opfern, zumal er derzeit bestimmt mit

dem Maishäxeln beschäftigt ist. (Hoffentlich scheint übermorgen ein bißchen die Sonne, damit ich ungefähr die Zeit schätzen kann, um halbwegs pünktlich unten zu sein.)

Am frühen Morgen des Reisetages sind die Almwiesen weiß. Und es schneit immer noch. Am 28. September! Ist das der Rest des kalten Sommers oder bereits der erste Warnschuß des sich ankündigenden Winters? Im Tal wird es sicher regnen. Zum Glück schickt die Sonne wenigstens ab und zu einen Schimmer durch die milchige Wolkenwand, so daß ich in etwa weiß, wie spät es ist. Es dürfte gegen sieben Uhr sein. Ich kleide mich in meine besten Sachen: schwarze Kordhose (gestern gewaschen), hellblaues Hemd (Kragen über der Stuhllehne geglättet), dunkelgraue Lodenjoppe und die roten Bergstiefel. »Schnaps« bekommt sein Halsband um, die Leine muß mit, Hütte und Stall werden abgeschlossen. Rucksack brauche ich keinen, da ich am Abend wieder zurück sein werde.

Am Parkplatz dauert es noch etwa eine Viertelstunde, bis Pepi kommt. Wir fahren zunächst nach St. Lorenzen, liefern »Schnaps« bei Vroni ab, wo er gleich von den beiden jungen Bernhardinern in die Besonderheiten der Umgebung eingewiesen wird. Wenn Sandra und Tobias aus der Schule kommen, wird »Schnaps« in besten Händen sein. Vroni hält ihn noch so lange an der Leine, bis wir nicht mehr zu sehen sind; könnte ja sein, daß er hinterherläuft.

Am Brenner gießt es in Strömen, erst im Inntal, hinter Innsbruck, klart es auf. Ich bin wortkarg, fühle mich in dem tobenden Verkehr so beklommen, als führe ich zum ersten Mal auf der Autobahn. Die Lastzüge, die wir überholen, hüllen uns in häßliche, stinkende Dieselschwaden. Die Wiesen beiderseits des Inntales sind saftig grün wie im Hochsommer, und auf den meisten Weiden grasen noch die Kühe. Es ist alles anders als bei mir oben. Das einzige, das mich während der etwa zweieinhalbstündigen Fahrt beeindruckt, sind die Laubbäume; Kastanien, Pappeln, Linden und Buchen. Keine Spur vom Herbst, ihre Blätter sind noch sattgrün. Laubbäume sind etwas Schönes, denke ich, ein paar wenigstens hätte ich gerne bei mir oben. Erst letzte Woche, als ich auf dem Tisch vor der

Hütte saß, die Füße auf der Bank, die finsteren Zirben und die sich bereits sanft gelb verfärbenden Lärchen in Funtanacia vor mir, bekam ich richtig Sehnsucht nach Bäumen mit Blättern. Und obwohl ich grundsätzlich das Dichten den Dichtern überlasse, schrieb ich einen Reim, der mir gerade in den Sinn kam, auf einen Zettel:

Ich hab' die Nadelbäume satt,
wünsch' mir *ein* welkes Ahornblatt.

Im Autoradio gibt es Nachrichten. Ich höre gar nicht hin, der Matsch von Worten und Informationen interessiert mich nicht. Ein guter Beifahrer war ich ja noch nie, aber dieses Mal ist es besonders schlimm, obwohl Pepi nicht rast und umsichtig fährt. Und so bin ich heilfroh, als nach dem Grenzübergang Kiefersfelden endlich die Ausfahrt Oberaudorf in Sicht ist. Wir müssen durch die ganze Ortschaft, vorbei an Geschäften, Gasthäusern und Supermärkten. In einem ist ein Schaufenster komplett mit Pralinen und Schokolade dekoriert. Da werden meine Backentaschen ganz eng.

Die Trissl-Klinik liegt außerhalb von Oberaudorf, in alpenländischer Idylle mit Blick auf den Wilden Kaiser und einem Skilift am Hang. Der gesamte Klinik-Komplex besteht aus vier großen Gebäuden, und in der Rezeption des Haupthauses muß ich erst in Erfahrung bringen, wo sich meine Mutter befindet. Haus D, Zimmer 608, zweiter Stock. Pepi fährt zurück nach Oberaudorf, um sich für die nächsten zwei Stunden die Zeit irgendwie zu vertreiben. Vielleicht gehe er ins Kino, sagt er.

Der Regen Nordtirols ist an der deutsch-österreichischen Grenze hängengeblieben. Es ist warm und sonnig. Um zum Haus D zu gelangen, muß ich einen kleinen Park durchqueren, dessen Wege mit Bänken gesäumt sind. Da sitzen Männer und Frauen unbestimmbaren Alters in Gesellschaft von weißgekleideten Pflegern oder Krankenschwestern. Ihre Gesichter sind fahl, eingefallen und gezeichnet von Leiden. Die meisten haben Wollmützen oder Baseball-Kappen auf, und unter den Mützenrändern schimmern silbrigweiß einzelne Haare, so wenige, daß man sie zählen könnte. Sie haben Chemotherapien hinter sich und weiß Gott, wie viele, noch vor sich. Haarausfall und Weißfärbung der wenigen verbliebenen Haare sind die Folge. Plötzlich ist er da, der Kloß in meinem Hals. Einige sehen mich an, als wäre ich der einzige Kranke unter lauter Gesunden. Andere betrachten mich mit müden, traurigen Augen, als erinnerten sie sich an Zeiten, da sie auch nur in Krankenhäuser gingen, um jemanden zu besuchen, damals, als sie sich um andere sorgen konnten, weil sie von ihren eigenen Leiden noch nichts ahnten. Jeden, an dem ich vorbeikomme, grüße ich mit jener törichten Zurückhaltung, die nur ein dürftiger Schutz ist, um das Mitleid zu verbergen, das ich für diese Menschen empfinde. Es ist fast so still wie auf der Medalges. Aber diese Stille ist anders: erzwungen, geknebelt, leblos.

Haus D. Die Glastüre schwingt auf, und es riecht wie in allen Krankenhäusern nach Medikamenten, nach Desinfektionsmittel und nach Bettzeug, das in die Wäscherei muß. Ich gehe den langen glänzenden Flur entlang bis zum Treppenaufgang, neben dem sich der Lift befindet. Obwohl ich das Laufen gewöhnt bin, gehe ich automatisch in den Fahrstuhl, dessen Türe gerade offen ist. Hinter mir schließt sie sich. In der geräumigen Kabine, groß genug, um Krankenbetten zu befördern, sind außer mir noch sechs andere. Vier Patienten und zwei Pfleger. Zwei Männer haben Wollmützen auf, der dritte ist barhäuptig, und sein Schädel ist kahl bis auf einige wenige Haarbüschel, die wie silbrige Gräser schimmern. Ich grüße, freundlicher, ungezwungener als vorhin im Park, und alle erwidern meinen Gruß. Die Pfleger scherzen mit ihren Patienten, aber die haben im Moment nur Augen für mich. Auch die einzige Frau im Lift, mit einer Perücke, die etwas verrutscht ist, sieht mich groß und erstaunt an. (Ist sie dreißig, vierzig oder fünfzig?) Dauert eine Fahrt in den zweiten Stock wirklich so lange?

»Sie sind aber schön braun. Urlaub?« Der Barhäuptige fragt es mich. »Ja, bloß ein paar Tage«, lüge ich. Mehr brauche ich nicht mehr zu sagen, das Klingelzeichen und eine leuchtende »2« über der Türe erlösen uns voneinander.

Zimmer 608 ist gleich um die Ecke auf der linken Seite. Ohne anzuklopfen, trete ich ein. Soweit ein Krankenzimmer schön sein kann, ist es ein schönes Krankenzimmer, ein Einzelzimmer, das ein großes Bett dominiert. In dem großen Bett liegt ein kleiner Mensch, der entfernte Ähnlichkeit mit meiner Mutter hat, so, wie sie bislang in meiner Erinnerung war. Ihr Schädel ist kahl, bis auf ein paar silbrige Büschel. Ich glaube, ich habe sie erschreckt. Ich hätte anklopfen sollen, aber ich habe es einfach vergessen.

Sie erkennt mich und tastet im selben Moment mit ihrer linken Hand nach einer turbanähnlichen Haube, die vor ihr auf dem Bett liegt. Es ist ihr unangenehm, daß ich sehe, was die Chemotherapie angerichtet hat. Ich weiß nicht, ob es mir gelingt, meine Betroffenheit zu verbergen. Meine Mutter nimmt mir das Überlegen von geeigneten Worten ab.

»Ja, du? Bist extra wegen mir von deinem Berg herunter. Das ist aber schön.«

Ich küsse sie auf die Stirn und rücke ihren Turban gerade, weil sie ihn mit einer Hand etwas schief übergestülpt hat. Der rechte Arm ist nicht zu gebrauchen. Die Haut ist schrumpelig wie altes Pergament, im Unterarm stecken zwei Kanülen, an Schläuche angeschlossen, die zu einem Galgen über dem Bett führen, an dem zwei Plastikbeutel hängen mit klarer Flüssigkeit. Ihr rechter Arm, der reglos auf der Bettkante liegt, sieht aus wie der abgestorbene Ast eines Baumes.

Ich setze mich zu ihr auf die andere Bettkante.

»Du bist mir eine. Normalerweise nimmt man die Mütze ab, wenn Besuch kommt. Du setzt sie auf. Komische Manieren«, versuche ich zu scherzen, obgleich ich am liebsten losheulen möchte. Wie kann ein Mensch innerhalb von vier Monaten so verfallen! Ihr Gesicht ist kaum wiederzuerkennen, die Haut ist wachsgelb, die Wangen eingefallen, der Mund zu einer kleinen, faltigen Rosette geschrumpft. Hinter den starken Brillengläsern erscheinen ihre Augen unnatürlich groß, viel zu groß für diesen kleinen Kopf, der in dem aufgeschütteltem Kissen kaum größer ist als eine Faust. Am fremdesten aber ist mir ihre Stimme. Als ob sie augenblicklich zerbräche, in kleine unkontrollierbare Scherben zerfiele. Die Worte kommen mühsam wie unter Qualen, monoton wie damals, als ich vom »Sanvi« aus mit ihr telefonierte. Aus der Innentasche meiner Lodenjoppe hole ich ein Foto, das ich ihr schenken will. Rolands Tochter Marion, die »Letze«, hat es vor ein paar Wochen geschossen, und es zeigt mich mit »Schnaps« vor der Furćia. Ich gebe es ihr, und ich glaube, wenn sie könnte, würde sie sich lauthals freuen. So ist ihre Freude still, und sie sagt nur: »Mein Gott. Der ›Schnaps‹. Wie geht's ihm denn?«

Er sei okay, sage ich ihr, und daß er bis heute abend bei meinem Bauern bleiben müsse. Das Foto solle ich aufs Nachtkästchen stellen, nein, nicht dahin, ein bißchen weiter rechts, damit sie es immer anschauen könne. Es sei wirklich ein schönes Bild, und sie freue sich sehr darüber. Jetzt könne ich wieder auf meinen Berg, weil sie ja das Foto habe. (Später einmal werden mir meine beiden Brüder sagen, daß sie das Bild jedem gezeigt habe, der zu ihr ins Zimmer kam. Dem Arzt, den Krankenschwestern und ihren zahlreichen Besuchern. Und allen habe sie gesagt: »Schaut her, das ist mein Ältester. Der ist ein Jahr lang mit seinem Hund in den Dolomiten.« Und ganz stolz sei sie jedesmal gewesen.) Trotz ihrer erbärmlichen Lage ist sie optimistisch und gar zu einem Scherz aufgelegt.

»Da oben«, und dabei deutet sie mit den Augen zu den beiden Plastikbeuteln über dem Bett, »da oben hängt mein Mittagessen. Huhn mit Reis. Ist praktisch. Muß man nicht beißen und nicht schlucken.«

Ich muß lachen und setze noch einen drauf.

»Das wär' was für mich. Dann bräuchte ich nicht mehr zu kochen und vor allem nicht mehr abzuspülen.«

Ich merke, wie gerne sie jetzt herzhaft lachen würde. Aber es geht nicht. Es ist eher ein gequältes Glucksen, als ob ihr der Scherz Schmerzen bereite. Schon seit Wochen werde sie künstlich ernährt, da ihr Magen stark angegriffen sei. Aus dem anderen Beutel tropfe Tag und Nacht Kochsalzlösung in ihren Körper, um die Bildung der

Eiweißzellen zu bremsen. Wenn sie diese beiden Dinger da oben nicht mehr brauche, dann dürfe sie wohl nach Hause. Glaubt sie es wirklich, ist es Zweckoptimismus, oder möchte sie mich nur beruhigen?

Länger als eine Stunde bin ich noch nicht da. Das Gespräch hat meine Mutter sehr angestrengt. Es entgeht mir nicht, wie ihre Augenlider immer wieder herunterklappen, um gleich wieder, angestrengt zitternd, den Blick mühsam freizumachen.

»Ich bin sehr müde«, flüstert sie, »ich möchte jetzt schlafen.«

»Schlaf nur«, beruhige ich sie, »und wenn du möchtest, daß ich wiederkomme, sag's dem Fritz oder dem Wolfi. Die wissen, wie man mich erreichen kann.« Sie nickt nur ein wenig. Dann schläft sie. Ich küsse sie auf die Stirn, und bevor ich das Zimmer verlasse, betrachte ich noch mal diese kleine, schlafende, blasse Frau, die mir jetzt noch kleiner und blasser vorkommt als vor einer Stunde.

Pepi ist noch nicht da, und so telefoniere ich von einer Zelle aus mit meinem Bruder Fritz. Er wolle demnächst zu mir auf die Furćia kommen, um mich über die Chance zu informieren, die die Ärzte unserer Mutter geben. Ich sitze noch eine Weile auf einer freien Bank vor der Klinik, betrachte die Menschen im Park, die immerhin noch laufen können – oder wieder –, und überlege, was mir mein Bruder wohl sagen könnte, das ich nicht bereits fühlte. Jetzt, da ich bei ihr war . . .

Noch am Spätnachmittag mache ich mich von Campill aus auf den Heimweg. Zuvor haben wir in St. Lorenzen »Schnaps« abgeholt, und nun kann es ihm gar nicht schnell genug gehen. Auch ich bin froh, wenn wir wieder auf der Furćia sind. Wir nehmen den Alten Weg, der verschneit ist wie im Winter. An den Almwiesen, wo er das Ende der Forststraße kreuzt, stoßen wir auf Stiefelspuren. Die typischen Abdrücke von schweren Bergstiefeln weisen bergan. Vermutlich waren es zwei Männer, da die Schuhgröße in etwa der meinen entspricht. Meine und die Fährte des Hundes von heute früh sind nicht mehr zu sehen, also muß es auch am Vormittag noch geschneit haben. Die zwei Männerspuren führen aber auch wieder die Forststraße hinunter, und ich vermute fast, daß ich ausgerechnet heute Besuch hatte. Aber wer käme auf die Idee, bei einem derartigen Sauwetter zur Furćia zu gehen? Aus Bruneck war es sicher niemand, da Roland und die anderen ja wußten, daß ich heute im Ausland bin. Die Spuren führen in der Tat direkt zur Hütte, und als wir mit Einbruch der Dämmerung oben sind, weiß ich auch, wer die Besucher waren. Ich bekomme fast einen Anfall aus lauter Ärger. Seit vier Monaten bin ich auf der Medalges, und ausgerechnet heute plagen sich diese beiden Pechvögel aus dem Bayrischen in die Dolomiten. Und ich hätte sie wahrhaftig gerne willkommen geheißen. Neben der Eingangstüre haben sie ihre »Visitenkarte« mit einer Bauklammer festgenagelt. Auf einer der hellgrünen Dämmplatten ist eingeritzt: »Matt und Bender waren da. Fressen und Saufen auf dem Dachboden.«

Matthias Rank und Heinz Bender, zwei meiner besten Freunde, Bauern in Reichersdorf bzw. Thalham, meine Nachbarn zu Hause. Der große Vorschlaghammer, der im unverschlossenen Dachboden war, lehnt neben der Türe. Ich sehe sie förmlich vor mir, die beiden, wie sie fluchen und poltern und mir alle Teufel an den Hals wünschen. Und so, wie ich den Heinz kenne, war er nahe davor, die Türe einzuschlagen, und möglicherweise hat ihn nur der etwas besonnenere »Matt« davon abgehalten. Ich kenne die beiden seit fast fünfzehn Jahren; daß sie jemals eine Bergtour unternommen hätten, ist mir nicht bekannt. Ich weiß nicht, wie knapp wir uns verpaßt haben, vielleicht sind wir sogar aneinander vorbeigelaufen. Sie auf der Forststraße, ich auf dem Alten Weg. Es ist wirklich zum Haareausraufen! Da nehmen sie *einmal* Strapazen auf sich, die ihnen normalerweise verhaßt sind – meinetwegen. Es hilft nichts. Wir haben uns verpaßt, und ich werde ihnen gleich morgen einen Brief schreiben. Auf dem Dachboden, aufgehängt an Nägeln in den Balken, haben sie ihre Geschenke deponiert. Und was für Geschenke, so lecker und reichlich, daß mir ist wie Weihnachten. Kalten Braten (sicher von der Gretl, Matts Mutter und Wirtin in der

Reichersdorfer Wirtschaft), Schmalznudeln (auch von der Gretl), Leberkäse (wahrscheinlich vom Metzger Huber aus Miesbach), frisches Brot, eine Flasche Schnaps (vom Martl aus Ried, der auch mein Obst brennt), Wurst und zwanzig Dosen Bier. Nun tun mir die beiden gleich noch mehr leid. Oh, wie sie geschleppt haben, wie sie geflucht haben, ich weiß es, ich höre den Bender, als ob er neben mir stünde. »Kruzefix! Der Hur'n-Kini! So a oide Wuidsau! Geh, mi leck'st am Orsch.« Und der Matt, etwas ruhiger zwar, aber sicher auch enttäuscht, wird seinen Senf dazugegeben haben, etwa in der Form: »Woaßt, wo der is, Bender? Bei am Weibats, i schwör's da.« Ganz bestimmt sogar dachte der Matt, daß ich bei einem »Weibats«, einem Weib, bin, ich kenn' ihn doch. Aber es hilft alles nichts: Ich bin oben auf der Furćia, und der Matt und der Bender sind sicher wieder auf der Heimfahrt. Schade. Darauf brauche ich einen Schnaps vom Martl aus Ried.

Da ich schon mal auf dem Dachboden bin, inspiziere ich gleich die beiden Giftschüsseln. Die Mäuse haben brav gefressen, eine ist bereits fast leer. Über der Stubendecke hat noch am Abend der Giftverteilung das große Sterben begonnen. Anfangs war mir etwas blümerant zumute, als ich, in der Stube sitzend, über mir das Trippeln hörte, wie von kleinen genagelten Stiefeln. Zielstrebig steuerten die Mäuse zu den beiden Schüsseln in der Zwischendecke über der Schlafkammertüre. Manchmal hielt ich den Atem an, den kaum hörbaren Geräuschen lauschend, wenn sie ins Getreide bissen. Ich weiß nicht, wie's den Mäusen wird, wenn das Gift zu wirken beginnt. Vielleicht ein oder zwei Minuten nach der Nahrungsaufnahme rannten sie urplötzlich von den Schüsseln weg, hielten genauso urplötzlich inne, um, wie von Krämpfen geschüttelt, auf der Stelle zu treten, und flüchteten dann durch irgendeinen Schlupf ins Freie – wenn sie es bis dahin überhaupt noch schafften. Wenn nicht, dann kam der Exitus zwischen den doppelten Bretterwänden oder unterm Fußboden. Jedenfalls habe ich bis heute weder über der Stubendecke noch im Dachboden eine tote Maus gefunden. Es hat mir wahrlich keinen Spaß gemacht, den Mäusen beim Sterben zuzuhören. Und als ich unlängst Emma von meiner Vernichtungsaktion erzählte, war sie gar nicht begeistert.

»Na, in Gott's Will'n«, klagte sie, »sind doch Gottes Geschöpfe.«

Und genau deshalb halte ich mich ja auch an das alttestamentarische Regelwerk: »Auge um Auge, Zahn um Zahn.«

VI. KAPITEL

Seit gut zwei Wochen ist Ruhe in der Hütte, und ich vermute, daß die gesamte Sippe ihrer Freßgier zum Opfer gefallen ist. Inzwischen bin ich so keck, Käse, Obst und gelegentlich sogar ein Stück Speck auf den Ablagebrettern in der Speisekammer liegenzulassen. Bisher ist alles unbenagt geblieben. Da »Microtus nivalis«, die Schneemaus, bereits im Spätsommer oder frühen Herbst eine Bleibe für den Winter wählt und da auch Vorräte hortet, nehme ich an, daß in diesem Jahr keine anderen Sippen in die Furćia nachrücken. Vielleicht hat sich im Campilltal unter Mäusen inzwischen rumgesprochen, daß das Gastmahl in dieser Hütte tödlich ist.

Noch etwas habe ich im Speicher entdeckt. Da hüpft mein Handwerkerherz, und in den Fingern juckt es mich. Der Giebel an der Südseite klafft zentimeterbreit über den Sparren. Da ich inzwischen weiß, daß sich der Wind hier oben nicht nach den gängigen Erfahrungswerten des Flachlands richtet, sondern mit Klauen und Zähnen über die Hütte herfällt und das lückenhafte Refugium von allen Seiten bearbeitet, ist es äußerst ratsam, auch die Südseite abzudichten.

Endlich wieder Arbeit. Einen Tag werde ich dazu sicher benötigen, und das macht mich richtig froh. Es ist der zweite Tag im Oktober, wolkenlos, aber stürmisch. Die guten Bretter habe ich allesamt für den Windfang vor der Eingangstüre verwendet, aber Latten sind noch genügend da. So ganz nach meinem Geschmack verläuft der Tag denn doch nicht, weil ich bestimmt ein halbes Dutzend Male mit dem Schädel an dem lärchenen Querbalken anrenne.

Die Arbeit schreitet dennoch zügig voran, ich schwitze gehörig, obwohl der Wind stetig um Stirn und Rippen streicht. Am frühen Nachmittag bin ich mit der Arbeit fertig, schneller, als ich dachte. Und das, woran ich überhaupt nicht dachte, tritt am frühen Abend ein; Frösteln, Schweißausbrüche, ich rotze und schniefe, vermutlich Fieber. Und dann kommen noch dröhnende Kopfschmerzen dazu. Ich braue mir einen Grog. Der beflügelt den Schweißfluß zwar, ändert aber nichts daran, daß es mir ziemlich mies geht. Ich könnte mich ins Bett legen und darauf hoffen, daß ich nicht ernsthaft krank werde. In meiner Apotheke, die mir eine befreundete Ärztin zusammengestellt hat und mit der ich ein ganzes Bataillon Alpini in einen Dämmerzustand versetzen könnte, sind Pillen und Antibiotika für nahezu jeden Anlaß. Aber da ich ein Feind von Tabletten bin und ich nicht das Gefühl habe, daß mein Mißbefinden bereits zur Sorge Anlaß gibt, lasse ich die Medikamente in der Kiste. Auch ein Fieberthermometer ist in der Apotheke. Es liegt glatt und kühl in meiner Hand, die sich noch nicht entschließen kann, es irgendwohin zu stecken. Die Quecksilbersäule hat sich in den kleinen gläsernen Zapfen am unteren Ende verkrochen. In der Speisekammer, wo die Pillenkiste steht, ist es schön kühl. Ich bin unschlüssig. Daß ich Fieber habe, weiß ich, ob viel oder wenig, will ich eigentlich gar nicht wissen. Wäre es unter 38 Grad Celsius, würde ein weiterer Grog genügen, und den trinke ich ohnehin noch. Mehr als 38 Grad könnten mich beunruhigen, meinen schon erwähnten Optimismus, nicht ernsthaft zu erkranken, ins Wanken bringen. Also stecke ich den Kopf in den Sand und das Thermometer zurück ins kleine Futteral. Der Sturm hat sich verblasen, der Abend ist mild und lädt zu einer Roßkur ein. Ich kleide mich ein, als ginge es zum Nordpol. Von der Hüfte abwärts: Unterhose (kurz), Unterhose (lang), Faserpelzhose, wattierte Wärmehose, dazu schafwollene Kniestrümpfe und die leichten roten Bergstiefel. Von der Hüfte aufwärts: Unterhemd, Flanellhemd, Faserpelzjacke, Steppanorak, Wollschal, Strickmütze, Lammfellhandschuhe. Das Thermometer im Freien zeigt 15 Grad plus. Daß »Schnaps« so schaut, wie er schaut, kann ich gut verstehen. Ihm wird schon warm vom Zusehen. Wir gehen nicht zum Nordpol, sondern zum Sobutsch. Den Bergstock lasse ich ausnahmsweise da, er würde mich heute nur behindern. Im Eilschritt, so flott es geht, traben wir den Medalges-Hang entlang. Schon nach wenigen Metern fühle ich mich unter meiner Verpakkung wie mit heißem Kleister bestrichen. Selbst der bis zu den Brauen heruntergezogene Mützenrand kann nicht verhindern, daß Salzwasser in die Augen rinnt. Ich sollte nicht laufen, schwimmen sollte ich. Der Atem pfeift, der Hund hechelt neben mir her. Ich brauche eine kurze Verschnaufpause und gehe in normalem Schritttempo zwanzig, dreißig Meter, um dann wieder einen Zahn zuzulegen. So schnell war ich noch nie oben. »Schnaps« möchte sich am Gipfel in eine gemütliche Mulde legen. Nichts da! Gleich wieder zurück! Er schaut mich an, als verstünde er die Welt nicht mehr. Ohne Pause wird gewendet, und nun trabt sich's ein bißchen leichter, da es bergab geht. Dennoch bin ich zum Umfallen kaputt. Weiter! Gesundheit hat ihren Preis. Die letzten hundert Meter bis zur Hütte sind das Fegefeuer. Bunte Kreise tanzen vor meinen brennenden Augäpfeln, die Knie sind wie aus Gelatine, die klitschnassen Socken fühlen sich an wie Schmierseife. Rein in die Hütte, in die geheizte Stube, ausziehen bis auf die nackte Haut, alles auf dem Boden liegenlassen, Schlafanzug anziehen, in den Daunenschlafsack schlüpfen (liegt bereits aufgerollt auf dem Bett), Emmas graue Schafwolldecke und Pepis dicke Roßdecke darüber, Reißverschluß zuziehen, warten auf den nächsten Schweißausbruch. Es ist so heiß und eng, als läge ich eingezwängt in einem Toaster. Ich bin fix und fertig. Mein Herz schlägt wie eine Buschtrommel, bis zum Hals sind seine Klagen zu spüren. Der Schweiß läuft in den Schlafsack, als hätte ich ein großes Leck. Dann schlummert der geplagte Leib.

Als er am nächsten Morgen erwacht, geht's ihm wieder gut.

In dem Schlafsack ist es zwar heiß und feucht wie in einer Wäschetrommel nach Beendigung des Kochwaschgangs, aber das Frösteln ist weg, also auch das Fieber, ebenso die Kopfschmerzen, und gerotzt wird auch nicht mehr. Der Schlafsack ist durchnäßt, ich werde ihn waschen müssen. In der Küche verabreiche ich meinen klebrigen Gliedern eine eiskalte Vollwaschung, kleide mich frisch ein und bekomme unheimlich Lust auf ein ausgiebiges Frühstück. Nie war ich gesünder.

Ich laufe viel in diesen ersten Oktobertagen, als mahne mich eine innere Stimme zu verstärkter Aktivität, bevor der große Schnee kommt. Wird er überhaupt kommen? Oder zeigt sich der Winter wie im Vorjahr von seiner laschen Seite? Die ungemähten und nicht von Kühen abgegrasten Medalges-Weiden färben sich in der bereits tiefstehenden Sonne silbern, kupferfarben oder grau, je nachdem, in welche Richtung der Wind die Halme biegt. Die schwefelgelben Anemonen, mit die langlebigsten unter den Blumen der Hochalmen, haben inzwischen auch resigniert, sind verblüht, und der übriggebliebene Fruchtstand sieht aus wie die Haartracht eines unfrisierten Kindes. Aber so gefallen sie mir fast noch besser als in Blüte. Der Volksmund hat einige Namen für die struwweligen Knoten: Wilde Männle, Bergmännli, Haarige Mannen, Wilder Jäger oder Strubluam. Die gelben Rispen des Frauenmantels sind verblüht, ebenso wie der blaue Enzian, der seine schlaffen, welken Kelche ins Gras gelegt hat. Nur das Edelweiß hat noch Saison, und oft steige ich zu den Felsschrofen an der Medalges hinauf und entdecke immer wieder neue Plätze, wo die plüschigen weißen Sterne zu Dutzenden auf kargstem Boden wuchern.

»Edelweiß«, finde ich, ist ein fantasieloser Name. Da gefällt mir der italienische viel besser und wird auch viel mehr seinem einzigartigen Aussehen gerecht: »Stella Alpina« – Stern der Alpen. Nur die unverwüstlichsten unter den hochalpinen Farbklecksen lassen sich weder vom Frost noch vom Schnee beeindrucken. Ich glaube, sie haben das ewige Leben. Es sind die Flechten, die wie leuchtend gelbe Landkarten (»Landkartenflechte«) auf nackten Felsen kleben und selbst dem blanken Stein noch Nährstoffe entziehen. Als ich sie zum erstenmal von weitem sah, im Frühsommer, wollte ich mich über die Schmierfinken ärgern, die Felsen anmalen. Erst als ich unmittelbar davorstand, wußte ich, daß hier die Natur »gepinselt« hatte. Unterhalb der Nordwände der Puez-Gruppe färbt sich der Bergwald gelb. Bald werden die Lärchen ihr Kleid ablegen, um den Winter kahl zu überdauern. Nur die Zirben, die Bergkiefern, bleiben vom Wechsel der Jahreszeiten unbeeindruckt. Ihre Zapfen allerdings sind nun beliebtes Sammelobjekt der lärmenden, wie böse Weiber keifenden Tannenhäher, der »Zirbengratsch'n«. Sie sammeln die Samen und graben sie ein als Proviant für den Winter.

Das Jahr ist alt geworden. Und dennoch dünkt es mich frischer, lebendiger und in seiner Farbenpalette aufregender als im Sommer, der keiner war. Während des kalendarischen Sommers gab es kaum einen Tag, der es gestattet hätte, im Gras zu liegen. Meistens war der Boden feucht, oder es blies ein giftiger Wind. Jetzt strecke ich mich oft lang hin, vielleicht eine Stunde oder mehr, liege neben Felsen am sonnenbestrahlten Medalges-Hang, kaue auf einem ungedüngten Grashalm und wünsche mir, daß es so bliebe. Die Falter, die gelegentlich noch an Gräsern schaukeln oder ab und zu auf meinen Knien wippen, sind müde. Die einstmals sattfarbigen Schwingen sind fahl und zum Teil vom Regen und Wind zerrupft. Ihre anmutigen Flugbewegungen sind schleppend und nur von kurzer Dauer, ehe sie wieder eine Rast einlegen. Auf meinem Handrücken stirbt ein Kleiner Fuchs, einer jener Falter, die während des Sommers zu meinen eifrigsten Besuchern gehörten. Noch nie habe ich einem Schmetterling beim Sterben zugesehen, und ich weiß nicht, weshalb er sich ausgerechnet meinen Handrücken als Totenbett ausgesucht hat. Vielleicht möchte er nur nicht alleine sein. Seine Flügel liegen flach ausgebreitet auf meiner Haut, zart und leicht wie eine Daune. Seine Fühler am Kopf zittern kaum wahrnehmbar, die Flügel vermag er nicht mehr zu bewegen; ob in dem kleinen Körper noch ein Funke Leben ist, weiß ich nicht.

Ich glaube, das ist ein Teil dessen, das ich zu erleben und vor allem wahrzunehmen hoffte, als ich auf den Berg ging. Wie die Natur bereits im Kleinen ordnet, regelt, beendet und Neues schafft, ohne daß der Mensch in seiner Überheblichkeit und Besserwisserei »regulierend« einzugreifen hat. (Ach ja, die Jäger...) Um diesen faszinierenden Kreislauf mitzuerleben, bedarf es des Zyklus eines ganzen Jahres. Die Menschen, die mich gelegentlich ablenken (positiv und negativ), sind nicht mehr als Sommersprossen auf dem Gesicht der Natur. Bald werden sie weg sein. Aber trotz dieser gelegentlichen Besuche bleibt so unendlich viel Zeit zum Entdekken, Staunen und In-mir-Platz-Schaffen, um es zu konservieren. Es gibt Tage, da möchte ich mich am liebsten umstülpen und ausleeren, wie man eine Mülltonne ausleert. Viel Unnützes, das mir bisher wichtig erschien, eine Menge Entbehrliches, das ich für unentbehrlich hielt, würde zum Vorschein kommen. Aber dann hätte ich einen Raum in mir, den ich auffüllen könnte mit Eindrükken, Erfahrungen und Erlebnissen, die von Dauer und wirklich wichtig sind. Während ich auf meinem Berg sitze, nahezu uninformiert, wird die Welt nicht gerade aus den Angeln fliegen. Was sollte in diesem Jahr schon groß passieren, das nicht Zeit hätte, um es irgendwann zu erfahren. Auf meiner Hand ist heute nachmittag ein Schmetterling gestorben. Das ist meine schlechte Nachricht.

Die Frau, deren Bild an der Stubenwand hängt, sagte zu mir, bevor ich ging: »Du wirst dich noch wundern. Du bist nicht zum Eremiten geboren.« In beidem hat sie recht behalten. Ich wundere mich unentwegt. Und daß ich nicht zum Eremiten geboren bin, wußte ich schon immer. Auch zu Hause mag ich Gesellschaft – in Maßen, nicht in Massen. Hier oben auf der Furćia ist sie mir gleichfalls angenehm; ohne eine Menschenseele könnte ich es ein Jahr lang nicht aushalten. Aber es ist auch eine einmalige und durch nichts zu ersetzende Erfahrung, herauszufinden, inwieweit man für sich selbst als Gesellschafter taugt. Noch bin ich mit mir zufrieden.

Zum Peitlerkofel (2875 m) möchte ich noch unbedingt. Er ist sozusagen mein rückwärtiger Nachbar. Sehen kann ich ihn erst, wenn ich am Sobutsch bin oder den Medalges-Hang bis zum Kamm hinaufsteige. Aber da er einer der schönsten Aussichtsberge ist weit und breit, will ich ihn auf jeden Fall in meine Sammlung der Fast-Dreitausender aufnehmen. Am besten gleich heute. Ich bin früh auf den Beinen, der Tag wird lupenrein wie die vorhergegangenen. Wolkenlos, warm und windstill. Nach dem Frühstück wasche ich noch ein paar Hemden, bis ich zurück bin, werden sie trocken sein. »Schnaps« bekommt sein Halsband umgelegt, vielleicht wird er im oberen Stück an der Leine gehen müssen, »angeseilt«, für alle Fälle. Ein Stück Speck und hartes Brot in den Rucksack, dazu Anorak und Pullover, falls das Wetter doch plötzlich Faxen machen sollte. Zum Trinken muß ich nichts mitnehmen, entlang des Kreuzkofeljochs, wo ich schon ein paarmal war, gibt es gute Quellen. Die Hütte wird abgesperrt, damit nicht eventuell Unwissende glauben, auf der Furćia sei Tag der offenen Tür. Ich nehme mein »drittes Bein« in die Hand, und weil ich mich heute einmal richtig schinden will, steige ich über die Kuhtritte schnurgerade die Medalges hinauf bis zum Höhenweg. Am Kreuzkofeljoch, wo der Weg von der Schlüter-Hütte den meinen kreuzt, entfahren mir Flüche deftigster Machart. Eine Karawane ist im Anmarsch, fünfzig Leute, vielleicht auch mehr, eine komplette Busladung, ein halbes Dorf, ein Betriebsausflug oder was weiß ich. Hätte ich meine Hemden doch am Abend gewaschen! Dann wäre ich jetzt schon wieder auf dem Rückweg. Zum Glück hat die Prozession eben erst die Schlüter-Hütte passiert, so daß mein Vorsprung etwa zehn Minuten beträgt. Ein Begriff, der mir schon abhanden gekommen war, ist in diesem Augenblick wieder gegenwärtig: Eile! Ich laufe vor Menschen davon, die ich nicht kenne, die mir nichts anhaben wollen und die nichts anderes im Sinn haben wie ich auch. Sie wollen auf den Peitlerkofel, weil das Wetter schön ist und der Rundblick von oben unvergleichlich sein soll. Aber es sind mir einfach zu viele. Bis zur Peitlerscharte brauche ich schätzungsweise eine halbe Stunde. An dem Wegkreuz gabelt sich der Steig. Links geht's zum Würzjoch und rechts die Serpentinen zum Peitlerkofel hinauf. Meine Verfolger habe ich abgeschüttelt, sie sind klüger als ich und lassen sich Zeit. Aber nun werden von links Stimmen laut. Wanderer, bunt gemischt, Männlein, Weiblein und übermütige Kinderchen, eine Großfamilie, eine Sippe oder eine normale Familie mit Freunden und Verwandten möchte sicher auch zum Peitlerkofel. (Weil das Wetter schön ist und der Rundblick von oben unvergleichlich sein soll.) Ich bin umzingelt. Und nun erst entdecke ich die bunten Punkte, die wie gläserne Stecknadelköpfe auf dem Klettersteig in der Felsrippe, dem letzten Stück bis zum Ziel, gipfelwärts streben. Dabei ist heute ein ganz normaler Werktag, nirgendwo sind Ferien, vielleicht ist irgendwo eine Epidemie ausgebrochen, und die Menschen fliehen bereits in die Berge. »Schnaps« sitzt erwartungsvoll neben dem Wegkreuz, sieht mich groß an mit zwei braunen Fragezeichen: »Und jetzt?« Ich habe mich entschieden, der Gipfelsturm wird infolge widriger Umstände bis auf weiteres verschoben. Wir kehren um. Die »Groß-familie« passiert uns, es sind zwölf, davon vier quengelnde Kinder. Auf dem Rückweg lege ich eine Pause ein, setze mich ein gutes Stück abseits des Weges ins Gras und warte, bis die Busladung vorbei ist. »Schnaps« muß so lange an die Leine, da es beim Anblick von fünfzig Menschen mit fast ebenso vielen Rucksäcken für ihn kein Halten mehr gäbe. Da er als Hund, noch dazu als kluger Hund, das »Kleine Salami-Einmaleins« schlafwandlerisch sicher beherrscht, ist es ihm ein leichtes, zumindest überschlägig die Anzahl der soeben vorüberziehenden Kaminwurz'n, Wurstsem-meln und Käsestückchen zu schätzen. Sein Kopf ist weit vorgereckt, die Augen sind halb geschlossen, die Nüstern um so offener, und das feuchte, glänzende Drumherum gerät in geradezu ekstatische Zuckungen. Seit er kastriert ist, hat er wirklich nur noch das Fressen im Kopf. Dem Dialekt nach zu schließen kommt der Bus aus der Schweiz. Die meisten sind zünftig und zweckmäßig mit festem Schuhwerk, Bundhosen oder bunten Berghosen bekleidet. Andere hingegen scheinen sich auf einen Stadtbummel eingerichtet zu haben und bevorzugen sommerlich Leichtes: kurze Hosen und Ten-nisschuhe. Ich überlege, welche Bergwachtler für den Peitlerkofel zuständig sind. Ich glaube, es sind auch die Villnößer, wie damals, beim Absturz des Tennisschuhtouristen an der Furchetta. Daß nämlich auch die gemäßigtere Südseite des Peitlerkofel nicht gerade von Pappe ist, steht in jedem Wanderführer. »Klettersteig. Trittsicherheit und Schwindelfreiheit erforderlich«, steht da kursiv gedruckt. Aber vielleicht ist für einen richtigen Schweizer ein Berg unter 3000 Metern harmlos wie ein Tennisplatz.

Als zöge selbst der Himmel beim Anblick von soviel Leichtfertigkeit die Stirn in Falten, kommen plötzlich Wolken auf, nichts Arges, aber das schöne Wetter ist dahin. Es ist kühl geworden, und ich entschließe mich zur Einkehr in die Schlüter-Hütte. »Flora«, die Bernhardinerin, freut sich, daß »Schnaps« wieder da ist, beschnüffelt ihn und legt sich gleich längelang vor die Küchentüre, eingedenk seiner Flegelei vom letzten Mal. »Schnaps« nimmt die Warnung zur Kenntnis und geht mit mir in die Wirtsstube, wo es auch nicht schlecht ist. Ich bestelle – was sonst – Omelett mit Preiselbeeren und einen Kaffee. Ein älterer Herr sitzt an einem kleinen Tisch, sonst ist im Moment außer mir und dem Hund niemand da. Aber nun betreten vier Damen im wärmenden Faserpelz den Gastraum. (Faserpelz ist in diesem Fall ein Wärmeanzug und kein Pelzmantel.) Ich bin gerade mit dem Essen fertig und gönne mir noch ein Schnäpschen. Die Damen nehmen am Nebentisch Platz und bestellen Kaffee und Kuchen. »Schnaps«, der von meinem Omelett nur das letzte Stückchen ergattern konnte, nimmt neben den Damen auf dem Boden Platz, ist aber mühelos in der Lage, die Tischplatte zu überblicken und an den Kuchenstücken Gefallen zu finden. Die Damen sind aus Hamburg. Diese Tatsache für sich ist noch nicht schlimm. Aber daß sie Hunde lieben und auch selbst welche haben, öffnet ihre Herzen und dem Hund den Rachen. Pausenlos schieben sie dem Bettelsack Kuchen zwischen die Zähne. Er ist nur noch am Schlucken, zum Kauen bleibt angesichts von soviel Freigebigkeit gar keine Zeit. Ich bin über die Fütterung nicht sehr erbaut, gönne dem Hund aber die Völlerei, kriegt er halt heute nichts mehr zu fressen. Der Hund erweist sich als zuverlässiger Kuppler. Wir kommen ins Gespräch. Welcher Rasse er denn angehöre, wie alt er denn sei und derlei mehr. Drei der Damen verlassen den Gastraum, um sich neu zu kleiden, die vierte schickt ihre Neugierde über die Brücke, die der Hund geschlagen hat. Mein Habitus (gesunde Gesichtsfarbe, wirres, der Schere geraume Zeit vorenthaltenes Haar, die Kleidung, von den Schuhen abgesehen, nicht modern-alpinistisch, eher sennermäßig) macht mich hinreichend verdächtig, in dieser Gegend untergeschlüpft zu sein. Mit einem Omelett, einem Schnaps und ordentlichem Kaffee im Magen bin ich guter Dinge und bereit zu Auskünften. Die Dame, um die Vierzig und redegewandt, findet das, was ich mache, »ganz toll«. Noch ahne ich nicht, daß unsere kurze Unterhaltung (in diesem Moment kommen ihre drei Freundinnen wieder und wollen Karten spielen) ihr Interesse an meinem Unternehmen nur für den Augenblick befriedigt. Sie ist nämlich Journalistin und heißt Monica. (Daß man diese Monica mit »c« schreibt, erfahre ich allerdings erst einige Wochen später.) Mehrere Tage lang irrt ein Brief für »Jürgen König, Medalges-Alm, I-39040 Villnöß, Südtirol« durch viele Hände. Der Postbote in Villnöß kennt mich natürlich nicht. Auf der Straße trifft er Günther Messner, den Junior-Wirt der Schlüter-Hütte, die ab Mitte Oktober dichtmacht, und der kennt mich. Und bringt den Brief zur Furčia. Das Schriftstück ist ein »Fragebogen«, in nettem Ton gehalten: Wie funktioniert ein Leben ohne PC, Telefon, elektrische Schreibmaschine? Redest du mit dir selbst? Welche Bücher hast du in deine Eremitage geschleppt? Wovon träumst du? Was vermißt du? Was versprichst du dir? Zudem schreibt sie: »Ich will (jedenfalls noch nicht) keine Story über dich schreiben. Ich bin neugierig, was schließlich eine Berufstugend ist.« – Da ich aber im Oktober und wahrscheinlich auch später keine Lust habe, mich vor Monica auszubreiten, werde ich ihr vielleicht im April oder Mai schreiben.

Die vier Damen spielen Karten, ich bezahle und mache mich mit »Schnaps« auf den Heimweg. Heute hängen keine Rheinländer in der Felsrinne am Bronsoi-Joch, so daß wir den Weg zur Furćia ohne Unterbrechung schaffen. Kaum ist die Hütte in Sicht, rast der Hund los, bellt wie übergeschnappt, daß ich mich frage, wo er überhaupt noch die Luft zum Schnaufen hernimmt. Die »Müllabfuhr«, die alles vertilgenden Virtuosen der Lüfte, sitzen in seinem Futternapf, zwei an der Zahl. Zwei andere Dohlen zanken sich um einen Knochen, der seit Wochen vor der Hütte liegt und dessen Herkunft ich nicht kenne. An ihm ist absolut nichts dran, das für einen Hund noch von Reiz sein könnte. Er ist strohtrocken, spröde und ohne die geringste Andeutung von Flachsen oder Mark; vielleicht ist es ein prähistorischer Knochen. Dabei liegt rundum verstreut schmackhaftes, frisches Gebein, das ihm Roland mitgebracht hat. Die Dohlen sind mit dem Getöse, das der Hund jedesmal veranstaltet, längst vertraut, lassen ihn bis auf ein paar Meter herankommen, um dann mit einem unverschämten, schrillen Gelächter das Weite zu suchen. Wenn er so weitermacht, wird ihn ein Herzinfarkt ereilen.

Die Hemden, die ich am Morgen gewaschen habe, sind trocken und können von der Leine. Über der Stuhllehne werden die Kragen gebügelt.

Der Oktober gerät für mich und den Hund zum bislang kurzweiligsten Monat. Fast täglich sind wir unterwegs, zur Roa-Scharte, nach Funtanacia und zum Peitlerkofel schaffen wir es auch noch, allerdings nur bis zum Beginn des Klettersteigs, da der Rest zum Gipfel dem Hund nicht zuzumuten wäre. Mit 24 Sonnentagen, die meisten wolkenlos, mit Temperaturen um 25 Grad, schlägt er die vergangenen Monate um Längen. Zweimal schneit es, ist aber kaum der Rede wert. Meistens bin ich in Hochlaune, da meine Stimmungen fast identisch sind mit dem Gebaren des Wetters. Dennoch bin ich dankbar für jeden Anlaß, um besondere Tage zu schaffen, die in dem endlosen Kalender an der Wand bereits als solche vermerkt sind oder markiert werden, wenn ein unvorhergesehenes Ereignis eintritt. Am 10. Oktober hat »Schnaps« Geburtstag. Da wird er sieben. Zu Hause käme ich nicht auf die Idee, ihm am Morgen zu gratulieren und ihn mit einer Dose Rindfleisch zu beschenken. Daheim mißachte ich oft meinen eigenen Geburtstag und feiere ihn nicht. Vielleicht werde ich bereits etwas wunderlich, der Verdacht liegt nahe, zumal ich mit dem Hund ja spreche wie mit einem verständigen Menschen. Aber das beunruhigt mich nicht, noch nicht. Andererseits sagt mir mein »Erzfeind« an der Wand, der Kalender, daß ja erst ein kleiner Teil dessen hinter mir liegt, was am Ende ein ganzes Jahr sein wird. Mitte des Monats kommt Guido Mangold, bleibt drei Tage auf der Furćia und fotografiert, als gelte es, ein mehrbändiges Werk zu bebildern. Gegen Ende Oktober macht die Schlüter-Hütte dicht, und schlagartig wird es auf dem Höhenweg ruhig. Die Puez-Hütte hat bereits seit Anfang Oktober geschlossen, nur die Regensburger Hütte ist noch bis 1. November geöffnet.

Auch der 26. Oktober ist makellos von der Sonne beschienen. Ich bin gerade im Stall, um die Kartons mit Proviant zu ordnen und eine knappe Zwischenbilanz zu ziehen, ob ich beim Einkaufen mit dem richtigen Maß gerechnet habe. Ich habe keine Sorgen, daß mir das Essen knapp werden könnte. Zudem sind ja noch viele, viele Bohnen im Sack. »Schnaps« sitzt auf seinem Ausguck und meldet mit seinem typischen freudigen Gebell das Nahen von Besuch. Der Kläffrichtung nach ist er von unten, von den Almwiesen her, zu erwarten. Ich hole das Fernglas und erkenne den mit einem roten Rucksack Schwerbepackten. Dieser Tag wird auf meinem Kalender als ein besonderer vermerkt werden. Mein Bruder Fritz kommt. Obwohl mir mein Gefühl sagt, daß er schlechte Nachrichten mitbringt, freue ich mich sehr über seinen Besuch. Wir hatten uns seit Jahren fast aus den Augen verloren; dabei wohnen wir keine vierzig Kilometer voneinander entfernt; er in München, ich in der Nähe von Miesbach. Erst zwei oder drei Wochen vor meiner Abreise, als ich ihn bat, mir bei der Beschaffung eines Funkgeräts behilflich zu sein, entdeckten wir so etwas wie Zusammengehörigkeit und gingen

– ich glaube, zum ersten Mal in unserem Leben – gemeinsam in eine Schwabinger Kneipe. Wir haben viel und offen miteinander geredet, und hinterher war uns beiden wohler. Ich glaube, keiner von uns beiden hatte bis zu diesem Zeitpunkt das Bedürfnis, den anderen kennenzulernen. Als ich ihn das letzte Mal anrief, versprach er mir, mich auf dem Berg zu besuchen. Jetzt ist er da. Nur schade, daß Wolfi nicht dabei ist. Wir drei mal richtig zusammen, das wäre eine Premiere gewesen.

Ich gehe Fritz ein Stück weit entgegen. Obwohl auch schon vierzig, ist er noch ganz gut in Form. Er schnauft deutlich hörbar, aber seinen Rucksack läßt er sich nicht abnehmen, den schleppt er bis ans Ziel. Das meiste, das er an Gepäck mit sich trägt, ist für mich: Brot, einen Sack voll Zitronen und viel Gemüse. Meine allererste Frage ist: »Wie geht's der Mutter?« Antwort: »Sehr schlecht.« Ich will alles wissen. Sie lasse mich grüßen, und den »Schnaps« natürlich. Das ist aber auch das einzige Erfreuliche, das Fritz zu berichten weiß. Die Ärzte sagen, daß es einem Wunder gleichkäme, wenn sie Weihnachten noch erleben würde. Ihr Zustand sei absolut irreversibel, ihr Körper zerfalle, eine zweite, ursprünglich geplante Chemotherapie sei zwecklos, und ihre Schmerzen könnten nur noch medikamentös gelindert werden. »Sie wird sterben«, sagt Fritz mit einer für mich fast erschreckenden Kühle. »Die Frage ist nur, wann.« Natürlich verblüfft mich die Sachlichkeit, das nüchterne Aufzählen von Fakten. Aber er und Wolfi haben die Leiden unserer Mutter vom ersten Tag an miterlebt, seit Juli fahren sie zweimal die Woche zu ihr, reden mit den Ärzten, sind inzwischen selbst schon fast Ärzte. Sie teilen sich die Verantwortung und ihren Kummer zu zweit, obgleich er durch drei teilbar wäre. Ich bin ja auf meinem Berg, habe es wieder mal geschafft – Zufall oder Schicksal zählen im Augenblick nicht –, mich vor Unangenehmem zu drücken, lasse mich in meiner Einöde informieren. In meinem Kopf geht es zu wie in einem Tollhaus. Und wieder das Anschleichen durch die Hintertüre.

»Hat unsere Mutter gesagt, daß ich kommen soll?«

»Hat sie natürlich nicht«, beschwichtigt Fritz, »und Wolfi und ich sind auch der Meinung, daß du auf deinem Berg bleiben sollst. Es wär' halt schön, wenn du zur Beerdigung kommen könntest.«

Beerdigung! Ich weiß nicht, wann ich zum letzten Mal richtig schockiert war. Jetzt wäre der Zeitpunkt dafür. Was er sagt, klingt alles so unaufschiebbar, endgültig, so, als könnte ich auf meinem Berg ihr auch noch etwas Gutes tun, ihr wünschen, daß es schnell geht mit dem Sterben. Wie aus einer längst verstaubten, versperrt und vernagelt geglaubten Schublade springt das Gespräch von damals, als sie noch bei mir zu Hause war:

»Ich könnte ja sterben... Du kommst doch zu meiner Beerdigung?« Und ich: »Aber stirb mir nicht im Winter, sonst müssen's dich ohne mich eingraben.« Ich erzähle es Fritz. Es ist ihm neu. Unsere Mutter hat ihm von diesem Gespräch nie etwas gesagt. Das macht ihn nachdenklich:

»Ich glaube, zu dir hatte sie immer ein ganz besonderes Verhältnis.« Darauf bedarf es keiner lauten Antwort. Ja, ja, denke ich, und dieses »besondere Verhältnis« reicht bis in ihren Tod hinein. Ich werde als einziger von uns dreien nicht dasein, wenn sie stirbt. Auf mich, den Ältesten, hat sie immer die meisten Rücksichten genommen, obwohl ich früher der Schlimmste war. Und mir klingen die Ohren, ich höre sie, wie sie, von dem rasenden Fortschreiten der Krankheit um alle Hoffnungen gebracht, flüstert: »Laßt den Jürgen auf seinem Berg, sagt ihm, es geht mir ganz gut.« Solange sie zu einem klaren Gedanken fähig ist, wird sie Rücksicht nehmen. Es würde mich nicht wundern, wenn für sie am ganzen Sterben das Unangenehmste wäre, daß sie damit anderen Kummer bereitet. So ist sie.

Fritz bleibt diese Nacht auf der Furćia. In der Speisekammer hat er bereits mit Wohlwollen die Speckseiten begutachtet, die an Fleischerhaken aufgehängt sind. Klar gibt es zum Abendessen Speck, Wein und hartes Brot. Der Appetit ist mir ziemlich vergangen. Mein Bruder, der gerne kocht und gut ißt, greift gleichfalls zögernd in die duftenden Speckscheiben. Er hätte Appetit – und wie! Aber seit einigen Jahren leidet er an einer Allergie. Wenn er Schweinefleisch ißt, schwillt sein Gesicht binnen kurzem ganz erheblich an. Er hat mir davon erzählt, ich kann's kaum glauben. Obwohl er weiß, was ihm bevorsteht, gibt er seinen Gelüsten nach. Recht hat er, so was bekommt man schließlich nicht alle Tage, der Speck ist in der Höhenluft zu einer Delikatesse gereift. Zuverlässig wie der Mond, der einmal im Monat voll wird, bläht sich bereits wenige Minuten nach dem Genuß von nur ein paar Scheibchen die eine Gesichtshälfte auf. Ich habe so was noch nie gesehen, er schon öfters, darum beunruhigt es ihn auch nicht. Beim Aufwachen am nächsten Morgen ist die Schwellung gleichmäßig über das gesamte Gesicht verteilt. Tendenz nunmehr: abnehmend. Da Fritz die Prozedur beim Frühstück nicht noch mal erleben will, verzichtet er auf Speck, ich packe ihm ein Stück ein, zum Mitnehmen. Vor dem Rückmarsch nach Campill steigt er ein Stück den Medalges-Hang hinauf, und als er zurückkommt, sind ihm Details der wunderschönen Region ins Gedächtnis zurückgekehrt. Er war schon lange vor mir einmal hier, vor etwa zehn Jahren, als er zu Fuß die Strecke München–Venedig zurücklegte. Damals hatte er auch den Dolomiten-Höhenweg Nr. 2 benützt und in der Puez-Hütte übernachtet. Über Funtanacia steigen wir ab, ich begleite Fritz noch bis zur Forststraße und kehre mit »Schnaps« nach Funtanacia zurück. Es ist hochsommerlich warm, und an einer Quelle, nicht weit entfernt von Emmas Hütte, lege ich mich ins Gras und kaue auf einem Halm. Die Herbstzeitlosen blühen in fahlem Lila, es sind eine Unmenge. Mir fällt das Orakel von Konstantin, dem Campiller Bauern, wieder ein: »Viele Mäuse und Wespen im Sommer und im Herbst viele Herbstzeitlosen – Madonna! Des wird an harter Winter. Vier, fimf Meter Schnee. Madonna!«

Aber der Winter interessiert mich im Moment nicht, mein Kopf ist prallvoll mit anderen Dingen. Soll ich heimfahren, mein Unternehmen abbrechen? Und was dann? Dann würde ich, wie meine Brüder, zweimal die Woche nach Oberaudorf fahren. Meine Mutter würde mich fragen, weshalb ich nicht mehr auf dem Berg bin, und ich müßte ihr, der Wahrheit entsprechend, sagen, daß ich einfach in ihrer Nähe sein möchte. Und sie würde denken: »Ach, soweit ist es mit mir also schon. Sie versammeln sich bereits.« Das habe ich auch mit Fritz durchdacht, und er meinte, es würde sie unnötig aufregen, wenn ich um ihretwillen nach Hause käme. Noch ehe der Grashalm bis zu den Rispen zerkaut ist, steht mein Entschluß fest. Ich bleibe hier. Und wenn sie begraben wird, werde ich dasein. Auch wenn Winter ist.

VII. KAPITEL

Die Tage zerrieseln wie im Stundenglas, ihre Behäbigkeit ist anstekkend. Manchmal bin ich einfach zu faul, um mir etwas zu kochen, dann esse ich die Kartoffeln roh mit Salz und Knoblauch und sage mir, daß sie so viel gesünder sind. Daß ich mich nicht mehr krumm machen muß, fehlt mir. Halbherzig, aber immerhin, habe ich schon überlegt, ob ich einen Teil der Holzscheite noch mal in der Mitte auseinanderhacke, nur um wieder beschäftigt zu sein. Allerseelen, Allerheiligen, Volkstrauertag, Bußtag, Totensonntag. Der November gehörte verboten. Kalender gehören verboten. Günther, der Schlüter-Hüttenwirt, hat mir dieser Tage den Brief von Monica raufgebracht. Er war mit »Flora« da, und weil das Wetter nicht zum Draußensitzen einlud, sind wir in die Stube gegangen, und da wurde mir erst bewußt, wie groß ein Bernhardiner ist. »Flora« und »Schnaps«, gut verteilt im engen Raum, und die Stube war halbvoll. Am Abend habe ich den Brief gelesen und mußte lachen. »Wie funktioniert ein Leben ohne PC...« und so weiter. Noch nie habe ich mich mit einem Computer befaßt, geschweige denn, einen besessen. Ich bin Journalist und kein Buchhalter, ich bringe meine Gedanken auf der Schreibmaschine zu Papier, zu Hause elektrisch, auf dem Berg mechanisch. Und ich bete zum Fortschritt, daß er mich vor Erreichen des Rentenalters nicht zwingen möge, ein solch fiepsendes, flimmerndes, unberechenbares Ding zu benutzen. Liebe Monica, werde ich ihr schreiben, ein Leben ohne PC ist schön. Ein Leben ohne WC weniger.

In diesen ersten Novembertagen geht es mir ziemlich gemischt.

Noch über die Hälfte liegt vor mir, und das macht mich ganz krank. Bevor ich zu spinnen anfange, habe ich zu Hause versprochen, packe ich meine Sachen. Bin ich soweit? Ich würde mich gerne besaufen, lasse es aber sein, da ich die Folgen ja kenne. Wenn der Hund nicht wäre, würde ich mich aller Voraussicht nach ein paar Tage lang ins Bett legen und mir leid tun. So zwinge ich mich, ab und zu zum Sobutsch zu wandern oder, wenn ich mich am eigenen Schopf packe, sogar zur Roa-Scharte. Manchmal kann ich es kaum erwarten, bis die Sonne hinter der Furchetta wegtaucht, dann ist nämlich bald wieder ein Tag um, und ich kann ins Bett. Meine große blaue Blechkiste im Stall wäre schnell mit dem Nötigsten gepackt. Alles andere könnte ich später abholen. Ein Funkspruch nach Bruneck, und Roland und ein paar andere wären da, um mir beim »Almabtrieb« behilflich zu sein. So schlecht ging es mir noch nie, seit ich da bin.

Ja, ich tröste mich bereits mit dem Gedanken, daß man nach fast sechs Monaten ja auch schon ein Buch schreiben könne, etwas dünner zwar als das geplante, ein Büchlein vielleicht. Wenn ich jetzt mit dem Schädel am Türbalken anrennen würde, wenn der Ofen nicht zöge oder eine einzige Maus Spuren in der Schlafkammer hinterließe, kurz, wenn etwas passieren sollte, das meinem Tief dienlich wäre, ich glaube, dann wäre Schluß.

An der Ostseite des Stalls ist meine »Grübelbank«. Noch vor wenigen Wochen war hier das Holz zum Trocknen aufgerichtet. Jetzt benütze ich das Brett, um mich aufzurichten. Die Sonnenstrahlen am frühen Morgen sind die besten, wenngleich sie meiner Verdrossenheit nur mühsam beikommen. Den entscheidenden Ausschlag für eine blitzartige Besserung meines Zustandes geben ein paar Flügelschläge. Aber was für welche! Der Steinadler hat den Hund erspäht – und sich geirrt. »Schnaps« ist für ihn eine Nummer zu groß und vor allem zu wehrhaft. Kaum zwei, vielleicht auch drei Meter über dem Hund, der vor mir im Gras liegt, bricht er seinen Sturzflug ab und dreht bei. »Schnaps« ist wie betrunken. Er war eingepennt, und der mächtige Schatten, das Sirren und Rauschen der gewaltigen Schwingen haben ihn aufgeschreckt. Wütend kläffend, rennt er dem Adler hinterher. Ich bin einen Moment lang wie benommen von der sagenhaften Begegnung. »Aquila chryseatos« klingt, so finde ich, viel beeindruckender, passender für diese majestätische Erscheinung. Das Fernglas, das fast immer in meiner Nähe ist, ermöglicht mir, den Weg des Adlers zu verfolgen. In ruhigem Gleitflug nähert er sich der Roa-Scharte, legt plötzlich, wie von einem Krampf befallen, die Schwingen ganz eng an den dunkelbraun gefiederten Leib und schießt nahezu senkrecht, schnell wie eine Lanze, hinter einen großen Felsblock am Fuße des Wasserkofels. Ein Murmeltier? Eine Gams vielleicht? Ob die Jagd erfolgreich war, weiß ich nicht. Noch eine ganze Weile beobachte ich den Felsblock. Doch der Adler läßt sich an diesem Tag nicht mehr blicken. Es wundert mich, daß er mir so nahe gekommen ist. Hat er mich übersehen, weil er nur Augen für den Hund hatte? Seine Spannweite schätze ich auf gut über zwei Meter. Im Nu geht es mir wieder besser, die Einzigartigkeit des soeben Erlebten gibt mir neuen Auftrieb. Derlei Schauspiele finden doch nur für mich statt! Ich singe und pfeife im Überschwang. Ein »Moralischer« macht mich doch nicht hasenherzig. Ich bin wieder der König der Medalges. Seit eben. Kaum wieder im Lot, erwachen alte Sehnsüchte zu neuem Leben. Theater wäre schön oder ein Konzert oder ein Film im Kino. Diese Dinge fehlen mir sehr. Was die Bücher angeht, die ich dabeihabe, so bin ich zwar gut sortiert, aber es sind zu wenige (etwa 30). Musikmäßig besteht quantitativ kein Mangel (etwa 20 Kassetten), aber die Mischung ging mir etwas zu flott von der Hand (zuviel Barockes, vor allem Bach und Händel). Meinen Spieltrieb befriedige ich gelegentlich mittels dreier Pfeile, die man auf eine Scheibe wirft. Es heißt »Dart« und macht eigentlich nur Spaß im Wettkampf mit Gegnern. Ja, und auf Flöte und Mundharmonika spiele ich auch ab und zu, wenn es der Hund gestattet. Weit ausgeprägter hingegen ist mein Spültrieb, der mich nicht nur für eine kleine Weile beschäftigt, sondern auch der Hygiene dienlich ist.

Schmutziges Geschirr, verklebte Teller und Töpfe mit angebranntem Inneren sind mir hier oben ein Greuel. Zu Hause bin ich weit weniger pingelig. Benutztes Geschirr kommt sofort ins Freie, auf den kleinen Tisch neben dem Eingang. Jetzt, nachdem der Windfang vor der Hütte steht, ist es in der Küche selbst bei geöffneter Türe so düster, daß man mit den Fingerkuppen erfühlen müßte, ob ein Teller sauber ist oder es erst werden muß. Also wird auch im Freien abgespült, ein Vorgang, der bei gemäßigten Temperaturen des Erwähnens kaum wert wäre. Bei Minusgraden allerdings tut Eile not, da ich nach dem warmen Waschgang jedes Stück noch in kaltem Wasser »schwenze«, also spüle, damit meine »Red Kidneys« nach Bohnen und nicht nach »Pril« schmecken. »Geschwenztes« Besteck und Geschirr wird auf dem großen Tisch links vom Eingang abgelegt, und ganz flugs muß dann das Abtrocknen folgen, da insbesondere Gläser im Nu an der Holzplatte festfrieren. Meine Finger sind dann jedesmal ganz klamm, aber daran gewöhnt man sich. Im Winter wird das Abspülen im Freien sicher noch sehr spannend. Und erst das Wäschewaschen . . .

Nach Ablauf der ersten Novemberwoche verstummen die Murmeltiere wie auf ein Kommando. Ich weiß zuwenig über diese drolligen, munteren Gesellen, die mich ein paar Monate lang gut unterhalten haben, meine Mitbewohner im Campilltal waren und die sich jetzt zum Winterschlaf zurückziehen. Ein halbes Jahr werden sie schlafen – die haben's gut. Als ob sie es geahnt hätten, fällt am nächsten Tag der erste große Schnee. Bereits am Vorabend fegte der Nordwest Nebelschwaden und Wolkenfetzen über das Kreuzjoch. Der Wind bäumte sich auf zum Sturm und stemmte sich mit aller Macht gegen die Hütte, so daß sie ächzte und stöhnte. Das Thermometer fällt in der Nacht weit unter den Gefrierpunkt, und noch am Morgen zeigt es minus 12 Grad an. In der Frühe haben sich die Wolkenfetzen zu einer undurchdringlichen Wand verbündet, meine stummen Nachbarn sind unsichtbar, und es schneit fast ununterbrochen zwei Tage und Nächte lang. Am dritten Tag reißt es auf, die Sonne durchbricht die Wolken, und mir ist's, als befände ich mich in einer völlig anderen Gegend. Die Puez-Geisler-Gruppe, die Medalges, die Almwiesen, alles ist wie mit einem weißen, flauschigen Tuch bedeckt. Wo ihn der Wind verblasen hat, liegt der Schnee fast eineinhalb Meter hoch. Um zum Kreuzjoch zu gelangen, muß ich die Ski oder die Schneeschuhe anschnallen. »Schnaps« steht der veränderten Situation ziemlich ratlos gegenüber, die Zeit der flotten Sprünge ist für ihn vorerst vorbei, mühsam muß er sich einen Weg zu seinem gewohnten Aussichtshügel spuren. Dabei ist erst der 7. November. Wenn das ein Warnschuß des Winters war, so bin ich gespannt, was er tut, wenn er ernst macht. Um mir und dem Hund einen kleinen Auslauf zu schaffen, schaufle ich einen Weg Richtung Kreuzjoch. Das mache ich gerne, denn es ist körperliche Arbeit, die ich so lange vermißt habe. Dazu brauche ich etwa eine Stunde. Am Ziel angelangt, ist der Anfang des Weges bereits wieder einen halben Meter tief verweht. Der Sonnentag erweist sich als eine kurze Episode. Während der folgenden zwei Tage schneit es wieder.

Die Ereignisse der nächsten drei Tage gebe ich so wieder, wie sie auf dem Kalender neben der Stubentüre vermerkt sind:
Freitag, 10. November: Roland und Egon sind zum ersten Mal mit Skiern gekommen. Der Hund ist ihnen entgegen und ist im Tiefschnee fast ertrunken. Egon sagt mir, daß die Berliner Mauer offen sei. Da er keine Details weiß, vermute ich, daß die Modalitäten an den Grenzübergängen gelockert wurden. Na, wenn schon . . .
Samstag, 11. November: Ein Traumtag mit 30 Grad in der Sonne. Auf der »Grübelbank« in der Sonne gedöst. Am Abend haben die Brunecker Bergwachtler ihren Faschingsball. Da werden sie bestimmt den Sonntag verschlafen.
Sonntag, 12. November: Wäsche gewaschen, den Höhenweg ein Stück gespurt, sonnig, windstill, 20 Grad. Abends: Roland über Funk: MUTTER IST TOT. Beerdigung am Mittwoch. Heute ist mein 176. Tag.
Die Nachricht löst keinen Schock in mir aus. Bereits als Roland,

behutsam vorbereitend (»Ich hab' eine schlechte Nachricht für dich«), den Anruf meines Bruders Fritz an mich weitergibt, weiß ich genau, was nun kommt. Mußt gar nicht weiterreden, Roland, denke ich, die Mutter ist tot. Es ist gut, sage ich mir, sie hat's hinter sich. Hoffentlich war sie nicht allein, als es zu Ende ging. Ich trinke zwei Obstler, erinnere mich meines Vaters, der vor genau dreißig Jahren gestorben ist. Seinen Todestag hat sie um zehn Tage verfehlt.

Roland organisiert alles. Ich brauche jemanden, der mich nach Brixen zum Bahnhof fährt, der Hund muß für drei Tage untergebracht werden, und bei Castlungers möchte ich von Montag auf Dienstag gerne übernachten, da ich nicht weiß, wie Dienstagfrüh das Wetter sein wird. Womöglich würde ich den Zug verpassen, der kurz vor elf Uhr in Brixen losfährt.

Das Funkgerät ist wahrhaftig ein Segen, und eine Stunde später meldet sich Roland wieder. Der Hund bleibt bei den Grabers, Pepi fährt mich zum Bahnhof, bei Castlungers kann ich übernachten, und nach St. Lorenzen zu Grabers wird mich Emma chauffieren.

Der Montag ist sonnig und sommerlich warm, aber ohne Skier ist kein Runterkommen. Auf den Almwiesen liegt der Schnee in Mulden über einen Meter hoch. Da ich auf ein Begräbnis nicht eingerichtet bin, ist die Auswahl an Garderobe knapp. In den Rucksack packe ich eine schwarze Kordhose (wenigstens ein Stück in Trauerfarbe), die roten Bergstiefel, ein frisches Hemd und Unterwäsche und die dunkelgrüne Windjacke. Notfalls muß mir mein Bruder Wolfi mit Klamotten aushelfen. Die Hütte wird abgesperrt, obwohl ich sie genausogut unverschlossen lassen könnte, da bei diesen Verhältnissen sicher niemand auf die Medalges geht. Die Steigfelle für den Rückweg kommen auch noch in den Rucksack. Die Skier angeschnallt, und ab geht die Fahrt. Da ich nicht gerade ein As im Tiefschneefahren bin, hat »Schnaps« kaum Mühe, mir zu folgen, nur ab und zu sinkt er bis zu den Ohren im Schnee ein, da meine Skispuren für sein Gewicht nur ein dürftiges Fundament sind. Für alle Fälle habe ich auch noch das Funkgerät eingepackt. Sollte ich mir ein Bein brechen und nicht in der Lage sein, Hilfe zu rufen, so könnte ich nur darauf hoffen, daß mich Castlungers vermissen, ehe ich erfriere.

Die Forststraße ist tief verschneit. Zwischen Schlittenspuren liegen Reste von frischem Heu. Die Campiller Bauern holen dieser Tage das würzige Almfutter aus den Heuschobern und bringen es mit Hörnerschlitten zu Tal. Im vielfach bewährten »Schneepflug-Verfahren« bringe ich auch das letzte Forststraßenstück hinter mich. Am Parkplatz, wo der Naturpark seine Grenzen hat, schnalle ich die Skier ab. Und zufällig – ich bin ja ohne Uhr – kommt gerade Giovanni, um uns mit dem Auto abzuholen. »Schnaps« genießt das Gastrecht und flegelt sich der Länge nach auf den Rücksitz. »Niki«, der Schlanke, muß in den hintersten, engen Teil des Autos.

Keine Viertelstunde später sitze ich zum ersten Mal seit 177 Tagen in einer blitzblanken Küche, Emma hat schon eine Marende bereitet, es gibt Bier und Käse, Wurst und frisches Brot, und ich würde lügen, wenn ich behauptete, daß mir das nicht gefiele. Am Abend dusche ich (zum ersten Mal seit dem 29. Juli. Bruneck, Gasthof »Blitzburg«). Emma hat für mich das Bett im Gästezimmer hergerichtet und für »Schnaps« eine Decke auf den Boden gelegt. Klar, daß er bei mir im Zimmer bleibt.

Ich schlafe schlecht. Ziemlich dicht am Haus führt die Straße nach Campill vorbei, und jedesmal, wenn ein Auto vorüberfährt, bin ich wach. Am schlimmsten aber sind die Glocken des nahe gelegenen Kirchturms. Völlig überflüssigerweise läuten sie jede Viertelstunde ein. Es muß weit nach Mitternacht sein, als ich endlich schlafe. Als ich aufwache, ist es kurz vor sieben. Giovanni ist bereits mit seinem Bus unterwegs, um Schüler von Untermoi nach Bruneck zu bringen. Franzl geht kurz vor acht in die nahe gelegene Mittelschule, und ich frühstücke mit Emma, »Niki« und »Schnaps«. Gegen halb zehn sind wir in St. Lorenzen bei Grabers, Emma fährt gleich wieder zurück nach St. Martin. »Schnaps« begibt sich mit den beiden Bernhardinern umgehend auf Geländebesichtigung, und

Pepi und ich nützen den günstigen Zeitpunkt, um nach Brixen loszufahren. Kurz vor halb elf lädt er mich am Bahnhof ab. Ich habe noch eine gute Viertelstunde Zeit. Der Kiosk im Bahnhofsvorraum quillt über mit Magazinen, Zeitungen, Illustrierten – ein bunt bedruckter Haufen mit Bildern und Schlagzeilen. Damit könnte ich ein Jahr lang meinen Küchenherd anheizen. Seriöses und Überflüssiges in Italienisch und Deutsch. Ich kaufe mir keine Zeitung, lese nur die Schlagzeilen. Ich will es kaum glauben: Die »Mauer« ist offen, Deutsche von hüben und drüben passieren ungehindert die Grenze, sanfte Revolution in der DDR et cetera. Fast geht es mir wie dem Schüler in Goethes »Faust«: Mir wird von alledem so dumm, als ging mir ein Mühlrad im Kopf herum. Nein, ich kaufe auch nicht den »Spiegel«, den ich in Händen halte und wieder auf den Stapel zurücklege. Nach einem Jahr will ich resümieren, dann werde ich wissen, ob die Welt in meiner »Abwesenheit« wenigstens ein Stück weit aus den Angeln gehoben wurde. Soviel ich sehe, wird schon heftig gerüttelt.

Für italienische Verhältnisse kommt der Zug pünktlich, mit kaum siebenminütiger Verspätung. In den Waggons ist viel freier Platz, und ich habe ein Abteil für mich. Das ist mir angenehm, weil ich keine Lust zum Reden habe. Zugfahren ist herrlich. Fliegen ist mir ein Graus, da für meinen Geschmack ein Flugzeug das unbequemste Verkehrsmittel ist. Auto fahre ich, weil es sein muß. Aber mit der Bahn zu reisen ist wahrlich Entspannung zweiter Klasse. Wenn ich von meinem Berg endgültig zurück bin, möchte ich eine Woche lang mit dem Zug durch Deutschland fahren – ach ja, auch in die DDR.

Die Wiesen im Inntal sind immer noch so grün wie vor einigen Wochen, als ich mit Pepi Graber nach Oberaudorf fuhr. Vereinzelt sind sogar noch Kühe auf den Weiden. Mitte November! Während der etwa dreistündigen Fahrt bis München gehen mir eine Menge Dinge durch den Kopf. Wolfi leidet unter dem Verlust der Mutter sicher am ärgsten. Vor vier Jahren erst hat er ihr ein Haus gebaut. Einen kleinen Garten wollte sie immer haben, mit ein paar Zwetschgenbäumen und eigenem Gemüse. Und Wolfi, der widerborstige, ruppige Sohn mit einem Herzen aus Gold, hat ihr ein Haus gekauft mit einem kleinen Garten. Sie bekam die große Wohnung im Erdgeschoß, Wolfi zog unters fein ausgebaute Dach. Für sich selbst wollte er nie ein Haus, und jetzt, da die Mutter nicht mehr da ist, wird es in ihm und um ihn herum ziemlich leer sein.

Im Keller ist eine Sauna eingebaut, darauf freue ich mich am meisten. Wer wohl aus der Verwandtschaft zur Beerdigung kommt? Auf Anhieb fiele mir niemand ein, den ich unbedingt sehen möchte. Was wird sein, wenn alles vorbei ist und ich wieder auf meinen Berg zurück muß? Will ich dann überhaupt noch, werde ich mich überwinden müssen? Rechter Hand, auf der Autobahn, fährt eine weiße Yacht nach Süden. Ein Transporter bringt sie zum Gardasee oder zur Adria, oder an die ligurische Seite. Irgendwohin, wo man das ganze Jahr über segeln kann. Das weiße Schiff erinnert mich an das Jahr 1972, als ich meinen Job bei einer Münchner Illustrierten kündigte, alles, was entbehrlich schien, verkaufte und auf eine Yacht ging, um mit zwei anderen vier Jahre lang die Welt zu umsegeln. So war es geplant, und damit begann eines der unsinnigsten maritimen Unternehmen, die jemals von deutschen Gewässern aus gestartet wurden. Keiner von uns dreien war des Segelns, geschweige denn des Navigierens in dem Maße mächtig, wie es für einen Törn dieser Größenordnung lebensnotwendig gewesen wäre. Das 15-Meter-Boot, das auf den patriotischen Namen »Bavaria I« getauft war, brachte uns von Passau aus donauabwärts, bis nach Istanbul. Die Reise war schrecklich, der Skipper und ich gerieten zusehends in eine tiefe Feindschaft, und daß wir die Einfahrt zum Bosporus fanden, hatten wir nur unserem Glück zu verdanken. Die geplanten vier Jahre waren zu vier Monaten geschrumpft, zwei davon verbrachten wir wegen Niedrigwassers auf der Donau.

Warum ich die Geschichte erzähle? Weil ich mir damals versprochen habe, nie mehr aus einer Laune heraus meine Sachen zu packen und abzuhauen. Seitdem nährte ich aber auch den Wunsch, wenigstens einmal ein »Abenteuer« *allein*, ohne die Mitverantwortung anderer, anzugehen und, wenn irgendwie möglich, auch bis zum geplanten Ende durchzustehen.

Jenseits der ungewaschenen Scheiben zieht oberbayerisches Grünland vorüber. Kiefersfelden, Rosenheim, Kirchseeon, München. Als der Zug im Schrittempo unter die Überdachung des Hauptbahnhofs gleitet, die Düsternis das Tageslicht verdrängt, die Wagen mit einem kaum spürbaren Ruck zum Stillstand kommen, die automatischen Türen Luft ablassen, begebe ich mich auf den langen Marsch nach vorn. Meinen Bruder Fritz sehe ich schon von weitem. Um zu seiner Wohnung in München-Solln zu gelangen, müssen wir durch die halbe Stadt. Berufsverkehr, schleichendes, ruckhaftes Sich-vorwärts-Plagen in endlosen Schlangen. Dem bin ich entwöhnt, ich fühle mich wie in einem Schraubstock. Fritz erzählt während der Fahrt von unserer Mutter.

Der behandelnde Arzt hatte ihn angerufen und ihm mitgeteilt, daß das Ende bevorstünde. Fritz hat sich mit seiner Frau Angelika in einer Pension unweit der Klinik eingemietet, und in der Nacht war es dann soweit. Sie waren beide bei ihr, als sie aufgab. Das hat ihr das Sterben sicher ein bißchen leichter gemacht. Das letzte, das sie sagte, war, daß wir drei uns nicht streiten sollen. Wolfi kam, als sie bereits tot war. Die 160 Kilometer schaffte selbst unser Rennfahrer nicht in der verbleibenden Zeit.

Noch am Abend fahren Fritz und ich nach Germaringen, einem kleinen Dorf, ein paar Kilometer von unserer Heimatstadt Kaufbeuren entfernt. Dort hat Wolfi unserer Mutter den Garten gekauft und das Haus dazubauen lassen. Von München aus ist es eine gute Stunde mit dem Auto. Angelika kommt mit dem Auto unserer Mutter nach. Wolfi empfängt uns wie jemand, der mit der plötzlichen Leere in seinem Haus nichts anzufangen weiß. Er ist blaß und wortkarg. Ob ich wieder auf meinen Berg zurückgehe, möchte er wissen. Natürlich, sage ich.

Ich möchte nachdenken, solange noch Zeit ist. Denn unsere beiden Cousinen aus dem Norddeutschen haben sich noch für heute angekündigt. Ulla wird ihre siebengescheiten Gören mitbringen. Dann ist es mit dem Nachdenken vorbei. Dann wird geplappert. Ich gehe in den Keller. Im Keller ist die Sauna. Die Sauna ist bereits geheizt, und es ist so still wie auf der Furćia. Ich absolviere vier Gänge. Zum Nachdenken ist es zu heiß. Also schwitze ich nur. Hinterher bin ich wie umgestülpt, aber zufrieden.

Wie befürchtet, kommen alsbald die Cousinen mit ihren zwei Gören. Ich möchte meine Ruhe, die Mutter begraben und wieder auf meinen Berg. Ulla sagt, daß ich noch genauso unfreundlich sei wie früher, und ich entgegne ihr, daß ich nicht hier sei, um freundlich zu sein. Fritz, seit jeher friedfertig und ausgleichend, zwinkert mir beschwichtigend zu, meint wohl damit, ich solle mich etwas mäßigen. Um des traurigen Anlasses willen bin ich eine Weile still. Merke schon: Es fällt mir inzwischen noch schwerer, Menschen geduldig zu ertragen, die ich nicht ausstehen kann.

Unsere Mutter wird auf dem Alten Friedhof in Kaufbeuren bestattet, im Grab ihres Mannes. Um zehn Uhr beginnt der Trauergottesdienst, eine gute Viertelstunde vorher versammeln sich die Trauergäste, es mögen etwa 30 sein, vor der Friedhofskirche. Es ist kalt, obwohl die Sonne scheint, meine Brüder tragen dunkle Anzüge, Krawatten und leichte, schwarze Schuhe. Bereits jetzt werden ihnen die Füße kalt. Ich mit meinen Bergstiefeln, Kordhose und Windjacke leide keine Not. Unsere Mutter würde zwar sagen: »Geh, Jürgen, wie läufsch denn wieder rum...«, aber sie würde dann sicher verständnisvoll hinzufügen: »I woiß scho, a bißle a Schlamper warsch ja allweil scho.« Die Gesichter der Trauergäste sind in zwei Kategorien aufgeteilt. Da sind jene mit Tränen in den Augen, aber hinter den Tränen schimmert eine Spur Erleichterung, ja Zufriedenheit. Es sind Menschen, die meine Mutter während ihrer Leiden öfters besucht, ihren Zerfall miterlebt haben und die von Wolfi über die Hoffnungslosigkeit ihres Zustandes unterrichtet worden waren. Die anderen tragen ihre versteinerten, stumm mitfühlenden Mienen wie halbmast geflaggte Fahnen. Kein Zweifel, sie haben meine Mutter gekannt, mehr oder weniger gut, sie mehr oder weniger gerne gemocht. Noch sind ihre Augen trocken, die Rührung übermannt sie vermutlich erst, wenn der Sarg, an zwei Drähten aufgehängt, von einer Automatik in die Grube gelassen wird. Denn das ist das absolute Ende, wo die Zeremonie am traurigsten wird. In der Kirche ist es noch kälter als draußen. Die Angehörigen werden gebeten, in der ersten Reihe Platz zu nehmen. Erinnerungen an diese Kirche steigen auf wie aus einem längst überwuchert geglaubten Grab. Als ich ein Bub war, etwa zwölf Jahre alt, Chorknabe bei den Kaufbeurer Martinsfinken, da war ich mindestens zweimal die Woche in dieser muffigen Sakristei, in der wir unsere schwarzen Chorröcke verwahrten. Je nachdem, wie viele von uns Zeit hatten (einmal war ich sogar alleine), zogen wir uns eilig die schwarzen Kutten über, naschten noch vom Meßwein des Pfarrers und rannten dann zur Leichenhalle, um die Aussegnung mit unserem Gesang zu verschönen. Dann zogen wir mit der Trauerprozession zum Grab und sangen dort noch mal: »Du hast zerschlagen mein Gebein. Aufjubeln wird der Herr in mir. Laß mich vernehmen Freude und Wonne, und mein zerschlagen Gebein wird frohlokken.« Damals machten wir uns über die unsäglichen Texte, die wir über Jahre hinweg an offenen Gräbern sangen, keine Gedanken. Für uns zählte nur das Geld, unser Taschengeld. Für Beerdigungen erster Klasse (da war meistens noch ein Bläsertrio dabei) gab's eine Mark, für Begräbnisse zweiter Klasse fünfzig Pfennige. Der Rottach Karli fuhr immer mit dem Fahrrad durch Kaufbeuren, um ganz schnell ein paar Sänger für die nächste anstehende Beerdigung aufzutreiben. Und wenn er zu mir kam, stellte ich ihm stets die obligate Frage: »Erster oder zweiter Klasse?« Schließlich ging es ja ums Taschengeld. Möglich, daß bereits in dieser frühen Epoche der Grundstein für meine etwas lockere Einstellung zu Beerdigungen gelegt wurde. Das alles fällt mir jetzt wieder ein, und selbst die schauerlichen Gesangstexte sind im Gedächtnis gespeichert wie am Schnürchen.

Der junge Pfarrer, kaum dem Primiziantenalter entwachsen, der jetzt anhebt, die Hinterbliebenen zu trösten, meint es sicher gut und hat es im Priesterseminar auch nicht anders gelernt. Aber Instinkt ist nicht erlernbar, und der fehlt ihm halt. Obgleich in der ersten Bank lauter erwachsene Menschen sitzen, denen durchaus zuzumuten wäre, daß sie sich über den Herrgott ihre eigenen Gedanken machen, vergällt dieser junge Geistliche den Rest von Sympathie für die katholische Kirche. Ich spreche nicht von mir. Bei mir gibt es da nichts mehr zu vergällen. »Dem gerechten und barmherzigen Gott hat es gefallen...« und so weiter. Am liebsten würde ich aufstehen und gehen. »Gerecht« ist er und »barmherzig«, und »gefallen« hat es ihm auch noch, daß ein Mensch, der ihm zeitlebens vertraut hat, unter unsäglichen Qualen endlich sterben durfte. Wie würde man einen Menschen nennen, dem es »gefällt«, wenn andere leiden? Einen Sadisten würde man ihn nennen. Unwillkürlich denke ich an Norbert C. Kasers Austrittserklärung aus der katholischen Kirche, die in seinem Prosa-Buch abgedruckt ist. Der erste Satz lautet: »Da ich ein religiöser Mensch bin, trete ich aus der katholischen Kirche aus.« Dazu entschied er sich 1976. Ich war ihm mit dieser Entscheidung zwei Jahre voraus, allerdings aus anderen Motiven. Vor genau dreißig Jahren bin ich zum ersten Mal vor diesem offenen Grab gestanden, als mein Vater beerdigt wurde. Damals war ich sechzehn, und als der Sarg in die Grube gelassen wurde, war mir überhaupt nicht zum Heulen zumute. Wir hatten uns nie besonders gemocht, und deshalb weinte ich auch nicht. Viel eher wäre mir ums Haar ein Lachen ausgekommen, weil einer der Sargträger, die früher noch den Sarg per Hand in die Grube abseilten, beinahe in das Grab gefallen wäre. Ein geistesgegenwärtiger Ministrant erwischte ihn im letzten Moment am Rock. Ein rechteckiges Gestell mit quergespannten Drahtseilen, auf die der Sarg gestellt wird, besorgt heute den Rest. Ich starre unentwegt auf die kleinen Metallrollen, über die die Drahtseile laufen. Wenn sie stillstehen, ist der Sarg unten. Hinter mir weinen ein paar Frauen. Über unsere Köpfe faucht im Tiefflug ein Düsenjäger hinweg. Gleich neben dem Friedhof ist Militär stationiert. Die kleinen Rollen stehen still, die Drähte hängen lose. Der Sarg ist unten. Auch dieses Mal ist es ein Abschied ohne Tränen, obwohl ich meine Mutter sehr mochte. Und sie wird mir fehlen.

Es ist aus und vorbei, und wir fahren zum Essen. Menschen aus meiner Kindheit, die ich vergessen hatte oder längst tot glaubte, sitzen an einem langen Tisch und reden, wie man über Tote eben redet. Nur Gutes, mit jenem weinerlichen Wohlwollen, das die Verstorbene spätestens beim Nachtisch in den Kreis der Seligzusprechenden erhebt. Wenn ich ein Auto hätte, würde ich irgendwohin fahren, obwohl lauter nette Leute da sind und das Essen zu schade ist, um es stehenzulassen. Morgen werde ich wieder auf meinen Berg gehen, und daran muß ich dauernd denken. Was »Schnaps« wohl macht? Ob es wieder geschneit hat? Die Hütte wird kalt sein wie ein Gefrierschrank... Mit dem Kopf bin ich schon wieder auf der Medalges. Aber ich bin auch froh hierzusein. Denn nun, nach dem Erlebten, ist es mir, als dürfte ich morgen »heim«reisen.

Fritz und Angelika fahren noch am Nachmittag nach München, und Wolfi und ich werden uns am Abend besaufen. Bei Manni, der in Kaufbeuren eine nette Kneipe hat, erreichen wir unser Ziel, ich, dem Alkohol weitgehend entwöhnt, früher, als mir lieb ist. Ich harre dennoch aus, bis auch Wolfi soweit ist. Gegen vier Uhr früh sind wir zu Hause. Es steht nicht mehr dafür, noch groß ins Bett zu gehen. Um sieben Uhr fährt mein Zug nach München. Ich schlafe auf dem Sofa, und als der Wecker schrillt, komme ich mir vor wie geviertelt. Mit dem Auto unserer Mutter fahre ich zum Bahnhof, Wolfi wird es im Laufe des Tages abholen. Eine gute Stunde Schlaf bis München, zwanzig Minuten Aufenthalt, dann wieder schlafen, mit Unterbrechungen an den Grenzen.

In Franzensfeste steige ich aus. Eine Viertelstunde später kommt Pepi Graber, um mich abzuholen. Der Hund sei in Ordnung, das Wetter ist brauchbar, in spätestens drei, vier Stunden werde ich

»daheim« sein. Bei Castlungers hole ich meine Ski, Emma fährt uns noch bis zum Parkplatz am Naturpark. Die Felle aufgezogen und einen Jauchzer vorausschickend, machen wir uns auf den Heimweg. Das ungewohnte Gehen auf Skiern schlaucht ganz schön, zumal mein Rucksack schwer ist wie noch nie. Ich habe in Kaufbeuren noch ein paar Dinge eingekauft, vor allem Kaffee, da mir der italienische nicht sonderlich bekommt, zwei »Dresdner Christstollen«, damit Weihnachten auch für den Magen ein kleines Fest wird, und zudem habe ich noch einen Fünf-Kilo-Laib Käse eingepackt, den mir Giovanni in einer Sennerei bei Corvara besorgt hat. Die Oberschenkel beginnen zu glühen, und das Stechen unterhalb der Leisten ist, als hätte ich Nadeln im Schritt. Während meiner Abwesenheit war kein Besuch da; zu meinen Skispuren von vor zwei Tagen sind keine neuen hinzugekommen. Wie lange ich zur Furćia brauche, ist unwichtig, ab jetzt wird für mich die Zeit wieder wie ein Ozean sein, aus dem ich tropfenweise die Tage schöpfe. Vielleicht habe ich zweieinhalb, vielleicht auch drei Stunden gebraucht, es ist unwichtig. Als wir oben sind, bin ich wie erschlagen. Und wie vermutet, ist die Hütte während der drei Tage bis aufs Mark ausgekühlt. Zum Glück bläst kein heftiger Wind, der das Anheizen des Küchenherds jedesmal zum Geduldsspiel macht. Ich schätze, daß eine gute Stunde vergeht, ehe sich die Hütte mit behaglicher Wärme füllt.

Die Berge gegenüber sind weiß gepudert, ich höre Bachs h-Moll-Messe, trinke Pfefferminztee und lasse die vergangenen Tage wie einen Film an mir vorübergleiten.

Ich war nicht besonders redselig, etwas unduldsam im Zuhören, und daß ich in meiner gelegentlich überhandnehmenden Schroffheit meine Cousine Ulla zum Weinen gebracht hatte, tut mir jetzt leid. Mein Informationsbedürfnis, das am Bahnhofskiosk in Brixen entfacht worden war, erlosch bereits während der Fahrt nach München, und so weiß ich immer noch nichts Genaues über die Situation in der DDR. Ich habe keine Sekunde lang in die Glotze geguckt, weder Nachrichten gehört noch das WM-Qualifikationsspiel der Deutschen gesehen, das am Abend meiner Ankunft übertragen wurde. (Normalerweise schaue ich jedes Spiel unserer Mannschaft an.) Ich durfte erfahren, daß meine Brüder für mich wichtig sind, und mußte wieder einmal erleben, wie trostlos das Gestammel der katholischen Kirche ist. War das alles? Ja, das war alles. Fazit dieser kurzen, erzwungenen Rückkehr zu den Menschen: Ich bin auf meinem Berg gut aufgehoben, und wenn ich keiner schweren Krankheit anheimfalle, werde ich das Jahr hinter mich bringen.

VIII. KAPITEL

Trotz dieser Erkenntnis bin ich nicht sorgenfrei. Die Quelle hinterm Stall ist nur noch ein dünnes Rinnsal. Wenn ordentlich Frost kommt, wird sie einfrieren, da bin ich ganz sicher. Um Ersatz zu schaffen, muß ich etwa eine Viertelstunde tiefer steigen, da gibt es zwei Quellen. Mit der Schaufel mache ich mich auf den Weg, um die Nächstgelegenere vom Schnee zu befreien. Sie läuft noch munter, und ich hoffe sehr, daß es so bleibt. Falls nicht, müßte ich künftig aus der zweiten Quelle Wasser schöpfen, die üppigere der beiden, aber noch weitere fünfzig Meter tiefer gelegen. Bereits ein paar Tage später ist es soweit. Das Thermometer fällt in der Nacht auf minus 20 Grad und pendelt sich bis zum frühen Vormittag bei minus 15 Grad ein. Am Ende des schwarzen Wasserschlauchs hängt nur noch ein magerer Eiszapfen. Mit Kraxe und Plastikkanister mache ich mich auf den Weg nach unten. Vorsichtshalber nehme ich eine Schaufel mit, da es in den letzten Tagen wieder geschneit und vor allem anständig geweht hat. Die unlängst freigelegte Quelle ist wieder fast einen Meter hoch mit Schnee bedeckt, vom Wind zusammengepreßt und schwer wie Beton. Als ich endlich da bin, wo noch vor wenigen Tagen ein munteres Bächlein floß, sind ein paar deftige Flüche das mindeste, womit ich meine Enttäuschung auszudrücken vermag. Nichts läuft mehr, das Bachbett ist trocken wie gemangelt. Es bläst ein eisiger Wind, der mir den verharschten Schnee wie Stecknadeln ins Gesicht schleudert. Meine Finger sind trotz der Handschuhe klamm. Dann also die untere Quelle. Sie läuft zwar, aber ich weiß nicht, wie ich das Wasser aus dem krummen, schrundigen Graben in den Kanister leiten soll. Oben im Stall wäre das passende Gerät, das mir Giovanni vor ein paar Wochen gebracht hat. Ein langes Plastikrohr, an das am einen Ende eine Plastikflasche mit herausgeschnittenem Boden aufgesteckt ist. Damit könnte ich das Wasser auffangen und in den Kanister laufen lassen. Ich muß nochmals hinauf, was man nicht im Kopf hat, hat man halt in den Beinen. Bis ich wieder an der Quelle bin, vergeht bestimmt eine Dreiviertelstunde. »Schnaps« ist unten geblieben, sitzt neben der Kraxe und sieht mich an, als ob er etwas Dringendes von mir wollte. Der Kanister ist weg! Der Wind hat ihn weggeblasen, aber er hat Spuren hinterlassen. Wie ein Bob ist er einen breiten, mit Schnee angefüllten Graben hinabgesaust, hat sich mehrfach überschlagen, da die Abdrücke der Kanten zu sehen sind. Wieder einmal mehr wird mir schmerzlich bewußt, was ich in der Erziehung meines »Partners« versäumt habe. Apportieren hat er nie gelernt, und es langweilt ihn, weggeworfenen Stöcken oder gar flüchtenden Kanistern hinterherzulaufen. Dennoch versuche ich, allerdings ohne große Hoffnung auf Erfolg, den Hund zur Kooperation zu bewegen. »Such den Kanister! Wo ist er? Such, ›Schnaps‹! Such!« Was macht dieser egoistische, faule, unfolgsame Hund? Er gähnt, legt sich lang in den Schnee und schließt die Augen. Das hätte er nicht tun sollen! Wütend packe ich ihn an seiner wolligen Halskrause, schüttle ihn, so daß er ganz schnell wieder auf den Beinen steht. Noch ein Versuch! » ›Schnaps!‹ Wo ist der Kanister! Such! Such ihn schon! Verdammt noch mal!« Ist's möglich? Der Hund setzt sich in Bewegung! Zwei, drei Meter weit folgt er der Spur des Kanisters, dreht plötzlich um und verabschiedet sich in einem großen Bogen. Gemächlich trollt er bergan zur Hütte. Jetzt muß ich doch lachen und mache mich selbst auf die Suche. Gut hundert Meter weiter ist er in einer Mulde hängengeblieben. Giovannis Konstruktion ist hilfreich, und da die Quelle gut läuft, ist der Tank bald voll. 20 Liter passen hinein, und ich lasse ihn randvoll laufen. Den Deckel aufgeschraubt, Kanister auf die Kraxe gepackt und in die ganz tiefe Hocke, damit ich die Schultergurte überstreifen kann. Der Aufstieg dauert etwa eine halbe Stunde, und als ich oben bin, läuft mir das Wasser von den Schulterblättern abwärts in den Hosenbund und noch weiter. Da der Kanister in die Streben der Kraxe eingeklemmt ist, verwindet sich das Plastik bei jedem Schritt, und aus der zwar verschlossenen Öffnung kleckert das Wasser. Hart ist das Leben in den Bergen, tröste ich mich und kleide mich in trockene Sachen. Das nächste Mal, so lehrt die Erfahrung, die man als Wasserträger erst machen muß, werde ich den Kanister nur zu dreiviertel füllen oder den Einfüllstutzen mit einem Lappen umwickeln. Bis meine Quelle wieder läuft, wird mit dem guten Wasser sparsam umgegangen. Für die Wäsche, zum Baden und Abspülen nehme ich den aufgetauten Schnee, der ganz allmählich die Hundertlitertonne in der Küche füllt. Es ist eine mühselige Prozedur, da ich zunächst den Schnee in dem großen Topf auf dem Ofen schmelzen muß. Zehn Liter Schnee ergeben etwa zwei Liter Wasser. Was die scheinbar blütenweißen, makellosen Schneekristalle an Fracht mit auf die Erde bringen, zeigt sich, wenn der Topf voll mit Schmelzwasser ist. Der Boden ist jedesmal bedeckt mit grauem schlierigem Schlick. Da macht selbst das Bad am Wochenende keinen sonderlichen Spaß mehr, und um wenigstens die Illusion von reinstem Wasser zu schaffen, lasse ich es durch einen Seiher, ein feinmaschiges Sieb, laufen.

Das Schicksal meint es vorläufig noch gut mit mir. Am nächsten Tag bereits läuft meine Quelle wieder, die Frage ist nur, wie lange. Der November, dem der Ruf anhaftet, der tristeste Monat im Jahresablauf zu sein, neigt sich. Am Ende wird er mir 22 Sonnentage beschert haben, mehr als die Sommermonate Juli und August zusammen. Da bald der erste Advent ist und meine Stube durchaus etwas frisches Grünes vertragen könnte, besinne ich mich einer längst vergrabenen Tradition und mache mich auf nach Funtanacia. Das Märchenland ist eingehüllt von einer flaumigen Stille. Die meisten Lärchen haben ihre braungelben toten Nadeln abgeworfen wie lästigen Ballast, die Zirben ragen aus dem gleißenden, glitzernden Teppich noch finsterer hervor als sonst, die Flanken und Nordwände der Puez-Berge sind wie mit Schimmel überzogen. Am Wurzelstock einer alten, morschen Zirbe schneide ich ein paar Zweige ab und packe sie in den Rucksack. »Schnaps« folgt der Fährte eines Fuchses, bis sie sich in den Felsen verliert. Wir steigen hinauf zu den Ställen und noch weiter bis ins Murmelland. Die Felsen, unter denen die Murmeltiere ihre Schlafkammern eingerichtet haben, tragen kleine weiße Mützen. Noch ist nicht richtig Winter, aber ich kann mir gut vorstellen, wie es aussehen wird, wenn der »richtige« Schnee kommt. Dann wird Murmelland aussehen wie ein großes, weißes, flauschiges Bett, ein Meer von wattigen Wellen, Polstern und aufgeschütteten Kissen. Wir gehen zurück über den Höhenweg, auf dem jetzt, außer uns beiden, niemand mehr Spuren hinterläßt.

Die Zirbenzweige binde ich mit einem Draht zusammen und hänge sie übers Südfenster der Stube. Gleich sieht es in dem Bretterverschlag etwas freundlicher aus. Und als am Nachmittag Emma kommt, wird es auch noch bunt in der Stube. Sie hat eine Blume mitgebracht, einen leuchtendroten Weihnachtsstern.

»Mußt freundlich sein zu ihm, mit ihm reden und gießen. Dann bleibt er schön bis Ostern«, ermahnt sie mich. Emma ist mein Anguàna, meine Fee aus den Bergen, die die Gabe hat, Gedanken zu erraten. Mir war's so sehr nach frischem Brot und Butter. Beides hat sie in einem kleinen Rucksack mitgebracht, dazu frische Mortadella und Milch. Wir sitzen am Tisch in der Stube, lassen uns die Marende schmecken, während »Schnaps« mit »Niki« berät, ob es wohl lohnt, den Gemsen nachzujagen, die ganz oben auf dem Sattel der Medalges äsen. »Niki«, der Flinke, Behende, würde sicher gerne, aber »Schnaps«, eingedenk der beschämenden Ergebnisse seiner bisherigen Bemühungen, rät ab. Sie legen sich auf die Terrasse und lassen sich die Sonne auf den Pelz scheinen.

Emma sitzt da, den Kopf seitlich in eine Hand gestützt, die zur Faust geballt ist, und mustert mich unentwegt mit ihren wunderschönen blaugrauen Porzellanaugen. Gleich wird sie etwas fragen, das sie beschäftigt, ihr möglicherweise sogar Sorgen macht.

»Hast keine Angst vor dem Winter?« bricht es aus ihr hervor.

»Wieso? Meinst, er wird schlimm?« Die Mortadella ist ein Genuß.

»Ha, isch gleich. Ob schlimm oder nicht. Winter isch Winter. Und wenn viel Schnee kommt. Na, in Gott's Will'n! Dann...«

»Ich weiß schon«, unterbreche ich sie, »vier, fimf Metter Schnee, wie mir der Konstantin ja schon versprochen hat.« Frisches Brot mit Butter! Ich kann davon gar nicht genug kriegen.

»Tu nur nicht spotten. Vielleicht wirsch' verrückt, wer weiß.« Emma schaut mich groß und ganz ernst an.

»Ich werd' schon nicht verrückt. Mußt halt für mich beten«, scherze ich mit Emma todernst: »Na, in Gott's Will'n! Das muscht schon selber. Aber ich bet' auch für dich und den ›Schnaps‹. Aber dafür musch' zur Christmette kommen. Kommsch?«

Aha! Daher weht der Wind. Die gute Emma ist mit missionarischem Auftrag unterwegs. Sie weiß, daß ich der katholischen Kirche längst nicht mehr gewogen bin, und es bereitet ihr Unbehagen. Emma versäumt keine Messe. Keine Vesper, keine Rorate und was es sonst noch an Gelegenheiten gibt, um den Pfarrer bei Laune zu halten. Daß ich mich hin und wieder über ihre bedingungslose Ergebenheit der Kirche gegenüber lustig mache, stört sie nicht. Viel eher habe ich das Gefühl, daß sie strebsam, aber geduldig auf den Tag hinarbeitet, da sie es schafft, »Saulus« zu einem »Paulus« zu bekehren. Wenn alle Katholiken so dächten, fühlten und handelten wie Emma, hätte die römische Kirche gewiß keinen Mangel an Gläubigen. Und nun will sie mich zur Mette locken.

»Wahrscheinlich komme ich zur Mette«, sage ich vorsichtig, »nach Campill. Ja, ich glaube schon. Da kann ich ruhig hin. Ich versteh' sowieso kein Ladinisch und brauche mich also nicht über die Texte zu ärgern.«

Daß ich zur Mette nach Campill möchte, entspricht der Wahrheit. Und zwar aus einem ganz simplen, romantischen Beweggrund. Vor einigen Jahren habe ich das Drehbuch für ein Fernsehspiel geschrieben. Ein Stück zu Weihnachten. In der Schlußsequenz kommen die Bauern von ihren Einödhöfen in den Bergen, um im Dorf die Mette zu besuchen. In meiner Fantasie vermochte ich mir das Bild, wie sie über die verschneiten Almen stapfen, gut vorzustellen. Aber irgendwann, sagte ich mir damals, möchte ich es selbst erleben. Am Heiligen Abend ins Tal gehen, die Mette besuchen und anschließend wieder hinauf. Und ich denke es in diesem Jahr zu schaffen. Ich erzähle Emma die Geschichte, weshalb es mich am Weihnachtsabend voraussichtlich in die Kirche ziehen wird.

Da erfüllt ein Strahlen ihr Gesicht.

»Na, na«, frohlockt sie, »dann bisch ja doch a Christ, wenn d' solche Geschichten schreibsch.«

Zufrieden mit dem Teilerfolg ihrer missionarischen Arbeit, macht sich Emma wieder auf den Heimweg. Ich schaue ihr noch lange nach, bis sie und »Niki« hinter einer verschneiten Falte verschwimmen.

Am Abend fällt ein Sturm über die Hütte her, wie ich ihn noch nie erlebt habe. Es ist fast wolkenlos, nur ein paar schlierige Fetzen huschen unter dem Blau hinweg. Zunächst schickt er einen »Späher«, ein zartes Lüftchen, das sich vom Osthang der Medalges heranpirscht, die Hütte umsäuselt, die Socken an der Leine wiegt und sich lautlos davonmacht. Es folgt die »Vorhut«, kurze, heftige Böen, die unter die Fensterläden greifen und an ihnen rütteln. Die »Hauptmacht« ist unmittelbar dahinter, die Stalltüren fliegen krachend zu, die Socken flattern und wickeln sich mehrfach um die Leine, die Spülschüssel segelt ein paar Meter weit durch die Luft, »Schnaps« verläßt seinen Aussichtshügel, um sich in den Schutz der Hütte zu begeben. Der Himmel ist nach wie vor nahezu wolkenlos, aber der Sturm nimmt stetig zu. Wenn er kurz Atem schöpft, kann ich hören, wie er unten in der Funtanacia das Geäst der Zirben und Lärchen packt. Und an den Kanten und Gesimsen der Puez-Nordwände wetzt und reibt er sich, und es klingt wie eine Orgel. In der Stube ist jetzt der beste Platz, und mit Befriedigung höre ich, wie der Sturm gegen den Windfang vor der Haustüre anrennt und ihm nichts anhaben kann. Dafür vergreift er sich an einem Topf, der auf dem kleinen Tisch vor der Hütte steht – oder stand. Samt Deckel fliegt er scheppernd über die Terrasse und bleibt unterhalb des Komposthaufens im Schnee stecken. In der Nacht ein sternklarer Himmel, aber der Sturm hält unvermindert an. Die Hütte ächzt und stöhnt, der Hund schnarcht. Gewitter mit Blitz und Donner, Sturm und Hagel lassen ihn ungerührt, aber der Schrei einer einzigen Dohle bringt ihn zur Raserei. Ein merkwürdiger Hund. Ich mag es, wenn draußen der Teufel los ist. Das Gefühl, gut aufgehoben und in Sicherheit zu sein, verwischt die gelegentliche Sorge um die altersschwachen Schindeln, die zum Teil morsch oder von Wind und Wetter aufgebogen sind wie Surfbretter. Ich bin fatalistisch genug, um mir einfach einzureden, daß sie dieses Jahr auch noch überdauern werden – wie die 37 Jahre zuvor. Während des Frühstücks am nächsten Morgen orgelt immer noch der Sturm, aber auf einen Schlag ist Stille, als hätte ihn jemand ausgeknipst.

In der Speisekammer schleppt sich eine Maus hinter die Brotkiste. Sie muß erst vor kurzem von dem Gift gefressen haben. Ich erwische sie noch am Schwanz und gebe ihr mit einem Brett den Rest. Sie muß in den Ofen, damit sie der Hund nicht verspeist. Das Gift würde ihm vielleicht schlecht bekommen. Abermals erinnere ich mich an die beiden unliebsamen Gäste im Sommer, die mit dem aberwitzig kleinen und sehr teuren Hund. Wie kann man einen Menschen, den man mag, »Maus« nennen?

Obwohl es seit Anfang November nicht mehr geschneit hat, hält sich der Schnee hartnäckig. Am letzten Tag im November bekomme ich noch mal Besuch. Ein spindeldürrer Bursche mit einem kleinen Rucksack keucht den Berg herauf. Auf glatten Sohlen eiert er die letzten Meter durch den Schnee und schnauft für drei. Ich kenne ihn nicht. Er ist blaß, einer aus der Gegend, der Sprache nach. Er sei der Andreas, komme vom Misći und habe die Tour doch etwas unterschätzt, sei das erste Stück halt zu schnell gelaufen.

»I bin der Freind vom Paul Misći seiner Tochter«, erklärt er sich und packt aus dem Rucksack zehn Eier, in Zeitungsfetzen eingewikkelt. Eines ist zerdeppert, das kriegt »Schnaps«.

»An schenen Gruß vom Paul. Und er hat gedenkt, daß du Eier gut gebrauchen kannst. Besser wie an Schnaps.«

Da hat der Paul richtig »gedenkt«, sage ich dem Andreas, denn Eier gehören mit zu den Kostbarkeiten in meiner Einöde, und Schnaps habe ich noch vom eigenen Baum. Andreas reiht sich kopfschüttelnd in die Gesellschaft jener ein, die mich für nicht ganz bei Trost halten, da ich auch den Winter hier oben bleiben möchte. Er hofft auf einen saftigen, kernigen Winter mit viel Schnee, damit in Corvara die Hotels und die Skipisten voll werden. Den Winter über arbeitet er als gelernter Koch in einem Hotel in Corvara.

»Aber«, so schlußfolgert er, »wenn kein Schnee isch, kommen keine Gäschte, des wär letz. Wenn keine Gäschte da sind, gibt's nix zum Kochen, des wär ganz letz.« Er hoffe halt sehr, daß dieser Winter nicht wieder so schneearm wird. Ich drücke ihm die Daumen, daß viel Schnee kommt. Das freut ihn, und nach einem knappen Stündchen macht er sich auf glatten Sohlen wieder auf den Heimweg. Das Geschenk vom Paul behandle ich wie rohe Eier. Neun Tage lang jeden Morgen ein Frühstücksei, das ist Komfort, von dem ich manchmal träume. Es ist schön, wie sie aufrecht in der Eierschachtel stehen, große, braune Eier von freilaufenden Misći-Hühnern.

Die Zeitungsfetzen, in die sie eingewickelt waren, streiche ich mit der Handkante glatt. Ein gut Teil sind Fragmente von Todesanzeigen, und auf einer ist gerade noch das Datum zu lesen. »Nauders, 30.11.89...« Eine Zeitung vom Tage hat er mir raufgeschickt, als Puzzle. Also mache ich mich an die Arbeit und lege die Fetzen aneinander. Es wird eine fast komplette Seite mit Todesanzeigen, Danksagungen und Erinnerungen an den ersten (zweiten, dritten...) Todestag der (des) Verstorbenen. Es ist eine Seite aus den »Dolomiten«, deren persönliche Note Todesanzeigen, seitenweise im Großformat mit dem Bild des (der) Verstorbenen, sind. Ein

235

Futzel von der Größe meines Handtellers bleibt übrig. Es entstammt der Nachrichtenseite und informiert mich – bruchstückweise – über ein Attentat, dem der Chef der Deutschen Bank, Alfred Herrhausen, zum Opfer gefallen ist. Was genau geschah, verschweigt der Ausriß, doch vermute ich, daß die RAF wieder von sich reden macht. Manchmal zerrt die Langweile an mir wie ein Kind an der Schürze der Mutter. Es ist schwer, dagegen anzugehen, da meine Mittel, mich zu beschäftigen, sehr begrenzt sind. Ich kann und will nicht den ganzen Tag laufen, zudem die meisten Ausflugsziele des Sommers durch den Schnee versperrt sind. Die täglichen Hausarbeiten sind schnell getan, und um meine Notizen auf den neuesten Stand zu bringen, bedarf es vielleicht einer Stunde pro Tag. Dennoch ist jetzt, in der Adventzeit, in mir etwas in Bewegung geraten, das ich seit Jahren verloren glaubte. Ich fühle, daß noch ein paar Wurzeln übrig sind, die meine Einsamkeit mit Erinnerungen an Zeiten nähren, als Weihnachten auch für mich noch etwas ganz Besonderes war. Bei mir zu Hause habe ich seit Jahren keinen Adventkranz, geschweige denn einen Christbaum. Als ich neulich nach Funtanacia ging, um ein paar Zirbenzweige zu schneiden, um etwas »Grünes« in die Stube zu hängen, war mir nicht klar, daß dies nichts anderes war als eine Rückbesinnung auf begrabene Traditionen. Ich wollte einen »Adventkranz«, das war es. Einen Christbaum will ich nicht, obwohl es an den unteren Almwiesen ein paar Fichten gäbe. Aber ich finde, daß sie es als Fichten in dieser Höhe ohnehin schwer genug haben, langsam plagen sie sich hoch, ich will nicht mit einem Axthieb ihre Mühen beenden. Wenn ich in ein paar Jahren wiederkomme, werde ich mich darüber freuen, daß sie schon wieder etwas größer geworden sind.

Die andere Möglichkeit, der Zeit Beine zu machen, ist das Lesen. Schon zu Beginn meines Lebens in den Bergen hat mir der »Klamme« ein Buch gebracht, das mir die Sagenwelt der Dolomiten eröffnete. Der Bozener Journalist und Schriftsteller Karl Felix Wolff hat ein Leben lang geforscht und gesammelt und seine Arbeit in den »Dolomiten-Sagen« hinterlassen. Für mich haben die Geschichten und Legenden eine besondere Bedeutung, da mein Platz und die nähere und weitere Umgebung eingewoben sind in diese Welt der Zwerge und Hexen, der Prinzessinnen und wilden Männer. Die für mich schönste aller Sagen aber hat Emma ausgegraben. Sie hat sie bei dem alten Pfarrer in St. Martin entdeckt, und weil sie in ladinischer Sprache geschrieben war, hat sie ihren Vetter, Deutschlehrer an der Mittelschule in St. Martin, gebeten, sie für mich zu übersetzen. Als ich sie das erste Mal las, hatte ich den leisen Verdacht, daß Emma das Werk in Auftrag gegeben habe, um mir eine Freude zu machen. Da war sie sehr entrüstet und schwor Stein und Bein, daß dies eine alte Sage aus dem Ladinischen sei. Nun hatte ich keine Zweifel mehr, weil Emma nicht lügt; ich glaube, sie weiß gar nicht, wie man das macht. Die zu Herzen gehende Geschichte spielt auf der Medalges-Alm, die im Ladinischen Munt d'Adagn heißt, und die Hütte, von der die Rede ist, könnte die Furćia sein, weil es so hoch oben die einzige ist. Da der Hirte, um den sich die Sage rankt, blond war (das bin ich, dank der intensiven Sonneneinstrahlung, inzwischen auch wieder) und blaue Augen hatte (die habe ich seit jeher) und groß und stark war (im Reich der Gnome wäre ich das mit einsfünfundachtzig sicher auch), bin ich für Emma, die Schalkhafte, die Inkarnation jenes Hirten. Und weil mich die Geschichte – wenigstens für Emma – in das Sagenreich der Dolomiten erhebt, will ich die Sage – in Auszügen – erzählen. »Vor mehr als hundert Jahren lebte auf der Munt d'Adagn ein Hirt, der dort im Sommer die Kühe und Schafe der Bauern hütete. Der Hirt der Munt d'Adagn war noch jung und sehr schön. Er hatte hellblondes Haar und war groß und stark; seine blauen Augen funkelten in der Bergsonne. Bereits 18jährig hatte er angefangen, die Kühe zu hüten. Nun übte er schon zehn Jahre lang diese Arbeit aus, und jedes Jahr fand er größeren Gefallen daran. Nachdem er schon zum drittenmal die Kühe auf der Munt d'Adagn gehütet hatte, zog der junge Hirt nach dem Almabtrieb wieder auf die Berge und blieb zwei Tage oben. Als er wieder heimkam, strahlte er nach allen

Seiten Glück und Frohsinn aus. Besonders seine Eltern waren darüber sehr verwundert. So fragte ihn seine Mutter eines Abends nach dem Essen: ›Was ist mit dir los, warum bist du so glücklich, seit du von den Bergen kamst?‹ Der junge Hirt antwortete: ›Dir, liebe Mutter, erzähle ich es, aber du darfst es niemandem weitersagen.‹ So begann der junge Hirt zu erzählen: ›Sieben Tage vor dem Almabtrieb habe ich etwas Wunderbares gesehen. Als ich am Abend alle Arbeiten verrichtet hatte, ging ich vor die Hütte und setzte mich auf ein Bänkchen, um mir den Sonnenuntergang und das Aufröten der bleichen Berge anzuschauen. Kaum hatte ich mich niedergesetzt, hatte ich das Gefühl, einen betörenden Gesang zu hören, der von den Geislerspitzen zu mir herüberklang. Plötzlich standen zwei wunderschöne junge Frauen vor mir. Beide trugen lange Kleider, die so fein wie Seide und so leicht wie Mohnblüten zu sein schienen. Das Gewand der einen Frau war weiß, jenes der anderen hellblau, so, wie der Himmel an den hellsten Sommertagen. Die Kleider waren so fein, daß ich leicht die Linien ihrer Körper erkennen konnte. Die eine Frau trug schwarzes Haar, hatte rehbraune Augen und war größer und kräftiger als die zweite; die Bergsonne hatte ihr Gesicht braun gebrannt. Das zweite Mädchen hatte hellere Haare, graublaue Augen und war etwas blasser im Gesicht. Jeden Abend vor der Dämmerung kamen die beiden Frauen zu mir, um mich zu besuchen; sie waren auf einmal da und verschwanden ganz plötzlich. Sie sangen und sprachen zu mir, aber ich verstand den Großteil davon nicht. Wenn ich in meiner Hütte Gäste hatte, die bei mir übernachten wollten, ließen sich die zwei Frauen nicht blicken, aber ihr Gesang dort in den Felsen klang trauriger als sonst.‹

So verging die Zeit, und es verstrichen sieben Jahre. Zunächst brachte der junge Hirt nicht den Mut auf, die Mädchen nach ihren Namen zu fragen. Eines Tages jedoch faßte er sich ein Herz. ›Ich heiße Doleda (von Piz Doledes, d. A.)‹, antwortete die eine Frau. ›Mein Name ist Odlana (Odles heißt die Geisler-Gruppe in italienischer und ladinischer Sprache, d. A.)‹, sagte die zweite. ›Aber wie heißt du, schöner Hirt?‹

›Ich heiße Arnold‹, sagte er. Als Arnold am nächsten Tag wieder den Gesang der zwei Frauen hörte, kam es ihm vor, als höre er jetzt auch seinen Namen in den Liedern. Sein Herz war bereits Feuer und Flamme, und er wußte nicht, welche von den beiden er mehr liebte. Sie waren stets nett zu ihm und erzählten ihm vieles von den Bergen und von guten und bösen Menschen unten im Tal.

Bei schönem Wetter konnte Arnold den Gesang der zwei Frauen auch bei Tage hören, und zwar vom Zwölfer-Kofel her; drohte aber ein Gewitter, so klangen die Lieder trauriger von den Geislerspitzen herüber.

Nach dem Almabtrieb im September verbrachte Arnold ein oder zwei Tage zu Hause, dann zog es ihn wieder in die Berge. Und jeden Abend kamen die beiden Frauen zu ihm und leisteten ihm Gesellschaft.

Doleda und Odlana verrieten ihm, daß sie sich nur alle hundert Jahre von Menschen sehen ließen und dann sieben Jahre lang bei ihnen blieben. Aber nun waren die sieben Jahre um. Arnold kehrte nach dem Almabtrieb wieder in die Berge zurück. Die Leute im Tal kannten seine Gewohnheiten und wunderten sich nicht. Erst als der Schnee kam, sorgten sich seine Eltern, und ein paar beherzte Männer machten sich auf die Suche. Die Hütte war leer, von Arnold fanden sie nicht die leiseste Spur.

Als die Männer kurz vor Sonnenuntergang durch das Tal wanderten, hörten sie ein wunderschönes Lied, das aus den Felsen klang und bei allen Heimweh und Sehnsucht entfachte. Doleda und Odlana hatten Arnold verzaubert und mit sich in ihr Reich zwischen den Felsen geführt. Alle Jahre im Herbst konnte man abends das wunderschöne Lied hören. Arnold aber blieb verschwunden. Einige Jahre später ging der Dorfpfarrer daran, alle Berge zu segnen; seitdem hat niemand mehr das wunderschöne Lied gehört.«

Das ist also die Geschichte von Doleda und Odlana, und mit ihnen wäre mein Leben sicher viel kurzweiliger. Aber auf den glücklichen Zufall, daß ausgerechnet jetzt die hundert Jahre vorüber sind, wage ich nicht zu hoffen. Oder ich bin ihnen einfach schon zu alt . . .

Zu dem Schnee vom November ist kaum neuer hinzugekommen. Kann sein, daß der Wunsch der Vater des Gedankens ist, aber mir ist's, als ob dieser Winter ähnlich lasch wird wie der letzte. Heute ist mein 200. Tag, die zweite Woche im Dezember. Meine Quelle, die, je nach Laune, zwischendurch wieder mal läuft, ist seit zwei Tagen eingefroren. Dabei fällt in der Nacht das Thermometer kaum unter minus fünf Grad. Mit der Kraxe muß ich wieder zu fremden Gewässern gehen, um Trinkwasser zu beschaffen.

Das Wasser zum Baden und Abspülen, das der Schnee liefert, ist eine trübe Brühe, ein paar Zentimeter Neuschnee wenigstens wären angenehm. Über das Essen will ich mich nicht beklagen, da ich von meinen Besuchern von Fall zu Fall frisches Gemüse bekomme wie Paprikaschoten, Blumenkohl und Salat. Außerhalb der Gemüsetage decke ich meinen Vitaminbedarf mit Multivitamintabletten. Der Speck, der zwar gut schmeckt, hängt schon seit zwei Wochen unberührt in der Speisekammer. Ich bin süchtig auf Obst und Gemüse, und eine Pfanne voll Bratkartoffeln ist mir lieber als das Fett vom Schweinebauch. Meine Gier auf Süßigkeiten, die sich zu geradezu beängstigenden Dimensionen ausgeweitet hat, bleibt weitgehend unbefriedigt, weil ich zuwenig Schokolade eingekauft habe. Seit einem Monat ist sie alle, und um wenigstens ab und zu eines schokoladigen Geschmacks auf der Zunge teilhaftig zu werden, esse ich löffelweise Kakaopulver – und Honig.

Seit zwei Wochen ist nahezu jeden Tag der Himmel wolkenlos, mit Temperaturen, wie ich sie mir im Sommer gewünscht hatte. Oft sitze ich stundenlang auf meiner »Grübelbank« an der windgeschützten Stallseite und döse vor mich hin wie ein alter Kater. In meinem Kopf bewegt sich wenig, ich kann mich schlecht konzentrieren, und nur selten gelingt es mir, einen Gedanken zu Ende zu denken. Nicht der Natur und dem ganzen Drumherum bin ich ausgeliefert; mir bin ich ausgeliefert, und das ist weit schlimmer. Ich wünsche mir ein paar Wolken am Himmel, die sich zur Wand verdichten, oder wenigstens Wolkenfetzen, die etwas Abwechslung in das endlose Blau bringen. Ein Sturm wäre wieder schön – oder Schnee. Aber wenn es dann anständig bläst oder schneit, ist meine gute Laune schnell erschöpft, dann kann ich es gar nicht erwarten, bis die Sonne wieder scheint. Dem Hund ergeht es ähnlich wie mir. Den ganzen Tag hockt er auf seinem Aussichtshügel und bellt unentwegt. Ihm muß auch ganz schön langweilig sein, jetzt, da kaum noch Besuch kommt. Der Höhenweg ist verschneit, und manchmal denke ich fast wehmütig an die unwillkommenen Gäste, über die ich mich wenigstens ärgern konnte.

Tage wie diese sind in ihrem Ablauf fast ohne Unterschied: frühstücken (solange ich noch ordentlichen Kaffee habe, will ich mich nicht beklagen), anschließend, je nach Laune, eine Wanderung zum Sobutsch oder die kurze Tour zum Kreuzjoch. Dann: ausruhen auf der Grübelbank, gelegentlich mit Bach oder Beethoven im Ohr, Wasser holen, mit dem Fernglas nach Gemsen Ausschau halten, regelmäßig die beiden Öfen füttern, nachdenken, weshalb ich eigentlich hier bin, verzweifelt nach losen Nägeln oder abzudichtenden Ritzen Ausschau halten, um handwerklich tätig zu werden, Mittag essen (lasse ich auch oft ausfallen), Gedanken (so vorhanden) niederschreiben, noch ein Stündchen laufen, in der Sonne sitzen und etwas Faulkner oder Graf oder Mandela oder Kraus lesen (ach ja, mit dem Schreiben müßte ich ja auch allmählich anfangen, mit dem Schreiben in die Maschine, meine ich), den Sonnenuntergang erwarten, am Kalender neben der Stubentüre den zerronnenen Tag durchkreuzen, Abendessen, noch ein bißchen lesen und Musik hören, zwei Briketts in den Stubenofen stecken, damit in der Früh noch Glut vorhanden ist, mit Einbruch der Dunkelheit ins Bett (vermutlich gegen 19 Uhr), etwa elf bis zwölf Stunden Schlaf, meistens traumlos und ohne Unterbrechung, vor dem Einschlafen darauf hoffen, daß der morgige Tag etwas Unvorhergesehenes beschert.

Zum Glück sind nicht alle Tage derart zermürbend, aber der Variantenreichtum des Herbstes fehlt mir sehr, ebenso die großen Wanderungen und das Am-Abend-Erschöpftsein. Derzeit bin ich

den ganzen Tag erschöpft vom Nichtstun, Nichtsdenken, Nichts-
wollen. Wenn ich mich nicht hätte, ich würde mich nicht vermissen.
Ich atme, das ist alles.

Ich dachte, ich hätte mich an die Stille gewöhnt. Habe ich nicht.
Sie hat mein Gehör geschärft, das ist das Positive. Aber sie hüllt
mich ein, lähmt und knebelt. Ab und zu befreie ich mich gewaltsam
und stoße einen Schrei aus. Ein Schrei in dieser absoluten Stille ist
wie ein Schwertstreich, der zwar eine Wunde schlägt, die aber
augenblicklich verheilt und nicht die Spur einer Narbe hinterläßt.
Oder ich singe oder deklamiere ein Gedicht, am liebsten aber die
»Schülerszene« aus dem »Faust«, die ist so schön lang, und ich kann
sie noch komplett auswendig. Dann kaspere ich mit großen und
kleinen Gesten den Weg zum Kreuzjoch hinüber und bin einmal
Mephisto und einmal der Schüler. »Schnaps« ist mein Publikum.

In der Stube ist es jetzt bereits am Nachmittag so düster, daß ich
ohne künstliches Licht nicht mehr lesen oder schreiben kann. Als
hätte ich es geahnt, habe ich schon vor einigen Wochen durch
Roland bei AEG in Hamburg um eine zweite Solarzelle nachge-
sucht. Über eine gutfunktionierende Stafette wurde das Gerät nach
München an Peter Kaufmann, einen Freund von Klaus Gasperi,
geschickt. Der hat sie nach Bruneck zu Roland gebracht. Roland hat
sie Franz und Martin gegeben – beide sind auch bei der Bergrettung –,
und die sind am Abend mit Skiern zu mir rauf, um das gute Stück
abzuliefern. Fünf Tage später ist die erste Solarzelle »im Eimer«.
Ich bin froh, daß rechtzeitig Ersatz gekommen ist, weil Karbidlampen, Petroleumfunzeln und Kerzen keinem Vergleich mit der hellen
Neonlampe, die aus dem Koffer gespeist wird, standhalten. Mit einer »Sonnenfüllung« ist sie schätzungsweise sechs bis sieben Stunden betriebstauglich. Die Batterien des Solar-Koffers sind bei intensiver Sonneneinstrahlung nach zwei Stunden wieder aufgeladen.

Der 7. Dezember ist ein denkwürdiger Tag, genauer: eine Nacht, an
die ich noch lange denken werde. Wie üblich, stecke ich vor dem
Zubettgehen noch zwei Briketts in den Stubenofen. Es ist nahezu

windstill, dazu ein sternklarer Himmel. Das Einschlafen macht keine Mühe, das Aufwachen weit mehr. Mitten in der Nacht werde ich plötzlich geweckt. Eine feuchte Hundeschnauze stupst unentwegt gegen meine rechte Hand, die über die Bettkante hängt. Der erste Zorn über den Störenfried weicht ganz schnell einem Unbehagen, weil ich die Bettdecke über meinen Kopf gezogen hatte und der erste Augenaufschlag von einem scheußlichen Hustenreiz begleitet wird. Die Schlafkammer ist bereits angefüllt mit stinkendem Kohlenqualm. Meine Augen tränen, Husten schüttelt mich, »Schnaps« winselt und kotzt in die Stube, noch ehe wir es schaffen, ins Freie zu gelangen. Aus der Ofentüre quillt dicker Rauch. Ich reiße meinen Trainingsanzug von der Stuhllehne, packe »Schnaps« am Balg und zerre ihn nach draußen. Die frische Luft ist wie ein Heilbad, und allmählich gelingt es mir, wieder normal Atem zu schöpfen. Als es mir bessergeht, laufe ich in die Hütte und öffne sämtliche Fenster.

Es stinkt und beißt in den Augen wie nach einem Schwelbrand. Mit der großen Taschenlampe leuchte ich aufs Dach. Die Kaminhutze hat sich verhängt oder ist von dem Pech festgeklebt, so daß der Wind, der nicht kräftig genug ist, um sie in die passende Richtung zu drehen, ins Ofenrohr fährt und den Rauch in die Stube drückt. Ich habe keine Stange, die lang genug wäre, um das Kamindach zu drehen. Also muß ich aufs Dach. Zum Glück liegt kein Schnee mehr auf den Schindeln, aber es ist glatt. Vorsichtig taste ich mich über die Trittleisten bis zum First, die Taschenlampe zwischen die Zähne geklemmt. Die Hutze läßt sich mühelos drehen, ein bißchen nur war sie festgeklebt. Nun zieht der Kamin wieder. Daß so etwas passieren kann, beunruhigt mich dennoch. Aber ich denke, ohne Pathos behaupten zu können, daß der Hund möglicherweise unser beider Leben gerettet hat; daß es aus schierem Selbsterhaltungstrieb geschah, ist ohne Belang. Ich würde zu gerne wissen, ob er mich meinem Schicksal überlassen hätte, falls es ihm gelungen wäre, ohne meine Hilfe ins Freie zu gelangen. Ich glaube es nicht. Nun sind wir fast quitt, mit einer guten Tat bin ich ihm ja noch voraus.

Eine positive Nebenwirkung hat der Zwischenfall der Nacht. Am nächsten Tag kann ich mich wieder handwerklich betätigen. Mehrere Latten zusammengenagelt, ergeben eine Stange, die lang genug ist, um den Kamin zu erreichen. Dann steige ich noch mal aufs Dach und sprühe ein Anti-Korrosionsspray in das Lager der Hutze. Jetzt dreht sie sich bereits, wenn ich dagegenblase. Ich hoffe, es bleibt so. »Schnaps« ist auch wieder in Ordnung, obwohl die Bindehäute seiner Augen noch stark gerötet sind. Eine Medaille bekommt er nicht für seine Rettungstat, aber eine Dose Rindfleisch, und so, wie ich ihn kenne, ist ihm die auch lieber.

Es mag seltsam klingen, aber selbst unerfreuliche Begebenheiten, wie die eben beschriebene, bringen mich wieder ins Gleis. Endlich ist mal wieder etwas passiert, das mich beschäftigt, Nachdenken verlangt über die möglichen Folgen und wie derlei Pannen künftig zu vermeiden sind. Der fade Trott ist für eine kurze Weile unterbrochen, ein Problem wurde gelöst oder muß noch gelöst werden. Ich bin in Bewegung. Und die Zeit vergeht doch! Heute ist der 10. Dezember, wolkenlos, warm, noch keine Spur von zu erwartendem Schnee. Im Moment geht es mir wieder ganz gut, und ich habe Lust, an zu Hause zu denken und mich an das zu erinnern, was vor einem Jahr war. Auf den Tag genau vor zwölf Monaten habe ich eine Reise angetreten, die als »Trainingslager« für mein Jahr in den Bergen bestens geeignet schien. Ich solle, so lautete der Auftrag, für das in München erscheinende Magazin »Metropolitan« drei Wochen lang alleine eine Insel bewohnen, ausgerüstet mit dem Nötigsten, wie weiland Robinson Crusoe. Der besondere Reiz dabei war, daß ich mir die Insel selbst aussuchen konnte. Südsee, Karibik, Malediven oder sonstwo. Ich entschied mich für die Seychellen, weil der etwa elfstündige Flug im Rahmen dessen lag, was ich mir zuzumuten bereit war. (Wie schon erwähnt, ist Fliegen für mich ein unbequemer Graus.) Ich fand ein kleines Eiland, 500 Meter lang und 300 Meter breit, auf dem ich drei Wochen verbrachte, von selbstgefangenen Fischen und von Kokosnüssen lebte und gar nicht glücklich war.

Damals saß ich oft am Abend vor meiner Palmhütte am perlweißen Strand und dachte, wie es wohl auf meiner Alm werden würde, nicht nur drei Wochen, sondern ein ganzes Jahr. Ich lag bäuchlings am Strand, ließ den Sand durch meine Finger rinnen und setzte einen kleinen Berg neben den anderen. Dann grub ich eine Mulde, und oben an der weißen, warmen Flanke steckte ich eine Muschel in den Sand. Das war die Furćia. Mit dem Finger zeichnete ich den Höhenweg nach, soweit er mir noch in Erinnerung war, und auf den »Sobutsch« spießte ich die Gräte eines Fischs, den ich zuvor verspeist hatte. Damals, auf der »Großen Schwester«, wie die Insel heißt, verging kaum ein Tag, an dem ich nicht an mein bevorstehendes Abenteuer in den Dolomiten dachte. Während ich Kokosnüsse sammelte oder der Angelhaken im Wasser hing, träumte ich bereits vom Schnee und sah mich hinter vereisten Scheiben sitzen. Noch fünf Monate, dachte ich damals. Das alles soll ein Jahr her sein? Muß wohl, denn nun ist wieder Dezember. In 14 Tagen ist Weihnachten. Vor einem Jahr saß ich am Heiligen Abend auf einem Felsen und blickte stundenlang aufs Meer. Ich hatte nur eine Badehose an. In diesem Jahr werde ich mich wärmer anziehen müssen. An der Südseite der Medalges-Alm liegt kaum noch Schnee. An den Nordhängen hingegen, gegenüber im Murmelland, ist richtiger Winter. Wenn ich beim Frühstück sitze, würde ich manchmal gerne wissen, wie es unter diesem großen, weißen, gewellten Laken aussieht, wo die Murmeltiere ihre Wohnungen haben. Seit November schlafen sie, und wenn sie im Mai aufwachen, beginnt umgehend das Liebesspiel, das nach zwei bis drei Wochen seinen Höhepunkt erreicht. Nach einer Tragzeit von 34 Tagen werden dann im Juni/Juli zwei bis sieben »Affen« geboren, die nach etwa vierzig Tagen zum erstenmal den Bau verlassen. Ob ihre Eltern bereits vom Frühling träumen, von würzigen Kräutern und vielleicht von einem großen, weißen Hund, mit dem sie wochenlang ihren Schabernack getrieben haben? Kann sein, daß sie enttäuscht sind, wenn sie im nächsten Jahr ihren Winterbau verlassen und pfeifen auf Teufel komm raus. Denn um diese Zeit wird der große weiße Hund wahrscheinlich schon wieder bei »Moritz«, dem Bernhardiner, und ›Tina«, seiner Freundin, sein. Ob der »Bär« auch so schnarchen kann wie »Schnaps«? Ob er neben seiner »Katze« liegt wie in einem Ehebett? Ich werde wohl nie erfahren, was unter dem großen weißen Laken vor sich geht. In den Wäldern von Funtanacia bellen die Rehböcke, heiser, mitleiderregend, wie ein Raucherhusten im finalen Stadium. Im November noch hörte ich ab und zu das Röhren des Hirschs, sehnsüchtig, gewaltig, von den Nordwänden des Kapuziners und der Puez-Spitze um ein Vielfaches verstärkt und vom Südwind als schauerlicher Urlaut zu mir getragen.

Im Bayrischen nennt man die Adventzeit die »staade«, die »stille Zeit«. So gesehen, ist bei mir das ganze Jahr über Advent. Und ganz allmählich begreife ich, daß diese paar Wochen um Weihnachten hier oben auf einer der höchst gelegenen Almen Südtirols etwas ganz Besonderes sind. Wenn jetzt noch Schnee käme, dann wäre es richtig »romantisch«. Jenseits meiner schweigsamen, überzuckerten Nachbarn, im Süden also, ist die Sehnsucht nach Schnee auf rein kommerzielles Kalkül gebettet. In Cortina, im Grödnertal und in Corvara, überhaupt da, wo der Wintersport Existenz und Wohlstand für die Ansässigen bedeutet, wird bereits der Drahtverhau der Bergbahnen gefettet, werden die Preislisten in Hotels und Pensionen ausgehängt (unter Berücksichtigung der Inflations- und Schneemangelrate vom letzten Jahr, versteht sich), Volkstümliches und Volkstümelndes wird zur Erbauung der Gäste arrangiert. Und alle Mühe und alles Hoffen wird vergebens sein, wenn kein Schnee kommt. Denn Kunstschnee aus Kanonen macht noch keinen Winter. In der letzte Adventwoche besuchen mich Roland und Egon. Sie haben ein Päckchen dabei, adressiert an Jürgen König, c/o Bergrettungsdienst Bruneck. Das genügte, um es in die richtigen Hände gelangen zu lassen. Es enthält zwei Dosen Kaffee, meinen Lieblingskaffee aus Deutschland, und einen Brief. Absender sind Gerda und Gerd Hecht aus Regensburg. Und jetzt erinnere ich mich wieder. Das junge Paar war Anfang Oktober, von der Schlüter-Hütte kommend, bei mir gelandet. Sie waren sympathisch, klug und aufgeschlossen, und es machte Spaß, mit ihnen zu reden. Wir saßen in der Hütte und waren so guter Dinge, daß die beiden erst an Aufbruch dachten, als es bereits dunkel wurde. Ich erzählte ihnen beiläufig von dem Kaffee, den ich so gerne mag. Als sie mir sagten, in welchem Beruf sie tätig sind, entrang sich mir ein Emma-Seufzer: »Na, in Gott's Will'n! Doch nicht schon jetzt.« Gerda und Gerd sind Psychotherapeuten und betreiben in Regensburg eine eigene Praxis. Beim Abschied kamen wir überein, daß ich sie nach meiner Rückkehr besuchen würde – entweder auf einen Kaffee oder auf Krankenschein.

Endlich der 21. Dezember! Für mich ist er ein »Lostag«, einer der wichtigsten während des gesamten Jahres. Ab heute werden die Tage wieder länger. Für mich ist es, als hätte ich das Schlimmste bereits überstanden, obwohl mir das Ärgste ja noch bevorstehen kann – wenn der große Schnee kommt. Als hätte mein Bio-Rhythmus nur auf diesen einen Tag gewartet, bin ich wie ausgewechselt. Ich balge mich mit dem Hund in Schneeresten, renne zum Kreuzjoch, singe laut und schön Eigenkompositionen mit unverständlichen Texten, so daß es mehrfach von der Furchetta widerhallt, und habe sogar ein nettes Wort übrig für den Gekreuzigten, der halbnackt am Kreuzjoch hängt. Wenn jetzt jemand käme, egal, wer, ich würde ihn umarmen. Die Tage werden wieder länger! Und ich drücke der Sonne die Daumen, daß sie es bald schafft, den Kreuzkofel zu überblicken. Noch müht sie sich am Vormittag über die Lavarellaspitze und verschwindet am frühen Nachmittag hinter dem Wasserkofel. Wenn sie den erst mal schafft und den Torkofel und dann die Furchetta, dann habe ich Sommertage, auch wenn Schnee liegt. Lächerliche fünf Monate noch, und es geht nur aufwärts!

War ich mir während der letzten Wochen noch nicht ganz schlüssig, ob ich zur Christmette soll – jetzt bin ich es. Meine gute Laune ist fast beängstigend, sie ist auch dem Hund etwas suspekt, und mit zwei braunen, blanken Fragezeichen verfolgt er mein ausgelassenes

Treiben. Ich steige frühmorgens auf den Dachfirst, wo es absolut nichts zu tun gibt, sitze auf der morschen Kante und singe und pfeife. Von hier oben kann ich den Kreuzkofel sehen und den Schimmer, den die Sonne bereits vorausschickt. Noch eine kleine Weile, dann könnte sie es schaffen.

Während der letzten Tage hat es immer wieder geschneit, streifenweise, nichts zum Fürchten. Aber die Almen sind doch bis zum Beginn der Forststraße mit einer geschlossenen Schneedecke überzogen. Heute ist der 24. Dezember. Die Mette in Campill beginnt um 22 Uhr. Da ich pünktlich sein will, habe ich Giovanni gebeten, mir über Funk Bescheid zu sagen, wenn es 20 Uhr ist. Da habe ich noch etwa eine halbe Stunde Zeit und werde mich dann auf den Weg machen. Die festen Stiefel und Schneegamaschen genügen, es geht ohne Skier und ohne Schneereifen. Daß unser kurzer Funkdialog bei einigen Mithörern auf Kanal 164 Ratlosigkeit, ja, Bestürzung hervorruft, erfahre ich ein paar Tage später. Dabei haben wir nur folgendes vereinbart:

Ich: »Giovanni! Kann ich den ›Schnaps‹ solange bei euch lassen, während ich in der Christmette bin?«

Giovanni: »Isch kein Problem. Ich nehm den ›Schnaps‹ mit nach St. Martin. Und dann bring' ich ihn dir zur Kirche in Campill zurück.«

Das war eigentlich alles. Nur, daß es sich bei »dem Schnaps« um einen Hund handelt, wissen natürlich nur einige wenige Eingeweihte. Für Unkundige tat sich ein empörender Verdacht auf: Der »Eremit« von der Medalges ist schon soweit, daß er nicht mal auf dem Weg zur Mette ohne Fusel auskommt. Castlungers waren daraufhin ziemlich beschäftigt, um den wahren Sachverhalt aufzuklären.

Um 20 Uhr erreicht mich Giovannis Zeitansage. Ich schnüre die warmen Plastikbergstiefel, lege die Gamaschen an, Pullover, Anorak, Handschuhe und Mütze, stecke das Funkgerät in die Tasche (falls mir unterwegs ein Unfall passiert). Der Himmel ist sternklar, die kleine Taschenlampe dürfte genügen. »Schnaps« kriegt das Halsband um, ich den Stock in die Hand. Die Hütte brauche ich nicht abzusperren. Heute kommt bestimmt niemand. Obwohl die alten Spuren restlos von Neuschnee überdeckt sind, findet die feine Hundenase zielsicher den rechten Weg. Gleich unterhalb der Hütte nehme ich eine Abkürzung und falle prompt in einen Graben. »Schnaps« verfolgt sitzend meine Befreiungsversuche. Nur gut, daß ich in der Dunkelheit nicht sehen kann, wie er schaut. Künftig halte ich mich korrekt an die Fährte des Hundes, der fällt in keinen Graben. Als ich losging, zeigte das Thermometer fünf Grad minus, der Schnee knirscht unter den Sohlen, der schmale Lichtkegel der Lampe tanzt in den Mulden von Hundepfoten. Ist mir weihnachtlich zumute? Ich weiß es nicht. In Kirchen bin ich während der letzten Jahre öfter gewesen, um sie mir anzusehen oder ein Orgelkonzert anzuhören, ein Oratorium oder eine Passion. Da ich der Organisation »Kirche« nicht mehr angehöre, habe ich längst keinen Grund mehr, ihre Rituale zu pflegen. Wann war ich das letzte Mal in einer Christmette? Auch das weiß ich nicht. Als ich das Drehbuch zu dem erwähnten Fernsehspiel schrieb, wünschte ich mir, auch einmal den Weg der Bergbauern zur Mette zu gehen. Jetzt, da etwa die Hälfte des Weges hinter mir liegt, merke ich, daß die Glut, die Aufregung in mir fehlt, vor allem aber die Triebfeder, die man Religiosität nennt. Nein, meine Film-Bauern gingen anders zur Mette als ich. Mich treibt nur die Neugierde – genug für einen schlechten Christen.

Giovanni wartet bereits vor der Kirche, wir haben doch etwas getrödelt, es ist kurz vor zehn. »Schnaps« springt unaufgefordert auf den Rücksitz, der Bergstock hat auch noch Platz. In einer guten Stunde werden sie wieder dasein. Ich benütze gleich den ersten Seiteneingang, der sich anbietet. Die Kirche ist voll bis auf den letzten Platz. Es scheint nicht üblich zu sein, durch Nebeneingänge zu kommen. Kaum habe ich die Türe hinter mir geschlossen, wird in den Bänken geraunt und getuschelt. Gesichter blicken mich an, die ich noch nie gesehen habe, Gesichter von Frauen, die ihr Haar nach Landessitte unter Kopftüchern verbergen. Sicher kennen mich mehr, als ich kenne. Und hier, wo jeder jeden kennt, ist unschwer zu mutmaßen, wer ich sein könnte.

Daß auf der Furćia einer ist, wissen in Campill alle, und Fremde sind keine da. Um nach hinten zu kommen, wo man dem Hauptportal am nächsten ist, muß ich durch die halbe Kirche. Ich begebe mich in die Gesellschaft junger Burschen, von denen einige im Sommer schon bei mir oben waren, während der Heumahd.

Der Pfarrer kommt, flankiert von vier Ministranten. Einer schwenkt unentwegt das Weihrauchfaß und hüllt die Gläubigen in süßlichen Nebel. Es ist gut, daß ich ganz hinten stehe. Schon als Kind ging mir der Weihrauch ans Wohlbefinden. Zum Introitus singt der Chor, unterstützt von der Orgel. Mir ist immer noch nicht weihnachtlich zumute. Am Chor liegt es nicht, schon eher am Weihrauch. Die Responsorien werden nach alter Sitte in lateinischer Sprache gesungen. Obwohl es schon so lange her ist, kenne ich sie noch alle, die Wechselgesänge, die den Pfarrer in Sicherheit wiegen, nicht allein zu sein. Über seine Predigt kann ich mich weder freuen noch ärgern. Er hält sie in Ladinisch, und das einzige Wort, das mir bekannt vorkommt, ist »Krippele«, das er oft und gerne verwendet, weil Weihnachten ist. (Für »Krippele« gibt es kein eigenes ladinisches Wort.)

Zur Kommunion gehen fast alle. Daß ich ihr fernbleibe, werden nachdenkliche Campiller tolerieren, da ich ihrer Meinung nach keine Gelegenheit zur Beichte hatte. Aber was ist mit den anderen? Man wird sich über sie so seine Gedanken machen . . . Nach einer guten Stunde etwa dürfen alle wieder an die frische Luft. (Wenn ich der liebe Gott wäre, würde ich auf frischer Luft in Kirchen bestehen und den Weihrauch glatt verbieten.) Jetzt war ich in der Christmette, und weihnachtlich ist's mir immer noch nicht. War der weite Weg umsonst? Habe ich etwas falsch gemacht, oder ist es einfach zu wenig, nur neugierig zu sein?

Dank meiner günstigen Position nahe dem Ausgang bin ich als einer der ersten draußen. Giovanni ist bereits da, und ehe wir von

250

den Kirchgängern umzingelt werden, sind »Schnaps« und ich schon auf dem Weg zum Ortsausgang. Ich gehe langsam wie selten, weil die Nacht selten schön ist. Jeden Schritt genieße ich, ein Spaziergang in den neuen Tag, allein mit dem Hund und der seidigen Stille. Als wir oben sind, setze ich mich noch ein paar Minuten auf den Tisch vor der Hütte und betrachte meine Nachbarn, die wie ein dunkler Scherenschnitt in einen mit Sternen übersäten Himmel geklebt sind. Und jetzt weiß ich auch, warum mir gar nicht weihnachtlich zumute ist: Ich hatte keine Bescherung.

Die letzte Dezemberwoche ist aber auch nicht durch den Hauch einer Wolke verschleiert. Der Himmel ist eine langweilige, einfarbige blaue Kuppel, die von den Gipfeln und Graten rundum getragen wird. Es ist nicht so, daß ich ganz wild auf Schnee bin. Aber wenn er im Dezember und womöglich auch im Januar nicht kommt, dann schlägt der Winter sicher im Frühjahr richtig zu, wenn sich die Kuhschellen durch die vermeintlich letzten Schneereste sprengen, der Steinbrech, das Heideröslein und die Krokusse blühen. Und dann kann es durchaus sein, daß noch im Mai, wenn »mein« Jahr auf der Furćia zu Ende ist, Schnee liegt, und dann hätte Pepi Graber recht behalten: »Sechs Monate ist es da oben Winter, und sechs Monate ist es kalt.« Jeden Tag rutscht die Sonne ein paar Daumenbreit höher. Wenn ich auf dem Kalender an der Wand die Dezembersprossen hinabsteige, wird mir ganz warm. Zwanzig Sonnentage mit Temperaturen zwischen fünfzehn und zwanzig Grad!

Einmal hat es geregnet, einmal ein bißchen geschneit. Was noch auf den Almen und an den nordseitigen Puez-Flanken vor sich hin fault, ist nicht mal Schnee von gestern; es ist der vom November. Abends im Funkgerät höre ich ab und zu die Klagelieder der vom Schneemangel Betroffenen. In St. Vigil soll sich eine Pensionsbesitzerin gar die Pulsadern aufgeschnitten haben, weil sie sich nach einem zweiten schneearmen Winter in Folge dem Ruin ausgeliefert sah. Sie wurde gerettet, und ich wünsche ihr Schnee und Urlauber bis unters Dach.

Meine besten Gesellschafter sind derzeit die Dohlen. Und heute, am letzten Tag des Jahres, führen sie zu meiner Erbauung ein regelrechtes Silvester-Tänzchen auf. Ich kann ihnen stundenlang zuschauen, ohne daß mich Langeweile befällt. Unwillkürlich denke ich an Wilhelms Buschs »Hans Huckebein, den muntren Raben«, wie sie in Reihe auf dem Dachfirst des Stalls sitzen, geschniegelt wie für einen Maskenball, mit leuchtendgelben Pappnasen, einem schwarzen Umhang aus Seide und roten Gamaschen. Es sind sechs, und weil ich gelesen habe, daß Dohlen in strenger Einehe leben, nehme ich an, daß es drei Pärchen sind. Vielleicht wollen sie mir eine Gratisvorstellung geben, als Dank für die Abfälle, die ich ihnen öfter auf dem Komposthaufen anbiete. Obwohl sie der Hund bei jeder sich bietenden Gelegenheit daran hindert, der Köstlichkeiten aus Kartoffelschalen, Blumenkohlresten und Apfelbutzen habhaft zu werden, sind sie meine treuesten Besucher. Dohlen sind nicht nachtragend. Ein Glück, daß der Hund nicht da ist; er treibt sich am Kreuzjoch herum, obwohl die Zeit der gutgefüllten Touristen-Rucksäcke längst vorbei ist. Die schwarzen Vögel machen es spannend, ehe die Vorstellung beginnt. Sie nicken mit den Köpfen, als benötigten sie Vorab-Applaus, um sich zu motivieren. Plötzlich starten sie, wie auf Kommando. Im gestaffelten Formationsflug erreichen sie mit ein paar Flügelschlägen die gewünschte Geschwindigkeit, beschreiben einen großen Bogen und segeln zur Hütte zurück, tanzen in der Thermik, die sie einmal steil nach oben zieht, um sie, ganz plötzlich, fast senkrecht wieder fallen zu lassen. Ohne einen Flügelschlag steuern sie mit Schwanz und Tragflächen Richtung und Tempo. Da der Hund nicht da ist, nützen sie die Gelegenheit, um sich gemeinsam auf dem Komposthaufen niederzulassen. Zwei stehen Schmiere, vier tänzeln in dem Abfall und picken und schlingen, als gäbe es heute zum letztenmal etwas gratis. So anmutig und unvergleichlich sie als Flieger sind, als Fußgänger machen sie eine schlechte Figur. Da tapsen sie breitbeinig durchs Gemüse, als wären ihre Schuhe um ein paar Nummern zu groß. »Schnaps« kommt retour. Er hat die Dohlen entdeckt und rennt, wütend bellend, den schmalen Weg zum Stall entlang. Die Vögel futtern noch rein, was geht, und erst als ihnen der Hund auf ein paar Meter nahe ist, schwirren sie ab, mit keifendem, schadenfrohem Gelächter. »Schnaps« ist so außer sich, daß er vom Kompost die restlichen gekochten Kartoffelschalen frißt.

Ich schelte ihn daraufhin einen »Spielverderber, Geizkragen und Schnabelräuber«. Der Zorn, nicht fliegen zu können, muß bei ihm sehr tief sitzen.

IX. KAPITEL

Silvester wird gefeiert wie zu Hause auch: Ich gehe früh ins Bett. Traumlos wird die Schwelle zum neuen Jahr überwunden, allerdings nicht problemlos. Aber das spüre ich erst am Neujahrsmorgen. Ich merke es bereits während des Aufwachens. Kopf, Oberkörper und Beine sind ausgeschlafen wie ich, aber mein Gesäß und die unmittelbar darüber angrenzenden Knochen scheinen zu fehlen, sind gefühllos, und es ist, als wäre mir mein Unterbau über Nacht abhanden gekommen. In meinem Kopf rast es. Bin ich gelähmt? Was ist los mit mir? Ich ziehe die Beine an. Sie funktionieren. Ich stütze mich auf die Ellenbogen, und im selben Moment habe ich ein Kribbeln und Zwicken wie von tausend Ameisen in den Hosen. Das ist unangenehm, aber ich spüre wenigstens etwas. Ich winde die Beine aus dem Bett, richte den Oberkörper auf und sitze in einer tiefen Mulde. Ich versuche aufzustehen, schaffe es mit einem Aufschrei und einem beherzten Fluch, da in Bandscheibennähe etwas verklemmt ist. Aufrecht gehen ist nicht drin, gebeugt und mit baumelnden Armen wie ein Orang-Utan, unternehme ich meine ersten zaghaften Schritte in der letzten Dekade dieses Jahrtausends. Das Jahr fängt gut an.

Wie in einer Gymnastikstunde für Senioren beginne ich mit leichtesten Übungen: Arme schlenkern, Beine pendeln lassen, Kreuz durchdrücken, Hüfte kreisen (das ist die Hölle). Der Hund macht es mir auch nicht leichter. Anstatt wenigstens teilnahmsvoll zu schauen (ich weiß ja, daß er's kann), liegt er auf seiner Decke, den Kopf zwischen den ausgestreckten Vorderbeinen, und sieht mich an durch seinen rosaroten Bindehautverhau, so einfach von der Seite, als wäre es ihm angenehmer, wenn ich zum Jammern nach draußen ginge. Das Dumme ist, daß ich nicht einmal die Stelle, wo's weh tut, zu lokalisieren vermag. Sicherheitshalber balsamiere ich die gesamte Hüftgegend mit China-Öl ein. Die Ursache allen Übels liegt auf dem Boden unterm Bett. Ein Fichtenbrett, eines von vieren, die ich gleich am ersten Abend zwischen das trampolinähnliche weiche Drahtgeflecht und die Matratze geschoben habe, weil ich in weichen Betten nicht schlafen kann. Auch ohne detaillierte medizinische Kenntnisse gehe ich davon aus, daß ich mir das eingefangen habe, was man im Volksmund einen »Hexenschuß« nennt. (Hat der alte Paul Misći vielleicht doch recht? War etwa heute nacht eine Hexe bei mir?) Wenn es bis zum Abend nicht besser wird, werde ich den Brunecker Bergwachtarzt Dr. Hermann Brugger (»Manni«) anfunken, der mir bereits während seines ersten Besuchs angeboten hatte, im »Notfall« raufzukommen. Das ist einerseits beruhigend, andererseits weiß ich noch nicht, ob dies ein »Notfall« ist. Manni hat eine eigene Praxis und viel um die Ohren; ich möchte ihn ungern wegen eines Wehwehchens den weiten Weg machen lassen. Jedenfalls wird heute kein Ofen gereinigt, nicht zum Sobutsch gegangen und auch keine Wäsche gewaschen. Heute werden die Lenden gepflegt und die kurzen Wege in gebückter Haltung zurückgelegt.

Zwei Tage später kann ich wieder aufrecht gehen – ohne Mannis Hilfe. Das neue Jahr fängt wettermäßig so an, wie das alte zu Ende ging: mit wolkenlosen, warmen Tagen. Jede Nacht schlafe ich bei offenem Fenster und sehe die Nachbarn als zackige Scherben (wenn ich schlechter Dinge bin) oder als einzigartige Schöpfung eines großen Zufalls (wenn es mir gutgeht). Seit fast acht Monaten bin ich auf der Medalges, und manchmal wundere ich mich, daß ich noch da bin. Nach den Dezember-Euphorien schleppen sich die Tage im Moment so zäh dahin wie kalter Honig.

Manchmal höre ich Stimmen, wo keine sind, dann habe ich wieder sekundenlang ein feines Sirren im Ohr. Letzte Nacht träumte ich von einer Blaskapelle mit Posaunen, Trompeten, einer Tuba und einem Schellenbaum, die – ich weiß nicht, wie lange – immerzu um die Furćia zog und unablässig spielte. Musik höre ich nur noch ganz selten, wenn, dann zum Frühstück. Ich trage mich bereits mit dem (beschämenden) Gedanken, am 20. Februar abzubrechen, heimzufahren. Dann hätte ich ein Dreivierteljahr um, das wäre doch auch schon ganz schön lange und müßte genügen, um ein Buch zu schreiben. Das würde mir so passen! Wenn endlich der Schnee kommt, verduften! Dabei ist doch der Winter der eigentliche Dreh- und Angelpunkt meiner ganzen Geschichte. Nicht um den Campiller Schwarzsehern zu imponieren, sondern um mich um eine Erfahrung, um ein Erlebnis zu bereichern, die mir ein zweites Mal sicher nicht mehr geboten werden. Lesen ist immer noch das probateste Mittel, um mit heiler Haut über die »Lava-Tage« hinwegzukommen. Ich bin keiner, der Bücher verschlingt, sie hinter sich bringt wie gelaufene Kilometer. Ich lese, wenn ich das Gefühl habe, daß ein Buch eine Leere auffüllen könnte, die am Wohlbefinden nagt.

Henry David Thoreaus »Walden« ist dafür bestens geeignet. Um meine Situation zu beschreiben, habe ich eigene Worte, ich brauche die seinen nicht zu stehlen. Aber seine Überlegungen und Empfindungen zum Thema »Einsamkeit« heben mich über manche Krise hinweg und helfen oft (nicht immer) meinem angeknacksten Optimismus auf die Sprünge. Und es gefällt mir, wenn er schreibt:

»Gesellschaft ist gewöhnlich zu billig zu haben. Wir treffen uns nach zu kurzen Zwischenräumen, als daß wir Zeit genug gehabt hätten, neuen Wert füreinander zu erlangen. Wir kommen dreimal täglich bei den Mahlzeiten zusammen und lassen den andern immer wieder von dem schimmligen Käse kosten, der wir sind. Wir mußten übereinkommen, eine Reihe gewisser Regeln zu beachten, die wir Etikette und Höflichkeit nennen, um diese häufigen Zusammenkünfte erträglich zu machen und nicht zu offenem Krieg zu kommen. Wir treffen einander auf der Post, bei ›gesellschaftlichen Anlässen‹ und am Kamin jeden Abend; wir wohnen dicht zusammengepfercht, sind einander im Weg, stolpern übereinander und verlieren, meine ich, einigermaßen den Respekt voreinander... Es wäre besser, es gäbe auf der Welt immer nur einen Einwohner per Quadratmeile, wie dort, wo ich lebe! Der Wert eines Menschen steckt nicht in seiner Haut, so daß wir ihn anrühren müßten.«

An derlei Gedanken läßt sich gut anknüpfen und eine Brücke bauen, die über die nächsten Tage hinweghilft. Was den letzten Satz aus dem Thoreau-Zitat angeht, so denke ich darüber allerdings etwas anders. Ich habe sehr wohl das Bedürfnis, Menschen, die für mich von Wert sind, zu berühren. Und ein Händedruck für meine (willkommenen) Gäste ist an sich nur ein armseliger Ersatz für die Umarmungen und Zärtlichkeiten, die in meinen Tagträumen stattfinden. (Nachts träume ich von solchen Begegnungen leider überhaupt nicht mehr.)

Die Frau, deren Bild bis vor kurzem an der Stubenwand hing, sagte mir beim Abschied, daß ich bedauerlicherweise kein sinnlicher Mensch sei. Sie kannte mich drei Jahre lang und wußte nichts über mich. Aber daran war ich wohl selbst schuld. Man kann nicht jemanden in sein Haus bitten, ohne ihm wenigstens die Türe aufzuschließen.

Noch spinne ich nicht, ich bin mir ganz sicher, also werde ich dableiben. Mein ergiebigster Zeitvertreib ist das Rätseln um meine Zukunft. Noch sind es über vier Monate bis zum Wiederbeginn meines Lebens in »der Gesellschaft«. Am Tag meiner Rückkehr ist Sonntag. Was werde ich als erstes tun? Gehe ich noch am Abend ins Wirtshaus nach Reichersdorf, um zu erfahren, ob sich »meine« Bauern freuen, daß ich wieder da bin? Und wenn der Moser Konrad und der Fuß Franz zufällig beim »Schafkopf«-Spiel sitzen sollten, die ewigen Frotzler, werden sie so oder ähnlich sagen: »Sche braun bist, abgnomma hast, aba a bissel komisch bist worn.« Oder sitze ich in der Stube vor dem Fernseher und ziehe mir alles rein bis zum Sendeschluß? Wen werde ich zuallererst anrufen? Wer wird mich anrufen? Ja, die Bank! Auf meinem Konto wird es düster aussehen. Ich muß gleich am Montag Herrn Mutschall, meinen »persönlichen

Berater« (»Leidensgenosse seit zwanzig Jahren« wäre korrekter ausgedrückt), anrufen und ihn wissen lassen, daß es – hoffentlich – bald wieder aufwärtsgehe. Das wird ihn zwar noch nicht in einen Rausch versetzen, ihm aber zumindest die Tränen trocknen. Dann muß ich nach München fahren, mit dem Auto, womöglich während des Berufsverkehrs. Wie werde ich mich anstellen, wie wird sich der Stadtlärm auf meine von der Stille verwöhnten Sinne auswirken? Und abends vielleicht ein flotter Skat mit Kurt und Wolfgang in der »Säge« . . .

Die Visionen meiner doch noch recht fernen Zukunft sind in diesen Tagen in meinem Kopf geballt, so daß mir ist, als müsse ich noch heute mit dem Packen beginnen. Aber nein! Ich habe es doch gut hier oben! Der gesamte Verdruß (Steuererklärung ist ja auch fällig) bleibt mir auf der Furćia erspart. Die erfreulichen Dinge, die mich zu Hause erwarten, sind nicht mehr als ein Stück Hoffnung, unwägbar, glücklicher Zufall. Das Unangenehme hingegen ist so sicher wie das »Amen« in der Campiller Kirche. Und was, wenn ich am 20. Mai gar nicht mehr heim will? Dieses Jahr in den Bergen, egal, wie es ausgeht, wird in der Summe meiner Jahre gesperrt und fett gedruckt sein. Das Leben hier oben ist hervorragend und hat mit dem Leben in meiner bislang gewohnten Umgebung soviel gemeinsam wie Kaufhäuser mit dem Kyffhäuser. Ich bin sehr gespannt auf den Nachhall . .

Die Zeit trödelt weiter und ich mit ihr. Gestern habe ich mir ein Herz gefaßt, meine gesamten Notizen sortiert und mit dem Schreiben in die Maschine begonnen. Bestimmt eine Stunde lang saß ich vor diesem ersten Blatt, das mich weiß und leer anstarrte, und die getippte »1« in der linken oberen Ecke zwinkerte mir zu wie ein spöttisches Auge. Jetzt hoffe ich verstärkt auf einen Wetterwechsel, da es mich an diesen blauhimmligen, makellosen Tagen nicht in der Stube hält. Im Freien kann ich nicht schreiben, da wäre ich zu sehr abgelenkt, würde den Dohlen oder den Gemsen mehr Beachtung schenken als meiner Arbeit. Und kühl ist es außerdem.

Da ich seit mehr als fünfundzwanzig Jahren von der Schreiberei lebe, weiß ich um meine lasche Disziplin, und um im Mai nicht mit leeren Händen, besser: Seiten, dazustehen, wird es zweckdienlich sein, nach »Stundenplan« zu arbeiten. Pro Tag vier Blatt müßten genügen. Als optischen »Zwang« trage ich die täglich zu bewerkstelligenden Seitenzahlen in die Sprossen des Kalenders ein. Ich hoffe, es hilft.

Über dem südseitigen Stubenfenster wird es bereits Frühling. Aus dem Strauß aus Zirbenzweigen, den ich im November aufgehängt habe, seilen sich an unsichtbaren Fäden winzige fahlgrüne Raupen ab. Sie sind etwa zwei Millimeter lang und so dünn, daß sie nur im einfallenden Licht auszumachen sind. Nun liegen sie auf der Stubenbank, krümmen und winden sich und werden bald tot sein. Ich habe keine Ahnung, was sie mal werden wollten; die Stubenwärme hat sie offenbar dem Trugschluß erliegen lassen, daß bereits Frühling sei. Eine Woche lang kommen immer neue »Seilschaften« aus dem Nadelgestrüpp und verdorren letztendlich auf der Bank. Am Ende sind es einundzwanzig.

Mitte Januar ist immer noch keine Schneeflocke in Sicht. In der Nacht ist es kaum kälter als minus zehn Grad, und am Tag steigt das Thermometer in der Sonne bis auf 30 Grad! Dennoch schafft es diese vermaledeite Quelle einzufrieren. Das betonierte Sammelbecken ist mit einer dicken Eisschicht überzogen, die ich mit dem Eispickel aufhacke. Darunter ist eine trübe, lehmige Brühe, derzeit Lebensraum für zwei Regenwürmer. Vom Berg ist frisches Wasser so bald nicht zu erwarten, die Quelle liegt trocken. Also muß ich wieder aus fremden Gewässern schöpfen. Der Altschnee am Südhang der Medalges ist gefroren und glänzt und glitzert wie ein Gletscher. Es ist ratsam, Steigeisen anzulegen, um zu der unteren Quelle zu gelangen. Sie verleihen einen sicheren Tritt beim Aufstieg, mit zwanzig Liter Wasser auf dem Buckel. Ich will mich nicht beklagen, aber es ist schon eine rechte Plackerei, und der Einfüllstutzen des Kanisters leckt trotz eines umgewickelten Lappens dermaßen, daß mir das Wasser beim Aufstieg in den Kragen schwappt und wieder hinabläuft bis zum Hosenbund. Um den Kanister nur dreiviertelvoll laufen zu lassen, dafür ist mir der Weg einfach zu weit. (Es wird drei Wochen dauern, bis meine Quelle wieder läuft. Jeden zweiten Tag muß ich von unten mit der Kraxe Trinkwasser holen. Das hält mich zwar in Bewegung, aber es nervt.)

Eigentlich geht es mir wieder ganz gut, ich muß es mir nur immerzu einreden. Frühstücken, Holz holen, Wasser fassen, zum Kreuzjoch laufen oder zum Sobutsch, Mittag essen, in der Sonne dösen, ein paar Stunden schreiben, knappes Nachtmahl, etwas lesen, ins Bett gehen. So vergehen derzeit die Tage, mehr ist nicht drin. Seit ich schreibe, vergeht die Zeit rascher, zudem habe ich dieser Tage damit begonnen, die Müllsäcke, die im Stall deponiert sind, paarweise auf der Kraxe zum Beginn der Forststraße zu tragen. Ich lagere sie in der untersten Almhütte. Wenn Roland das nächste Mal kommt, wird er sie mitnehmen. Glas, wie Flaschen und Einweckgläser, wird extra transportiert. Soweit es von den Bruneeker Bergwachtlern nicht schon im Rucksack mitgenommen wurde, trage ich es per Rucksack zu unserem »Zwischenlager« an der unteren Alm. Darauf bin ich peinlich bedacht, daß am Ende des Jahres kein Fetzchen Müll auf der Furćia bleibt.

Am 26. Januar, endlich, setzt leichter Schneefall ein. Aber es ist nur ein Schluckauf der Natur, bereits am nächsten Tag wölbt sich wieder ein wolkenloser Himmel. Doch mit dem nur wenige Stunden dauernden Quirlen der Schneeflocken ist ein Phänomen verbunden, das ich in dieser Heftigkeit noch nie erlebt habe: ein Gewitter mit kompletter »Beilage«, mit Blitz und Donner, heftiger und atemberaubender, als es der vergangene Sommer je zuwege brachte. Es kündigt sich an als Wetterleuchten, von Westen kommend, ohne einen Laut von sich zu geben. Die Luft ist klar, wie gefiltert, meine Nachbarn stehen da, wie mit der Tuschefeder gezeichnet. Nur unterhalb der Gipfel und Grate sind sie abgeschnitten, was darüber liegt, ist verborgen unter weißen, wattigen Wolken. Die Schneeflokken fallen fast senkrecht, kein Lufthauch, der sie verweht. Die Dohlen, die noch bis vor kurzem über der Furćia kreisten, sind wie weggezaubert. Kein Laut regt sich, nicht einmal der Hund bellt. Es ist später Nachmittag. Das zuckende Licht rückt näher, als fahre jemand mit der Lichthupe durch die Wolken. Urplötzlich ist der Wind da, zunächst säuselnd, dann wimmernd, und letztlich jault er wie ein Tier. Zur gleichen Zeit fallen die Wolken bis zum Talgrund, als verlören sie den Boden unter den Füßen, die Schneeflocken verschmelzen mit der milchigen Suppe. Das Thermometer vor der Hütte zeigt minus ein Grad, die Barometernadel fällt nach unten, als wäre die Feder gebrochen. »Schnaps« liegt unterm Tisch, das macht er sonst bei Tage nie. Der erste Blitz zuckt genau gegenüber wie ein Schneidbrenner hinter Milchglas, unmittelbar gefolgt von einem ohrenbetäubenden Brüllen, das die Nordwände entlangkollert. Ein zweiter und dritter Blitz folgen in Sekundenabständen, jeweils begleitet von Donnerschlägen, die in den Felswänden hintereinander herlaufen. Im grellen Schein der Blitze glitzern die Schneeflocken, als würde ein großer Sack mit Edelsteinen auf die Erde entleert. Das Schauspiel ist faszinierend! Auf meinen Unterarmen richten sich die Haare auf, nicht aus Angst, aus Erregung. Jetzt, in diesen Augenblicken, wünsche ich mir wenigstens einen Menschen, mit dem ich diesen unglaublichen Anblick teilen könnte; für ein Augenpaar ist er fast zu üppig. Ich weiß nicht, wie lange es dauert, eine Viertelstunde vielleicht, dann zieht das Gewitter weiter nach Süden, damit die in Corvara auch noch etwas zum Staunen haben. Anders als im Theater hebt sich nach dem Ende der Vorstellung der Vorhang. Der Nebel zerstiebt in Sekundenschnelle, die Sonne bricht durch vergessene Wolkenreste, und meine Nachbarn stehen wieder da, wie aus dem Ei gepellt. Es hat aufgehört zu schneien. Die Nacht wird sternklar, als ob nichts war.

Wenn ich wieder zu Hause bin (zu Hause?), werden mich die Leute (ich sage schon »Leute«, obwohl ich Freunde und Bekannte meine.

Bin ich schon so lange weg?), also, dann werden mich meine Freunde und Bekannten bestimmt fragen, was mich denn am meisten beeindruckt habe. Das ist doch die obligate Frage, die man zu stellen pflegt, wenn jemand von einer Reise zurückkommt. Wenn ich dann antworte, es war ein Gewitter am 26. Januar, dann werden sie vielleicht denken: »So, so, ein Gewitter im Januar. Der Berg hat ihm aber ganz schön zugesetzt«, oder sie werden sagen, daß ein Gewitter ja nun wahrhaftig nichts Außergewöhnliches sei. Und es wird mich Mühe kosten, die richtigen Worte für das Außergewöhnliche dieses Erlebnisses zu finden – wenn ich überhaupt will. Oder der jetzt noch frische Eindruck dieses Naturereignisses wird in seiner Bedeutung überholt sein durch andere Dinge, die bis zum Ende »meines« Jahres noch passieren oder die im Rückblick wichtiger werden. Wo ich lebe, ist die Natur noch die Herrin, und wer weiß, welche Überraschungen sie für mich noch bereithält.

Immer wieder muß ich dem Zufall danken, der mich in diesen Naturpark Puez-Geisler verschlagen hat. Heute war wieder so ein Tag. Nachts im Bett, die Hände unterm Kopf verschränkt, noch gefangen von dem Erlebten, hungrig, mit knurrendem Magen, weil ich nicht zu Abend gegessen habe, die kalten Füße an Emmas heißer Wärmflasche, die Müdigkeit noch nicht spürbar, glücklich, sehr glücklich, wie lange nicht, befällt mich plötzlich, zum erstenmal überhaupt, Unbehagen vor dem Mai. Was ich hier erlebe, erleide, erfühle und erlerne, ist durch nichts zu ersetzen. Ich habe noch nie so schöne Berge gesehen und war ihnen noch nie auf so lange Zeit so nahe. Als Guido Mangold das letzte Mal bei mir war, habe ich ihn gebeten, auf meinem Bett liegend, ein Foto durchs offene Fenster zu machen, das Bild, das sich mir täglich als erstes bietet: die Furchetta und der Westpfeiler des Torkofels. Ich möchte es vergrößern lassen, so groß wie möglich, und es zu Hause in mein Schlafzimmer hängen. Ich denke, das Aufwachen wird daheim angenehmer sein, wenn ich zuallerst die Furchetta sehe.

Ich bin vernarrt in dieses Tal und in diese Berge. Das wird so bleiben, daran können auch meine gelegentlichen Krisen nichts ändern. Ich werde immer wieder hierher zurückkehren, zur guten Zeit, wenn keine Touristen mehr unterwegs sind. Und darauf freue ich mich schon jetzt. Jetzt, da ich »nur« noch vier Monate vor mir habe.

27. Januar, der Tag nach dem Gewitter: wolkenlos, windig, um die 15 Grad. Nach dem Frühstück versuchen, mit drei Pfeilen ins Schwarze zu treffen (Dart). Ich bin nicht sehr talentiert, und manchmal werde ich ob meines Ungeschicks so wütend, daß ich die Pfeile mit aller zur Verfügung stehenden Kraft gegen die Stallwand schleudere. Dann stecken die Spitzen derart tief in dem alten Holz, daß ich Mühe habe, sie wieder aus den Balken zu drehen. Mittags koche ich Spaghetti mit Tomatensoße und trinke ein Achtel Rotwein dazu. Das erste Weinfaß ist bereits seit November leer (50 Liter), das zweite ist noch etwa zur Hälfte voll. Ein leichter, billiger Tischwein, der sich wie Wasser trinken läßt. (Um mich zu besaufen, benötigte ich vermutlich ein viertel Faß.) Am Nachmittag im Eilschritt zum Sobutsch, um mich mal wieder richtig auszuschwitzen. Am Abend der Rest Spaghetti und zwei Achtel Rotwein. Es beginnt leicht zu schneien, und der Sturm zerrt an der Hütte.

Ich liege früh im Bett und kann nicht schlafen. Mein Kopf dröhnt, ich weiß nicht, warum. Der Wein kann nicht schuld sein, er hat mir noch nie zu schaffen gemacht. Es wird immer schlimmer, mein Schädel steckt in einem Schraubstock, der immer enger wird. Zum ersten Mal, seit ich hier bin, nehme ich zwei Tabletten. Nach einer Weile wird es im Kopf besser, dafür treten ganz plötzlich krampfartige Schmerzen in Magen und Darm auf. Mir wird übel, die Nudeln wollen raus. Es schneit heftig, und der Sturm nimmt zu. Die Nudeln haben es eilig, drängen auf dem kurzen und langen Weg. Mein Körper klebt von kaltem Schweiß. Die Vorstellung, jetzt, bei diesem Wetter, den Bretterverschlag im Freien aufsuchen zu müssen, verschlechtert meinen Zustand zusätzlich. Für derlei Notfälle bei schwerem Wetter habe ich einen Plastikeimer in der Speisekammer. Es geht um Sekunden. Die Krämpfe werden immer schlimmer, und mir ist schlecht wie lange nicht mehr. Barfuß, im Schlafanzug, taumle ich in die Speisekammer. Der Eimer ist weg! Da ich ihn für diese Zwecke noch nie benützen mußte, habe ich ihn wahrscheinlich beim Putzen verwendet, und jetzt steht er entweder im Stall oder auf dem Heuboden oder auf dem Dachboden der Hütte. Es geht um Zehntelsekunden! Keine Zeit, um den Trainingsanzug überzuziehen, gerade noch Zeit, um in die hohen Stiefel zu schlüpfen. Dann bin ich draußen. Der eisige Wind fährt ins Gesicht und unters Gewand, und mir ist, als würde der Schweiß an der Haut zu Eis erstarren. In der »Notdurft-Zentrale« liegen gut zehn Zentimeter Schnee, den der Wind hineingeblasen hat. Die Nudeln bedienen sich gleichzeitig beider Ausgänge. Himmel! Ist mir elend! Der Schnee, der mir auf Beine und Unterleib weht, ist das kleinere Übel. Wenn ich morgen nicht mindestens eine kapitale Erkältung im Leib habe, dann bin ich wahrhaftig nicht zimperlich. In der Eile habe ich eine Lampe vergessen. Die Rolle Klopapier läßt sich nur ertasten, da sie unter einem Häufchen Schnee vergraben ist. Als ich endlich fühle, leer zu sein, sind meine Beine und mein Unterleib kalt, als seien sie ohne Blut. Meine Knie sind aus Gummi, als ich zur Hütte zurückschleiche. Mich friert wie einen kahlgeschorenen Hund. Im Bett hüpft mein Körper, als läge ich auf einem Schüttelrost. Ganz allmählich kehrt die Wärme zurück, die Krämpfe sind weg, aber übel ist mir immer noch. Bevor ich mühsam einschlafe, graust mir schon vor dem Aufwachen. Aber die Sorge ist überflüssig; am nächsten Morgen bin ich wie ausgewechselt, keine Spur von Erkältung, eine Tasse Pfefferminztee wird auch das letzte bißchen Flauheit vertreiben. Ich bin bereits wieder zum Scherzen aufgelegt und frage »Schnaps«, ob er mir etwa eine vergiftete Maus ins Essen gejubelt hat. Er versteht nur »Maus« und läßt interessiert die Nase kreisen. Am Nachmittag kommt Emma mit einem Hühnchen, frischem Brot und einem Stück Butter. Als ich vom Wasserholen zurückkehre, sitzt sie bereits in der Stube und packt ihre Mitbringsel aus. »Frech bin ich schon, gell«, entschuldigt sie sich lachend, als hätte es meiner Erlaubnis bedurft, die Hütte zu betreten.

»Eintlich sehr romantisch«, fährt sie fort, als wäre sie heute zum ersten Mal hier. Was hat sie?

»Was ist los, Emma?«

»Ach nix. Ich denk' bloß gerade an Funtanacia und ob wir in diesem Sommer wieder mit den Kühen hingehen. Ich möcht' schon. Aber der Albert...«

Ach, da zwickt der Schuh! Spätestens bis Februar müssen sich Castlungers entscheiden, ob sie auch in diesem Jahr wieder die Campiller Kühe auf der Alm betreuen wollen. Emma möchte, Giovanni auch, dem Franzl ist's gleich, aber vor allem muß der Albert mögen, und der mag noch nicht so recht. Giovanni muß jeden Tag zur Arbeit, und für Emma und Franzl alleine wären fünfzig Rindviecher nur mit Mühe unter Kontrolle zu halten. Also liegt's am Albert, ob seine Mutter auch in diesem Sommer wieder ihr Glück als Hirtin findet. Wenn es nach Emma ginge, würde sie das halbe Jahr auf Funtanacia leben wollen. Sie hat viel Zeit und bezieht, obwohl erst 42 Jahre alt, eine ordentliche Staatsrente. Fünfzehn Jahre lang verrichtete sie ihren Dienst im Postamt St. Martin. Als eine der letzten Staatsbediensteten Italiens kam sie in den Genuß des Artikels soundsoviel, der Beamte nach fünfzehn-jähriger Dienstzeit in Pension schickte. Inzwischen wurde die Pensionsberechtigung auf immerhin zwanzig Dienstjahre verlängert. Doch ist es in Bevölkerungskreisen eines der großen ungelösten Rätsel, womit letztendlich das unselige italienische Rentensystem finanziert wird. Emma jedenfalls gönne ich ihre Frührente, und ich wünsche ihr sehr, daß sich Albert in ihrem Sinne entscheidet. Schließlich möchte ich im nächsten Sommer, wenn ich längst wieder daheim bin, ein paar Tage Urlaub auf Funtanacia verbringen.

Für den letzten Tag im Januar hat sich zahlreicher Besuch angemeldet. Meine Brunecker Bergwacht-Freunde, die sich, seit ich hier bin, um mein Wohlergehen mehr Sorgen machen als ich mir selbst, wollen mir (und sich) eine Freude machen. Ich bin etwas aufgeregt, denn so viele Leute hatte ich – von »Almauftrieb« und Kaminbau abgesehen – noch nie auf einmal in meiner Hütte. Für mich ist es ein ganz besonderer Tag, denn es wird Speckknödel mit Gulasch geben und dazu ein Fäßchen Bier. Die Brunecker, konditionsstark und geübt im Tragen schwerer Lasten, bringen alles in ihren Rucksäkken mit. Ich habe die Stube saubergemacht, die Küche in Schuß gebracht und mit den mir zur Verfügung stehenden bescheidenen Mitteln einen Textbeitrag vorbereitet. Ich freue mich auf diesen Abend und habe beim Frühstück, in einer albernen Laune, ein Programm entworfen, das mittlerweile an der Stubentüre hängt.

Programm und Speisenfolge anläßlich des I. Speckknödelessens der »Föderation zur Erhaltung, Pflege und Weiterentwicklung des Speckknödels südlich des Alpenhauptkammes e. V.« im Ristorante »Furcia« (2300 m über Normalnull)

1. Laudatio des Ehrenvorsitzenden der Föderation Herr Professor Dr. habil. Dr. h. c. Dr. h. c. Dr. knöd. Heinz-Rüdiger von Schinken-Parma, Ordinarius für Speckknödel-Recycling am Institut für Ernährungskunde an der Freien Universität Zwischenwasser (Gadertal)
2. Warten auf die Knödel
3. Immer noch warten auf die Knödel
4. Die Knödel kommen in Begleitung von Gulasch
5. Verzehr der Knödel unter Berücksichtigung der international gültigen Sicherheitsbestimmungen (Messer werden nicht serviert, um die Verletzungsgefahr zu reduzieren)
6. Gemeinsames Aufstoßen (Rülpsen) in Liedform. Freie Kompositionen sind erwünscht
7. Zwischenspiel des in Funk und Fernsehen relativ unbekannten Quartetts »Die vier lustigen Speckknödel«, Bruneck
8. Meinungsaustausch mit anschließender Kritik an Form, Größe, Aggressivität, Verhalten im Magen-Darm-Trakt, Konsistenz und Geschmack der Speckknödel
9. Warten auf die nächsten Knödel
10. Die nächsten Knödel kommen

11. Gemeinsames Erbrechen unter freiem Himmel
12. Quiz: »Was tun wir mit dem Knödelwasser?«
13. Abschließende Reihenuntersuchung durch den anwesenden Arzt Dr. Hermann (»Manni«) Brugger (wer dabei singen möchte, darf)
14. Während wir auf die letzte Seilbahn-Talfahrt nach Campill warten, intonieren wir die Föderations-Hymne »So ein Knödeltag, so wunderschön wie heute . . .«

Garderobe: Dunkler Abendanzug mit Schneegamaschen und blaue Schürze

Es ist bereits dunkel, als »Schnaps« Radau macht. Die Truppe kommt auf Skiern. Ich kann es an kleinen, wippenden Lichtern erkennen, die, wie an einer Schnur aufgefädelt, hintereinander die Almwiesen hochtänzeln. Einer spurt – vermutlich Roland –, die anderen haben's dann einfach. Die Nacht wird wieder sternklar, die Männer werden eine feine Abfahrt erleben. Es dauert doch noch etwa eine halbe Stunde, bis sie oben sind. Sie sind zu sechst, jeder mit einer Stirnlampe bestückt: Roland, Ernst, Klaus, Egon, Manni und Günter. Außer Klaus Gasperi und Günter Niederkofler sind alle Mitglieder des Bergrettungsdienstes Bruneck. Ich bin aufgeregt wie eine junge Mutter, die zum ersten Mal einen Kindergeburtstag auszurichten hat.

Sechs Paar Skier lehnen außen an der Hüttenwand, sechs Rucksäcke verstellen Küche und Stube, und wir sitzen zu sechst am Tisch, während Günter, der Knödelexperte, bereits am Herd zu Werke geht. Er arbeitet mit Stirnlampe, ein drahtiger, braungebrannter 6ojähriger »Pusterer« mit strahlendblauem Gebirgsblick. Ich weiß nicht, ob er aussehen möchte wie Luis Trenker. Aber so sieht er halt aus, wie der Trenker mit 60. Zunächst ist Bescherung. Einen Sack Kartoffeln haben sie mitgebracht, Ernst hat zwei Flaschen Wein dabei, Roland Gemüse, und Manni, der Doktor, hat mir etwas fürs Gemüt verschrieben. Eine Musikkassette mit Spätromantischem, dem ich bislang nie zugetan war. »Eine Alpensinfonie« von Richard Strauss. Manni meint, das sei für mich hier oben doch genau das Richtige, und schnalzt mit der Zunge:

»Hei! Des isch gewaltig! Mit viel Blech und so...«

Morgen, gleich beim Frühstück, will ich sie mir anhören. Aber jetzt habe ich Kohldampf, seit heute morgen ist nichts mehr in meinen Magen gelangt. Die Programmfolge an der Stubentüre hat gleich zu Beginn des Abends Erheiterung ausgelöst, und die darauf angekündigte »Laudatio des Ehrenvorsitzenden« ist versprochen, sobald Günter die Knödel serviert. Selten habe ich mich in Gesellschaft wohler gefühlt. Ich höre die meiste Zeit zu, ohne Details zu speichern. Das Lachen, die vertrauten Stimmen, das Gefühl, daß sie gerne bei mir sind und sich wohl fühlen, umhüllen mich wie ein flauschiger, wärmender Mantel. Genausowenig wie das Campilltal und die Berge gegenüber werde ich diese Männer künftig aus den Augen verlieren. Falls ich das mir auferlegte Jahr durchstehen sollte, wären sie maßgeblich daran beteiligt.

Günter, mit brennender Stirnlampe, serviert Knödel und Gulasch. Glücklicherweise habe ich genügend Teller, wir können gemeinsam essen. Jetzt will *ich* reden. Möglich, daß ich nur einem eitlen Bedürfnis nachkomme, endlich wieder einmal Mittelpunkt zu sein, eine harmlose und auf kurze Zeit bemessene Sehnsucht nach Koketterie. Ich will einen »Beitrag« liefern, und sei's auch nur deshalb, um meine Stimme wieder im Fluß zu hören und auf das Gesagte Reaktionen zu empfangen. Also spricht der »Präsident«:

»*Liebe Freunde, Gönner und Förderer des Speckknödels!*

Die ›Internationale Föderation zur Erhaltung, Pflege und Weiterentwicklung des Speckknödels südlich des Alpenhauptkammes e. V.‹ hat weder Kosten noch Mühen gescheut, um einen kleinen, erlesenen Kreis von Kennern heute, am 31. Januar, dem Patronatstag des heiligen Johann Bosco von Knödelburg, zu einer bescheidenen Feier ins Ristorante »Furćia« zu laden, um abseits degenerierter Fast-food-Tempel, aber auch fern der dekadenten sogenannten »feinen Küche«, im Stile echter, unverfälschter kulinarischer Tradition, dem Knödel, insbesondere dem Speckknödel, die Reverenz zu erweisen. Wir alle, die wir hier versammelt sind, wissen, wie schwer es unser Freund, der Knödel, insbesondere der Speckknödel, heutzutage hat.

(Zwischenruf von Günter: »Fangt' an! Die Knödl wern kolt.«)

Wie jedes Kunstwerk von internationalem Rang, so ist auch er zeitlebens nie sicher gewesen vor Plagiaten, billigem Spott und Verunglimpfungen übelster Machart. Man denke dabei nur an das Speckomelett. Manches Speckomelett hätte von Natur aus durchaus das Talent und auch den Willen, ein ordentlicher Speckknödel zu werden. Aber, liebe Freunde, so frage ich Sie: Bedarf es denn eines Künstlers, um ein Omelett, dieses flache, platte Nichts, zuzubereiten? Bedarf es der kundigen Hände des virtuosen Knödeldrehers, um ein Omelett in die Pfanne zu klatschen? Ich kenne persönlich Omeletts, die sehr darunter leiden, sich bisweilen sogar schwarzärgern, weil sie keine Knödel werden durften. Mit diesen sollten wir Nachsicht üben und sie nicht mit anderen Omeletts in einen Topf werfen. Wir sollten nicht vergessen: Auch Omeletts sind Gottes Geschöpfe, und sie verdienen unser Mitgefühl. Aber allein die Tatsache, daß sie in Butter gebacken werden und unser Freund, der Speckknödel, nur im Wasser köchelt, erhebt sie noch längst nicht in den Adelsstand. Das muß in dieser scharfen, polemischen Form einmal gesagt werden dürfen.

Der Knödel ist eine Gattung. Wie bei Hunden, Fischen oder Vögeln gibt es auch hier verschiedene Rassen. Ein reinrassiger Knödel ist nur der Speckknödel! Alle anderen Varianten – ich denke nur an Gries-, Hirse-, Brät-, Kartoffel-, Leber- oder den gemeinen Semmelknödel – sind Promenadenmischungen. Sie sind zwar nett, leicht zu halten, lassen sich von jedem anfassen, ohne gleich zur Wehleidigkeit auseinanderzufallen; aber sie sind eben nur Bastarde.

Der reinrassige Knödel, also der Speckknödel, ist wie ein reinrassiger Dobermann: Er hat Biß, Charakter, ist aggressiv und gehört, um Unheil zu vermeiden, in die Hände des Kenners.

Ich bin nun in der glücklichen Lage, Ihnen heute abend das

künstlerische Gesamtwerk eines der letzten hauptberuflichen, mit Preisen und Auszeichnungen überhäuften – ich erwähne nur den Goldenen Speckknödel mit Stern, Brillanten und Petersilie am Schulterband – Südtiroler Speckknödeldrehers vorstellen zu dürfen. Sein Name ist Günter – ein Name wie viele. Aber seine Speckknödel sind einzig! Und so heiße ich Sie alle recht herzlich willkommen und wünsche Ihnen einen runden, gesunden Appetit und möchte schließen mit dem Wahlspruch der ›Internationalen Föderation zur Erhaltung, Pflege und Weiterentwicklung des Speckknödels südlich des Alpenhauptkammes e. V.‹:

O Mensch! Vergänglich ist dein Leben!
Speckknödel! Dich wird's ewig geben!

Ich danke Ihnen. «

Gabelklirren, vergnügtes Lachen, Beifall. Ob spontan oder nur höflich, ist unwichtig. Ich hatte meinen Auftritt, habe die täglichen Realitäten mit etwas Nonsens ins Straucheln gebracht. Es tut dem König gut, ein bißchen Hofnarr zu sein. Blödeln salbt die Seele. Und nun jauchzt der Magen. Die Knödel sind in der Tat Kunstwerke, und Günter ist ein Virtuose. Dazu gibt es Pils vom Fünf-Liter-Blechfäßchen. Obwohl ich mich hier oben ans Weintrinken gewöhnt habe, ist der erste Schluck eine feine Sache. Der Rest schmeckt wie früher. Ich merke, daß mir Bier überhaupt nicht fehlt. (Ja, eine Toilette, beheizt und gekachelt, wäre mein Traum. Und da ohne Hast nur *einmal* die »Süddeutsche« vom Wochenende lesen . . .) Es wird fast Mitternacht, ehe sich die sechs Brunecker auf den Heimweg machen. Wie Irrlichter tanzen die Stirnlampen. Sie sind alle glänzende Skifahrer, und bald höre ich nur noch ferne Stimmen oder ein verwehtes Lachen. Zurück in der Hütte, ist die Stube angefüllt mit Tabaksqualm (vor allem Mannis Zigarillodunst dominiert die Kneipenluft), und in meinen Ohren grummelt noch der Nachhall von Geselligkeit. Lüften kann nicht schaden, und der kalte Atem der Nacht saugt den Dunst im Nu aus der Hütte. Morgen gibt es eine Menge abzuspülen . . .

X. KAPITEL

An Maria Lichtmeß, dem 2. Februar, so sagt der Volksmund, ziehe die Kälte vom Tal in die Berge. Es schneit zwar, und Nebel verhüllt meine Nachbarn, aber das Thermometer zeigt den ganzen Tag über Plusgrade an. Um meine Beine wieder etwas in Schwung zu bringen, transportiere ich auf der Kraxe zwei Müllsäcke zu der untersten Almhütte, meinem »Zwischenlager«. Etwa eine Stunde brauche ich für Hin- und Rückweg, und da mir der Sinn heute nach Laufen steht, mache ich gleich anschließend dieselbe Tour noch mal, wieder mit zwei Säcken auf dem Rücken. Diese Aktionen symbolisieren bereits so etwas wie Aufbruchstimmung, obwohl ich noch über ein Vierteljahr vor mir habe. Der Kalender neben der Stubentüre, der stets gewärtig sein mußte, in den Ofen gesteckt zu werden, monatelang mehr Belastung als Hilfe, ist inzwischen in Sicherheit. Ich akzeptiere ihn als meinen Sekretär, der das Wetter, die Temperaturen, Besuche und die Ziele meiner Ausflüge speichert. Und jetzt, da ich schreibe und die Erinnerung bisweilen lückenhaft ist, erweist er sich als nützlich. Zudem signalisiert er, im Gegensatz zu früher, daß die Zeit vergeht. Es gibt Tage, da bin ich mir nicht sicher, ob ich mich darüber freuen soll. Ich habe mich an das Leben in den Bergen gewöhnt, und was mich zu Hause mutmaßlich erwartet, wird von immer geringerem Reiz.

Meine Überlegungen und Pläne gehen bereits soweit, mich im Gadertal anzusiedeln, in Reichweite der Furchetta und der anderen Nachbarn, im Bayerischen nur noch eine bescheidene Dependance mit Anrufbeantworter und Briefkasten verfügbar zu haben. Diese

Idee beschäftigt mich schon seit einigen Tagen, mag sein, daß ich sie für null und nichtig erachte, wenn mich eine Krise wieder mal niederdrückt. Aber sie ist im Kopf. Und die stetig höher kletternde Sonne, die das Frühjahr bereits erahnen läßt, wärmt solche Gedanken. Heute, am 3. Februar, streckt sie ihre Fühler zum erstenmal seit Oktober nach Funtanacia, bis zu den Ställen schafft sie es noch nicht, aber Supdaç, die tellerebene Lichtung, wo Pfarrer Jakob Kohler seine Urlaube zu verbringen pflegt, ist voll ausgeleuchtet. Funtanacia hat Sonne! »Murmelland« liegt noch im Schatten. Ob die Langschläfer in ihren Höhlen den nahenden Frühling bereits spüren?

Ich rede vom Frühling, dabei war der Winter noch nicht mal da. Ich rede überhaupt von allen möglichen Dingen, mit mir selbst oder mit dem Hund. Das Alleinsein nagt, aber ich empfinde es nicht mehr als Schmerz. Ich weiß nicht, ob es in Medizin oder Psychiatrie eine Bezeichnung für Menschen gibt, die jede Tätigkeit, die sie ausführen oder auszuführen gedenken, laut kommentieren, ohne daß jemand zuhört. »So, jetzt muß ich aber Wasser holen.« – »Waschen sollte ich wieder mal, ach was, das mach' ich morgen, da ist es sicher auch noch warm.« – »Scheiße! Die Nudeln sind zu weich, zu weich, zu weich. Aber das Leben in den Bergen ist dafür hart, hart, hart« und so weiter. Bin ich noch »normal«, oder deuten sich mit diesem, manchmal nachgerade infantilen, Gebrabbel bereits erste Gemütsrisse an? Andererseits: Ich bin nie melancholisch, neige nie zu Tränenfluß, verspüre keinen Überdruß am Leben und bin, wenn Besuch kommt, ein durchaus gleichwertiger und friedfertiger Gesprächspartner. Aggressiv, das heißt richtig wütend, werde ich nur, wenn ich aufgrund meiner Ungeschicklichkeit wieder mal den Türbalken übersehe oder offenen Auges in die gespannte Wäscheleine renne. Dann trete ich mit dem Stiefel voller Zorn gegen die Hüttenwand, brülle irgend etwas Unanständiges, daß Don Jacobus in Feldkirch/Vorarlberg eigentlich die Ohren klingen müßten. Aber das sind Reaktionen, die ich auch zu Hause als durchaus regelgerecht ansehe. Meistens bin ich in Sekundenschnelle wieder »entladen« und stimme ein Lied an oder trainiere den Pfiff der Gemsen. (Inzwischen habe ich ihn schon ganz gut drauf.)

Sonntag, den 4. Februar: Vormittags habe ich ein paar Hemden gewaschen, vergeblich nach Wolken Ausschau gehalten, und ab Mittag sitze ich auf der »Grübelbank« und lese Spitzfindiges, Kluges und Geschliffenes von Karl Kraus. Das Funkgerät ist ausnahmsweise eingeschaltet. Könnte ja sein, daß sich auf den Skipisten etwas tut. Gegen Mittag gerät Kanal 164 unter Druck. Am Speickboden, einem beliebten Skigebiet im Ahrntal, hat ein Schneebrett abseits der Piste Skifahrer mit in die Tiefe gerissen und unter sich begraben. Wieviel es sind, weiß man noch nicht. Den Einsatz leitet die Bergrettung aus Sand in Taufers, Suchhunde werden per Hubschrauber eingeflogen. Egon von Egitz, Chef des BRD Bruneck, organisiert den Einsatz der Hubschrauber. Immer wieder höre ich seine vertraute Stimme, die »Pelikan I« zum Unglücksort dirigiert. Bereits nach etwa einer Stunde ist die Suche beendet. Später werde ich erfahren, daß drei junge Burschen aus dem Ahrntal, im Alter von 16 und 17 Jahren, die Opfer sind. Obwohl sie sehr gute Skifahrer waren und zumindest zwei von ihnen den Speickboden seit ihrer Kindheit kannten, waren sie von der mit Warntafeln markierten Piste in den Tiefschnee gefahren, hatten ein etwa 200 Meter breites Schneebrett »abgeschnitten« und waren von den nassen, schweren Schneemassen 300 Meter in die Tiefe gerissen worden. Obwohl der erste Verschüttete bereits zehn Minuten nach dem Unglück von den Sonden der Bergwachtmänner aufgespürt wurde, kam für ihn, wie für seine beiden Freunde, jede Hilfe zu spät. Ein Retter: »Die Burschen waren wie einbetoniert.«

Ursprünglich wollte ich heute noch mit den Skiern ein Stück die Roa-Scharte hinauf. Jetzt ist mir die Lust vergangen.

An lupenreinen Tagen, wie sie der Februar auf eine Kette fädelt, meist wolkenlos, immer sonnig, mit Temperaturen bis zu 30 Grad, herrscht auch in mir »Hochdruck«. Ich explodiere fast vor Unternehmungslust. Mit dem Skifahren ist es aber so eine Sache, weil da der schwere, faulige Schnee schon Geübteren als mir die Knochen zerlegt hat. So schön das Fliegen mit dem Hubschrauber ist, auf einer Bahre liegend, ist das Erlebnis nichts mehr wert. Da meine Beine längst wissen, was im Kopf vor sich geht, kribbeln sie vor Lust am Laufen. Sie sollen ihren Willen haben. Aber daß mir am Abend keine Klagen kommen! Wir nehmen den »schweren« Weg: die Almwiesen hinunter, ein gutes Stück noch auf der Forststraße weiter bis zur Abzweigung nach Funanacia, über Supdaċ, Pfarrer Kohlers sommerliche »Spielwiese«, wieder bergan durch einen verschneiten Hohlweg, hinweg über gefrorene Bäche und dann steil von Funanacia über mühsam zu gehende Schneefelder hinauf zur Furċia. Ich gehe ohne Pause, etwa eineinhalb Stunden, zügig und fast ein bißchen zu flott, denn auf den letzten 20 Metern muß ich mit dem Bergstock kräftig anschieben. »Schnaps« ist längst oben, als ich endlich, klitschnaß vom Schwitzen, die Hütte erreiche. Ich bin stehend k. o., wasche mich mit eiskaltem Wasser und ziehe trockene Sachen an. Dann ein Gläschen Rotwein und anschließend eine Tasse Kaffee aus der Thermoskanne. Ich setze mich auf die »Grübelbank« am Stall, ohne zu grübeln. Auf dem Medalges-Kamm, von wo aus die Nordflanken steil und felsig zur Schlüter-Hütte und Gampenalm abfallen, pfeift eine Gams. »Schnaps«, der auf einem welken Grasbüschel zu meinen Füßen liegt, ist zu erschöpft oder nur gleichgültig, um dem heiseren Signal seine Aufmerksamkeit zu schenken. Das Fernglas holt mir den aufgeregten Schreier ein gutes Stück näher; ein stattlicher Bock mit einem beeindruckenden Brustkasten. Er ist der Wächter, damit das lose verstreute Rudel in Ruhe äsen kann. Ich zähle 28 Gemsen, die sich den Winter sicher auch anders vorgestellt haben. Von der Sonne beschienen, wird ihnen in ihren dicken Pelzen ordentlich warm werden.

Auf der unablässigen Suche nach Abwechslung kommt mir eine Idee. Da heute nacht der Mond schon fast voll sein wird, das ungetrübte Wetter des gesamten Tages zudem einen sternklaren Himmel verspricht, werde ich im Freien, in der Hängematte, nächtigen. Mein Schlafsack garantiert wohlige Wärme bis minus 30 Grad (behauptet wenigstens der Hersteller), und gar so kalt wird es sicher nicht werden. Ich möchte wieder einmal – wie bereits im Sommer – den Geräuschen und Aktivitäten der Nacht so nahe wie möglich sein. Vor Einbruch der Dunkelheit präpariere ich meinen »Biwakplatz«, spanne die Hängematte zwischen zwei stabile Stahlhaken, die ich bereits im Mai in dem windgeschützten, ostseitigen Winkel zwischen Kälber- und Kuhstall eingeschraubt habe. »Schnaps« muß, auch wenn es ihm nicht paßt, in der Hütte bleiben, damit ich bei meiner »Lauschaktion« ungestört bleibe. In der Hängematte können bequem zwei Menschen nebeneinander liegen. Ich ziehe den warmen Faserpelz an, dicke Wollsocken, eine Wollmütze und breite unter dem Schlafsack Pepis Roßdecke aus. »Schnaps« bekommt zum Trost noch ein paar Hartkekse aus Bundeswehrbeständen. Das Thermometer zeigt minus fünf Grad, mehr als minus zehn dürften es in der Nacht nicht werden. Es ist nahezu windstill, ideal für neugierige Ohren. Im Osten, links von Neuner-, Zehnerspitze und Kreuzkofel, fast über der Hohen Geisl, macht sich der Mond auf den Weg. Ich schlüpfe in mein Bett unter freiem Himmel, das leise schwingt wie eine Wiege. Ist es nicht verrückt? Ich liege in einer Februarnacht, im Hochgebirge, in einer Hängematte, umgeben von einer gläsernen Stille, den aufgeblähten Mond über mir, die fahlen, beleuchteten Nordwände wie ein getünchter Wall in Griffweite, höre nur mein Herz, wie es unter den Daunen pocht, und spüre etwas Kälte, die in die Nase kneift.

Nein, es ist nicht verrückt. Es ist wie geträumt. Vielleicht wird dies die Nacht sein, an der ich künftig andere Nächte messen werde, später, wenn ich wieder reise, irgendwohin, wo es auch Nächte gibt, die einem den Atem nehmen. Es ist gut, daß ich allein bin, niemanden möchte ich jetzt bei mir haben. Ein Lachen, ein Wort nur oder gar eine Frage würden alles zunichte machen. Dies ist *meine* Nacht, und ich möchte sie mit niemandem teilen.

Der Mond hat Flecken, die selbst mit bloßem Auge zu sehen sind. Mit dem Fernglas sind Berge und Krater auszumachen, Täler und Ebenen. Wie weit ist er weg, der Mond? Ich wußte es mal und habe es vergessen. Unwillkürlich denke ich an den Titel eines Films, den vor Jahren der bayerische Regisseur Jörg Graser gedreht hat: »Der Mond ist bloß a nackerte Kugel«. Ein schöner Titel für einen schönen Film. Aber der Mond ist nicht nackt, höchstens im Drehbuch.

Über mir, im Heuboden, knistert es, als würde Seidenpapier zerknüllt. Eine Maus vielleicht oder ein Wiesel. Unten in Funtanacia bellt ein Rehbock, heiser und mitleiderregend. Vielleicht ist es der von damals . . . Diese Geräusche sind wie Sprünge im Glas der Stille. Wenn sie verstummen, bleibt kein Kratzer zurück, es ist wie ehedem.

Ohne Eile beschreibt der Mond eine Parabel, die ihn nach Westen führt. Ich weiß nicht, wie lange ich wach liege, aber als die Schatten in den bleichen Bergen länger werden, überfällt mich Müdigkeit. Die Nase ist ein Eiszapfen, um sie aufzutun, stecke ich den Kopf tiefer in den Schlafsack. Im Hinüberdämmern versiegen mehr und mehr die feinen Geräusche der kleinen »Nachtarbeiter« im Stall. Ich schwebe über der Erde, drehe mich zur Seite, und ganz leicht schwingend, schlafe ich ein.

Als ich aufwache, hält sich die Sonne noch hinter der Lavarellaspitze verborgen, nur ihr Schimmer wölbt sich wie die Schale einer Blutorange über den Zacken und Graten. Ich befreie mich aus dem Schlafsack; den Sonnenaufgang möchte ich heute mit Musik erleben. »Schnaps« sitzt bereits winselnd an der Türe. Es war das erste Mal, daß er allein in der Hütte schlafen mußte, und seinem ganzen Verhalten nach zu schließen, scheint er froh zu sein, daß die Nacht vorbei ist. Mit Walkman, Kopfhörer und Richard Strauss' »Alpensinfonie« kehre ich zu meinem Biwak zurück, schlüpfe wieder in die Wärme und ziehe den Reißverschluß zu. Ich glaube nicht, daß das spätromantische Monumental-Spektakel nach meinem Abschied von den Bergen für mich noch von übergeordneter Bedeutung sein wird. Aber hier oben ist eben alles anders, und da gefällt mir sogar das Getöse, die bisweilen schwülstige Tonmalerei, mit der ein Tag in den Bergen, vom Sonnenaufgang bis zur Nacht, suggeriert wird. Während noch das Pianissimo-Grummeln der Streicher die Morgendämmerung »beschreibt«, entdecke ich eine frische Fuchsfährte, die kaum einen Meter an meinem schwebenden Nachtlager vorbeiführt. Meister Reinecke war da, während ich schlief. Über der Lavarella glüht mittlerweile der Himmel. Wenn die Trompeten einsetzen, geht bei Strauss die Sonne auf. Bei mir schon ein paar Sekunden früher; ganz ist mir der Synchronismus nicht gelungen. Wie sagte Manni, der Arzt, als er mir die Kassette zum Geschenk machte: ». . . isch gewaltig.« Das darf man laut sagen, denn was Herr von Karajan seinen »Berlinern« gleich zum Sonnenaufgang abverlangt, ist nichts für Morgenmuffel. Aber dennoch sind mir »meine« Sonnenaufgänge, ohne großes Getöse, lieber.

Die Fuchsfährte interessiert mich weit mehr. Was macht ein Fuchs in dieser Höhe? Von wo kommt er, und wo ist er hin? Er hat auf dem Komposthaufen gescharrt, aber da war sicher nichts, das seinem Geschmack entsprochen hätte. Seinen Bau hat er bestimmt unten, in Funtanacia, auf der Medalges wird er außer ein paar Mäusen wohl kaum etwas Jagbares finden. Die Abdrücke der Pfoten sind auf dem alten, verharschten Schnee wie hingehaucht, als ob er auf Zehenspitzen ginge. Die Fährte führt weiter bis zum Höhenweg und verliert sich in einem vereisten, gletscherähnlichen Schneefeld.

Tags darauf ist der Mond prall und rund. Keine Wolke am Himmel, aber ein unangenehm giftiger Wind fegt um die Hütte. Ich sitze am Stubentisch, schreibe und schaue hin und wieder zu den festlich illuminierten Nordwänden hinüber. Als mein Blick etwas später zufällig wieder zu den Felsen zurückkehrt, ist von den eben noch beleuchteten Bergen nur noch ein matter Schimmer übrig. Ich stecke den Kopf aus dem Fenster. Den Mond kann ich nicht sehen, weil er noch zu weit hinter der Hütte steht. Ein Meer von glitzernden Sternen über mir und keine Wolke. Habe ich Halluzinationen? Oder dreht jemand am Licht? Ich haste ins Freie zur Nordseite der Hütte. Da ist der Mond, zu einer schmalen Sichel geschrumpft. Eine Mondfinsternis! Seine hellen Konturen sind wie mit dem Zirkel gezogen, im Zeitraffertempo verschwimmt die Sichel und verschmilzt Minuten später mit dem schwach leuchtenden Kreis, der gesäumt ist von einem zarten orangefarbenen Schimmer. Der Wind zerrt am Anorak und kneift in die Backen. Ein hinreißendes Schauspiel, durch die Klarheit der Luft wie mit der Lupe geschärft. Ob sie es in München auch sehen? Vielleicht ist der Mond von Wolken verhangen, oder der Smog verhüllt das Ereignis. Vielleicht überträgt das Fernsehen live, dann müßte man gar nicht erst seine Häuserschlucht verlassen, um auf einem freien Platz den Mond mit einem Stück Himmel zu sehen. Außerdem kann man sich ja morgen erzählen lassen, wie's war.

Das Wiedererstarken des Mondes schaue ich mir von der Stube aus an. Ganz allmählich finden die Nordwände zu altem Glanz zurück, die Schatten der Spalten und Kanzeln fallen ab wie Schutt, dann ist nur noch Licht in den Bergen.

Seit ich schreibe, rennt die Zeit. (Möglich, daß das Jahr schon um wäre, wenn ich früher damit begonnen hätte.) Am 12. Februar überwindet die Sonne erstmals den Torkofel, ein paar Tage noch, dann wird sie auch die Furchetta schaffen, dann sind die Tage schon fast so lang wie im Sommer. Inzwischen weiß ich: *Die Sonne ist alles.* Selbst wenn jetzt noch der Winter käme (natürlich kommt er noch), könnte er mir nichts mehr anhaben. Ein Vierteljahr noch – noch. Mitte Februar war Guido Mangold zwei Tage lang bei mir. Die Winterbilder fehlten ja noch. Vielleicht entwickeln Profis wie er so etwas wie einen »sechsten Sinn« für den richtigen Zeitpunkt. Es hatte zwar zwei Tage vor seiner Ankunft leicht zu schneien begonnen, aber daß der Winter nun mit Macht kommen würde, davon war auch im Wetterbericht nicht die Rede. Ein »Tief« sei im Anmarsch, mehr nicht. Es war neblig und windig, als Guido in Begleitung von

Roland kam, der ihm einen Teil seiner schweren Fotoausrüstung getragen hatte. Roland machte sich gleich wieder auf den Heimweg, und da er ein exzellenter Skifahrer ist, war er bestimmt nach einer halben Stunde unten am Parkplatz. Das war gut für ihn, denn kaum eine Stunde danach fetzte ein Sturm los, wie ich ihn hier oben noch nie erlebt hatte. Wie mit Besen fegte er den Neuschnee von den Süd- und Osthängen der Medalges und türmte ihn rund um Stall und Hütte zu bis zu zwei Meter hohen Haufen. Damit hätte sich noch problemlos leben lassen, aber daß der Schnee unter die Schindeln und Ritzen am Dach geblasen wurde, zeigte mir deutlich, daß meine Isolierarbeiten zu wünschen übrigließen. Der Schnee lag im Dachboden bis zu zehn Zentimeter hoch, exakt jene Situation, die die Furćia vor meinem Einzug unter Wasser gesetzt hatte. Für Guido Mangold war das alles prima. Der Sturm tobte drei Tage und Nächte lang, fast ohne Pause; am Kreuzjoch sah es nahezu himalaya-mäßig aus: Wächten und Schneewehen bis zu drei Meter hoch. Ohne Skier oder Schneereifen war da kein Durchkommen mehr.

Guido Mangold schlief schlecht in der ersten Nacht. Der Sturm – oder war es bereits ein Orkan? – brüllte, winselte, jaulte und keuchte wie ein großes Tier, packte die Hütte, daß sie knarrte und ächzte. Ich lag im Bett, zugedeckt bis zur Nasenspitze, und fühlte den eisigen Atem, der in Intervallen durch Fugen und Ritzen drang. Die »Notdurft-Zentrale« bot am nächsten Morgen einen bizarren Anblick: Sie sah aus wie eine glitzernde, mit Eis- und Schneekristallen dekorierte Tropfsteinhöhle. Auch das gefiel dem Fotografen – mir weniger. Am übelsten aber hat der Sturm dem Hund mitgespielt. »Schnaps«, gewohnheitsmäßig den ungeschützten Hügel benutzend, auf dem er sein morgendliches »Geschäft« zu verrichten pflegt, wurde plötzlich von aufgewirbeltem Schnee wie in Seidenpapier verpackt. Als der Schleier fiel, war der Hund fort. Eine Bö hatte ihn mitgenommen, und zwar bergab. Ich war nur ein paar Meter weiter weg, stemmte mich mit einer Schulter dem Sturm entgegen und hatte selbst Probleme, nicht den Halt zu verlieren. Der Hund! Wo ist der Hund!? Er saß etwa zehn Meter unterhalb der

Hügelkuppe, die buschige Rute wie einen Palmwedel nach oben gebogen, und brachte das zu Ende, was Augenblicke zuvor jäh unterbrochen worden war. Dabei blickte er ins Tal, und als er mich kommen sah, war in seinen Augen die blanke Gleichgültigkeit – oder: »Was mich umhaut, macht mich noch stärker.« Ich dachte unwillkürlich an den sehr kleinen und sehr teuren Chihuahua, der im Sommer mit Hannes und seiner »Maus« bei mir war. Wenn ihn die Bö erwischt hätte, ich glaube, er wäre noch heute in der Luft.

Am dritten Tag fuhr Guido Mangold wieder nach München, das winterliche Zwischenspiel hatte ihm alles geboten, was er an Motiven noch benötigte. Bereits der nächste Tag kleidete sich wieder in leichtes, duftiges Blau, den Temperaturen von über zwanzig Grad durchaus angemessen.

Am 23. Februar begieße ich mit einem Glas Obstler einen Gipfelsieg der Sonne. Heute hat sie die Schnabelenden der Furchetta bezwungen. Übermütig, als läge nun wirklich alles Ungemach bereits hinter mir, steige ich aufs Hüttendach, setze mich rittlings auf den First, weil ich so der Sonne noch ein Stückchen näher bin. Ich singe laut und lange und finde, daß ich heute ganz besonders gut singe. Hoffentlich hört mich niemand. In den Dolomiten singt man derzeit nicht, schon gar nicht aus Freude. Gebete sind gefragt, obwohl sie das katastrophale Weihnachtsgeschäft, den schneelosen Jahreswechsel auch nicht mehr rückgängig machen können. Ab und zu höre ich im Funk die Klagen, dumpfe, freudlose Stimmen, den Tränen nahe. Oder ich erfahre es von Besuchern, vom »Klamme«, von Hugo oder Roland, die auch sehnsüchtig auf Schnee warten, damit sie endlich eine saubere Tour gehen können, nicht nur immer auf die Medalges. In Nordtirol und im Bayerischen soll es um kein Haar besser sein, viele Bergbahnen und Lifte stehen still. Man müßte den beschämenden Winter und seine Folgen in einem Film zeigen. Titelvorschlag: »Wenn die Gondeln Trauer tragen, Teil II«... Etwa alle drei Wochen ist Waschtag. Hygiene und Sauberkeit habe ich mir gleich von vornherein auferlegt. Einmal pro Woche bade ich in der Plastikwanne, meistens freitags, vielleicht deshalb, weil ich als Kind auch immer freitags baden mußte. Nach schweißtreibenden Ausflügen genügt eine Waschung. Ich hatte bisher nie das Gefühl zu verschlampen, zu einem »Säubären« zu verkommen, und meine Besucher riechen auch nicht viel anders als ich. Das Haupthaar darf wachsen, solange es will, der Bart wird alle paar Wochen mittels einer großen Schneiderschere, die mir Roland besorgt hat, gestutzt. Es bedarf keines Komforts, um den Körper soweit in Ordnung zu halten, damit er sich wohl fühlt. Wasser gibt es und einen Ofen, um es zu erwärmen, mehr wäre schon Luxus. Unbehagen bereitet jetzt, während der kalten Jahreszeit, lediglich das Wäschewaschen. Der Waschgang im warmen Wasser ist nachgerade Erholung für die Hände, die erste, lauwarme Spülung geht auch noch. Aber da ich einfach nicht duldsam genug bin, eine weitere Stunde zu warten, bis das Wasser erneut warm ist, benütze ich für den zweiten und dritten Spülgang eiskaltes Wasser aus der Quelle oder der Vorratstonne. Das setzt den Händen arg zu, und meistens sind sie hinterher so klamm und steif, daß sie in der Stube auftauen müssen. Dann erst sind sie in der Lage, die Wäscheklammern zu handhaben. Auch daran gewöhnt man sich. Die Wäsche wird im Freien zum Trocknen aufgehängt, an einer Leine zwischen Stall und Hütte. Bei wechselhaftem Wetter findet die »Endtrocknung« an in der Stube gespannten Schnüren statt. Ich benütze für mich keine Sprays und Duftwässerchen (zu Hause übrigens auch nicht), und für Hände und Gesicht muß billig sein, was auch den Schuhen recht ist: Melkfett.

Der Zyklus der Quelle bleibt mir ein Rätsel. Ihre Launen sind durchaus nicht abhängig von den Temperaturen. Im November lief sie bei minus 20 Grad, und nun im Februar, da es nachts kaum kälter als minus zehn Grad ist, die Sonnentage aber einen Gletscher zum Schmelzen brächten, liegt sie tagelang trocken. Da muß ich das Wasser wieder von unten heraufbuckeln, und das stinkt mir von allen Arbeiten am meisten. Heute habe ich die Tour, besser: die Tortur, viermal gemacht, um für die nächsten Tage Trinkwasser zu bunkern. Am Abend fühlen sich das Kreuz und die Schultern an, wie zwischen Mühlsteinen zerrieben. Aber es gibt auch Erfreuliches zu entdecken. Neben meiner Ersatzquelle spitzt das erste Grün dieses Jahres hervor, nur ein paar Gräser und die Blätter des Frauenmantels. Für mich aber sind sie schon fast der Frühling. Das hätte ich nicht laut sagen sollen! Erzürnt durch meinen Optimismus, meldet sich zwei Tage vor Februar-Ende der Winter. Und wie! Zwei Tage und Nächte lang schneit es ununterbrochen. Dagegen wäre nichts zu sagen, aber der Sturm rüttelt nicht nur an der Hütte, sondern auch an meinen Nerven. Er bläst den Schnee so mühelos in den Dachboden, als wären meine Isolierungsarbeiten nur kindisches Bastelwerk. Obwohl der gesamte Dachboden mit Plastikplanen ausgelegt ist, tropft bereits am nächsten Morgen stetig Schmelzwasser durch ein halbes Dutzend Ritzen in der Küche. Das ist noch auszuhalten, wenn es nur nicht in die Stube und vor allem in die Schlafkammer rinnt. Mehrere Stunden lang rutschte ich auf den Knien durch den Dachboden und schöpfe mit der kleinen handlichen Lawinenschaufel den Schnee in einen Eimer, entleere ihn hinter der Hütte, schaufle ihn wieder voll und so weiter. Eine Idiotenarbeit. Als das Ärgste im Freien ist, folgt die Feinarbeit mit dem Besen. Mein Schädel brummt, nicht vom vielen Nachdenken, sondern von den wiederholten und heftigen Zusammenstößen mit Dachbalken.

Die Quelle, die zwischenzeitlich wieder läuft, ist gut eineinhalb Meter hoch vom Schnee verweht, und wenn »Schnaps« nicht so gleichgültig und egoistisch wäre, gelänge es ihm leicht, dank seiner feinen Nase, den langen Schlauch aufzuspüren, der gut einen Meter unterm Schnee liegt. Um mir und dem Hund wenigstens einen kleinen Auslauf zu gestatten, muß ich erst den Weg, der zum Kreuzjoch führt, freischaufeln. Der schwere, kompakte Preßschnee bringt mich gehörig zum Schwitzen, und als ich endlich, nach etwa einer Stunde, an »Schnaps'« Aussichtshügel angelangt bin, ist ein Großteil des Weges bereits wieder zugeweht. Ich bin Sisyphus, und darauf trinke ich einen. Glühwein gibt es heute in der Furćia zum ersten Mal, aber dafür so ausgiebig, daß er mich, dem Alkohol in größeren Mengen entwöhnt, am Nachmittag glatt umwirft. Möglicherweise war ich mit dem Rum als »Beschleuniger« doch etwas zu großzügig umgegangen. Jedenfalls schlafe ich wie ein Bär in den Abend hinein. Erst als mich in der Nacht der Hund, um seinen gewohnten Rhythmus gebracht, weckt, weil er »muß«, wird mir meine Entgleisung in ihrer ganzen Tragweite bewußt. Die Haustüre steht sperrangelweit offen, in der Küche liegt gut fünf Zentimeter hoch der Schnee, den auch der Windfang nicht abzuwehren vermochte. In Küche und Stube sind in den Öfen längst die Feuer erloschen, drinnen ist es fast so kalt wie draußen. Die Papiertüte mit dem Kaffeesatz vom Morgen ist im Plastikfilter festgefroren und das Trinkwasser für den Hund – auch in der Küche – mit einer Eisschicht überzogen. Auf den Knien, gleichsam in Büßerpose, beseitige ich mit Kehrschaufel und kleinem Besen die Spuren meiner Liederlichkeit. »Schnaps« scharrt mit einer Pfote auf dem Deckel aus Eis, um ans Wasser zu gelangen. Unsere Köpfe sind fast auf gleicher Höhe, ein paar Handbreit nur voneinander getrennt. Plötzlich hält er inne, läßt die Pfote, als hätte er sie vergessen, in der vereisten Schüssel stehen und sieht mich an wie ein Mensch, mit einem Gemisch aus Empörung und Schadenfreude. Die Solarlampe streut genügend Licht in die Küche auf die etwas groteske Szene. Ich, vor dem Hund kniend, »Schnaps«, eine Pfote in der Wasserschüssel, mich etwas von oben herab anblickend, den Kopf in Schiefhalte, als wolle er sagen: »Wenn mir das passiert wäre, dann möcht' ich dich hören.« Die Küche ist schnell wieder schneefrei, »Schnaps« bekommt frisches Wasser und ein paar Minuten Auslauf, und wenig später ist auch der Stubenofen angeheizt. Der Küchenherd bleibt kalt wie jede Nacht, da sein »Zug« äußerst unzuverlässig ist und der Rauch gelegentlich nach innen anstatt durch den Kamin bläst. Der Sturm hält unvermindert an, seit zwei Tagen bereits, und es schneit immer noch. Morgen ist der 1. März, und so, wie es aussieht, werde ich gleich nach dem Frühstück wieder ein Stündchen beim Schneeschaufeln im Dachboden verbringen.

XI. KAPITEL

Genauso ist es. Dann müßte ich eigentlich den Wasserschlauch ausgraben, das heißt, ihn erst einmal ausfindig machen. Doch es mangelt am Antrieb. Während der ersten Monate habe ich nie etwas auf die lange Bank geschoben. Was zu tun war, mußte gleich erledigt werden, zumindest im Anschluß an eine beendete Arbeit. Das hat sich geändert. *Ich* habe mich geändert! Das Leben ohne Uhr, ohne Termine, also ohne zeitliche Zwänge, zeigt Wirkung. Man könnte sagen: Ich ruhe mich ständig aus, ohne erschöpft zu sein. Manchmal ist mir, als bewegte ich mich wie in Zeitlupe, ich gehe übertrieben langsam, obwohl mich das Gehen keineswegs anstrengt. Es gibt nur keinen Grund, schneller zu gehen. Wozu auch? Da ist nichts, was zu versäumen wäre. Ich glaube ganz einfach, der Winter macht mich so träge, mit seiner Stille und dem Wenigen an Abwechslung, das er zu bieten hat. Roland, Egon oder der »Klamme«, die mich mittlerweile ja gut kennen, müßten mir sagen können, ob ich auch langsamer spreche als früher. Beim nächsten Mal werde ich sie fragen. Seit Tagen habe ich nichts Warmes gegessen, immer nur Brot und Leberwurst aus Dosen oder Speck. Es macht mir nichts aus, aber es macht mich auch nicht an, Spaghetti zu kochen oder Rindfleisch aus der Büchse. Nur eine kulinarische Überraschung aus einem bunten Rucksack könnte mich derzeit umstimmen. Zeitweise komme ich mir so starr und bewegungslos vor wie die Furchetta, mit dem Unterschied, daß ich atme. Dann sitze ich am Stubentisch, den Rücken gekrümmt, die Ellenbogen auf den Oberschenkeln aufgestützt, so daß die Hände lose zwischen den Beinen hängen, und zähle die blauen und weißen Rechtecke auf dem Wachstuch, das den Tisch bedeckt. (Es sind jeweils 528.) Zudem macht die Muse in diesen Tagen um meine Stirn einen großen Bogen, so daß Schreiben kaum neuen Auftrieb verhieße. So warte ich auf das Ende der Krise, die eigentlich keine ist, weil ich mich nicht unwohl fühle oder mich gar mit neuerlichen Abbruch-Gedanken trage. Ich möchte gar nicht heim! Ich bin nur in einem Loch, in dem sich absolut nichts tut.

Um diesem desolaten Zustand zu entkommen, regt sich in mir zumindest sportlicher Ehrgeiz, nach einigem guten Zureden. Ich packe zwei Müllsäcke auf die Kraxe, um sie zur untersten Almhütte zu bringen. Am Vortag ist der Schnee getaut und in der Nacht wieder gefroren, so daß er am frühen Morgen fest und kompakt ist wie eine Piste. Er wird mein Gewicht und das der Müllsäcke problemlos tragen. Heute möchte ich wissen, wieviel Zeit ich für Hin- und Rückweg benötige. Als »Uhr« dient eine Kerze, die, glaubt man der Packungsaufschrift, zirka sechs Stunden lang brennen müßte. Mit einem Messer kerbe ich die Stunden ein. Unmittelbar nachdem der Docht brennt, schultere ich die Kraxe und marschiere los. Nachdem die Müllsäcke deponiert sind, mache ich mich ohne Pause auf den Rückweg. Ich gehe nicht übermäßig schnell, aber zügig und ohne anzuhalten. Als ich oben bin, läuft mir zwar der Schweiß aus allen Poren, ich bin aber fit genug, um die Tour gleich noch mal zu machen. Die Kerze ist fast bis zum ersten Strich abgebrannt. Also eine Stunde habe ich etwa gebraucht, damit bin ich zufrieden. Als ich mich am 20. Mai letzten Jahres ohne Gepäck auf dem Rücken zur Furćia plagte, benötigte ich allein für den Aufstieg eineinviertel Stunden und war hinterher wie gerädert. Um gar nicht erst wieder auf trübe Gedanken zu kommen, packe ich gleich noch zwei Müllsäcke auf die Kraxe und bringe sie nach unten. Dieses Mal etwas gemächlicher, mit einer ausgiebigen Pause an der unteren Almhütte.

Ein freundlicher Augenaufschlag der Natur genügt, um mir wieder Auftrieb zu geben. Der erste Schmetterling, ein Tagpfauenauge, die Heidenröserl, deren intensiver Duft aus Schneeflecken springt. Die Kuhschelle reckt bereits ihre zartvioletten Blüten auf zottig behaarten Stengeln der Sonne entgegen. Um den Stall huscht ein blütenweißes kleines Mauswiesel und macht einen Buckel. Man sagt, wenn man es füttert, würde es ganz zahm. In Funtanacia klopfen die Spechte, als gelte es, den ganzen Wald zu renovieren. Nahezu jeder Märztag beschert neue Klänge, Geräusche und Farben. Das ist es, worauf ich gewartet habe. Fast täglich gehe ich derzeit zu den unteren Almwiesen, wo es schon viel mehr Frühling ist als bei mir oben. Um die Wege für Transporte von »Leergut« zu nutzen, nehme ich die zwei Weinfässer auf der Kraxe mit zur unteren Almhütte. Eines am Vormittag, das andere am Nachmittag. Emma, die eine Durchfahrtgenehmigung bis zu den Almwiesen besitzt, wird sie im Auto mitnehmen und dem alten Wirt in Campill zurückbringen. Mit dem kalendarischen Frühlingsbeginn am 21. März kommen neue, unerwartete Gäste, die ich auch im Sommer gerne bei mir hatte: die Hummeln. Ich mag diese molligen Brummer, die noch etwas steif und ungelenk sind vom langen Winterschlaf, aber ihre dunklen, seidigen Pelzmäntel glänzen schon wie frisch gebürstet.

Noch etwas atemlos und bei schlechter Kondition, entschließen sich die beiden Hummeln (ein Pärchen?) zu einer Zwischenlandung auf dem Tisch vor der Hütte. Nach einem ausgiebigen »Tankstop« machen sie sich mit Gebrumm auf den Weiterflug.

Aber die Signale des Frühlings sind nur Irrlichter. Ich kenne Bauern bei mir zu Hause, die auf den Wetterbericht nichts geben, die sich lieber auf ihre Nase verlassen. Manchmal liegen sie mit ihren Prognosen richtig. Vielleicht bin ich durch meine Abgeschiedenheit, durch das unablässige Miteinbezogensein in den Zyklus der Jahreszeiten etwas sensibler geworden, habe auch eine »Nase« bekommen für etwaige Wetterumschwünge, die das Barometer noch nicht wahrnimmt. In den letzten Märztagen riecht es nach Schnee. Der Wind dreht von Nordwest nach Ost, am 23. März beginnt es zu schneien. Drei Tage später liegt fast ein halber Meter

Neuschnee. Der Ostwind jault Tag und Nacht um die Hütte und häuft den Schnee teilweise bis zu zwei Meter hoch. Vom Stall aus muß ich regelrechte Gänge graben, um zur Quelle zu gelangen. Aber wo ist die Quelle? Die Verwehungen haben alle Konturen des Medalges-Hanges, die als Anhaltspunkte dienen könnten, verwischt, Mulden und Kuppen sowie einzelne Holzpflöcke, an denen ich mich orientieren könnte, sind mit Triebschnee bedeckt. Seit zehn Monaten bin ich, weiß Gott wie oft, zu dieser Quelle, und nun beginne ich zu graben und kann nur hoffen, sie durch Zufall wiederzuentdecken. Ich weiß nicht, wie lange ich dazu brauche, eine Stunde oder noch länger. Als der etwa zehn Meter lange schwarze Schlauch bloßliegt, sieht es rund um die Quelle aus wie nach einer Übung der Lawinensuchhunde. Dreimal habe ich »zielsicher« an Schlauch und Quelle vorbeigegraben. Aber sie läuft, wenigstens war die Schinderei nicht umsonst. Die Schlafkammer, an der Ostseite der Furćia, in der ich mich zehn Monate lang gut aufgehoben fühlte, wird während der Ostwind-Nächte zu einem Windkanal. Hemden und Pullover, die über Bügeln an einem Ablagebrett hängen, beginnen sacht zu schwingen, und mein Gesicht streift in unregelmäßigen Intervallen der kalte Atem, der durch die Ritzen dringt. Dreimal liegt jeweils am Morgen Schnee auf Emmas Schafwolldecke, an den Füßen ist er bereits aufgetaut, so daß Bett und Matratze ekelhaft feucht und klamm sind. Falls der Wind weiterhin aus Osten blasen sollte, werde ich in der Stube nächtigen, auf dem Boden im Schlafsack, neben dem Hund. Es wird nicht nötig sein. Die drei letzten Tage im März sind fast windstill und nahezu wolkenlos, die Nächte klar.

Noch sieben Wochen! Das bißchen Grün, der Huflattich, die Kuhschellen – alles vom Schnee zugedeckt, zu Boden gedrückt, vielleicht erfroren. Die Zirben und Lärchen in Funtanacia, durch den ständigen Wind schneefrei geblieben, sehen aus wie mit schwarzer Tinte auf welliges, weißes Papier gezeichnet. Der Schnee an sich stört mich nicht; was mich in diesen Tagen mißmutig stimmt, ist, daß er mir den Spaß am Sehen, Hören und Riechen verdirbt, daß er das bißchen Leben, das sich zu regen begann, unter sich begräbt, als wäre es nichts. Der Winter hätte wahrhaftig viel Zeit gehabt, um sich auszutoben, sich von mir aus auch von seiner schroffesten und unfreundlichsten Seite zu zeigen. Ich war darauf eingerichtet und hätte ihn sicher schadlos überstanden. Wenn ich mit dem Fernglas zur Westwand des Kreuzkofel hinüberschaue und den Blick tiefer, bis zu den darunterliegenden Almen gleiten lasse, sehe ich bereits das zarte Grün der zum Leben erwachenden Wiesen. Ich beneide die Bauern, die da wohnen und den Frühling schon vor der Türe haben. In diesem Moment ist der Winter wie ein Fausthieb auf einen Tisch. Er hat alles und jeden erschreckt. Nichts regt sich, sogar die Dohlen bleiben lieber in ihren Nestern an zerklüfteten Felsen. Die Gemsen haben sich auf tiefer gelegenen Almen zurückgezogen, wo es lohnt, in dünnem Schnee nach Gräsern zu graben. Trügerisch war die Hoffnung, endlich, nach fünf Monaten, Gesellschaft zu bekommen, von Schmetterlingen, Bienen und Hummeln, selbst Fliegen wären mir recht. Und sicher waren schon die kleinen Sänger im Anflug, der Steinschmätzer, der Wasserpieper und der Hausrotschwanz. Ich und der Hund sind der einzige Unruheherd in dieser erzwungenen Lautlosigkeit. Ein Knall unten in Funtanacia ist wie ein Schnitt in die Stille. Ein Schuß oder nur ein berstender Ast? Mein Ohr ist nicht geübt genug, um einen Schuß treffsicher als solchen zu identifizieren. Aber soviel weiß ich: Im Moment ist nicht Jagdzeit. Vielleicht ein »Notfall«, ein krankes Reh. Ach ja, die Jäger. Ich bin froh, daß meine Bekanntschaft mit den hiesigen Jägern nur eine flüchtige ist. Um es ohne Umschweife zu sagen: Ich mag Jäger nicht besonders. Warum das so ist, kann ich nicht erklären. Meine Antipathie ist in etwa vergleichbar der, die Menschen gegen Schlangen, Spinnen und Frösche haben. Es ist halt so, im Innern sträubt sich etwas. Bei mir zu Hause, im Bayrischen, kenne ich einige Jäger. Ein paar sind sehr nett. Vor allem sind sie Bauern, mit eigenem Wald, die ein Stück Gemeinschaftsjagd gepachtet haben. Wenn sie im Wirtshaus über das Waidwerk und vor allem über ihre Goldmedaillen reden, die sie mit dem Abschuß eines besonders schönen und starken Bocks bei der alljährlich stattfindenden »Trophäenschau« erzielt haben, dann höre ich lieber weg. Ich war einmal vor Jahren bei einer dieser Trophäenschauen in Miesbach und fand es zum Speien. Hunderte von Rehbock-Gehörnen ragten aus den weißgekochten Hirnschalen und waren an Stellwände geschraubt oder genagelt. Diejenigen, die von der Jury für preiswürdig erachtet worden waren, wurden je nach Güteklasse mit Gold-, Silber- oder Bronzemedaillen dekoriert. Daß Jäger in meinem Befinden einen undankbaren Platz einnehmen, liegt vor allem aber an den Nimrods, die am liebsten auf Hunde schießen, die sich in ihren Revieren herumtreiben, gleichgültig, ob sie ihre Größe oder Kondition zum Wildern prädestiniert. (Es sind auch schon neunzig Kilo schwere Bernhardiner erschossen worden, während sie an eine Fichte pinkelten.) In Wengen, so wurde mir erzählt, sind einem Bauern innerhalb kurzer Zeit zwei Hunde abgeknallt worden; noch hat er seinen dritten. Der Verdacht liegt nahe, daß es Jäger gibt, die am liebsten auf Hunde schießen, weil die – arglos und die Nähe von Menschen gewöhnt – auf kurze Entfernung sicher zu treffen sind, also einen relativ sicheren »Jagderfolg« garantieren.

Im letzten Sommer, gleich nach dem Almauftrieb, lernte ich auf Funtanacia den hiesigen Jagdaufseher Pio Pescolla kennen. Ein schmucker Jäger, der seine Augen meistens hinter einer dunkel getönten Brille verbirgt, so daß man selten weiß, wohin er gerade schaut. Er hatte seinen Hund dabei, einen Bayerischen Gebirgsschweißhund, ein filigranes Geschöpf auf zitternden Beinchen, noch jung und in der Ausbildung, derzeit läufig und mit eingezogenem Schwanz ständig bemüht, »Schnaps« und »Niki« die Flausen auszutreiben. Der Jäger betrachtete interessiert meinen Hund, und da ich seine Gedanken zu erraten glaubte, sagte ich ihm gleich auf den Kopf zu, daß »Schnaps« absolut kein »Wilderer« sei, daß wir zu Hause in unmittelbarer Nähe von Wäldern leben und daß sich der Hund innerhalb von sieben Jahren nie etwas habe zuschulden kommen lassen. Ich sagte es mit Nachdruck, nicht nur nebenbei. Was ich nicht sagte: Sollte mein Hund erschossen werden, würde es mich keine Überwindung kosten, dem Schützen – so er ausfindig zu machen wäre – ans grüne Wams zu gehen, ohne Rücksicht auf nachteilige Folgen für mich. (Übrigens: In der Folgezeit erwies sich Pio Pescolla als durchaus freundlich und hilfsbereit, und auch »Schnaps« hatte von ihm nichts zu befürchten.)

Anfang September kamen dann die Jagdgäste nach Funtanacia, prügelten ihre Autos durch absolut unwegsames Gelände, bis es wirklich nicht mehr weiterging. Schließlich will man ja nur zum Schuß kommen, fürs Laufen hat man nicht bezahlt. Pirsch mit »Four-Wheel-Drive«, eine bequeme, zeitsparende Sache.

Dieser April gehört auf den Müll! An zehn Tagen in Folge schneit es. Nicht ununterbrochen, aber doch so viel, daß am Ende dieser winterlichen Periode ein halber Meter Neuschnee zu der alten, morschen Unterlage hinzukommt. Ich rede mir zwar ständig ein, daß das Ende meines Jahres ja bereits in Sichtweite war, aber das hilft wenig. Der Schnee ließe sich ertragen, weit schlimmer ist der Nebel, der vier Tage und Nächte lang wie eine Wand die Sicht zu den Bergen gegenüber versperrt. Meine Nachbarn nicht zu sehen ist das Schlimmste. Und das Licht ist dermaßen diffus, daß ich mich ohne Schneebrille nicht länger als ein paar Minuten im Freien aufhalten kann. Die Augen schmerzen und beginnen zu tränen. Für »Schnaps« gibt es keine Brille, und er hätte sie dringender nötig als ich, da er fast den ganzen Tag, ungeachtet der Null-Sicht, auf seinem Hügel sitzt und zur Ortung eventueller Besucher verstärkt seinen Geruchssinn einsetzt. Sein linkes Auge tränt bereits stark und sondert eine gelbliche Flüssigkeit ab. Ich werde ihm Augentropfen besorgen, die auch den Lawinensuchhunden eingeträufelt werden, um die drohende Schneeblindheit abzuwehren. Kein hundertprozentiger Schutz, aber sicher besser als nichts. Am Abend sitzt der Hund in der Stube und hält oft sekundenlang die Augen geschlossen, als empfände er beim Schauen Schmerz. Seit fast sechs Monaten sind wir von Schnee umgeben, eine Zumutung für unsere Augen, die zu Hause selbst im Winter ständig dunkle »Inseln« zum

Ausruhen hatten. Vielleicht bilde ich mir es nur ein; aber manchmal kommt es mir vor, als hätte mein Sehvermögen auch etwas nachgelassen. Aber dafür höre ich inzwischen um so besser.

Der unvermutete Wintereinbruch lockt Gäste zur Hütte, die hungrig und, wie es scheint, etwas ratlos sind. Draußen auf dem großen Tisch sitzen manchmal bis zu zwanzig Dohlen und picken, wo nichts mehr ist. Die ersten Steinschmätzer gesellen sich hinzu, darauf hoffend, daß von dem Nichts noch etwas übrigbleibt. Ich will ihnen zeigen, daß ich ein großes Herz habe und den Willen, meine zur Neige gehenden Vorräte mit ihnen zu teilen. In der Speisekammer sind noch ein Dutzend Kartons mit sogenanntem »Feinschmecker-Müsli«. Da ich in Sachen Müsli kein Feinschmecker bin, sollen die Vögel das trockene Zeug aus Haferflocken, Nüssen und Rosinen kriegen. Für sie wird es ein Fest wie Weihnachten, und ich bin froh, wenn ich wieder Pappe zum Ofenanheizen habe. Bereits der erste Gang, auf einem großen Plastikteller serviert, bringt die nachtschwarze Brut fast an den Rand eines Krieges. Daß die Freßgier der Dohlen nahezu grenzenlos ist, weiß ich inzwischen. Daß nun auch die Paarungszeit beginnt, habe ich mir sagen lassen. Zeternd, schrill schreiend, dann wieder in kehligem Kauderwelsch vor sich und den anderen hin plappernd, gierig pickend und schlingend, auf den Nachbarn einhackend, die Geliebte (oder bereits Braut) umgurrend, flügelschlagend oder wie von einer Lähmung befallen der Orgie zusehend – so bringen sie binnen kurzem den ersten Gang hinter sich. Drei Steinschmätzer, von der Größe aufgepumpter Spatzen, mit hellgrauer, flaumiger Brust und lustigen kleinen Köpfen, die halslos in den Rumpf übergehen, hocken unter dem Tisch und begnügen sich mit den Resten, die auf die Terrassenbretter fallen.

Eine männliche Dohle (der Dohl? der Dohlerich? Im Gegensatz zur Räbin?) zieht, als der Teller leer ist, auf dem Tisch eine Show ab, wie ich sie in der Tierwelt noch nie gesehen habe. Nachdem sich die Tafel etwas gelichtet hat und nur noch sechs schwarze Vögel auf dem Tisch sitzen, beginnt besagte Dohle auf dem freien Platz des

Tischs die Flügel zu spreizen, so daß sie wie ein schwarzer, weiter, seidiger Umhang den Körper umgeben. Der Kopf mit dem leuchtendgelben Schnabel ist fast senkrecht nach oben gereckt, und nun schreitet der eitle Vogel steifbeinig in dem bühnenartigen Geviert umher wie ein Magier in einem Varieté, der sich anschickt, eine Weltsensation anzukündigen. Nur: Außer mir schaut keiner zu. Die anderen Dohlen sind eifrig damit beschäftigt, den Tisch von den Krümeln zu säubern. Den Fatzke kümmert's wenig. Mit auf dem Tisch schleifenden Umhang, hochschnäblig und steifbeinig, ohne einen Laut von sich zu geben, absolviert er seine Choreographie in Kreisen und Mäandern, wie ein Spielzeug, das darauf wartet, daß die aufgezogene Feder endlich müde wird.

Die »Lava-Tage« reihen sich aneinander wie selten zuvor und halten die Zeit auf. Wenn die Dohlen nicht wären, gäbe es nichts zu sehen. Wie blau das Blau des Himmels ist, habe ich schon beinahe vergessen, von meinen Nachbarn entdecke ich nur ab und zu einen Grat oder einen Gipfel, manchmal auch ein Stück der angeschimmelten Nordwände. Ihre schneebedeckten Flanken und Funtanacia liegen im Nebel. Da Laufen erfahrungsgemäß ein probates Mittel ist, um krause Gedanken zumindest für kurze Zeit zu vertreiben, entschließe ich mich zu einer Tour auf den Sobutsch. Aber diese Route hat an Reiz erheblich verloren, sie ist Routine, um den Beinen das Gefühl zu geben, daß sie noch gebraucht werden. Ich schnalle die Schneereifen unter die Stiefel, »Schnaps« hat bereits der Nebel verschluckt, als der Bergstock nach oben zum Höhenweg deutet. Ich folge den Hundespuren, die mir den rechten Weg so sicher weisen wie ein Kompaß. Oben in den Mulden liegt der Schnee so hoch, daß mein Bergstock, über 1,70 Meter lang, widerstandslos ins Leere stößt. Ohne Schneeschuhe oder Skier wäre hier kein Durchkommen mehr. »Schnaps« plagt sich arg. Wie ein Delphin »durchschwimmt« er geradezu die tiefen Stellen.

Als wir fast oben sind, geschieht ein »Wunder«. Binnen weniger Minuten löst sich fast der gesamte Nebel im Campilltal auf, zerstiebt in Fetzen und Schlieren, die vom Nordwestwind zum Kreuzkofel getragen werden. So also sieht ein blauer Himmel aus. Und gleich geht es mir besser. Wenn das Bronsoijoch nicht wäre, das schätzungsweise drei Meter unter dem Schnee liegt, könnte ich zum Peitlerkofel, wenigstens zur Peitlerscharte, nicht auf den Gipfel, denn da ist dieser Tage auch kein Hinaufkommen. Aber die Ostflanke der Medalges über das Bronsoijoch zu queren wäre unverantwortlich. Ein Ausgleiten, und die »Fahrt« ginge 300 Meter tief und steil zu Tal. Ich habe zwar mein Funkgerät dabei, aber ich bin nicht erpicht, es unbedingt benützen zu müssen. »Schnaps« scheint sich an seinen Beinaheabsturz im letzten Mai noch gut zu erinnern. In respektvollem Abstand zu dem Kamm der Wächte legt er sich in den Schnee und rollt sich ein. Ich setze mich neben ihn auf den Rucksack und suche mit dem Fernglas nach irgend etwas Lebendigem.

Auf »meiner Königsspitze« hockt ein Kolkrabe. Sein sonores »Klong-klong« trägt der Wind bis zu mir. Schon vor ein paar Tagen hat er die Kuppe für sich in Besitz genommen. Plötzlich ist es mit seiner behäbigen Ruhe vorbei. Das »Klong-klong« geht nahtlos in ein aufgeregtes Gackern über, er startet in Richtung Medalges. Und nun entdecke ich auch den Grund seiner Unruhe. Ein junger Steinadler nähert sich in ruhigem Gleitflug dem Revier des schwarzen Vogels, und der Empfang verläuft überhaupt nicht nach dem Geschmack des Eindringlings. Der Kolkrabe, um etliches kleiner als der Adler, greift an, indem er eine atemberaubende Technik benützt. Wahrscheinlich erfahrener, mit Sicherheit aber wendiger als sein Gegner, bezieht er seine Angriffsposition genau über dem Adler und stößt wie ein Habicht, immer wieder, auf Körper und Schwingen des konfusen Jünglings. Der Adler flüchtet in die Richtung, aus der er gekommen war, »David« über ihm, weit aus dem Gefahrenbereich des mächtigen Schnabels und der Fänge, stößt von oben unentwegt mit pausenlosem Gackern wie ein Riesenhuhn auf »Goliath«, der gar ins Taumeln gerät, aber als Flieger der Sonderklasse derlei Turbulenzen geschickt ausbalanciert. Obwohl ich die

Steinadler bewundere, gehört in diesem Augenblick meine ganze Sympathie dem Schwächeren, der mit List, Mut und Technik die körperliche Überlegenheit des vermeintlich Stärkeren eliminiert.

Bis über den Grat der Medalges jagt er ihn, erst dann gibt er Ruhe, dreht ab und fliegt, sieghaft krächzend, zu seiner Kuppe zurück, landet weich und schickt dem Flüchtling ein fast spöttisches »Klongklong« hinterher. Ich weiß einfach zu wenig über Steinadler, aber ich stelle mir in meiner Fantasie vor: Vater Steinadler wird seinem Filius gesagt haben: »Kleiner, es wird Zeit. Hast lange genug deine Fänge unter meinem Tisch ausgestreckt. Jetzt mach dich auf die Schwingen und such dein eigenes Revier.« Als verhätscheltes Einzelkind wird Filius etwas gequengelt haben, weil's in dem großen Nest, irgendwo an einem Felsband an der Furchetta-Südwand oder in den Aferer Geiseln, so gemütlich war. (Steinadler-Eltern ziehen in der Regel nur das älteste Kind auf. Zweit- oder Drittgeschlüpfte werden über den Nestrand geworfen.) Da Steinadler Reviere von einer Größe bis zu 30 Quadratkilometern beanspruchen, wird es das Söhnchen schwerhaben, zumal man sich jetzt schon mit flegelhaften »Lederjacken« herumprügeln muß. Aber Jung-Aquila wird seine Erfahrungen zu Wissen bündeln, und ich wünsche ihm, daß er bald klug genug ist und sich von einem Kolkraben nicht mehr ins Boxhorn jagen läßt.

Ostern ist so, wie Weihnachten hätte sein sollen. Es schneit. Dem Mistwetter zum Trotz schleppe ich am Ostersonntag zwei Müllsäcke zur unteren Hütte. Der schmale Pfad am Südhang der Medalges ist tief verschneit, und wenn ich »Schnaps« nicht als »Fährtensucher« dabeihätte, wäre der Abstieg auf den Schneereifen ein wahrer Eiertanz. Auf halber Strecke entgeht meinen Augen, geschützt hinter den dunklen Gläsern der Schneebrille, ein scharfkantiger Felsbrocken, der das Schnurgeflecht des linken Schneereifens wie ein Messer durchtrennt. Da mir dieses Malheur nicht zum ersten Mal widerfährt, habe ich wohlweislich immer ein Stück Ersatzschnur in der Tasche. Die Reparatur muß an Ort und Stelle erfolgen, da mit dem defekten Schneereifen kein Weiterkommen mehr ist. Um beweglicher zu sein, muß ich die Kraxe von der Schulter nehmen; dabei rutscht der obere Plastiksack aus der Holzgabel und saust wie ein Bob hinunter zu Claras Hütte, etwa dreißig Meter tiefer. Vor noch nicht allzulanger Zeit hätte mich ein derartiges Mißgeschick an den Rand der Raserei gebracht; inzwischen regt es mich nicht mehr auf. Ich repariere notdürftig den Schneeschuh, steige dann ab zu Claras Hütte und packe den entkommenen Müllsack wieder auf die Kraxe. Noch fünf Wochen; die bringen mich nicht mehr um.

Am Abend gibt es die beiden letzten Gläser Rotwein. Chianti, aus einem von drei Fünf-Liter-Ballons, die an einem sonnigen Dezembertag Kurt Walde, der himalayaerfahrene und extremste Kletterer aus der Brunecker Bergwacht-Truppe, zu mir heraufgeschleppt hat. Ich war gerade dabei, mein Geschirr abzuspülen, als er, lautlos wie eine Katze, plötzlich neben mir stand. Seine Rasta-Zöpfchen hingen ihm wirr ins Gesicht, von Anstrengung oder Schweiß gar kaum eine Spur. Als er seinen bunten Rucksack entleerte, gingen mir schier die Augen über. Fünfzehn Liter Rotwein, abgefüllt in drei Glasballons, dazu noch ein paar Klamotten zum Wechseln, holte Kurt aus der Enge des Rucksacks. Beiläufig sah er auf seine Uhr und murmelte: »Vierzig Minuten, das geht.« So lange hat er, meist im Eilschritt, vom Parkplatz bis zu mir benötigt. Bei strammer Gangart braucht man dafür mindestens eineinhalb Stunden. Die schätzungsweise dreißig Kilo auf seinem Rücken gehörten zu seinem Trainingsprogramm, und normalerweise packt er Steine in seinen Rucksack, um es dem Körper nicht zu leicht zu machen. Ich freute mich natürlich über den Wein, gab aber zu bedenken, daß fünfzehn Liter doch etwas übertrieben seien. Sah mich der Kurt ganz erstaunt an:

»Ja, Schtoane muß ich dir net raufschlepp'n. Davon hasch ja selber genug. Oder?« Dieser Logik hatte ich nichts entgegenzusetzen.

Seit Ende März ist Kurt wieder im Himalaya, ein vom Bergsteigen Besessener, der bei seinen Expeditionen bisher stets Pech hatte.

Auf dem Nanga Parbat war er – fast – und auf dem Lhotse auch – fast. Doch jeweils auf dem letzten Stück zum Gipfel machte ihm das Wetter einen Strich durch die Rechnung. Dieses Mal wollte er den welthöchsten Berg bezwingen, den Mount Everest. Doch wenige Tage vor der Abreise im März platzte das Unternehmen. Kurt, bereits das Flugticket in der Tasche, flog alleine nach Katmandu und kaufte sich vor Ort in eine Expedition ein, die, soweit ich das mitbekommen habe, zum Daulaghiri will, auch ein Achttausender. Ende Mai, wenn ich längst wieder daheim bin, wird Kurt zurückkommen. Ich hoffe es jedenfalls, und ich wünsche ihm, daß er dann seinen ersten Achttausender »gemacht« hat.

Das letzte Glas Chianti trinke ich auf Kurts Wohl. Als österlichen »Festschmaus« gibt es eine Dose Sauerkraut, ein Stück geräucherten Bauchspeck und Kartoffelbrei (Instant). Ich weiß nicht, wie oft dieses Menü während der vergangenen Monate auf dem Speiseplan stand; jedenfalls hängt es mir gründlich zum Halse heraus. Die Alternativen sind auch nichts zum Zungenschnalzen: Spaghetti mit Tomatensoße, Rindfleisch aus der Dose mit Nudeln, Bohnen mit Speck (inzwischen ersatzlos von der Speisekarte gestrichen) oder viererlei Fertiggerichte aus dem Bundeswehr-Combat-Ration-Paket (italienisches Nudelgericht, bunter Geflügeltopf, Gulasch und Hühnerrisotto). Letztere unterscheiden sich voneinander in kaum wahrnehmbaren Nuancen. Für mich schmecken sie inzwischen alle wie aufgewärmte Alufolie.

Meine Oster-Träumereien überspringen die nächsten fünf Wochen, tragen mich und meine Gelüste an einen gedeckten Tisch, ich habe angenehme Gesellschaft und auf dem Teller vor mir eine mildbraun gebratene Forelle, zerlassene Butter im Tellergrund, am Rand eine Zitronenscheibe, in einer Schüssel mehlige Salzkartoffeln, in einem Glas einen trockenen Weißwein. Und zum Dessert Vanilleeis mit heißen Himbeeren. Der Traum von frischem Fisch bringt meine Sinne ins Taumeln, in meinen Backentaschen bricht eine Sintflut aus. Nicht lange, dann kehrt die gewohnte Dürre zurück. Es gibt Sauerkraut mit Speck und Kartoffelbrei.

Wieso ich dieses Instant-Püree überhaupt noch esse, ist mir ein Rätsel. Es schmeckt abscheulich und gleicht in seiner Konsistenz eher einem schnelltrocknenden Fugenkitt als gestampften Kartoffeln. Im März, als mir der Ostwind den Schnee in die Schlafkammer drückte, war ich knapp davor, die Ritzen mit Kartoffelbrei abzudichten. Aber eine Probe ergab, daß er nicht mal dazu taugt. Nach wenigen Minuten bereits bröselte die Pampe vom Holz wie alter Putz. Nun habe ich immer noch etwa fünfzig Packungen mit je drei Portionen Inhalt. Ich schenke das Zeug den Dohlen, die sind nicht wählerisch.

Die Vögel haben's derzeit weit schwerer als ich. Der unverhoffte und heftige Wintereinbruch treibt sie zu mir, wo sie sicher sein können, etwas zum Fressen zu finden. Der Tisch vor der Hütte ist für sie ganztägig gedeckt, mit Haferflocken oder zerriebenem hartem Brot. In friedlicher Koexistenz tafeln Dohlen, Steinschmätzer und Hausrotschwanz, manchmal ist es auf dem Tisch so eng, daß die Geduldigen auf der Bank warten, bis ein Platz frei wird. Selbst die Dohlen, sonst selbstsüchtig und Schwächeren gegenüber gehässig, sind zum Teilen aufgelegt und dulden die Kleinen, die wie Spielzeug im Kreis der schwarzen Vögel anmuten. Dem Hund ist die Not der anderen einerlei, und Dohlen mag er immer noch nicht. Endlich hat er die Möglichkeit, ihnen eins auszuwischen, und es ist ihm gleichgültig, ob er mit seinen Rachegelüsten auch Unschuldige trifft. Ein paarmal schon hat er den Teller auf dem Tisch leergefressen, indem er die Vorderpfoten auf die Tischplatte stützt und den Hals lang macht. Die Dohlen sitzen derweil auf dem Stalldach und ärgern sich schwarz. Die Kleinen, vor allem die Steinschmätzer, sind so zutraulich, daß ich sie fast mit der Hand greifen könnte. Immer häufiger kommen in den letzten Tagen die aufgeplusterten Männchen und stellen mir ihre Bräute vor. Verliebt bis über beide Ohren, drängen sie sich ganz eng aneinander, schmusen und schnäbeln, und ihre heißen Liebesschwüre, gezwitschert, getuschelt und gesäuselt, sind schier ohne Ende. Ihnen ist auch der Hund gewogen, nur ab und zu, wenn ihm das amouröse Getue etwas übertrieben erscheint, gibt er ein mißmutiges Stöhnen von sich. Vielleicht ist es auch bloß der Neid.

Unten, wo die welligen Almwiesen nach Funtanacia abfallen, sind gleichfalls Brautwerbungen in vollem Gange. Auf aperen Kuppen, die der Wind vom Schnee befreit hat, balzen die Birkhähne. Sie sind Frühaufsteher, und wenn ich sie mit dem Fernglas beobachten will, muß ich gleich nach Sonnenaufgang aus den Federn. Das Kollern und Fauchen der aufgebrachten Hähne ist bis zur Furćia zu hören. Auf dem Balzplatz verstricken sich die schwarzglänzenden Prachtburschen – einmal waren sie zu sechst – in ritualisierte Scheingefechte, die weißen Schwanzfedern zu leuchtenden Fächern gespreizt, die blutroten Kopfkämme wie Warnlampen aufgepflanzt. Natürlich geht es um Frauen, aber nicht nur. Zugleich werden Balzplatzanteil und Rangordnung ausgefochten, ohne daß dabei Blut fließt. Dieser »Kampf« ist ein anmutiger Tanz, von der Natur einstudiert, ein Spiel, das der gewinnt, der am meisten zu beeindrucken vermag. Der Auerhahn verbirgt sich vor meiner Neugierde, da hilft auch das Fernglas nicht weiter. Er bevorzugt als Bühne für seinen Balztanz den Schutz des Waldes. Nur ab und zu höre ich von Funtanacia herauf sein Balzlied aus gurgelnden, schnalzenden und schleifenden Tönen. Noch vier Wochen, und nichts zieht mich heim.

Zu Hause versäume ich nichts. Hier so vieles.

Ich könnte verlängern. Bis zum Winter.

Ich habe noch Holz die Menge und zu essen genügend.

Die Furćia wird nicht gebraucht. Pepi Graber sagt, ich könne sie das ganze Jahr nutzen.

Der Gedanke zu bleiben fesselt mich.

Und dann? Irgendwann muß ich wieder zu den Menschen.

Muß ich denn wirklich?

Warum?

Mein Leben in den Bergen ist jetzt sanft und unbeschwert wie in einer Wiege. Und da ist niemand, der sich bemüßigt fühlt, mir zu sagen, wie die Zeit am ergiebigsten zu nützen wäre. Die Zeit sagt es mir selbst. Vor allem: Sie braucht keine Uhr, die sie antreibt. Schreiben könnte ich auch hier oben, um etwas Geld zu verdienen und den Kopf in Betrieb zu halten. In der unvergleichlichen Schönheit meiner Umgebung findet die Fantasie fruchtbareren Boden als daheim, wo kaum Ruhe ist, geschweige denn Stille. Ich weiß nicht, was ich tun soll. Noch vier Wochen, dann muß ich mich entschieden haben.

Der 25. April, der italienische Staatsfeiertag, wird jenseits mit großem Getöse begangen. Am Nachmittag entlädt sich über der Puez-Geisler-Gruppe ein Gewitter, als wäre es extra zum Gedenken an die Befreiung vom Faschismus arrangiert worden. Dazu schneit es, und es regt sich kein Windhauch. Dicke Flocken fallen in lotrechten Streifen vom Himmel, wie flauschige Wollfäden, die hoch oben an einen Webstuhl geknüpft sind. Hinter dem silbrigen Gewirk zucken die Blitze und brüllen die Donner in den Nordwänden. Und als Krönung der festlichen Illumination greift hin und wieder ein kecker Sonnenstrahl über den Zackenrand der Berge. Nie habe ich ein schöneres »Unwetter« gesehen. Der Winter verabschiedet sich standesgemäß. Da ich keinen Lift betreibe und kein Hotel besitze, werde ich ihn in guter Erinnerung behalten. Er hat Milde walten lassen, obgleich mir auch seine Strenge recht gewesen wäre.

Für die Blumen, die im März-Winter wieder die Köpfe einzogen, gibt es jetzt kein Halten mehr. Ermuntert von den wärmenden Strahlen der Sonne, explodieren sie geradezu aus dem Schneeteppich, bunte Tupfer auf weißem, welligem Tuch. Der Frühling läßt nicht mehr mit sich handeln, jetzt ist er der Meister, der Hand anlegt, um das Campilltal und die Medalges mit Farben zu füllen. Die Sonne malt auf die Südhänge jeden Tag neue, bizarre Landkarten, Meere und Kontinente, die es nur in meiner Fantasie gibt. Hier oben ist das Meer noch weiß, aber mit jedem Sonnentag versiegt wieder ein Stück und schafft Raum für die Inseln, die noch braun sind. Bald werden sie grün sein, bald wird alles grün sein, kein Weiß mehr, nur noch Reste in den Nordwänden meiner Nachbarn. Fast täglich suche ich an den erwärmten Felsen und Schrofen der Medalges nach Blumen, die ich noch nicht kenne. Und davon gibt es eine ganze Menge. Meine kleine »Blumenfibel« weiß mehr als ich und lehrt mich das Schauen und Erkennen. Kuhschelle, Huflattich, Krokus und Schlüsselblume und ein paar andere sind mir geläufig. Den Gletscher-Mannsschild, die verschiedenfarbigen Arten von Steinbrech und die traubenähnlichen roten Blütenranken der Schneeheide entdecke ich neu. Es ist spannend und kurzweilig, unentwegt dabeizusein, wie sich die Natur schmückt. Die letzten Apriltage sind nahezu wolkenlos und windstill. Am Nachmittag klettert das Thermometer, wenn es die Sonne bescheint, auf über fünfunddreißig Grad. Ich singe, pfeife, brabble allerlei vor mich hin und laufe im Übermut barfuß im Schnee eine Runde um den Stall. »Schnaps« vergnügt sich, auf dem Rücken liegend, mit Kopf-voraus-Rutschpartien auf hartnäckigen Schneeresten am Osthang. Der Hund ist immer noch in seinen dicken Winterpelz gepackt wie ein Eisbär. Zu Hause hat er um diese Zeit längst sein luftiges Sommerfell angelegt. Seit einem halben Jahr leben wir im Schnee; da ist es gut, warm angezogen zu sein.

Wenn der Hund sprechen könnte, würde ich ihn fragen, was er davon hielte, noch länger auf der Furćia zu bleiben. Jetzt, da der Mai schon in Reichweite ist, muß ich mich entscheiden. Ich werde am 20. Mai, wie geplant, nach Hause fahren, die veränderten Umstände prüfen und, wenn sie mir nicht gefallen, auf die Medalges zurückkehren. So einfach ist das.

»Schnaps« hat seit heute früh gesundheitliche Probleme. Vor der Stubentüre liegt ein Haufen Erbrochenes. Vielleicht hat er noch versucht, mich zu wecken, oder es ging einfach zu schnell. Daß ein Hund gelegentlich kotzt, ist normal, nur dieses gelblich-grüne gallenähnliche Zeug, das er hervorgewürgt hat, beunruhigt mich doch etwas. Ich lasse ihn ins Freie, und kaum ist er vor der Türe, geht die

Würgerei weiter. Wie unter Qualen biegt und krümmt sich sein Körper. Den ganzen Tag frißt er nichts, liegt hinterm Stall und in der Sonne und reagiert nicht einmal auf die Schreie der Dohlen. Das gab es noch nie. Seine Schnauze ist heiß und trocken, ein schlechtes Zeichen. Ab und zu erhebt er sich, steht auf zittrigen Beinen und beginnt von neuem gelblich-grüne Flüssigkeit hervorzuwürgen. Bis zum Abend hat sich sein Zustand weiter verschlechtert. Er liegt unterm Tisch, sein Atem pfeift in kurzen, unregelmäßigen Schüben, er zittert am ganzen Leib und windet sich, kläglich winselnd, wie unter Krämpfen. Ich öffne eine Dose Rindfleisch und lege ihm ein Stück vor die Nase. Er reagiert nicht mal darauf.

Noch nie hat er ein Stück Wurst oder Fleisch verschmäht.

Es sieht ernst aus, und in meiner Sorge wird mir abwechselnd heiß und kalt. Unsere Tierärztin in Miesbach hat mir vor unserer Abreise eine Apotheke für den Hund zusammengestellt. Ein reichhaltiges Sortiment mit Namen wie »Buscopan«, »Borgal«, »Adorlan« und »Oralpädon«, dazu noch eine Tüte mit zehn Kapseln Antibiotikum. Sicher ist etwas dabei, was ihm helfen könnte. Aber was? Ich bin kein Idiot, aber auch kein Tierarzt. In aller Eile überfliege ich die Beipackzettel. Eines ist gegen Schmerzen und Krämpfe; das könnte das richtige sein. Das andere empfiehlt sich bei Infektionen des Magen-Darm-Trakts. Vielleicht das? Oder »Oralpädon« bei Durchfallerkrankungen und Erbrechen. Hat er Durchfall? Oder »Borgal« gegen Viruserkrankungen? Oder einfach ein »Aspirin«, das hilft meistens. Bei dem Gedanken, der Hund könnte die Nacht nicht überleben, wird mir ganz schlecht. Ich muß etwas tun! Am besten wird es sein, das Übel beidseitig anzugehen, von hinten und von vorne. »Schnaps« läßt alles willenlos mit sich geschehen. Hinten schiebe ich ihm ein Zäpfchen »Oralpädon« rein, und in den Rachen, hoffend, daß er es schluckt, bekommt er eine Kapsel Antibiotikum.

Ich setze mich zu ihm auf den Boden, lehne mich an ein Tischbein, kraule ihm die Stirn und warte. Es wird eine sehr lange Nacht. Von Zeit zu Zeit fallen mir die Augen zu, sobald sich der Hund bewegt oder seufzt, bin ich hellwach. Was könnte der arme Kerl gefressen haben, das ihm so arg zusetzt? Eine vergiftete Maus etwa oder gar mehrere? Daß er auch vor dem Verzehr toter Mäuse nicht zurückschreckt, weiß ich, und daß die Mäuse, wenn das Gift zu wirken beginnt, zum Sterben ins Freie gehen, hat man mir gesagt. Natürlich! »Schnaps« hat Gift im Leib. Was, wenn er stirbt? Wo werde ich ihn begraben? Auf seinem Hügel, wo sonst. Das war sein Lieblingsplatz, da hat er stundenlang die unteren Almwiesen beobachtet, und wenn ein bunter Rucksack aus Bruneck kam, war er nicht mehr zu bremsen. Ja, ich werde ihm sein Halsband umlegen, ihn in seine Decke wickeln und ihm ein tiefes Grab schaufeln. Dann werde ich die frische aufgeworfene Erde festtreten und mit Grasmatten bedecken. Im nächsten Jahr würden dann bereits Blumen blühen. Herrgott! Mir ist zum Heulen, und ich schäme mich, weil ich so tue, als ob er bereits tot wäre. Die Antibiotika-Kapsel hat »Schnaps« als mehligen Brei wieder ausgespuckt, sie war wohl unter die Zunge und nicht in den Hals gerutscht. Vielleicht bin ich zu ungeschickt, aber mit der zweiten Tablette geschieht dasselbe. Indes: Bei einer Vergiftung dürften auch Antibiotika wirkungslos sein.

»Schnaps« atmet inzwischen etwas ruhiger und gleichmäßiger, ich glaube, er schläft. Das sollte ich auch, denn ich bin zum Umfallen müde, und an der Nordflanke des Torkofel schimmert bereits die Morgendämmerung. Ich kann für meinen Freund nicht mehr tun. Ich glaube nicht, daß er stirbt, nicht jetzt, drei Wochen vor dem Ende unseres »Abenteuers«. Er ist ein robuster Bursche...

Wie lange ich geschlafen habe, weiß ich nicht. Jedenfalls weit unter dem gewohnten Pensum. Ich liege auf der Seite, als ich aufwache, mit dem Gesicht zur Türe. Kaum eine Handbreit von meinem Kopf entfernt, blinzeln mich zwei braune Hundeaugen an. Die Schnauze ruht auf der Bettkante, die Nase ist feucht und glänzt. So schön war das Aufwachen noch nie. »Schnaps« ist nicht tot! Ich streichle ihm über den Kopf und höre nur das fegende Geräusch seiner buschigen Rute, die auf dem kleinen Bettvorleger hin- und herwedelt.

»O Alter! Das war knapp«, brummle ich, dann bin ich aus dem Bett. Die Sonne greift bereits in die Schlafkammer. Es muß schon hoher Vormittag sein. »Schnaps« ist zwar den ganzen Tag noch etwas wackelig auf den Beinen, aber an einer halben Dose Rindfleisch mit etwas Suppe findet er schon wieder Gefallen. Wir werden also doch gemeinsam heimfahren.

Die Sonne leckt den Schnee weg, als wäre sie am Verdursten. Warmer Südwind hilft ihr dabei. Vom erodierten, mager begrasten Osthang der Medalges stürzt das Schmelzwasser in zahllosen Bächen ins Campilltal. Der Platz hinterm Stall, auf dem im Sommer das noch ungeschnittene Brennholz lagerte, gleicht einem Sumpf. Der tägliche Weg zur Quelle wird zum Spitzentanz auf schmalen Brettern, die den Morast einigermaßen begehbar machen. Der Mai fühlt sich an wie Sommer. Am 2. Mai bringe ich mit der Kraxe die beiden letzten Müllsäcke aus dem Stall zur untersten Almhütte, den vierzehnten und fünfzehnten. Es ist fast wie ein symbolischer Akt, der das Ende meines Jahres auf der Furćia ankündigt.

An diesen ersten sonnigen Maitagen sitze ich oft auf meiner »Grübelbank« am Kälberstall und suche vergeblich nach einem Weg, die Zeit aufzuhalten. Mein Entschluß heimzufahren steht zwar fest, aber mein Kopf ist ständig auf der Suche nach einem Ausweg, einer stichhaltigen Begründung, die ein Dableiben rechtfertigen würde. Mir fällt wieder die Sage von Doleda und Odlana ein; vielleicht holen sie mich doch noch. Das Leben, das mich »unten« erwartet, mit seiner Hektik, dem Lärm und Gestank, mit seinen Pflichten, schlechten Nachrichten und faden Gewohnheiten, wächst sich aus zu einer erschreckenden Vision. Vielleicht habe ich mich bald wieder daran gewöhnt, wahrscheinlich ist es nicht. Sicher wird es mir guttun, nach so langer Zeit ein Konzert oder ein Theater zu besuchen. Aber beides habe ich auch hier oben, ganzjährig und unter freiem Himmel, in guter Luft. Meine Sänger und Protagonisten sind die Dohlen und Steinschmätzer, der Rotschwanz und der Wasserpieper oder der vielstimmige Chor der kleinen Schneefinken, die nur im Schwarm auftreten, wie die Sängerknaben. Und »Theater« machen die Murmeltiere, meine Komödianten, die in den nächsten Tagen sicher wieder aus ihren unterirdischen Garderoben kommen, um ihr großes Freilichttheater mit ihrem Spiel zu beleben. Sie alle sind uneitel und ohne Allüren, nie indisponiert und nicht erpicht auf Applaus. Für eine Handvoll Haferflocken sind sie zu hundertfachen Zugaben bereit.

Seit ein paar Tagen unterstützt eine Rhythmusgruppe die Zwitscher-Chöre. Verglichen mit den Meistern des Gesangs, ist der Kuckuck ein armes, mäßig begabtes Würstchen, das nur den Takt, nicht aber den Ton angibt. Er beherrscht zwar die kleine Terz wie kein anderer Vogel, aber eben nur die. Von Modulation oder Improvisation darf er nur träumen, ein Leben lang muß er sich mit zwei Tönen begnügen. Vielleicht wurde er von der Natur dafür bestraft, daß er seine Eier in fremde Nester legt, um die langweilige Arbeit des Brütens anderen zu überlassen. Was ihm an musikalischer Fantasie fehlt, ersetzt er durch Fleiß. Am Morgen gibt er als erster Laut, und am Abend, wenn es bereits dunkelt, ist im Zirben- und Lärchenwald sein »Gu-gu« immer noch zu hören. Da ich meistens bei offenem Fenster schlafe und mit dem Sonnenaufgang aufstehe, ist der Ruf des Kuckucks das erste, das mir zu Ohren kommt. Dann freue ich mich und weiß, daß man auch an nur zwei Tönen durchaus Gefallen finden kann. Auf meinem Kalender neben der Stubentüre steht unter Sonntag, dem 6. Mai: »Früh: minus 2 Grad, wolkenlos. Mit ›Schnaps‹ zum Sobutsch. Das allererste Murmel pfeift an der Medalges.«

Das Murmeltier hat seinen Bau fast in der Fallinie zur Hütte, etwa 50 Meter oberhalb. »Schnaps« ist ein Stück vorausgeeilt, und das ist gut so. So, wie ich ihn kenne, würde er dem schlaftrunkenen Murmeltier (»Bär« oder »Katze«?) umgehend den Spaß am Frühling verderben. Ich bin etwa dreißig Meter von ihm entfernt und kann es mit dem Fernglas gut beobachten. Zunächst umrundet es auf allen vieren den Felsblock, an dessen Südseite sich der Eingang befindet. Nach ein paar Sekunden ist die Visite beendet, das Murmel bleibt hoch aufgerichtet vor dem Höhleneingang stehen, putzt sich mit den beiden kurzen Vorderpfoten zunächst die Nase und reibt anschließend den Schlaf aus den Augen – wie bei Walt Disney. Dem possierlichen Treiben macht »Schnaps«, der Tölpatsch, ein jähes Ende. Er hat das Murmeltier gewittert und stürmt nun in die Richtung, aus der der Duft weht. Wie ein Blitz, zwei schrille Pfiffe ausstoßend, ist der Langschläfer in seinem Bau verschwunden. Der Hund schnüffelt noch ein wenig in den Eingang, und das war's dann. Der »Bär« – wenn er's war – wird gerade in der guten Stube seinem Weibchen die schlechte Nachricht in dieser oder ähnlicher Form verklickern: »Es darf einfach nicht wahr sein! Jetzt haben wir über ein halbes Jahr gepennt. Und wen sehen meine müden Augen als ersten? Den weißen Riesen, diesen Rabauken vom letzten Sommer. Die Saison fängt ja gut an.« Wenn ich die Murmelsprache spräche, würde ich den beiden etwas zur Beruhigung in ihr Labyrinth murmeln: »Noch vierzehn Tage, dann habt ihr Ruhe vor dem Rabauken.«

Als hätten alle Murmeltiere des Campilltales nur auf dieses eine Signal gewartet, ist plötzlich süd- und nordseitig der Bär los. Im »Murmelland«, immer noch von einer dunkelgefleckten Schneedecke überzogen, hebt ein Pfeifkonzert an wie nach einem bösen Foul an Maradona. Das Fernglas hilft mir, ein paar ihrer Eingänge zu orten, großteils mußten die Tiere erst den Schnee beiseite schaufeln, um ins Freie zu gelangen, und nun winden sich ihre Fährten in Kreisen oder Halbkreisen um die Felsblöcke, die den Bau markieren. Man erkundet das Terrain und schaut auch gleich mal bei den Nachbarn vorbei.

Meine Nachbarn, die Berge gegenüber, sind des Winters auch überdrüssig. Seit November sind sie bis zum Scheitel eingepackt in einen weißgefleckten Mantel, Stück um Stück streifen sie das Weiße ab. Die Sonne hilft ihnen beim Ausziehen und löst die Lawinen, die von Felsbändern und steilen Flanken durch enge Schluchten und Spalten wie gischtende Wildbäche über Dutzende von Katarakte in die Tiefe stürzen, mit bösartigem Grollen oder knatternd und krachend wie splitterndes Holz. Auf dem flacheren unteren Teil der Nordflanken schieben sich die herabstürzenden Schneemassen in- und übereinander, ihr Abgleiten verlangsamt sich immer mehr, bis sie reglos an der Schräge kleben wie Griesbrei an einem Lätzchen.

Ob »Schnaps« wohl glücklich ist, wenn wir wieder daheim sind, in zwei Wochen? Ich weiß es nicht, wir sprechen nie darüber. Doch, ich glaube, er wird froh sein, er ist ein »Menschenhund«, der Gesellschaft über alles liebt. Oft tat er mir leid, wenn er auf seinem Hügel saß, stundenlang zu den unteren Almwiesen starrte, bis er klitschnaß war oder der Pelz wie ein eisiger Panzer am Körper hing. Wenn das Warten auf Besuch erfolglos gewesen war, legte er sich ganz nah neben den Stubenofen, und um ihn herum bildeten sich auf dem Boden kleine Pfützen, wenn er auftaute. Unser Jahr ist beinahe um, und jetzt, da die Kalender-Leiter nur noch vierzehn leere Sprossen hat, ist es mir, als wären die vergangenen elfeinhalb Monate an mir vorübergeflogen. Noch nie hat es ein Jahr so eilig gehabt. Das einzige, worauf ich mich im Moment freue, ist meine alte Badewanne, die auf vier krummen, weißemaillierten Beinen steht. Vor einem halben Jahr, als wir unsere Mutter begruben, saß ich zum letzten Mal in einer ordentlichen Wanne. Ja, ein Bad wird das allererste sein, und es könnte Stunden dauern. Ob die alte Linde, deren Äste fast die Fenster meines Schlafzimmers berühren, schon grün ist? Die Obstbäume in meinem Garten müßten eigentlich blühen, falls sie der Frost nicht wieder beschädigt hat. Bäume mit Blättern und Blüten, darauf freue ich mich auch.

Der Mai bemüht sich nach Kräften, mir den Abschied leichtzumachen. Er knipst polternde Gewitter an, begleitet von Schnee, Regen und Graupel, verstellt mir die Sicht mit Nebelwänden und spaltet sie mit weißglühenden Blitzen. Auf dem Tisch vor der Hütte hockt ein halbes Dutzend Dohlen, die Köpfe halslos, voller Unbehagen in die flaumigen Kragen gesteckt, auf denen die Regentropfen glitzern wie Diamanten auf schwarzem Samt. Ich erinnere mich nicht, daß die Dohlen jemals, seit ich hier oben bin, in strömendem Regen schutzlos auf dem Tisch gesessen hätten. Bisher flogen sie stets zu ihren Nestern, um Unterstand in den Nordwänden meiner Nachbarn zu suchen. Nun sitzen sie da, reglos, zu Skulpturen erstarrt, und ertragen schweigend, wie der Wind an ihrem Gefieder zaust. Sechs spitze Schnäbel deuten wie leuchtendgelbe Wegweiser nach Süden, wo es allmählich heller wird. Vielleicht ahnen sie, daß sie mich als Gesellschafter bald werden entbehren müssen.

Noch sieben Sprossen auf der Kalenderleiter. Wo sie endet, ist nur das alternde Holz der Stubenwand, ohne Hinweis auf meine Zukunft. Ein Jahr, einfach abgeschnitten. Am liebsten würde ich noch zwei, drei Wochen ankleben, mein Jahr gewaltsam verlängern. Aber der magere Rest von »Pflichtbewußtsein« zwingt mich zur Heimkehr. Ich muß meine Geschichte abliefern, für Rückfragen und Korrekturen zur Verfügung stehen. Ich muß für meinen Verleger *erreichbar* sein, meinen »Job« zu Ende bringen. So ist das…

Als konzentrierte sich das Entdecken, Erfühlen und Erfahren auf diese letzten Tage, streife ich, ungeachtet des erbärmlichen Wetters, mit »Schnaps« stundenlang nach Funtanacia und über Altschnee zum Fuß der Roa-Scharte, zurück über den Höhenweg und weiter zum Sobutsch. Die Blitze, die zischend in die Nordwände fahren, schrecken mich nicht, der Donner tut wohl und füllt meine momentane Leere. Ab und zu schimmert ein schnippisches Blinzeln der Sonne zwischen den aufgeschütteten Wolkenkissen und schafft für ein paar Augenblicke Sommerwärme. Im Murmelland pfeifen vergnügte Komödianten. Sie haben's gut, sie dürfen hierbleiben.

Die letzten drei Tage sind ausgefüllt mit Putzen und Packen. »Schnaps« ahnt wohl, daß sich in unserem Leben eine einschneidende Veränderung vollzieht. Er liegt auf der Türschwelle, den Kopf zwischen den ausgestreckten Vorderbeinen, und beobachtet aufmerksam meine Aktivitäten. Sein Blick ist mal Honig, mal Essig. Als ob er sich freuen möchte, sich aber noch nicht genug traut. Viel Proviant ist übriggeblieben; für drei Monate würde er bestimmt noch reichen. Und im Stall häuft sich Brennholz die Menge, etwa zehn Kubikmeter. Der verhältnismäßig milde Winter hat meine Kalkulation durcheinandergebracht. Gestern buckelte ich von Claras Hütte einen Heuschlitten nach oben, den mir Giovanni als Transportmittel für den »Almabtrieb« empfohlen hat. Meine große blaue Blechkiste ist zu schwer, um sie bis zum Beginn der Forststraße zu tragen, und die spiegelglatten Stahlkufen vermögen auch auf Gras vorzüglich zu gleiten.

Ich schlafe schlecht in der letzten Nacht, und auch »Schnaps« wälzt sich unruhig auf seiner Decke. Meine Gedanken flattern wie Wäsche im Wind. Zusammenhanglose Fetzen, Splitter, die durch mein Hirn jagen: Menschen! Lärm! Auto fahren! Steuererklärung! Eine Frau zum Lieben! Welche Frau? Die Bank! (Wieviel »Miese« wohl auf meinem Konto sind?) Eine Uhr am Handgelenk, um wieder *pünktlich* zu sein! Chinesisch essen! Geld verdienen, Jobs machen, zu Redakteuren artig sein, die ich zum Kotzen finde! Ein Schaumbad in meiner alten Wanne! Und am Dienstag zum Friseur . . .

Irgendwann ist auch diese letzte Nacht vorbei und weicht einem Morgen, klar und wolkenlos, wie gefiltert. Zum letzten Mal gibt es Kaffee, ein Löffel voll bleibt sogar noch übrig. Ich bin so nervös, wie ich es während des gesamten Jahres nie war. Mein Hals ist eng, ein Brocken hartes Brot bleibt wie ein Batzen Leim am Gaumen kleben. Der Hund hingegen freut sich über eine Dose Rindfleisch. Gegen Mittag haben sich Ernst und seine Männer der Brunecker Bergrettung angekündigt, um mir beim »Almabtrieb« zu helfen. In der Stubenmitte steht die blaue Blechkiste, fertig gepackt und verschlossen. Die Matratzen lege ich auf den Tisch in der Stube, um sie vor den Mäusen zu schützen. Auf meinem Hügel, der »Königsspitze«, werde ich den »Klamme« und die anderen erwarten. »Schnaps« liegt neben mir im Gras, ein Schmetterling rastet auf der dichten Wolle seines breiten Rückens. Der Hund spürt ihn nicht, auf dem Winterpelz ist er leichter als ein Hauch. Im Murmelland herrscht Aufruhr – oder bilde ich es mir nur ein? Das Pfeifen meiner Komödianten dünkt mich heute aufgeregter als sonst, vielleicht, weil alles anders ist als sonst.

Stundenlang sitze ich da und starre zu den unteren Almwiesen, wo die Forststraße aus dem Zirben- und Lärchenwald taucht. Von da müssen sie kommen. Die Sonne steht fast senkrecht über dem Piz Doledes. Es muß bereits nach Mittag sein, als ein Jauchzer den Hund auf die Beine bringt. Ganz weit unten tauchen bunte Stecknadelknöpfe auf. Sie bewegen sich zügig und wachsen an zu lachenden, lauten Farbklecksen, zumal sie nun den Hund entdeckt haben, der ihnen bellend entgegenrennt. Ich gehe langsam zur Furćia zurück, um ihre Ankunft zu erwarten. Nach etwa einer halben Stunde sind sie oben, angeführt von Roland, dem neun Bergwachtler folgen.

»Griaß di, Jirgen«, strahlt der Ernst, »bisch nerves?« Nervös bin ich nicht, nicht mehr, sage ich dem »Klamme«, aber irgendwie leer und freudlos. Sie haben Wein mitgebracht, zwanzig Liter Roten vom besten. »Damit das Plündern besser gäht«, erklärt der Hugo (»Plündern« nennen die Südtiroler den Auszug aus einem Haus). Während Hans, der Meister der »Ziachorgel«, Roland und Hugo den Heuschlitten mit Kisten und Säcken beladen und mit dem Bergseil fachgerecht festzurren, kommt noch einer den Berg rauf, schnaufend und schwitzend für drei. Ivo, mein Freund aus Lana, hat den Roten besorgt, der meinen Abschiedsschmerz etwas lindern soll.

Zum letzten Mal gehe ich in die Furćia, schließe die verwitterten, grünen Fensterläden und sperre die Hütte zu. Die Terrasse ist inzwischen leer, der große Tisch und die Bank sind im Stall. »Geplündert« sieht es aus und kahl, als hätte ich das vergangene Jahr nur geträumt. Hans steuert den Schlitten, zwei bremsen, wenn's zu steil wird, und vier andere haben das Bergseil in Schlaufen über die Schulter gelegt, um das Wintergefährt über die Frühlingswiesen zu ziehen, wenn der Hang in einen flacheren Teil übergeht. Vor der Kuppe, hinter der der Blick zur Furćia endgültig versperrt ist, bleibe ich auch noch einmal stehen, blicke hinauf, spüre abermals die beklemmende Enge im Hals. Die grünen, verwaschenen Fensterläden sehen aus wie zwei schlafende Augen. Bald werden sie wieder staunen, wenn ich zurückkomme.

Roland, Ernst, Manni, der Doktor und die anderen laden mein Gepäck auf den Allrad-Pick-up, den Hans-Karl neben der unteren Almhütte geparkt hat. Auf der Ladefläche wird es eng, aber lustig. Vom Wein beflügelt, zwängt sich die komplette Mannschaft auf das Hinterteil des alternden Japaners. Unten, am Parkplatz, werde ich zu ihnen stoßen. Ich und der Hund gehen den alten Weg zum letzten Mal. »Klamme« hat, der Tradition des »Almabtriebs« gemäß, meinen Hut und den Bergstock mit Zirbenzweigen und Schlüsselblumen kunstvoll geschmückt. Und »Schnaps« hat er eine Girlande ums Halsband gewunden. Dieser »Klamme« denkt wirklich an alles.

Am Parkplatz erwarten sie uns, im Halbkreis aufgereiht, Hans mit seiner »Ziachorgel« als Flügelmann. Sie singen uns beiden ein Abschiedsständchen. Der lange Roland zerdrückt verschämt eine Träne, meine versickern im Bart. Bei Emma und Giovanni Castlunger in St. Martin ist ein Abschiedsessen angerichtet, mit »Gerschtlsuppe« (Gerstensuppe) und »Tutres«, in Öl gebackenen Teigtaschen, mit Sauerkraut, Quark und Spinat gefüllt, dazu Wein die Menge. Ich werde bei Castlungers übernachten und meinen Bruder Wolfi erwarten, der mich, den Hund und mein Gepäck in einem Kleintransporter nach Hause bringen wird. Nach Hause? Ich fürchte eher, es wird eine Heimkehr in die Fremde . . .

NACHWORT
ODER
DER VERDRUSS MIT DEM GANZ NORMALEN LEBEN

Die ersten vier Wochen daheim sind bezwungen. Aber das Jahr in den Bergen hallt nach. Am meisten vermisse ich die Stille, meine Ohren sind Sensoren, die Alarm schlagen, wenn sie Ungewohntes wahrnehmen: das Knattern eines Mopeds, das Bullern der Traktoren meiner Nachbarn. Am schlimmsten ist das Brüllen der Tiefflieger der Luftwaffe, die auch die Reste von Ruhe in meiner ländlichen Idylle noch in Stücke reißen. »Schnaps« quälen die veränderten Verhältnisse. Am schlimmsten war es für ihn während der ersten beiden Wochen nach unserer Rückkehr. Wenn ein Auto die Dorfstraße passierte, rannte er ins Haus und verkroch sich unter der Ofenbank in der Stube. Früher verbrachte er den größten Teil des Tages bei »Tina«, der quirligen Münsterländer-Dame. Sie ist ihm schnuppe, bisher war er noch kein einziges Mal bei ihr. Durch das Jahr in den Bergen ist er noch anhänglicher geworden. Er verfolgt mich auf Schritt und Tritt, und wenn ich am Abend am Stubentisch sitze, hockt er neben mir und sieht mich unverwandt an, als wollte er sagen: »Ist doch nur für kurze Zeit, oder?« Als sich mein Jahr auf der Furća neigte, dachte ich, daß ein Konzert oder eine Theateraufführung das erste wäre, das ich mir gönnen würde. Irrtum. Mit der Vorstellung, zwei Stunden lang in schlechter Luft zwischen Menschen eingekeilt zu sein, erlosch meine Lust auf »Kultur«. In der zweiten Woche faßte ich mir ein Herz, wollte erstmals nach München fahren, knapp vierzig Kilometer weit weg, um mich mit einem Freund zu treffen. Ich kam bis zur zweiten Autobahnausfahrt, bis Hofolding, bekam Angstzustände und Schweißausbrüche, verließ die Autobahn und fuhr wieder heim. Erst nach der dritten Woche schaffte ich es, und es war nicht so schlimm, wie ich befürchtet hatte. Die Frau, deren Bild so lange an der Stubenwand hing, hatte die Post, die während des Jahres anfiel, gesammelt. Wenig Erfreuliches war dabei, und am liebsten hätte ich alles in den Ofen gesteckt. Nach einer Woche schickte ich mich an, mein Informationsbedürfnis neu zu beleben. An fünf Tagen in Folge kaufte ich die »Süddeutsche«, ohne sie auch nur ein einziges Mal zu lesen. Was mich wirklich interessierte, war die Wetterlage in den Dolomiten. Lieber heute als morgen wollte ich wieder auf die Furćia – und sei's nur für ein paar Tage. Am 17. Tag riskierte ich zum ersten Mal einen Blick ins Fernsehprogramm. Ich platzte mitten hinein in eine Werbesendung. Irgendeine Frau mit irgendwelchen Hunden schwärmte von irgendeinem Futter, dem ihre Vierbeiner bei irgendeiner Prämierung irgendeinen Sieg zu verdanken hätten. Ich schaltete gleich wieder aus und ging mit »Schnaps« zwei Stunden lang zum Seehamer See. Es war bereits dunkel und fast so still wie auf der Medalges.

Zuallererst hatte ich das Gras vor meinem Bauernhaus gemäht. Das störte mich weit mehr als die wild wuchernden Nachrichten, die ich gelegentlich den Radiosendungen entnahm. Manchmal schien es mir, als habe das Jahr nur darauf gewartet, daß ich auf den Berg gehe. Europa hat sich verändert, ich war nicht dabei, und es ist mir Wurscht. Ich bin noch nicht willens, mich über die Anfänge und die politischen Konsequenzen einer künftigen gesamtdeutschen Republik kundig zu machen. Drei Wochen, bevor ich vom Berg kam, ist der Vogl Hans, mein Bauer, in dessen Hof ich lebe, gestorben. Sein Tod verwirrte mich weit mehr als das euphorische Gekreische um »Groß-Deutschland«. Ich bin ganz einfach noch zu sehr mit mir und meiner Situation beschäftigt, als daß ich Lust hätte, in einem »Intensivkurs« das Versäumte der vergangenen zwölf Monate nachzuholen. Nach wie vor lebe ich ohne Uhr, die Zeit vergeht auch so. Inzwischen war ich viermal in München, einmal in meiner Stammkneipe, der Schwabinger »Säge«. An einer Wand hängen die Fotos von Gästen, die nicht mehr am Leben sind. Drei, die ich kannte, sind während »meines« Jahres neu hinzugekommen: die Schauspieler Dieter Augustin und Günther Ungeheuer und der Journalist Dieter Gütt.

Ich habe meine GEO-Geschichte geschrieben, Holz für den nächsten Winter geschnitten, mein Buch zu Ende gebracht, habe mich mit ein paar Freunden getroffen und ihnen von der Medalges erzählt. Ich war am Grab meiner Mutter und mit meinen Gedanken die meiste Zeit auf der Furćia. Die Drohungen des Finanzamtes habe ich einfach in den Wind geschlagen und meinen Rucksack gepackt.

Da es mir unbefriedigend und zuwenig schien, mich in mein Jahr in den bleichen Bergen zurückzuträumen, da mir die Furchetta fehlt an allen Ecken und Enden, bin ich nach vier Wochen ins Campilltal zurückgekehrt, »Schnaps« war natürlich dabei und Hans-Helmut Röhring, mein Verleger. Ich wollte ihm zeigen, wo ich inzwischen wirklich zu Hause bin.

Fotonachweis
Abbildungen auf dem Umschlag und im Farbteil
von Guido Mangold
Abbildung Seite 6 von Hans Madei, Bilderberg

Die Deutsche Bibliothek – CIP-Einheitsaufnahme

König, Jürgen:
Medalges: ein Jahr allein in den bleichen Bergen
Jürgen König – Steinfurt: Tecklenborg Verlag, 2008
Edition Rasch und Röhring, 6. Auflage
   ISBN 3-924044-80-5

Copyright © 2001 by Tecklenborg Verlag, Steinfurt
Schutzumschlaggestaltung: Studio Reisenberger
Gesetzt aus der Korpus Janson-Antiqua
Gesamtherstellung: Druckhaus Tecklenborg, Steinfurt
Printed in Germany

Geschichten einer Freundschaft

Jürgen König
Viel mehr
als nur ein Hund

Geschichten
einer Freundschaft

Rasch und Röhring

Jürgen König
Viel mehr als nur ein Hund
Geschichten einer Freundschaft
126 Seiten, 29 Abbildungen
Gebunden, 13,5 x 21 cm
ISBN 3-924044-66-x
€ 16,50 / sFr 29,40

„Schnaps", der große weiße italienische Hirtenhund ist vielen Lesern bereits ein vertrauter, liebenswerter Bekannter. Ein Jahr lang lebte Jürgen König mit ihm auf einer Hochalm in den Dolomiten – zweifellos der härteste Prüfstein dieser vierzehn Jahre währenden Freundschaft. „Medalges. Ein Jahr allein in den bleichen Bergen" gibt Auskunft über dieses ungewöhnliche Abenteuer. Im vergangenen Jahr ist »Schnaps« nun nach einem erfüllten Hundeleben »auf den Regenbogen« gegangen. Anlass für Jürgen König, weitere Geschichten dieser außergewöhnlichen Freundschaft zwischen Mensch und Hund zu erzählen. Denn für ihn war »Schnaps« viel mehr als nur ein Hund.

Edition Rasch & Röhring, Siemensstr. 4, 48565 Steinfurt